Martins, D.; Martins, R.; Barcellos, A. e
Sousa, M. *Faces da Interculturalidade*.
Salamanca, IIACyL, 2019.
ISBN 978-84-941179-7-8
© Todos os Direitos Reservados IIACyL e autores

FACES DA INTERCULTURALIDADE

ORGANIZADORES

Daniel Valério Martins
Racquel Valério Martins
Antonio Augusto Bonatto Barcellos
Maria Veirislene Lavor Sousa

COMITÊ ACADÊMICO

Antonio Hilario Aguilera Urquiza
Alfredo Rajo Serventich
Alfonso Barquín Cendejas

FOTO DA CAPA

Iago Barreto

SUMÁRIO

PREFÁCIO

O ano de 2018 foi um ano repleto de comemorações em razão da passagem do oitavo centenário da *Universidad de Salamanca* na milenar cidade e provincia que emprestam seu nome como indicativo da mais antiga universidade espanhola. De fato, a *Universidad de Salamanca* é a *Alma Máter* das universidades americanas em geral. As primeiras universidades em solo americano, ainda no século XVI, Santo Domingo e San Marcos de Lima, tiveram seus estatutos, suas divisões e seu funcionamento totalmente inspirados (para não ser peremptorio utilizando o termo "copiados") na Universidade Salmantina.

No mesmo século XVI Salamanca foi o lugar onde foram debatidas as ideias de diversos teóricos que posteriormente foram denominados pensadores da "Escola de Salamanca". Francisco de Vitoria foi um dos primeiros pensadores a reconhecer legítimos direitos e liberdades para os índios da América, rechaçando a dominação e a conversão forçada. Da mesma Escola também é Tomás de Mercado, teórico que iniciou as teorias econômicas do valor quantitativo do dinheiro assim como os direitos dos comerciantes e a justificação dos lucros.

Já antes, no século XV, a *Universidad de Salamanca* e a ordem dominicana, tiveram influência direta na chegada dos europeus ao continente americano, descortinando, para os europeus, um novo mundo de possibilidades. Digo tudo isso para embasar a afirmação de que Salamanca e sua universidade sempre foram uma ponte entre a Europa e a América. Merecidamente, no ano do seu VIII Centenário, Salamanca foi epicentro de discussões sobre a América, ao receber o 56º Congresso Mundial de Americanistas e seus mais de quatro mil participantes, múltiplos eventos, mesas, simpósios, lançamentos de livros e uma convengência sem igual, novamente, entre Europa e América.

A presente obra é justamente o resultado de dois destes simpósios que tiveram a interculturalidade como temática central e agregadora, dirigidos por Doutores de reconhecido prestígio como os Professores Daniel Valério Martins, Alfredo Rajo Serventich, Antonio Hilário Aguilera Urquiza e Alfonso Barquín Cendejas. O currículo e as obras dos diretores dos simpósios já falam por si mesmos, como garantidores da qualidade das obras e dos debates aqui propostos.

Não poderia haver melhor espaço para a discussão dos caminhos da diversidade cultural das Américas que o 56º ICA e a *Universidad de Salamanca*. É impressionante como, mesmo após séculos de convivência entre os povos, as discussões permanecem atuais e ganham novas roupagens e novas faces. Se antes discutia-se o direito dos índios Americanos a recusarem a evangelização, hoje discute-se a forma de acesso e de permanência dos indígenas na educação superior. Antes pensava-se sobre os direitos de conquista e as liberdades dos possuidores das terras e hoje existem inúmeros processos judiciais que discutem a criação de reservas indígenas, com base, fundamentalmente, na vinculação simbólica e de subsitência dos povos com a terra.

O Brasil, como representante único de uma "América Portuguesa" parece muitas vezes estar distante da realidade dos países da América Hispana. Diz-se que o Brasil vive de costas para a América Latina e os vizinhos sul-americanos. Em parte, com a populaçao extremamente concentrada no litoral, voltada para o Oceano Atlântico, as relações, as trocas e a circulação de pessoas pela via terrestre entre o Brasil e os vizinhos latino-americanos é de fato reduzida. Por outro lado o Brasil como único país lusófono também perde em proximidade com as nações irmãs da América Latina.

Contudo, parece-nos evidente, mesmo levando em consideração tais dificuldades, que o Brasil compartilha muito mais semelhanças do que diferenças com os demais países latino-americanos, especialmente o México e a Argentina, pela grandeza do território e das populações envolvidas. Além disso, Brasil e México possuem ainda mais semelhanças a justificar a participação de professores de um lado e de outro, na organização dos simpósios que acabaram por gerar a presente obra.

O conceito de interculturalidade nasce exatamente do contato e da convivência entre distintas culturas. A América sempre viveu o dilema de ser o local de encontro de muitas e distintas culturas, todas elas importantes, numerosas e que deveriam conviver pacificamente. É bem verdade, o oriente médio inicialmente, a Europa e logo a América foram, à sua vez e em diferentes épocas os locais de encontro de diferentes culturas. Na América, pela vastidão do território, a diversidade dos povos autóctones e também dos imigrantes ou dos escravos levados forçosamente sempre ocorreu um choque de culturas. Adequar a convivência entre os povos sempre foi uma das missões e das vocações americanas.

O presente livro traz diversos capítulos, originados das discussões dos simpósios do 56º Congresso Mundial de Americanistas. Trata-se sobre a educação indígena, sobre a educação transfronteiriça em zonas de fronteira, sobre a convivência social de crianças indígenas, sobre os direitos da população LGBTI e também sobre questões dos afrodescendentes na América. Com esta obra, os autores buscam contribuir com tantas e inúmeras discussões sobre a convivência entre os diversos povos na América. Discussoes estas iniciadas no século XVI, precisamente na *Universidad de Salamanca* e que seguem requerendo a atenção e o esmero da comunidade acadêmica e dos governantes.

Por tudo isso, América e Europa possuem um grande fundo cultural comum e uma história compartilhada de mais de cinco séculos. As primeiras universidades americanas foram inspiradas e criadas a partir da *Universidad de Salamanca*. Além disso, existe uma grande similitude entre os sistemas educacionais americanos e europeus, imensa mobilidade de estudantes e de docentes a justificar a eliminação de maiores barreiras para essa circulação o que beneficiará a todos. Os professores e participantes do 56º ICA e os autores desta obra já deram um importante passo para a criação de um Espaço Euroamericano de Educação que possa eliminar os entraves burocráticos da pesquisa e da circulação de alunos e professores.

Entendo que a presente obra é o resultado exitoso de muito trabalho e dedicação com a pretensão de que sirva de homenagem de todos os que com ele contribuíram à passagem do VIII Centenário da Universidad de Salamanca.

Dr. Antônio Augusto Bonatto Barcellos
Pesquisador do Instituto de Iberoamérica da *Universidad de Salamanca* e Professor do *Máster U. em Antropología de Iberoamérica* da *Universidad de Salamanca*

APRESENTAÇÃO

No período de 15 a 20 de julho de 2018, no marco do VIII Centenário da Universidad de Salamanca, foi realizado o 56º Congresso Internacional de Americanistas (ICA) sob o lema «Universalidad y particularismo en las Américas». O referido Congresso tem um caráter interdisciplinar e inclusivo. O evento se apresentou como um chamamento à reflexão sobre a dialética entre a universalidade e os particularismos na produção de conhecimento, os quais, sejam dos fenômenos sociais, políticos, artísticos ou culturais, obrigam a formular novas hipóteses que enriquecem e replanejam as grandes teorias gerais das distintas áreas. Entre os diferentes Simpósios aglutinados em diferentes áreas das Ciências Sociais e das Humanidades, reunimos neste livro intitulado FACES DA INTERCULTURALIDADE dois deles: «Interculturalidad: particularismos, paradojas, encuentros, asimetrias, criticas y desarrollo» e «Interculturalidad y nuevas epistemologías entre los pueblos tradicionales e indígenas de Iberoamérica».

O conjunto de textos selecionados foi baseado principalmente no fato que a construção das nações e povos latino americanos, o indigenismo, o indianismo e a interculturalidade têm sido polissêmicos. Desde a conquista ou invasão europeia do século XVI do que hoje é América, aconteceu as mais diversas interpretações e ações por parte da intelectualidade europeia e suas contrapartes americanas, assim como de outros atores sociais. Entre elas merecem destaque as polêmicas de Valladolid, com o debate de Bartolomé de las Casas com Juan Ginés de Sepúlveda, a construção criolla do indianismo do século XVIII, o virtual desaparecimento do índio como sujeito legal nos romances das repúblicas americanas durante o século XIX, as lutas pela educação indígena na região andina nos anos trinta do século XX, as missões culturais Vasconcelistas, os indigenismos posteriores ao Congresso de Pátzcuaro de 1940, os documentos de Barbados do último terço do século XX, as crises do indigenismo como políticas dos estados latino americanos, as reinterpretações do indianismo a partir da década dos anos noventa do século XX, o pensamento da interculturalidade, o papel dos movimentos indígenas na onda de democratização desse mesmo período, os avatares da educação intercultural, assim como a análise conceitual sobre o contato inevitável entre culturas distintas, entre outros. Outra parte de textos selecionados são de autores americanistas que tratam de temas correlacionados, como educação e direito, dialogando através desta obra que torna-se um ato intercultural.

Precisamos destacar que fazem parte do livro, investigadores oriundos das seguintes instituições: SED/MS, UFMS, UCDB, UEMS, Universität Bielefeld, UnB, CEFAPRO, UNICENTRO, ICERD, UFRG, SEDUC/MT, Universidade de Salamanca/ES, Secretaria de Educação do Estado do Ceará, Universidade Vale do Acaraú – UVA.
FaDir/FURG/RS, IDHMS, Universidade Católica Dom Bosco/UCDB, UFPB, UNEB, UIIM, GPFOHPE/UFC Programa de Pós-Graduação em Educação - Universidade Federal do Ceará, ABS – Asociación de los Alumnos Brasileños de la Universidad de Salamanca.

Os textos aqui apresentados não têm a pretensão de esgotar as reflexões sobre o amplo e complexo campo de debate da interculturalidade, mas objetiva com as interpretações a partir das participações de renomados doutores, de investigadores de mestrado e doutorado, além de especialistas na temática, em sua maioria vinculados à ABS – Associação dos Alunos Brasileiros da Universidade de Salamanca, organismo que nesses quase seis anos de existência vem "fazendo-se ponte" fomentando e construindo relações e interações sobretudo acadêmicas, com a motivação de seus membros para o compartilhamento de estudos e pesquisas. Todos os participantes apresentam em seus diálogos, uma análise destes processos em seus contextos e as perspectivas emanadas deles, com a complexidade que implicam. Tratam, portanto, a interculturalidade como ferramenta conceitual desde a realidade dos povos indígenas e tradicionais de Ibero América, bem como contemplam discussões acerca das novas epistemologias destes povos, no contexto colonial e da descolonização.

Nesta perspectiva, intuímos oferecer um trabalho que amplie a reflexão sobre a multifacetada interculturalidade, contribuindo para o debate acadêmico mais unificado, trazendo questões que vão de encontro com a delicada conjuntura política que vivemos atualmente. Estamos vivendo um processo regressivo, onde os setores conservadores não só tentam consolidar-se como dominador absoluto da economia através da hegemonia dos setores rentistas vinculados ao capital financeiro, mas também tentam impor valores e comportamentos de mercado em todos os setores da vida, com uma nítida desvalorização das distintas culturas. Situamo-nos, portanto, no campo de crítica a essa realidade com anseio de superar as desigualdades históricas que marcam a sociedade ibero americana.

Dra. Racquel Valério Martins
Presidente de la Asociación de Alumnos Brasileños de la Universidad de Salamanca (ABS)

DIALOGANDO SOBRE INTERCULTURALIDADE EDUCAÇÃO ABORDAGENS INTERCULTURAIS INDÍGENAS

Valéria A.M.O Calderoni[1]
Antonio. H. Aguilera Urquiza[2]

INTRODUÇÃO

O Brasil é uma das maiores sociedades plurais, multiculturais do mundo, e é nesse contexto histórico, político, social e cultural que construímos nossos saberes, nossa identidade. De acordo com o último censo (IBGE, 2010), o país conta com um total de 190 milhões de habitantes. Desses, 91 milhões de brasileiros(as) se auto classificam como brancos (47,7%); 15 milhões, como pretos (7,6%); 82 milhões, como pardos (43,1%); 2 milhões como amarelos (1,14%), e 817 mil, como indígenas[3] (0,4%).

Desde a colonização, a sociedade brasileira que já era plural com cerca de 5 milhões de povos ameríndios, se fez ainda mais plural, a diversidade e diferença cultural e social está presente, mesmo internamente nos grupos étnico-raciais distintos. Ou seja, podemos afirmar que somos interculturais natos, a exemplo de Mato Grosso do Sul, um estado que possui a segunda maior população

---

[1] Possui Mestrado em Educação pela Universidade Católica Dom Bosco (2011) e Doutorado em Educação pela Universidade Católica Dom Bosco (2016). Professora da Secretaria de Estado de Educação de Mato Grosso do Sul,

[2] Possui mestrado em Educação (Educação Indígena) pela Universidade Federal de Mato Grosso (1999); master em educação (tecnologias de la educación - 2001) e doutorado em Antropologia pela Universidade de Salamanca-Espanha (2006). Professor Adjunto da UFMS, e da Pós-graduação em ANTROPOLOGIA SOCIAL (UFMS), assim como da Pós-graduação em Direitos Humanos (FADIR/UFMS). Professor colaborador do Programa de Pós-graduação em Educação da UCDB. email: hilarioaguilera@gmail.com

[3] Recorreremos a categoria genérica "povos indígenas", pois na pesquisa as entrevistas foram realizadas com professores Terena, Guarani Ñandeva e Guarani Kaiowá. "O nome índio refere-se a uma denominação errônea, porque os colonizadores europeus caracterizaram de maneira genérica os aborígenes, os povos nativos do agora Brasil, a denominação genérica de índios é por acreditar que haviam chegado às Índias"(CALDERONI, 2016, p. 122).

indígena do país, cerca de 73.295 pessoas distribuídas em nove etnias, conforme Censo Demográfico (IBGE, 2010). Em termos numéricos, os povos indígenas vivem em um território de 613 mil hectares, ocupando apenas 1,7% da área do estado, que é de 35,7 milhões de hectares, grande parte em situação de miséria, com os piores índices de efetividade dos direitos cidadãos reconhecidos pela legislação brasileira e internacional.

As questões relativas às diferenças culturais vêm se multiplicando na nossa sociedade, as mudanças impulsionadas pelas migrações e a velocidade das informações pelos meios midiáticos, apresenta-nos cenários culturais diversos. Entretanto, este cenário marcado pela complexa diversidade cultural tem se tornado cada vez mais potencializador das diferenças relativas às raças, etnias, gêneros, sexualidade e outras tantas, ambivalentemente tem provocado tensões, conflitos, diálogos, traduções e negociações quando seguem atitudes orientadas pela perspectiva da interculturalidade.

Foi no momento da expansão colonial europeia, com os contatos entre diferentes culturas e com a estranheza que esta causou aos povos ocidentais, que se consolidou a naturalização do velho conceito binário "civilizado" versus "selvagem", assim derivou-se e construíram-se as diferenças coloniais. Na relação com a "alteridade", esse "outro" ameríndio, passou a ser a fonte das incompreensões e negações. Entendemos, assim, que é a lógica das polaridades que não nos permite compreender a complexidade e a dinamicidade desses processos de interação.

Os autores pós-coloniais argumentam que a invenção da categoria discriminatória de povos selvagens e primitivos, foi uma estratégia de dominação, a qual teria construído a representação e os estereótipos das diferenças culturais. Lidam com a questão da diferença cultural e buscam fazer um trabalho de desconstrução das narrativas hegemônicas discriminatórias sobre os supostos sujeitos culturais não ocidentais ou não modernos. Por outro lado, já no campo das análises antropológicas há certas divergências com algumas das análises pós-coloniais, pois invertem, buscam a compreensão da diferença a partir de uma perspectiva de dentro.

Neste texto a interculturalidade é entendida não como sinônimo de multiculturalismo, mas como a inter-relação entre sujeitos diferente, ou seja, a interculturalidade ressalta a relação de sujeitos culturais diferentes, e, requer "[...] um contexto democrático ativo e real, que permita a igualdade de condições para todos os atores e que supere as limitações e as ambiguidades da democracia formal (MARÍN, 2010, p. 325).

A interação educacional intercultural – no sentido dialógico, crítico (WALSH, 2009) e problematizador, requer um exercício epistêmico decolonial, uma constante reconfiguração epistêmica. Estabelecer uma proposta contra hegemônica de interculturalidade cultural pode produzir a desconstrução do etnocentrismo moderno.

Ancoramos nas análises culturais oriundas da visão pós-colonial como as de Walter Mignolo, Catherine Walsh, Homi Bhabha, e outros. A perspectiva metodológica assenta-se numa abordagem de pesquisa de natureza qualitativa, como procedimento recorreu-se a pesquisa bibliográfica, assim como a conivência e entrevistas com professores indígenas.

Educação Intercultural: epistemologia e complexidade

Uma questão epistêmica para a compreensão de práticas interculturais encontra-se no entendimento de que para além da simples constatação da diversidade, precisamos pensar a construção das diferenças culturais, pois as diferenças precisam dialogar igualitariamente. Trata-se de uma questão complexa, visto que em países colonizados como o Brasil, as diferenças são muitas vezes colocadas como desigualdades, um entrave epistêmico em se tratando de relações dialógicas. A partir desse contexto, não é qualquer prática de interculturalidade que se deseja. Vejamos o que afirma Walsh (2008):

> La interculturalidad, en cambio, aún no existe. Es algo por construir. Va mucho más allá del respeto, la tolerancia y el reconocimiento de la diversidad; señala y alienta, más bien, un proceso y proyecto social político dirigido a la construcción de sociedades, relaciones y condiciones de vida, nuevas y distintas. Aquí me refiero no sólo a las condiciones económicas sino también a ellas que tienen que ver con la cosmología de la vida en general, incluyendo los conocimientos y saberes, la memoria ancestral, y la relación con la madre naturaleza y la espiritualidad, entre otras. Por sí, parte del problema de las relaciones y condiciones históricas y actuales, de la dominación, exclusión, desigualdad e inequidad como también de la conflictividad que estas relaciones y condiciones engendran, es decir la «colonialidad» con sus cuatro ejes o potestades ya señalados (WALSH, 2008, p. 140).

Nessa concepção, a interculturalidade que está em construção, vai além de um simples reconhecimento da diversidade; aponta para a construção de um projeto social e político mais equitativo, o qual não se limita apenas ao econômico, mas inclui a dimensão cosmológica e dos conhecimentos tradicionais (relação com a mãe natureza, memória ancestral, espiritualidade, etc.). Essas mudanças passam por um processo de desconstrução epistêmica, de reconhecimento da diferença e de outras formas de valores e conhecimentos, que não os hegemônicos e ditos ocidentais. Para Walsh (2009), a interculturalidade aponta para a abertura de construção de saberes outros[4] de uma prática política `outra', de um poder social `outro', e de uma sociedade `outra'. Exige um pensar diferente do construído na modernidade/colonialidade. Neste sentido, compartilhamos da concepção de interculturalidade de Marin (2010), quando este argumenta que,

> Ao falar em interculturalidade, assume – se um desafio epistemológico que questiona grande parte da lógica do etnocentrismo ocidental, lógica sobre o qual se tem construído os fundamentos das ciências e da tecnologia hoje dominante e hegemônica, fundamentos esses que têm uma construção cultural divorciada da natureza e dos contextos ecológicos, históricos e culturais (MARÍN, 2010, p. 325).

A interculturalidade torna-se dessa maneira, uma possibilidade de atitude contra hegemônica aos processos colonizadores que levam à exclusão do "outro" que não se enquadra no paradigma epistêmico moderno colonial. Ao assumimos tal perspectiva possibilita-nos questionar as ideias hegemônicas; as tradições eurocêntricas e a imposição teórica dominante. Assim,

> A interculturalidade é então concebida como uma estratégia ética, política e epistêmica. Nesta perspectiva, os processos educativos são fundamentais. Por meio deles questiona-se a colonialidade presente na sociedade e na educação, desvela-se o racismo e a racialização das relações, promove-se o reconhecimento de diversos saberes e o diálogo entre diferentes conhecimentos, combate-se as diferentes formas de desumanização, estimula-se a construção de identidades culturais e o empoderamento de pessoas e grupos excluídos, favorecendo processos coletivos na perspectiva de

[4] Baseamo-nos em Mato (2009) para fazer referência a saber e conhecimento como sinônimo, pois para o autor, não há hierarquia entre saber e conhecimento, mas sim um processo histórico que desqualificou um determinado conhecimento. Para outros, trata-se de uma resposta, de um "[...] não ao moderno-ocidental-colonial", conforme conceitualização de Mignolo (2003).

projetos de vida pessoal e de sociedades "outras" (CANDAU e RUSSO, 2010, p. 166).

A busca por um diálogo intercultural entre as sociedades não é uma atitude harmônica, ela exige que façamos eclodir as tensões e os conflitos, em que as desigualdades sociais, econômicas, políticas e as relações de poder colonial vigente não sejam mantidos ocultos, mas sim, confrontados. Para isso, uma das dificuldades na busca por um diálogo intercultural encontra-se nas questões epistêmicas que se desencadearam de nossa colonização. Uma das principais causas do colonialismo é a concepção dual, o pensamento binário, um conjunto de práticas linguísticas e ideológicas (discursos), geradoras de representações e estereótipos que nos mantém etnocêntricos.

Assim, a partir desse contexto de colonialidade, concordamos com Walsh (2009) quando esta defende a perspectiva de interculturalidade crítica, que segundo ela se configura como projeto político, social, epistêmico e ético de transformação e decolonialidade. E, para que a interculturalidade aconteça a autora entende que se faz necessário transgredir e desmontar a matriz colonial (WALSH, 2009). A possibilidade de descolonização exige que nós, povos colonizados façamos um exercício epistêmico constante, e que possamos ter uma atitude revisional do nosso pensamento colonial, assim, conceber a interculturalidade como uma política cultural voltada para um projeto societal de cidadania, de democracia. Isso requer desconstrução das concepções colonialistas e excludentes que permeiam nosso pensamento.

Dessa forma, a perspectiva intercultural pode ser uma possibilidade de diálogo com a diferença do outro. Como nos afirma Candau (2011),

> A perspectiva intercultural quer promover uma educação para o reconhecimento do 'outro', para o diálogo entre os diferentes grupos sociais e culturais. Uma educação para a negociação cultural, que enfrenta os

conflitos provocados pela assimetria de poder entre os diferentes grupos socioculturais nas nossas sociedades e é capaz de favorecer a construção de um projeto comum, pelo qual as diferenças sejam dialeticamente integradas (CANDAU, 2011, p. 27).

Entendemos que a interculturalidade pode ser uma ferramenta para descolonizar, visando a construção de uma sociedade plural e menos assimétrica e que possa propor o reconhecimento de outras formas de saberes e cosmologias. A educação escolar indígena pode ser entendida, conforme relatos mais à frente, como um laboratório em que essas práticas estão sendo testadas e vivenciadas, mesmo em suas ambivalências.

Diversidade, diferença e a diferença colonial

A diversidade de formas de ser, viver e saber são empecilhos à pretensa universalização e homogeneização cultural. Por outro lado, a negação da diferença é também um empecilho para o estabelecimento das relações dialógicas interculturais. E uma forma de escamotear o problema é recorrer à retórica colonial da diversidade.

Sob a ótica de Bhabha (2003, p.63), "[...] a diversidade cultural é um objeto epistemológico - a cultura como objeto do conhecimento empírico", reconhecendo conteúdos e costumes culturais pré-dados, essencializados. Ao problematizar a política da diferença, Bhabha corrobora afirmando que devemos partir da noção de diferença cultural e não de diversidade. Para o autor, a diferença cultural se constitui em "[...] um processo de significação através do qual, afirmações da cultura ou sobre a cultura diferenciam, discriminam e autorizam a produção de campos de força, referência, aplicabilidade e capacidade" (BHABHA, 2003, p. 63).

FACES DA INTERCULTURALIDADE

A possibilidade de entendimento da diferença, segundo Skliar (1999), poderia estar inscrita em algumas marcas:

> As diferenças não são uma obviedade cultural nem uma marca de "pluralidade"; as diferenças se constroem histórica, social e politicamente; não podem caracterizar-se como totalidades fixas, essenciais e inalteráveis; as diferenças são sempre diferenças; não devem ser entendidas como um estado não-desejável, impróprio, de algo que cedo ou tarde voltará à normalidade; as diferenças dentro de uma cultura devem ser definidas como diferenças políticas – e não simplesmente como diferenças formais, textuais ou linguísticas; as diferenças, ainda que vistas como totalidades ou colocadas em relação com outras diferenças, não são facilmente permeáveis nem perdem de vista suas próprias fronteiras; a existência de diferenças existe independentemente da autorização, da aceitação, do respeito ou da permissão outorgado da normalidade (SKLIAR, 1999, p. 22-23).

Segundo Bhabha (2003) há necessidade de se fazer uma revisão conceitual e histórica, pois a retórica da diversidade narra a diferença como algo pré-determinado pelas "subjetividades originárias". Se deslocarmos nosso olhar para as diferenças (culturais e também coloniais), passamos a perceber outros espaços *entre-lugares,* em que são produzidos a articulação das diferenças culturais e coloniais.

A diferença cultural, conforme Bhabha (2003), ocorre no processo de significação, através das relações de poder que permeiam a cultura e que legitimam e posicionam, discriminando, diferenciando, consequentemente impedido o diálogo e a troca entre as culturas. O autor também interroga a diversidade cultural e nos afirma que:

> A diversidade cultural é também a representação de uma retórica radical da separação de culturas totalizadas que existem intocadas pela intertextualidade de

seus locais históricos, protegidas na utopia de uma memória mítica de uma identidade coletiva única (BHABHA, 2003, p.63).

Woodward (2003, p. 67), afirma que, "a diferença é um elemento central dos sistemas classificatórios por meio dos quais os significados são produzidos". Ou seja, o "outro" foi e ainda é identificado enquanto ser de cultura inferior pela imaginação discursiva ocidental, assim, a alteridade não ocidental acaba sendo exorcizada, subalternizada, negada. A afirmação de Skliar (2003), também contribui ao indagar que ao convivermos com os denominados "os outros", os colocamos como estranhos. Entendemos que é na compreensão da diferença, na construção da diferença colonial que se encontra uma das dificuldades em abrirmos espaços dialógicos. O encontro entre culturas diferentes promove contatos interculturais e, nesses encontros se constroem redes dialógicas e se estabelecem, mesmo com o imperialismo hegemônico ocidental, um pluralismo epistemológico, ainda que assimétrico. Em muitos momentos de encontros de culturas e saberes, criam tensões próprias das relações com cosmovisões diferentes.

Tensões e possibilidades de um diálogo Intercultural

Orientados pelo objetivo geral e as questões norteadoras desse caminho investigativo, analisamos as falas dos professores indígenas entrevistados, a partir de nossa convivência e momentos específicos de falas, para esta pesquisa, através da dinâmica de "rodas de conversas".

Objetivou-se problematizar os diferentes sentidos atribuídos pelos professores indígenas entrevistados referente às diferenças culturais existentes, refletindo como lidam com essas diferenças. Trazemos também algumas reflexões sobre como trabalham com a interculturalidade em suas práticas cotidianas nas escolas das aldeias.

FACES DA INTERCULTURALIDADE

Neste encontro entre culturas diferentes vivemos em uma constante tensão entre o mesmo e o outro, entre a diferença do outro e sua alteridade e é nessa tensão, nesse campo de disputa de poder que a interculturalidade acontece. A partir desse aspecto, podemos considerar a escola indígena, também ela, como espaço de fronteira, de *entre-lugar*, no sentido de Bhabha (2003), afinal, é na escola indígena em que acontece essa constante tensão entre a epistemologia hegemônica, a qual chamamos de eurocêntrica, e os saberes tradicionais das comunidades indígenas. Sob esse aspecto, ainda que aparentemente pareçam "reprodutores", nós os consideramos "tradutores" entre estas duas formas de conhecimento, essas duas cosmovisões.

Para a leitura dos dizeres dos professores entrevistados armamos nosso olhar com o filtro ótico da interculturalidade, assim, elencamos para esta leitura os conceitos de colonização, interculturalidade, diversidade, diferença cultural e colonial entre outros. Com a intenção de manter o anonimato dos entrevistados, estes serão identificados como: PI - Professor Indígena, também serão identificados por A, B, C e D - referindo-se aos docentes participantes desta pesquisa. Exemplificando: quando a referência for do primeiro entrevistado, referimo-nos a ele por PI/A.

Nessa investigação foram feitas algumas perguntas aos professores; elegemos para a análise das seguintes questões: a) Como vocês lidam com as diferenças culturais? b) De que forma vocês trabalham com os saberes indígenas e os ocidentais na escola? c) Como construir um conhecimento em educação contemplando a diversidade, a multiplicidade do contexto em que vivem?

Nas entrevistas estabelecidas foi possível perceber que estes reconhecem a diferença cultural como um potencial, e buscam estabelecer um diálogo com ela. Perguntarmos aos professores: como vocês indígenas lidam com as diferenças culturais?

Enfatizamos os relatos dos entrevistados sobre suas

experiências com a diferença cultural. Consideramos importante destacar que na maioria das falas das outras questões norteadoras sempre aparece a diferença cultural. Destacamos a fala da professora A, quando ela reflete:

> No pensamento da diferença entre nós, temos povos ocidentais, tem os indígenas, cada um tem seu jeito diferente, quando vamos ensinar temos que mostrar os dois jeitos, o indígena pensa assim, já o branco pensa e faz diferente. Nós pegamos o ocidental e o nosso conhecimento, e aí vamos fazendo com os dois conhecimentos (PI/A/2017).

Já o professor indígena D (2017) argumenta sobre a mesma temática, de como tratam o tema da diferença em suas práticas pedagógicas:

> Para nós indígenas é bom ser diferente, só não é bom quando os não indígenas não reconhecem a gente, trata o nosso modo de forma errada, traz coisas de fora para dentro da aldeia e acha que este é o certo. Nós indígenas temos o nosso jeito, se é certo? É o nosso jeito, tem que respeitar. Não achamos certo os não indígenas achar o nosso errado e impor os deles (PI/D/2017).

Referindo-se a diferença entre os povos e os saberes desenvolvidos em sala de aula, a professora C (2017) nos diz que:

> Temos que respeitar as diferenças, porque nós somos coletivos, pensamos diferente dos ocidentais, então pensamos o que é importante para nossos alunos. Não sei o que é melhor de conhecimentos, mas sei que é diferente, então temos que ensinar os dois (PI/C/2017).

Na maioria das falas encontramos a argumentação que nos leva a entende-las como um ato de tradução e negociação cultural. A tradução cultural é um método de ir de uma cultura a outra, e, deve ser entendida como um processo de construção de um novo, um saber híbrido que não representa somente a "essência do original", mas um outro saber, derivado do original da tradução, mas também um outro hibridizado, que para Bhabha (2003) representa um ato de enunciação, que provoca uma temporalidade discursiva híbrida e transgressora que faz emergir a diferença.

Registramos a formulação de um professor indígena, sobre como busca dialogar com os conhecimentos ocidentais e tradicionais, e como recorre a interculturalidade. Ao refletir sobre os aspectos históricos e culturais e a construção dos conhecimentos dos povos indígenas, consideramos importante demarcar que estamos nos referindo a sujeitos entendidos como populações de cultura tradicional.

É interessante observar nas falas dos entrevistados o movimento que esse professor faz na busca por um diálogo intercultural. Observa-se que este exercício epistêmico é intencional e pedagógico, pois, ao ser indagado, o professor PI/B (2017) demarca seu entendimento sobre práticas interculturais, afirmando que se trata da necessidade de se conviver com o entorno regional. Assim justifica: "É importante para nós indígenas ter os dois saberes, colocamos no currículo da escola os dois, dialogamos com os dois saberes, os indígenas e os não indígenas". Segue argumentando que:

> [...] quando estou trabalhando na sala, eu gosto de trabalhar diferente, procuro trabalhar com os conhecimentos ocidentais e trago os nossos também, vou trabalhando com os dois. Gosto de ver os alunos se sentindo a vontade, fazer os alunos se sentir valorizados na sala e muitas vezes eu chego assim na sala, eu não deixo eles se sentar um atrás do outro, assim, vamos conversando dos dois saberes, muitas coisas dos nossos saberes são diferentes, mas dá para conversar dos dois conhecimentos, precisamos dos dois, convivemos com os ocidentais, e dá para conviver bem! (PI/B/2017).

Ao refletir com a fala do professor PI/B (2017), esta nos leva a perceber sobre a importância do entendimento da diferença cultural para uma possível abertura às práticas interculturais. Nesse sentido Bhabha (2003) chama a atenção para percebermos que,

> A 'diferença' do saber cultural que 'acrescenta', mas não 'soma', é inimiga da generalização implícita do saber ou da homogeneização implícita da experiência, que Claude Lefort define como as principais estratégias de contenção e fechamento na ideologia burguesa moderna (BHABHA, 2003, p.262).

Tomamos como lócus fecundo de diálogo intercultural, os *entre-lugares* que emergem nestas práticas pedagógicas destes professores, pois, eles se apresentam como uma hibridização de saberes, há uma intencionalidade de práticas interculturais.

Uma questão a se pensar: como construir um conhecimento em educação contemplando a diversidade, a multiplicidade do contexto em que vivem? Os entrevistados afirmam que trabalham com a perspectiva da interculturalidade. Certamente há diversos fatores que levam os professores a trabalhar na perspectiva da interculturalidade. Por outro lado, não seríamos ingênuos em não perceber as relações de poder, ser e saber vigentes (MIGNOLO, 2003). Indagamos então como esta prática acontece?

Destacamos a fala da professora, na qual podemos perceber como esta entende o trabalho pedagógico na perspectiva da interculturalidade, do diálogo dos saberes. Segundo a professora PI/D/2017,

> A gente ensina os dois saberes, porque de 3, 4 ano a gente já desenvolve geral. Nós pegamos o ocidental e o nosso conhecimento tradicional, tudo junto. Trabalhamos os dois juntos, por exemplo: a gente tem a diversidade cultural, dentro da diversidade cultural, tiramos o subtema, tiramos o conteúdo que vamos trabalhar. Não assim no livro didático exatamente, não preso no livro didático. O livro didático nós temos para base, discutimos com os alunos o jeito do ocidental lidar com o tema e o jeito do indígena, do nosso entendimento

> falamos falando, pesquisando. Por exemplo a terra, uma lida com um jeito de entender sua relação com a terra, o nosso é bem diferente.

Acrescenta a professora indígena A,

> Não adianta os alunos ficarem presos ao conhecimento tradicional se não adquire conhecimento ocidental, ele fica totalmente perdido. Porque hoje coisa que vem do ocidental é mais forte do que tradicional, nós somos afetados por eles, temos que conviver com eles, aí conversamos sobre os saberes juntos, temos que conversar, que conviver (PI/A/2017).

Os entrevistados independentemente da disciplina que lecionam, em sua maioria apontará para a importância de se trazer para a construção epistêmica os dois conhecimentos e as duas lógicas de construí-los. Quanto à maneira como trabalham os conteúdos no sentido de estimular a reflexão sobre as diferenças culturais e o diálogo com os diferentes saberes, suas afirmações nos permitiram entender que estes encontram-se mais abertos às práticas interculturais.

Considerações: trilhando caminhos outros

Se considerarmos a perspectiva crítica da interculturalidade, esta leva-nos a pensar sobre a necessidade de construímos processos dialógicos em que outras perspectivas de poder, ser e saber sejam possíveis. Ao abrirmos para o diálogo intercultural e práticas de interculturalidade crítica, teremos relações democráticas e contra hegemônicas, pois por mais que exista os discursos homogeneizantes, estes não foram capazes de eliminar as diferenças, tentam sim estrategicamente silenciá-las, subalternizá-las.

Nossa experiência com os professores indígenas nos faz

dizer que neste contexto investigado, os professores se encontram mais abertos aos diálogos e práticas interculturais, resistindo às concepções colonialistas, eurocêntricas, que permanece na atualidade.

Os relatos dos professores acerca de como lidam com a interculturalidade presente, e como dialogam com os saberes ocidentais e tradicionais indígenas na escola, indicam que se trata de sujeitos que vivenciam culturalmente as tensões existentes em pólos opostos, mas também acolhem as diferenças culturais, acolhem as diversas formas de ser e de pensar e ensaiam práticas "outras" de uma pedagogia indígena hibridizada.

As diferenças coloniais, o eurocentrismo simbolicamente vigente que sustentam essa dominação epistêmica, construídas e atualizadas nas relações culturais e sociais cotidianas, coloca-nos uma questão importante a ser pensada: seria a forma colonialista de construção da diferença cultural e o incômodo que esta nos provoca que nos impende de nos abrir a interculturalidade?

A construção de um diálogo intercultural requer um processo de reconstrução epistêmica para que possamos reconhecer a diversidade epistemológica, mas não no sentido de acolhe-la e sim, reconhecer a alteridade cultural dos povos indígenas. Será talvez por este caminho que poderemos desconstruir e descolonizar alguns pensamentos clássicos etnocêntricos?

Neste caminho investigativo, a reflexão sobre as diferenças culturais e coloniais, de modo geral, tomou como base, principalmente, o entendimento dos professores indígenas, o que não significa, que as questões da interculturalidade e do etnocentrismo epistêmico aqui apontadas digam respeito apenas a eles. Assim, embora focamos em seus dizeres, esperamos que todos nós possamos pensar sobre a importância de se estimular a reflexão sobre o entendimento das diferenças culturais, seja no contexto indígena ou não indígena, discussão que, como vimos, se impõe no mundo de hoje e, sobretudo, na suposta hierarquia epistêmica dos conhecimentos e na desconstrução do pensamento colonial vigente.

REFERÊNCIAS

BHABHA, Homi. **O local da cultura**. Belo Horizonte: UFMG, 2003.

CANDAU, Vera Maria; Russo, Kelly. **Interculturalidade e educação na América Latina**: uma construção plural, original e complexa. In: Revista Diálogo Educacional, vol. 10, núm. 29, janeiro-abril, 2010, (p. 151-169).

CALDERONI, Valéria Aparecida Mendonça de Oliveira. **Professores indígenas e educação superior**: traduções e negociações na Escola Indígena Ñandejara da aldeia Te'ýikue, Caarapó/MS. 305f. 2016. Tese (Doutorado em Educação) – Universidade Católica Dom Bosco, Campo Grande, 2016.

MARÍN, José. **Dimensão histórica da perspectiva intercultural**, educação, Estado e sociedade. In: GARCIA, Regina Leite (Org.) Diálogos cotidianos. Petrópolis: DP e Alii; Rio de Janeiro: FAPERJ, 2010. p 313-330.

MATO, Daniel. Diferenças Culturais, **Interculturalidade e Inclusão na Produção de Conhecimentos e Práticas Socioeducativas**. In: CANDAU, Vera Maria (Org.). *Educação Intercultural na América Latina*: entre concepções, tensões e propostas. Rio de Janeiro: 7 Letras, 2009.

MIGNOLO, Walter. **Histórias Locais - Projetos Globais Colonialidade**, saberes subalternos e pensamento liminar. Walter Mignolo; Tradução de Solange Ribeiro de Oliveira. Belo Horizonte: Editora UFMG, 2003. 505 p.

SILVA. Tomaz Tadeu da. (Org.) **Documentos de identidade**: uma introdução às teorias do currículo. 2. ed., 11ª REIMP.- Belo Horizonte: Autêntica, 2007.

SKLIAR, CARLOS, B. **A invenção e a exclusão da alteridade "deficiente" a partir dos significados da normalidade**. In: Educação e Realidade, Porto Alegre, v. 24, n.º 2, jul./dez., 1999, p. 15- 32.

WALSH, Catherine. **Interculturalidade, plurinacionalidade e descolonização**: as insurgências político-epistêmicas de re-fundar o Estado. In: *Tabula Rasa*. Bogotá/Colômbia

nº.9. Julho-Dezembro, 2008 (p. 131-152).

WALSH, Catherine. Interculturalidade, Crítica e Pedagogia Decolonial: in- surgir, re-existir e re-viver. In: CANDAU, Vera Maria (Org.). **Educação intercultural na América Latina: entre concepções, tensões e propostas**. Rio de Janeiro: 7 letras, 2009. p 12- 42.

FORMAÇÃO DE EDUCADORES INDÍGENAS GUARANI E KAIOWÁ: O DESAFIO DA CONSTRUÇÃO DA INTERCULTURALIDADE NO ENCONTRO DO SABERES INDÍGENAS E OS SABERES OUTROS DA COLONIZAÇÃO

Adir Casaro Nascimento[5]
Carlos Magno Naglis Vieira[6]
Beatriz dos Santos Landa[7]

INTRODUÇÃO

O presente artigo é resultado de nossas experiências com a formação de educadores indígenas Guarani e Kaiowá do Mato Grosso do Sul, mais precisamente das atividades da Ação Saberes Indígenas na Escola/MEC/SECADI (2013 - 2017)[8] e dos projetos de pesquisa:

---

[5] Possui mestrado em Educação pela Universidade Federal de Mato Grosso do Sul (1991) e doutorado em Educação pela Universidade Estadual Paulista Júlio de Mesquita Filho (2000). professora titular da Universidade Católica Dom Bosco, coordena o Grupo de Pesquisa Educação e Interculturalidade/CNPq.

[6] Possui Mestrado em Educação (2008) e Doutorado em Educação (2015) pela Universidade Católica Dom Bosco/UCDB. Professor do Programa de Pós-Graduação em Educação - Mestrado e Doutorado da Universidade Católica Dom Bosco e nos cursos de graduação.

[7] Possui mestrado em História pela Pontifícia Universidade Católica do Rio Grande do Sul (1995) e doutorado em História pela Pontifícia Universidade Católica do Rio Grande do Sul (2005). Atualmente é professora adjunta da Universidade Estadual de Mato Grosso do Sul. Professora do Programa de Pós-Graduação em Antropologia - Mestrado da UFGD e do Mestrado Profissionalizante em História / PROFHISTda UEMS.

[8] A Ação Saberes Indígenas na Escola/MEC/SECADI, instituído pela portaria 1.061 de 30 de outubro de 2013, é uma política estabelecida pelo Ministério da Educação/MEC e integrante do Programa Nacional dos Territórios Etnoeducacionais[8], cujo os objetivos destinam a: I - promover a formação continuada de professores da educação escolar indígena, especialmente daqueles que atuam nos anos iniciais da educação básica nas escolas indígenas; II - oferecer recursos didáticos e pedagógicos que atendam às especificidades da organização comunitária, do multilinguismo e da interculturalidade que fundamentam os projetos educativos nas comunidades indígenas; III - oferecer subsídios à elaboração de currículos, definição de metodologias e processos de avaliação que atendam às especificidades dos processos de letramento, numeramento e conhecimentos dos povos indígenas; IV - fomentar pesquisas que resultem na elaboração de materiais didáticos e paradidáticos em diversas linguagens, bilíngues e monolíngues, conforme a situação sociolinguística e de acordo com as especificidades da educação escolar indígena (BRASIL, 2013, p. 1-2).

"Formação de professores indígenas Guarani e Kaiowá em Mato Grosso do Sul: relações entre territorialidade, processos próprios de aprendizagem e educação escolar", submetido ao Observatório da Educação Escolar Indígena/CAPES/INEP/MEC e "A relação entre a formação de professores, os projetos políticos pedagógicos e a organização curricular em escolas indígenas Guarani e Kaiowá de Mato Grosso do Sul", com financiamento da FUNDECT/Edital Educa – MS.

Com objetivo de apresentar avanços e desafios, referendados em nossas experiências com educadores indígenas Guarani e Kaiowá do Mato Grosso do Sul, mais especificamente das Terras Indígenas de Guaimbé e Rancho Jacaré/município de Laguna Caarapã, Taquapery/município de Coronel Sapucaia, Porto Lindo/município de Japorã e Cerrito/município de Eldorado, o artigo tem como eixo temático a educação escolar específica e diferenciada que caracterizam as categorias fundamentais na análise dos elementos epistemológicos e pedagógicos na construção da escola indígena de acordo com os direitos adquiridos e consolidados na Constituição de 1988, e na legislação que orienta a política para a educação escolar indígena no Brasil.

O estudo que se baseia no cenário indígena do Mato Grosso do Sul, com os povos indígenas Guarani e Kaiowá, possui uma forte presença e influência da colonialidade, principalmente pelo fato de provocar um padrão de controle, hierarquização e classificação dessa população (QUIJANO, 2005). De acordo com os estudos de Vieira (2015) estamos diante de um estado em que a colonialidade estimula e reproduz um discurso carregado de estereótipos e intenso preconceito e discriminação aos povos indígenas. Nesse mesmo sentido, podemos mencionar que com a educação escolar indígena não foi diferente, pois o pensamento que se firmou durante cinco séculos foi o colonizador. Durante esse período, o pensamento colonizador, predominantemente europeu, procurava catequizar, silenciar, negar e modificar as culturas e as línguas indígenas, com objetivo de apagar a identidade e a diferença indígena. Somente entre os anos de 1970 e 1980 é possível perceber uma mudança do Estado com relação às populações indígenas, principalmente no que se refere à educação escolar.

Segundo os dados da Secretaria de Educação Continuada, Alfabetização, Diversidade e Inclusão/SECADI/2015 existem no Brasil 3.100 escolas indígenas entre municipais e estaduais, 18 mil professores indígenas, sendo que desse número 20,3% são professores concursados, 77% professores contratados e 9,7% assumem outro tipo de acordo. No Mato Grosso do Sul, estado onde a pesquisa foi desenvolvida, existem 13 escolas indígenas da rede estadual e 41 escolas indígenas da rede municipal (SED/MS – 2016). Desse total de escolas indígenas o maior número de instituições de ensino está localizada em áreas indígenas Guarani e Kaiowá. Na Educação Infantil e os anos iniciais do Ensino Fundamental o corpo docente destas escolas é formado prioritariamente por professores e gestores indígenas, a maioria formada por cursos específicos e diferenciados e que, atualmente, recebem formação continuada da Ação Saberes Indígenas na Escola.

A Educação Escolar Indígena no Mato Grosso do Sul

A educação escolar indígena no estado de Mato Grosso do Sul teve um significativo desenvolvimento após a constituição de 1988, ou seja, a partir da década de 1990, através do Decreto nº 26/91 sancionado pelo Presidente da República atribuindo ao Ministério da Educação jurisdição para coordenar ações referentes à educação indígena, ações estas que até então eram administradas pela Fundação Nacional do Índio – FUNAI (NASCIMENTO, AGUILERA URQUIZA, 2010).

Visando atender as determinações do Decreto nº 26/91 o Estado do Mato Grosso do Sul, através da Secretaria e o Conselho

Estadual de Educação cria e/ou aprova instrumentos específicos que possibilitaram sistematizar e colocar em prática a educação escolar indígena diferenciada e específica, tais como: a Deliberação CEE/ MS nº 4324/95 que aprova o Documento de Diretrizes Gerais/ Educação Escolar Indígena e acompanhado do parecer CEE/MS nº. 201/95; a Resolução/SED nº 1061, constituindo o Núcleo de Educação Escolar Indígena; a Deliberação CEE/MS nº 6767 de 25 de julho de 2002, onde sua maior contribuição foi criar no âmbito do Estado às categorias de escola indígena e professor indígena.

Com base nos estudos de Nascimento e Aguilera Urquiza (2010)

> Vale destacar que apesar da morosidade do Conselho Estadual, as discussões e o processo de construção de autonomia com relação às escolas nas aldeias era bastante intenso o que leva a experiências de diálogo que ao mesmo tempo em que faziam a desconstrução do modelo ocidental cristalizado pelo projeto de colonização, abriam espaços para a descoberta de novas expectativas de futuro, do tomar a escola com as próprias mãos. O texto das Diretrizes/MS foi, para a época, bastante ousado o que, fazendo aqui uma inferência apressada, levou ao arrefecimento alguns anos depois, pelo próprio poder público (p. 47).

Mesmo diante de tensões e conflitos, a Secretaria Estadual de Educação em parceria com os Municípios, Universidades, FUNAI e algumas organizações não - governamentais levaram e têm levado a efeito algumas ações atendendo, principalmente, reivindicações da organização dos professores, dentre elas a formação continuada de professores indígena. As primeiras experiências de formação diferenciada e específica para professores indígenas no Mato Grosso do Sul tiveram início na década de 1990 com indígenas das etnias

Terena e Guarani/Kaiowá. Nesse período foram organizados o Curso de Formação e Habilitação de Professores de 1ª a 4ª Série do 1º Grau para o contexto Indígena (1994-1996), especificamente para professores Terena, e em 1999, o Curso Normal em Nível Médio - Formação de Professores Guarani/Kaiowá, denominado como Projeto ARA VERÁ.

No Mato Grosso do Sul, além do curso em nível médio para professores indígenas Guarani e Kaiowá, a Secretaria Estadual de Educação/SED-MS criou em 2007 o curso Povos do Pantanal para atender os professores indígenas das etnias Terena, Kadiwéu, Guató, Kiniquinau e Ofaié. É importante registrar que o estado também possui formação diferenciada para professores indígenas em nível superior, por meio dos cursos de Licenciatura Intercultural indígena Teko Arandu, criado em 2006, na Universidade Federal da Grande Dourados /UFGD e a Licenciatura indígena Povos do Pantanal, instituída em 2007, na Universidade Federal de Mato Grosso do Sul/UFMS, Campus de Aquidauana. Em ambas as licenciaturas interculturais há presença de professores indígenas concursados e contratados no quadro pedagógico.

Analisando a estrutura curricular dos cursos de formação de professores indígenas, tanto em nível médio e superior, observamos que as mesmas estão pautadas em eixos temáticos como: bilinguismo, interculturalidade, território/territorialidade, sustentabilidade e saberes e pedagogias indígenas ou tradicionais.

Diante desses eixos que norteiam os cursos de formação de professores indígenas, entendemos que o grande desafio da formação desses professores no Mato Grosso do Sul é a tradução desses conhecimentos. Amparado nos estudos de Nascimento e Aguilera Urquiza (2010, p.53) observamos que:

> Traduzir teoricamente estes momentos de formação parece ser, ainda, o grande desafio epistemológico para quem aposta numa pedagogia intercultural. Entre tantas outras "aprendizagens" acontecidas nestes

cursos as mais significantes parecem ser: - a instrumentalização metodológica e cognitiva para uma permanente necessidade de investigação, de elaboração, de sistematização de novos conteúdos; o desejo de estar realizando a antropologia de si mesmos, de seu povo; a atitude de ressignificar os chamados conteúdos universais (cristalizados pela cultura escolar ocidental); a autonomia para a elaboração e invenção de projetos pedagógicos e materiais didáticos próprios, particularizados: reinventando a didática. Aqui estão os grandes desafios da prática da interculturalidade e a formação de professores indígenas no Estado.

Os direitos constitucionalmente garantidos, demandaram a mobilização dos movimentos indígenas para que estes fossem ao mesmo tempo setorizados envolvendo saúde, educação, sustentabilidade, terra e territórios, respeito aos modos próprios de cada povo conduzir suas decisões, entre outros. As pessoas e organizações indígenas e não-indígenas, que estavam engajadas nas discussões sobre as questões educacionais, gradativamente fortaleceram os coletivos que já existiam, ao mesmo tempo que outros foram surgindo a partir das iniciativas necessárias para criação de legislações próprias para cada contexto onde a educação escolar indígena passou a ser pauta reivindicatória.

As legislações federais advindas destas reivindicações, foram afirmando e garantindo os direitos etnicamente diferenciados para os povos indígenas, conforme já destacado acima. A mobilização dos coletivos fissura a ordem estabelecida nos espaços educacionais e abrem brechas para a ruptura na hegemonia ocidental da oferta escolar realizada até então pelo Estado.

Para atender as reivindicações indígenas por uma formação, específica, diferenciada, comunitária e intercultural (RCNEI, 1998), deve ser destacada a implantação de licenciaturas interculturais em universidades públicas em vários estados da federação, com desenhos específicos para cada um destes povos de forma a garantir a diversidade cultural e respeitando cada território, língua e modos próprio de produzir e socializar conhecimentos, na elaboração dos projetos pedagógicos específicos. Como já anunciado, no Mato Grosso do Sul são ofertadas atualmente duas licenciaturas interculturais, sendo uma para o território Etnoeducacional do Cone Sul (MS, 2015b) desde o ano de 2006, específico para indígenas pertencentes aos povos Guarani e Kaiowá; e a segunda no território Etnoeducacional Povos do Pantanal (MS, 2015a) com entrada da primeira turma em 2011, que abrange os povos Terena que apresenta um contingente populacional em torno de 30mil pessoas, Kadiwéu, Kinikinau, Guató, Ofaié, e os mais recentes que se instalaram em território sul-mato-grossense.

O ingresso de indígenas ao ensino superior, pode ser considerado uma virada epistemológica importante nos ambientes acadêmicos, pois de inexistente ou invisível esta presença, e que contemporaneamente passou a ser coletiva, explicita o quanto as universidades mantinham práticas colonialistas, seletivas e excludentes em relação a grupos historicamente discriminados, e no caso dos indígenas, considerados extintos para a maioria das pessoas que transita nestes locais, ou somente reproduzindo estereótipos provenientes de uma aprendizagem deslocada no tempo em relação aos mesmos. Evidencia-se o desconhecimento em relação aos processos históricos, às identidades, hábitos e costumes destes povos, desde a formulação dos projetos pedagógicos em que gestores das instituições tem dificuldade em compreender a importância da participação de representantes destes povos para contribuir na sua elaboração, até o momento da aprovação nos conselhos acadêmicos de cada instituição que é marcada por tensões, desestabilizações e negociações (CORDEIRO, 2008). Evidenciam-se a manutenção e continuidade de um pensamento meritocrático baseado em um sentimento de que a universidade não é lugar para pobres, negros e indígenas, mas para uma elite que detém características que excluem estes segmentos da população, especialmente em cursos socialmente valorizados como Medicina, Direito, Engenharias, e áreas da saúde em geral.

A presença das lideranças tradicionais com suas vestes e elementos da cultura material próprio de cada povo (*mbarakas*, cocares, instrumentos religiosos, etc.) junto aos movimentos indígenas são extremamente eficazes nestes momentos decisórios em que estão sendo avaliados para serem "incluídos" nos mecanismos universitários, pois trazem para o interior da universidade o conhecimento/reconhecimento das lutas, das histórias, das especificidades, de identidades outras, do distanciamento e descompromisso com que estas instituições sempre mantiveram em relação a estes e outros segmentos da população. Os apoiadores e apoiadoras da causa indígena nestes espaços, não raro devem realizar convencimentos individuais para que sejam aprovados projetos ou programas diferenciados daquilo que é a prática cotidiana, e que já está internalizada pelas pessoas que transitam nestes ambientes. Estes projetos/programas/ações subvertem currículos, espaços de ensino e aprendizagem, avaliações, relações de poder, mas principalmente fazem emergir Outros Saberes/Conhecimentos, que são desconhecidos da academia, e que demonstram ter tanta efetividade, eficácia e explicação de mundo quanto os paradigmas da ciência ocidental considerada de "validade universal", "verdadeira e aplicável em qualquer tempo e lugar", e a trazida pelos indígenas considerada de segunda classe, caracterizada como étnica, popular, local ou "particular" e "não-universal" (MATO, 2009) e ao mesmo tempo demonstram que

> ... a pauta da luta pela diversidade não era nem é a mesma da luta por inclusão; a presença indígena nas universidades coloca problemas epistemológicos e conceituais de outra natureza que aqueles pautados pela inclusão, e é exatamente aí que está posto o desafio a indígenas e não indígenas. (LIMA, 2018 p.7)

Os dados mais recentes apresentados na II CONEEI[9] pela secretária da SECADI/MEC Ivana de Siqueira em março de 2018, indicam que há 30 mil matrículas de indígenas no ensino superior, o que representa um avanço exponencial, já que no início do século XXI não havia informações sobre esta presença por ser esporádica e eventual, e em menos de duas décadas, apesar de todas as restrições econômicas, preconceito, racismo e desrespeito cultural, pelas quais passam a maioria de indígenas que alcança este nível de ensino, vem conseguindo fissurar as estruturas das IES e inserem-se neste novo mundo com a perspectiva de formação de "indígenas altamente qualificados e comprometidos com a defesa dos seus direitos, em especial com a promoção da qualidade de vida das suas comunidades de origem, que inclui a gestão dos territórios e o fortalecimento de suas organizações" (AGUILERA URQUIZA, NASCIMENTO, ESPÍNDOLA, 2010).

Portanto, este ingresso é coletivo, mesmo que inseridos neste contingente possam ser encontradas experiências individuais com vistas somente a inserção em uma carreira profissional com vistas a melhoria econômica pessoal e familiar, pois a maioria mantém vínculos efetivos com sua comunidade originária antes, durante e após a formação na graduação, e em alguns casos na pós-graduação. Esta relação pode ser de forma direta como ocorre com aqueles/as que se graduam nas licenciaturas interculturais ou nas regularmente ofertadas pelas IES que não apresentam especificidades em seu desenho curricular; nos cursos tecnológicos específicos e que eram demandas das áreas indígenas como por exemplo, Agroecologia; cursos da área da Saúde como Enfermagem, Psicologia, Nutrição; das Ciências Aplicadas como Serviço Social, ou indiretamente por meio da inserção em espaços externos às áreas

---

[9] II Conferência Nacional de Educação Escolar Indígena, ocorrida em Brasília entre os dias 20 a 22 de março de 2018

indígenas especialmente as prefeituras, mas que atuam fortemente no atendimento das demandas dos seus povos, como Direito, Agronomia, Engenharias variadas, entre outras.

Os desafios enfrentados pelos indígenas no ensino superior tem sido objeto de pesquisas em todo país, apontando que ainda persistem nas instituições fatores humanos, pedagógicos, administrativos e de vivência nas turmas onde estão inseridos, processos de colonialidade nos quais aqueles são vistos como "menos capazes", "deslocados", " exóticos" e que ocupam vagas para as quais não tem "legitimidade", subalternizando-os, e que aliados à práticas interculturais ainda aquém do que seriam necessárias para que os dados de evasão, repetência e abandono dos cursos diminuíssem, e fossem alcançados níveis mais aceitáveis de permanência do que os verificados atualmente.

A inserção de indígenas nas escolas pós formação inicial

A inserção de profissionais índios nas escolas localizadas nas terras indígenas, também tensiona os ambientes escolares e a comunidade onde se inserem, pois são muitos os desafios a serem enfrentados tanto para se afirmarem por meio de uma nova epistemologia escolar como para a negociação com as secretarias de educação é quase sempre pautada por desconhecimento da grande maioria das pessoas que assumem estes cargos sobre as características da Educação Escolar Indígena e seus inúmeros avanços e desdobramentos, e que se agrava especialmente quando há alteração nos quadros políticos após as eleições municipais.

Assim, esta "Outra" escola vai sendo construída com diversas interferências internas e externas, e são nesses encontros/desencontros que residem exatamente a sua força, pois ao mesmo tempo desconstrói os pensamentos coloniais ainda presentes em uma parte da própria comunidade (que ainda crê que a boa escola é aquela ofertada de forma hegemônica e excludente e que já é conhecida), de gestores não indígenas que tendem a perpetuar as práticas já conhecidas e que tem dificuldade em compreender estes novos aprendizados interculturais que embasam a escola indígena, e que se constrói no diálogo constante subvertendo tempos, espaços, metodologias, relações de poder, respeitando a criança ao escutá-la em profundidade, e trazendo os conhecimentos externos (ditos universais) em interação/diálogo com os internos(locais/ancestrais).

Vivencia-se um momento de muita aprendizagem com erros, acertos, deslocamentos na docência e na gestão, na produção de materiais didáticos, no atendimento às legislações existentes. Cada território indígena que possui espaços escolares está numa etapa da construção/produção e consolidação desta escola que se propõe a ser mais respeitosa e promotora da importância dos saberes e conhecimentos tradicionais neste espaço de constante tensão, que tenha um tratamento com mais equidade em relação às crianças e jovens que por lá circulam, com a comunidade que a abriga, e que espera dela respostas contemporâneas para este momento histórico, mas sem deixar de reconhecer que é este mesmo coletivo que lhe dá o suporte para a construção de uma escola diferente da que era ofertada até então.

> Nosotros, investigadores indígenas y no indígenas de la educación escolar indígena guaraní en Mato Grosso do Sul, y otros estudiosos de la pedagogía guaraní, hemos observado que las prácticas pedagógicas vividas entre profesores y niños/alumnos indígenas, son marcadas por la alegría; el respeto a la voluntad del alumno; paciencia (de la espera, de la contemplación); reciprocidad (el no apego a los objetos) y que el acto de enseñar y aprender, o sea, los procesos de aprendizaje se den por la curiosidad (para aprender hay que preguntar); observación de la naturaleza y de las otras personas; imitación (inspiración en aquello que lo rodea, autonomía, oralidad: escucha respetuosa de la palabra, el diálogo, el silencio) y la repetición (para aprender hay que hacer muchas veces)

(NASCIMENTO, AGUILERA URQUIZA, 2016, p.11).[10]

Formação de educadores indígenas Guarani e Kaiowá: o desafio da construção da interculturalidade

A formação de educadores indígenas tem sido um grande desafio tanto para as comunidades indígenas, como para agências de formação que são marcadas pela colonialidade. Há um campo de luta entre os saberes que precisam ser negociados e traduzidos para que possam ser legitimados como saberes escolares.

Com base em alguns depoimentos dos professores Guarani e Kaiowá, observamos que a Ação Saberes Indígenas na Escola que surgiu de uma demanda do Programa Nacional dos Territórios Etnoeducacionais, reafirmou o compromisso e o respeito do MEC com a educação escolar indígena, tanto na educação básica quanto em nível superior, pois proporcionou para muitas escolas, nas comunidades indígenas, um caminho de entrada dos saberes indígenas nas escolas.

A fala dos professores que participam da Ação evidencia um deslocamento epistemológico e metodológico das escolas:

---

[10] Nós, investigadores indígenas e não indígenas da educação escolar indígena guarani em Mato Grosso do Sul, e outros estudiosos da pedagogia guarani, temos observado que as práticas pedagógicas vividas entre professores e crianças/alunos indígenas, são marcadas pela alegria; o respeito à vontade do aluno; paciência (da espera, da contemplação; reciprocidade (o não apego aos objetos) e que o ato de ensinar e aprender, ou seja, os processos de aprendizagem se dão pela curiosidade (para aprender há que se perguntar); observação da natureza e de outras pessoas; imitação(inspiração naquilo que o rodea, autonomia, oralidade, escuta respeitosa da palavra, do diálogo, do silêncio) e a repetição(para aprender há que fazer muitas vezes). *Tradução nossa.*

Os Saberes têm nos ajudado a trabalhar. O que tem de valor temos que passar para eles. Os nossos alunos eram muito rebeldes, é a partir das aulas diferentes tem valorizados mais a língua, a cultura, os pais, a escola. A partir das aulas diferentes tem coisas que não podemos revelar, mais podemos registrar em guarani. Ajudou muito a nos organizar. É um caminho, estamos no caminho. Queremos mudar muito. [...] O conhecimento novo acontece a cada dia, quem está na comunidade indígena, tem que conhecer a cultura, dominar a cultura, ser conhecimento setembro de 2015/Terra Indígena Taquapery/Coronel Sapucaia).

O Saberes ajudou a pensar uma escola indígena, proteger a escola indíugena...sempre idealizamos um modelo de escola...o Saberes ajudou na resistência e não desistir. O conhecimento foi uma defesa para a escola. (Professor Claudemiro Lescano, agosto de 2018, Terra Indígena Taquapery/Coronel Sapucaia).

O Saberes abriu espaço para nós indígenas falar. É necessário começar pos nós...Por isso que os professores precisam conhecer o seu povo, a sua cultura, os seus saberes. os nossos saberes... (professor Enoque Batista, agosto de 2018, Terra Indígena Taquapery/Coronel Sapucaia).

O Saberes veio para fortalecer os nossos conhecimentos, acordar o conhecimento. Trouxe novas propostas, criou expectativas ...foi/é necessário envolver a comunidade, foi necessário discutir práticas e possibilidades (professor Onérimo Godói, agosto de 2018, Terra Indígena Rancho Jacaré/Laguna Carapã).

A partir das formações realizadas nas aldeias, a Ação Saberes Indígenas na Escola, abriu um espaço de reflexões, de desconstrução, de reinterpretação da educação escolar indígena, não só no sentido de rever as ações de letramento, alfabetização e numeramento, mas enquanto um espaço fertil de descolonização especialmente no que se refere à inserção dos saberes tradicionais indígenas, práticas pedagógicas, do bilinguismo como prática de articulação de sentidos e significados, desconstrução de conteúdos/dogmas hegemônicos que ainda circulam pelos currículos das escolas indígenas, e os pilares fundamentais da educação escolar indígena. Esses deslocamentos também se fazem presentes nas falas dos professores indígenas.

> Os mais velhos não vêm até a escola. É preciso fazer pesquisa e ir em busca do conhecimento. Conversar com os mais velhos nos momentos certos... Não é toda a hora que pode falar, não é toda a hora que pode ensinar... As vezes falta o espaço na aldeia, o lugar sagrado (professora Adelia Martins, julho de 2014Terra Indígena Taquapery – Coronel Sapucaia/MS,).

> A Educação Escolar Indígena só será indígena se compreender a educação guarani. Se nos professores mergulhar no nosso conhecimento, saberes e na nossa cosmovisão. Precisamos entender esse campo do saber guarani. O mundo vasto do guarani para depois entender a educação escolar. Quando o espaço escolar tornou se espaço do guarani. É uma espinha construir uma escola indígena (professor Claudemiro Lescano, de julho de 2014, Terra Indígena Taquapery – Coronel Sapucaia).

> O Saberes nos levou a perguntar: O que são Saberes Indígenas? Saber indígena não começou ontem, mas a mais de 500 anos. Iniciou de maneira oral e agora precisamos registrar, escrever. O Saberes na nossa escola começou a mudar, trabalhamos de maneira diferenciada, trabalhamos no coletivo, o respeito precisa ser praticado... (professor João Benites, agosto de 2018, Terra indígena Cerrito/Eldorado).

> Na nossa escola aceitava a demanda da secretaria, mas com a luta conquistamos esse modelo diferenciado e nos encontramos no Saberes. O Saberes trouxe o alicerce e

nos fez encontrar. Com isso isso ganhamos espaços e outras metodologias na escola. Os jovens criaram um espaço no seu pensamento e no nosso saber, a nossa lingua, o nosso nome, a nossa identidade guarani. O Saberes fez a gente valorizar os saberes guarani, a lingua... (Professor Elieser- agosto de 2018, Terra indígena Porto Lindo/Japorã).

Foi possível também perceber uma "reafirmação" da identidade indígena de professor/a Guarani, fato que pode ser observado em todas a atividades realizadas, nos depoimentos colhidos nestes momentos de formação, nas negociações com as secretarias de educação, mas especialmente nas salas de aula onde essa identidade se manifesta desde o preparo da aula, nas metodologias empregadas, nas pesquisas realizadas com os mais idosos e idosas da própria família, mas também com os sábios e sábias da comunidade, que possuem saberes específicos, e respeitando seus tempos, seus saberes e suas histórias, que contribuem para a construção e vivências de processos interculturais. O desafio da construção da interculturalidade no encontro do Saberes indígenas e os saberes outros da colonização, tem se dado, sobretudo, pelo processo violento e consistente do projeto colonizador em subaltenizar, inferiorizar, silenciar e ocultar os saberes indígenas. Neste sentido, o desafio se dá na desconstrução da visão homogenizadora, monocultural e normativa das instituições, dos sistemas de ensino, mas também, da colonialidade que habita as comunidades indígenas que, embora persistam na resistência, precisam recuperar os seus saberes e as suas pedagogias para que possam fazê-los legítimos em seus espaços escolares e protagonizarem os discursos e práticas interculturais com autonomia e igualdade.

REFERÊNCIAS

AGUILERA URQUIZA, A. H; NASCIMENTO, Adir Casaro; ESPÍNDOLA, M. A. J. **Os indígenas e o ensino superior em Mato Grosso do Sul**: Etnografias dos processos de construção de sustentabilidade e autonomia. Entrelugares: Revista de Sociopoética e Abordagens Afins, v. 2, p. 2-17, 2010.

CHAMORRO, Graciela; COMBÉS, Isabelle. (Orgs.). **Povos indígenas em Mato Grosso do Sul**: história, cultura e transformações sociais. Dourados, MS: Ed. UFGD, 2015.

LIMA, Selma das Graças de. **Antropologia e Educação:** Uma etnografia da participação de alunos indígenas nas escolas públicas da cidade de Dourados. Dourados –MS,2014. Dissertação de Mestrado em Antropologia, UFGD. 154p.

LIMA, Antônio C. Souza. **Ações afirmativas no ensino superior e povos indígenas no Brasil:** uma trajetória de trabalho. Horizontes Antropológicos, Porto Alegre, ano 24, n. 50, p. 377-448, jan./abr. 2018

MS. Secretaria de Estado da Educação. **Resolução SED 2960**, de 27 de abril de 2015. Define as Diretrizes para a Educação Escolar Indígena no território educacional dos Povos do Pantanal. Diário oficial 8908, de 28 de abril de 2015a.

MS. Secretaria de Estado da Educação. **Resolução SED 2961,** de 27 de abril de 2015. Define as Diretrizes para a Educação Escolar Indígena no território educacional do Cone Sul. Diário oficial 8908, de 28 de abril de 2015b.

NASCIMENTO, A. C.; AGUILERA URQUIZA, A.H. **Práticas de ensino no contexto das escolas indígenas**. In: Encontro Nacional de Didática e Prática de Ensino - ENDIPE, 2012, Campinas. Anais do Encontro Nacional de Didática e Prática de Ensino - ENDIPE. Araraquara: Junqueira&Marin Editores, 2012. v. 01. p. 1083.

NASCIMIENTO, Adir Casaro; AGUILERA URQUIZA, Antonio H. **La escuela indígena intercultural y el diálogo de saberes.** La experiencia en escuelas indígenas Guaraní y Kaiowá, Brasil. **Temas de Educación**, [S.l.], v. 21, n. 2, 2016, p. 367. Acesso 25 de maio de 2018

VIEIRA, Calos Magno Naglis. **A criança indígena no espaço escolar urbano de Campo Grande**/MS: identidade e diferença. Campo Grande, 2015. Tese de Doutorado em Educação, UCDB. 228p.

SISTEMAS EPISTEMOLÓGICOS-OTROS: CONOCIMIENTOS LOCALES Y LA ESCUELA EN LA COMUNIDAD WIXÁRIKA DE WAXIETI (MÉXICO)

Itxaso García Chapinal[11]

INTRODUCCIÓN

Desde el siglo XVI se ha impuesto en América Latina a partir de la colonialidad un sistema de conocimiento ajeno a las poblaciones locales. Éste se caracteriza por basarse en las experiencias occidentales y aceptarlas como "universales". No obstante, las comunidades marginadas por la colonialidad han resistido y han mantenido sus sistemas epistemológicos, como ejemplifica el caso de Miwaxieti, una comunidad wixárika (México).

La llegada de la escuela ha creado tensiones en las comunidades puesto que interfiere en su educación local, es decir, en la transmisión y reproducción de sus saberes y en su sistema epistemológico. Ante esta situación es necesario valorar la epistemología local y analizar el papel que cumple la escuela, cómo influye en el sistema de conocimientos local y cuál es la opinión de los habitantes al respecto.

LA COLONIALIDAD Y SU SISTEMA EPISTÉMICO

Desde la llegada de los europeos a América, se ha impuesto en este continente un patrón que margina a las personas indígenas, sus experiencias y sus conocimientos. Este patrón, así como su sistema social, económico y político, se basa en la colonialidad. Ésta es la unión de ciertos estados en un sistema jerárquico interestatal (Quijano/ Wallerstein 1992:551). Su La jerarquización se basa en la raza, es decir, en las supuestas diferencias biológicas que sitúan por naturaleza a una persona en una escala inferior que a otras (cf. 553).

---

[11] Universität Bielefeld, e-mail:igchapinal@gmail.com

Esta clasificación racial no sólo influye en las relaciones sociales y económicas, sino también en los sistemas de conocimiento. El sistema epistemológico de la colonialidad se basa en las experiencias europeas, que son consideradas universales y objetivas. De esta manera, se olvida su localización (¿por qué, cuándo, dónde, por quién, con qué objetivo se produce el conocimiento?), al mismo tiempo que se tachan otros conocimientos como subjetivos o irracionales, marginándolos (Santa María Delgado 2007:199). Sus características más destacables son el método científico, la universidad como centro de producción de conocimiento y la división entre religión y ciencia.

En América Latina los europeos impusieron este sistema como único y, tras las guerras de independencia, las clases políticas e intelectuales lo aceptaron como propio y se involucraron activamente en su expansión. Por lo tanto, la colonialidad y su epistemología siguen vigentes en América Latina, imponiéndose sobre poblaciones marginadas, como los indígenas (Garcés 2007: 226). Un ejemplo de ello es el ímpetu con el que diferentes Estados de la región han impulsado la escuela pública.

La colonialidad también influye en la clasificación de los idiomas. Según sus reglas, el conocimiento debe de estar escrito en las lenguas imperiales europeas (español, portugués, italiano, francés, alemán, inglés). Después de las guerras de independencia, estas lenguas, especialmente el español y el portugués en América Latina, se convirtieron en las "lenguas nacionales" y en una herramienta fundamental para la construcción de unidades nacionales homogéneas (Mignolo 2000: 292). En este contexto, los demás idiomas quedan limitados al uso cotidiano y a expresiones culturales de los pueblos, pero en ningún caso para crear ciencia (Garcés 2007: 226).

Esta inferioridad de los saberes y los idiomas se ha extendido a las personas poseedoras de estos, a las que se les ha despojado de su posición de seres humanos y se ha afirmado su no-existencia. Esta expansión de la colonialidad a las personas se ha identificado como la "colonialidad del ser" (Walsh 2007: 29).

Le educación pública, especialmente la primaria, ha jugado un papel fundamental en la expansión y fortalecimiento de la epistemología colonial entre las poblaciones marginadas. Bajo lo que la clase política considera "educación de calidad" se ha impuesto como único sistema de conocimiento, ocultando así las desigualdades, el racismo y las jerarquías de género que implica (Mignolo 2014: 64). Actualmente, en las regiones indígenas de México se aplica un programa intercultural bilingüe en la educación primaria. No obstante, la interpretación de la interculturalidad y su aplicación en el sistema educativo mexicano tiene grandes limitaciones. En primer lugar, se ha entendido "lo intercultural" de forma unidireccional, como un deber de los pueblos indígenas para saber actuar en un contexto marcado por la discriminación y su carácter subalterno (Walsh 2010: 80). Además, se ha interpretado en términos lingüísticos, pero no se ha dado importancia a otras formas de pensar y de ver el mundo (cf. 81). Tampoco se ha considerado la opción de que la sociedad no indígena aprenda de otras formas de pensar y de conocimiento, ni el intercambio de saberes entre los diferentes grupos marginados. Por lo tanto, a pesar del cambio de discurso, el sistema educativo sigue sin considerar los conocimientos y sistemas epistémicos de la población a la que va dirigida.

Conocimientos – otros: el caso del pueblo wixárika

A pesar de la marginalización y la imposición de las colonialidad y su epistemología, los pueblos indígenas han mantenido su sistema de conocimientos, principalmente caracterizados por la oralidad. Un ejemplo de esta resistencia es el pueblo wixárika. Sus comunidades de origen se sitúan en la Sierra Wixárika, en la región del Gran Nayar. La República de México reconoce como wixárika un área de poco más de 4.000 km^2 (Ramírez de la Cruz 2002: 73). No obstante, el *kiekari*, como ellos llaman a su territorio, abarca una superficie de aproximadamente 90.000 km^2 (Liffman 2012: 94). Esta extensión está delimitada por grandes centros ceremoniales: Xapawiyeme (isla de los Alacranes, Jalisco) al sur, Hauxamanaka (Cerro Gordo, Durango) al norte, Haramara (San Blas, Nayarit) al oeste y Pariya Tekia (Cerro Quemado, Wirikuta, San Luis Potosí) al este. A estos cuatro lugares se le suma uno más en el centro, Teakata (Santa Catarina, Jalisco), el único que se encuentra en el territorio oficialmente reconocido como wixárika.

Gracias al control que los wixáritari han mantenido sobre su territorio y la entrada de extranjeros en éste, han podido conservar numerosos rasgos culturales. Esta situación se debe a cierto grado de autonomía que tuvieron durante la Colonia. Hasta 1722, año en el que la región fue conquistada, la Corona les otorgó ciertos privilegios, como tierras o la libertad de culto, a cambio de apoyo esporádico en la lucha contra las poblaciones del norte (Neurath 2002: 74). Después de la conquista, la presencia de colonos o miembros religiosos católicos aumentó, pero nunca estuvieron completamente integrados en el sistema colonial. No obstante, esto no fue un impedimento para adoptar nuevos utensilios o costumbres, como instrumentos musicales o la ganadería (cf. 21).

El mantenimiento de rasgos culturales y de su conocimiento ha llamado la atención de antropólogos desde finales del siglo XIX. Desde entonces, se han analizado por separado elementos del sistema epistemológico wixárika, como el idioma, el significado del territorio o sus rituales. Esta división no responde a las características de la epistemología wixárika, sino a la distinción entre religión y ciencia impuesta por la colonialidad. A continuación, analizaré los elementos más importantes del sistema epistemológico wixárika basándome en el trabajo de campo que realicé en la comunidad de Miwaxieti, al norte de Jalisco.

Territorio: significado y usos

El espacio que habitan los wixáritari para ellos no tiene sólo un valor económico, donde cultivan, sino también cultural. El hecho de que el *kiekari* abarque una extensión tan amplia, puede interpretarse como reflejo del pasado nómada o seminómada del grupo (Iturrioz Leza 2004: 216). La geografía es parte de la cosmología wixárika y el paisaje evidencias que cuentan su pasado, como si de "un escrito conceptual" se tratara (Liffman 2012: 104). Las peregrinaciones a lugares sagrados son una forma de leer y revivir esa historia, al mismo tiempo que se reivindica ese territorio como propio. Este mensaje se refuerza en las fiestas a través de las canciones de los *mara'akate*, o chamanes, que describen estos viajes como caminos ancestrales que deben seguir reproduciéndose (cf. 116).

Es por esto que la invasión de tierras que los wixáritari han sufrido desde la época colonial no es sólo una amenaza para su alimentación, sino también para su continuidad cultural. Uno de los símbolos por la lucha de su territorio en la actualidad es la gran movilización que surgió en contra de la explotación minera en la sierra de Real de Catorce, donde se encuentra Wirikuta, uno de los lugares sagrados wixárika más importantes. En este contexto, las peregrinaciones se han convertido en una herramienta política para defender sus reclamos territoriales (cf. 50).

El uso del territorio también está fuertemente ligado a su sistema de conocimientos. La principal actividad es la agricultura de subsistencia, que tiene un gran valor social y cultural. La vida familiar y social se organizan alrededor del cultivo de la milpa, cuyo principal producto es el maíz, en sus cinco variantes regionales. Este cereal es básico para el sistema wixárika, tanto que se consideran "los guardianes de los colores del maíz" (Anaya Corona/ Guzmán Mejía 2007:179).

La milpa es un elemento de unión no sólo de la familia, sino de toda la comunidad. Por un lado, todos los miembros de la ranchería colaboran en el cultivo del terreno familiar. Es un momento importante de transmisión de conocimientos de una generación a otra. Aquí, a través de la participación, los niños y jóvenes aprenden no solo los métodos tradicionales de cultivo sino también la simbología del maíz y su función en la cultura wixárika (cf. 175). Por otro lado, es una actividad que reúne a toda la comunidad. Al inicio y final de la siembra se llevan a cabo rituales en los centros ceremoniales en los que la comunidad se reúne y guiada por los *mara'akate* y otros cargos religiosos ofrendan tanto a los dioses como a los ancestros (Neurath 2002: 512). Estos rituales son un importante mecanismo social para reafirmar la identidad étnica, así como para transmitir y reproducir su cosmovisión (cf. 517).

Familia y *mara'akame*: fuentes de información y transmisión

Los encargados de transmitir los conocimientos a las nuevas generaciones son los miembros mayores de las familias y los *mara'akate* (*mara'akame* en singular). Estos últimos juegan un papel social clave en las comunidades wixáritari. Cumplen diversas funciones, desde curandero hasta consejero y líder religioso. Reciben una formación especial muy larga que les convierte en expertos de la cultura y conocimiento local. Tienen el poder de comunicarse con los dioses a través de sueños, jícaras o pequeños cuencos hechos con calabaza, y la consumición del peyote, un cactus con efectos alucinógenos. Al mismo tiempo, su dios tutelar es *Tatewari*, el abuelo fuego, que representa la sabiduría y la ancianidad, dos elementos muy relacionados en la epistemología wixárika (Iturrioz Leza 2004: 165).

Como expertos, se encargan de una parte de la educación de los niños (Anaya Corona y Guzmán Mejía 2007: 137). Su función de maestro se muestra especialmente en la fiesta de *Tatei Neixa*, después de la recogida de los primeros productos de la milpa. Esta fiesta simboliza la iniciación de los niños de seis años en "el costumbre" (Neurath 2002:186). Junto con los niños, el *mara'akame* encargado de la ceremonia canta una canción que describe el primer viaje de los dioses a Wirikuta, uno de los centros ceremoniales más importantes. De esta manera, los pequeños no sólo aprenden el camino de los dioses, sino también las marcas que estos dejaron en el paisaje (cf. 290). La canción se podría interpretar como una lectura del paisaje.

Por otra parte, son los adultos de la familia, los padres y los abuelos, los encargados de transmitir a las generaciones más jóvenes el conocimiento local en el día a día. En el seno de la familia los niños aprenden conocimientos prácticos de interacciones cotidianas, como a hacer tortillas, coser o ir a por leña (Anaya Corona/ Guzmán Mejía 2007: 137). Es importante no olvidar que estos conocimientos prácticos están ligados a un complejo sistema epistemológico y de creencias. A través de la repetición y el aumento de sus responsabilidades en las actividades, los jóvenes asimilan la información. Asimismo, las reuniones familiares alrededor del fuego son otro momento importante de transmisión.

Es importante destacar el papel que tienen los ancianos de la comunidad en el sistema epistemológico wixárika. Son valorados por sus experiencias, ya que han vivido y/o participado en acontecimientos importantes en la historia wixárika. Además, conocen las historias de generaciones anteriores que ya no viven. Por ello, se les considera un vínculo entre el pasado y el presente y de la transmisión de esos conocimientos que poseen depende la continuidad del grupo (Iturrioz Leza 2004: 169). Por lo tanto, no sólo son una fuente de información por su relación con el pasado, sino que también juegan un papel importante en el futuro wixárika.

FACES DA INTERCULTURALIDADE

Idioma y oralidad

Otro elemento identitario importante para los wixáritari es su idioma, el wixárika. Cuando se les pregunta qué les hace ser wixárika, muchos destacan el idioma. Éste pertenece a la familia lingüística yuto-azteca, una de las más extensas de América, y está estrechamente emparentado con el cora, lengua del grupo indígena homónimo con el que también comparten rasgos culturales (cf. 17).

Además de su importancia para la identidad grupal, es una herramienta básica para la transmisión de conocimiento local. Muchas palabras contienen significados simbólicos (cf. 159) y hacen referencia a conceptos que, en otros idiomas, como el castellano, no existen.

Al mismo tiempo, los conocimientos se transmiten oralmente. En las actividades diarias o momentos de reunión familiar, los adultos cuentan a los más jóvenes historias de la comunidad o les explican el simbolismo de la acción en la que están trabajando, por ejemplo en la siembra de la milpa.

LA ESCUELA: CONFLICTO ENTRE CONOCIMIENTOS

En Miwaxieti, como en otras comunidades wixáritari, el sistema epistemológico wixárika no es el único en la comunidad. A través de las instituciones estatales, como el centro de salud o las escuelas, la epistemología colonial está presente en la comunidad. Estas instituciones se basan en los contenidos y métodos de las universidades, por lo que en muchas ocasiones hay tensiones o conflictos, puesto que contradicen o no tienen en cuenta los conocimientos locales.

Cuando se les pregunta a los ancianos de Miwaxieti por su historia, se destaca la llegada de la escuela primaria como un punto de inflexión. Es por ello que me centro en las tensiones que existen entre la educación pública primaria y el sistema de conocimientos wixárika. Al mismo tiempo, es el ciclo escolar que más niños completan. Generalmente, los entrevistados se refieren a la primaria (desde los 6 hasta los 11 años) como "la escuela", por lo que usaré este mismo término para referirme a la educación que los niños en Miwaxieti reciben en las aulas de la Secretaría de Educación Pública entre los 6 y los 11 años. La primera escuela se inauguró en la década de los 80 y en la actualidad, también hay un aula preescolar (desde los 3 hasta los 5 años) y una secundaria (desde los 12 hasta los 14 años).

Maestros y libros en cuestión

Entre los contenidos que se imparten en la escuela, los adultos destacan el hecho de que los niños aprenden castellano, así como a leer y escribir. A pesar de ser una institución ajena, la aceptan, ya que ayuda a compensar las desigualdades reconocidas en relación con la sociedad mayoritaria (Durin/ Rojas 2005:166). Se espera que estos conocimientos ayuden a mejorar la situación de la comunidad, como explica un anciano que participó en el debate sobre la entrada de la escuela en la década de 1980: "[parafraseando una conversación] a partir de estos tiempos tendrán sus escuelas, que no les falte los estudios de los niños para que estudiados puedan apoyar a su comunidad y puedan salvar al pueblo".

No obstante, la escuela se relaciona con la pérdida de interés y de identidad cultural entre los más jóvenes. El mismo anciano afirma que "ahora en la escuela como que ya no valoran todo eso [cazar, cultivo de la milpa, honrar a los ancestros]". Esta misma opinión la comparten también madres de familia que asistieron a la escuela. Una joven madre de familia, de unos 20 años, dice que "la escuela les mete otras ideas [a los niños]". Otra, que tiene tres hijos en edad escolar y cursó hasta la secundaria, se queja de que aprenden "nada más lo que dicen los libros". Las dos coinciden en la importancia del conocimiento wixárika, descrito como hacer ofrendas o tejer, para el buen desarrollo personal de sus hijos.

Por su parte, el *mara'akame* asegura que "cuando se nos pide nuestros hijos, los padres de familia entregamos a los hijos al inicio del ciclo escolar pero no hay quien se encargue a vigilar culturalmente a los niños y maestros". En estas declaraciones se muestra, por un lado, la desconexión entre la escuela y la comunidad en general, ya que "entregan" a los hijos, como si el hecho de asistir a la escuela los alejaría de su familia, a pesar de seguir viviendo con ella. Por otro lado, señalan a los profesores como parte del problema, a pesar de ser wixáritari, ya que, aunque ellos son los que reciben a los niños, no les transmiten los conocimientos locales.

Los profesores comparten, parcialmente, las opiniones mencionadas antes. Los cinco maestros, entre los que se encuentra una mujer, concuerdan que los conocimientos locales se están perdiendo porque los libros sólo hacen referencia a contextos urbanos y castellanoparlantes. Esta afirmación se confirma echando un vistazo a los libros escolares, que reparte el gobierno gratuitamente. Por ejemplo, los libros de castellano sólo van dirigidos a sus hablantes nativos. Igualmente, en el libro de la asignatura de "Formación Cívica y Ética" de sexto grado (2016), donde se tratan temas políticos y sociales, se les pregunta a los estudiantes si conocen a alguien que hable algún idioma indígena (cf. 89), cuando en la comunidad el primer idioma es el wixárika.

Los maestros, que en primaria son wixáritari, no se consideran aptos para impartir contenidos locales. Ni ellos ni los libros son fuentes de información en la epistemología wixárika. Esta situación ha creado tensiones entre profesores, padres de familia y el *mara'akame* que critica fuertemente a los maestros: "ustedes son gente wixáritari, aquí se les ha encargado toda comunidad, vienen a trabajar desde afuera, (…) nos han pedido nuestros hijos, ahora cuídenlo". Añade que no valoran los usos y tradiciones wixáritari y les reprocha que se comporten como *teiwarixi*, que literalmente significa vecino y es una forma de referirse a la sociedad mexicana no indígena. Esta desconfianza hacia los maestros, a pesar de ser wixáritari, puede que esté relacionada con el hecho de que su formación es ajena a la comunidad. Estos reciben su formación en la Universidad Pedagógica Nacional (UNP), por lo que pasan varios años fuera de sus comunidades de origen.

Jerarquía entre idiomas

Oficialmente, el sistema educativo actual es bilingüe. En la escuela las clases se imparten en castellano y wixárika. Sin embargo, no se da el mismo uso e importancia a los dos idiomas, lo que influye en el proceso de identidad, ya que, como se ha mencionado anteriormente, el idioma materno es un elemento identitario clave para los wixáritari.

El castellano es una herramienta importante tanto para defender a la comunidad como para participar en procesos políticos y sociales a nivel regional, estatal o nacional. Es una de las razones por las que muchos padres quieren que sus hijos asistan a la escuela. A pesar de ello, también lo consideran una amenaza. Los profesores imparten las clases en castellano y usan el wixárika para aclarar dudas. Esta diferencia va en aumento según los cursos avanzan y en sexto, el último curso, prácticamente desaparece. Ésta no es una decisión personal de los maestros de Miwaxieti, sino la regla institucional. Además, los profesores argumentan que los alumnos tienen que dominar bien el castellano al final de la primaria, ya que la secundaria se imparte íntegramente en este idioma y los profesores no son indígenas.

Es importante destacar que el hecho de aprender nuevos idiomas no es dañino. El problema surge a raíz de la jerarquización de los idiomas que impone la colonialidad y la subordinación que ello implica para los hablantes nativos de lenguas no dominantes.

En la escuela, también aprenden a escribir y leer el wixárika. Sin embargo, la calidad de este aprendizaje deja mucho que desear. En primer lugar, el wixárika es principalmente una lengua oral. Solamente en las últimas dos décadas los lingüistas, que no pertenecen al grupo étnico, han desarrollado un sistema de escritura con el alfabeto latino. Éste se imparte en las escuelas, pero los profesores no reciben una formación adecuada para ello, ya que es un sistema en constante cambio. Asimismo, el contenido que se imparte en el idioma materno, los ejercicios que los alumnos tienen que llevar a cabo, están desconectados de los conocimientos locales o el significado simbólico de muchas palabras. Como consecuencia, hay una pérdida colectiva del simbolismo de algunos términos entre las nuevas generaciones, por lo que a veces no comprenden el código de reglas culturales o usan incorrectamente algunas palabras (Iturrioz Leza 2004:159).

Negociaciones

A pesar de los conflictos, nadie en la comunidad quiere expulsar la escuela. Desde sus experiencias y formaciones, los diferentes actores sociales de Miwaxieti proponen varias soluciones.

Por una parte, los maestros quieren crear libros de lectura, no sólo de texto, en el idioma materno. Al mismo tiempo, la maestra de primero y segundo propone crear un currículum con contenidos locales con la ayuda de los padres de familia o el *mara'akame* que reconozca las fuentes de información del sistema local.

El *mara'akame* también le gustaría implicarse en la escuela. Su propuesta es crear una nueva figura, un "asesor cultural" u "orientador tradicional" que conozca "nuestra historia, identidad y cosmovisión". Su función sería supervisar que tanto los niños como los maestros cumplan las reglas culturales wixáritari, como hacer las ofrendas necesarias en la escuela para que los niños aprendan mejor.

Una anciana de unos 80 años relaciona el abandono por parte de las generaciones más jóvenes de prácticas religiosas y culturales, como las ofrendas en los sitios sagrados y el *tukipa* o centro ceremonial, con la pérdida de conocimientos locales. Por lo que su propuesta es que los más jóvenes se encarguen de llevar a cabo ciertas ofrendas mínimas. Desde mi punto de vista añado que el hecho de hacerse cargo de este tipo de actividades puede ser muy positivo, ya que estos actos son momentos importantes de transmisión donde aprenden y practican al mismo tiempo conocimiento locales, además de usar vocabulario rico en simbolismo unido a reglas culturales.

CONCLUSIÓN

Como se puede observar con el ejemplo de la escuela primaria en Miwaxieti, la colonialidad sigue vigente en América Latina. La clase política e intelectual latinoamericana ha asumido como propio el sistema epistemológico decolonial, que se basa en las experiencias occidentales y en considerarse universal, y persisten en imponerlo a poblaciones marginadas por el mismo sistema. La educación pública primaria es una herramienta clave en este proceso.

No obstante, los grupos indígenas han resistido y han mantenido sus propios sistemas de conocimiento, como muestra el caso de los wixáritari. La epistemología wixárika se caracteriza por su relación con la geografía, la importancia de los ancianos y el *mara'akame* como fuentes de información y en el proceso de trasmisión, así como por la oralidad y el aprendizaje a través de la práctica.

Entre el sistema local de conocimiento y la escuela, que es percibida como institución ajena, han surgido tensiones. La educación pública es considerada útil, porque pueden aprender castellano y a leer y escribir, pero la sienten como una amenaza para su epistemología a pesar de los programas interculturales bilingües. Es por ello que nadie en la comunidad quiere expulsar la escuela, sino adaptarla a sus necesidades y realidad social.

Es por ello que se debe poner en cuestión el sistema epistémico colonial y reconocer la variedad de conocimientos que existen. Es necesario también preguntarse cómo se debe adaptar la escuela a las necesidades locales y cómo se puede implicar a la población en el proceso de toma de decisiones de políticas que les influyen directamente.

REFERENCIAS

Anaya Corona, María del Carmen/ Guzmán Mejía, Rafael (2007). *Cultura de maíz-peyote-venado: sustentabilidad del pueblo wixárika*. Guadalajara: Universidad de Guadalajara.

Conde Flores, Silvia/ Conde Flores, Laura Gabriela (2016). *Formación cívica y ética. Sexto grado*. Ciudad de México: Secretaría de Educación Pública.

Durin, Séverine/ Rojas Cortés, Angélica (2005). "El conflicto entre la escuela y la cultura huichola: traslape y negociación de tiempos". En: *Relaciones* 26, 101, pp. 148-190.

Entrevistas personales en los miembros de la comunidad de Miwaxieti. Marzo-Abril 2015.

Garcés, Fernando (2007). "Las políticas del conocimiento y la colonialidad lingüística y epistémica". En: Castro-Gómez, Santiago / Grosfoguel, Ramón (eds.). *El giro decolonial: reflexiones para una diversidad epistémica más allá del capitalismo global*. Bogota: Siglo del Hombre Editores, pp. 217-242.

Iturrioz Leza, Jose Luis (2004). *Lenguas y literaturas indígenas de Jalisco*. Guadalajara: Secretaría de Cultura.

Liffman, Paul M (2012). *La territorialidad wixárika y el espacio nacional: reivindicación indígena en el occidente de México*. Zamora: Colegio de Michoacán.

Mignolo, Walter D. (2000). *Local Histories/Global Designs: Coloniality, Subaltern Knowledges, and Border Thinking*. Princeton: Princeton University Press.

Neurath, Johannes (2002). *Las fiestas de la Casa Grande: procesos rituales, cosmovisión y estructura social en una comunidad huichola*. Ciudad de México: CONALCUTA-INAH/Universidad de Guadalajara.

Quijano, Anibal/ Wallerstein, Immanuel (1992). "Americanity as a Concept, or the Americas in the Modern World-System". En: *International Social Science Journal* 44, pp. 549-557.

Ramírez de la Cruz, Xitakame Julio (2002). "Nosotros los huicholes". En: Iturrioz Leza, Jose Luis et al. (ed.). *Reflexiones sobre la identidad étnica* Guadalajara: Universidad de Guadalajara, pp. 71-78.

Santamaría Delgado, Carolina (2007). "El bambuco y los saberes mestizos: academia y colonialidad del poder en los estudios musicales latinoamericanos". En: Castro-Gómez, Santiago / Grosfoguel, Ramón (eds.). *El giro decolonial: reflexiones para una diversidad epistémica más allá del capitalismo global.* Bogotá: Siglo del Hombre Editores, pp. 195-216.

Walsh, Catherine (2007). "Interculturalidad, colonialidad y educación". En: *Revista Educación y Pedagogía* 19, 28, pp. 25-35. (2010). "Interculturalidad crítica y educación intercultural" En: Viaña, Jorge/ Tapia, Luis/ Walsh, Catherine. *Construyendo Interculturalidad crítica*. La Paz: Convenio Andrés Bello, pp.75-96.

EDUCAÇÃO ESCOLAR E IDENTIDADE ÉTNICA ENTRE OS UMUTINA[12]

Eliane Boroponepá Monzilar[13]

Hellen Cristina de Souza[14]

BREVE HISTÓRIA DOS UMUTINA

Os Umutina, que se autodenominam Balatiponé são um povo indígena tradicionalmente habitante das regiões do Alto Paraguai na região central do Brasil. A língua Umutina pertence a família Macro-Jê, a mesma a qual pertence a língua dos Bororo. Vitimas de um processo de contato violento e doloroso as primeiras referencias históricas sobre eles são de Ricardo Franco no final do Séc. XVII e de Augusto Leverger no final do XVIII. Max Schimidt e Harald Schultz nos anos 40 e 50 do Séc. XX registram aspectos importantes da cultura material e dos processos de resistência e organização social dos Umutina no período marcado pela atuação do SPI. Ambos são de origem alemã, o primeiro ligado a Universidade de Berlin o segundo produz como etnólogo do SPI, mesma condição de Darcy Ribeiro cujo texto: Os Índios e a Civilização publicado pela primeira vez em 1970 orienta a discussão da primeira parte deste trabalho.

---

[12] Versão preliminar deste trabalho foi enviada ao 24º Seminário de Educação - SEMIEDU 2016 Saberes e Identidades: Povos, Culturas e Educações, realizado pelo Programa de Pós Graduação em Educação da UFMT, Campus de Cuiabá.

[13] Possui pós-graduação Educação Escolar Indígena pela Faculdade Intercultural Indígena e mestre em Desenvolvimento Sustentavel Juntos a Povos de Terras Indígenas pela Universidade de Brasilia-UNB. Doutoranda em Antropologia Social pela Universidade de Brasília (2015). Atualmente é professora - Secretaria de Estado de Educação e Cultura -Seduc/ MT, professora da Escola de Educação Indígena Jula Paré coordenadora do Programa Mais Educação. E-mail: elibmonzilar@gmail.com

[14] É doutora em Ciências Sociais pela Pontifícia Universidade Católica de São Paulo. Atualmente trabalha como professora formadora na área de Educação Escolar Indígena no CEFAPRO - Centro de Formação e Atualização dos Profissionais da Educação Básica do Estado do Mato Grosso. E-mail: hellendesouza@gmail.com

Em Os Índios e Civilização: a integração das populações indígenas no Brasil moderno, Darcy Ribeiro "focaliza as relações entre as etnias tribais e as frentes de expansão da sociedade nacional nos primeiros sessenta anos do século XX" (RIBEIRO, 2004:15). O livro expõe as bases do que Darcy Ribeiro chamou de processo de transfiguração étnica: "processo através do qual as populações tribais que se defrontam com as sociedades nacionais preenchem os requisitos necessários a sua persistência como realidades étnicas mediante sucessivas alterações em seu substrato biológico, em sua cultura e em suas formas de relação com a sociedade envolvente" (p. 26). Para o autor, a transfiguração étnica, portanto, dá nome a um processo relacionado a um outro 'processo mais geral que diz respeito aos modos de formação e transformação das etnias' (p. 26).

Os Umutina aparecem no texto de Darcy Ribeiro como um dos três únicos povos que *"saltaram da condição de isolados a de integrados"* (p. 269) e no curto período que sua pesquisa cobre Darcy Ribeiro mostra como um profundo e violento processo de contato e morte os levaria a extinção[15]:

> Os índios Umutina do rio Sepotuba, norte de Mato Grosso, pacificados em 1918, foram igualmente reduzidos em número por uma epidemia de sarampo que os atacou dois anos depois. A primeira conseqüência foi ficarem órfãs muitas crianças, obrigando o SPI, como ocorrera junto aos Xokleng, a criar uma instituição para educá-las. Com

[15] Pensando os Graus de Integração, Darcy Ribeiro explica: "As populações indígenas do Brasil moderno são classificadas em quatro categorias referentes aos graus de contato com a sociedade nacional, a saber: isolados, contato intermitente, contato permanente e integrados. Estas categorias representam etapas sucessivas e necessárias da integração das populações indígenas na sociedade nacional. Alguns grupos desapareceram, porém, antes de percorrer todas elas e cada grupo permanece mais ou menos tempo numa etapa, conforme as vicissitudes de suas relações com os civilizados, certas características culturais próprias e as variantes econômicas da sociedade nacional com que se defrontam" (p. 488).

essas crianças alguns casais umutina que manifestaram o desejo de abandonar a vida tribal e algumas famílias pareci marginalizadas, o SPI fundou o Posto de Fraternidade Indígena, onde as as crianças foram criadas na companhia de sertanejos, integrando-se nos estilos de vida da população rural mato-grossense. O restante da tribo conservou-se na mata, vivendo de acordo com a tradição tribal mas ali mesmo foi atacado, anos depois, por uma epidemia que vitimou principalmente as mulheres, obrigando os sobreviventes a se recolher ao posto pela impossibilidade de manter, sem elas, uma vida independente.

Os índios submetidos a esse processo de extinção e desorganização tomam perfeita consciência dele. Nos relatórios do SPI surpreendemos diversas passagens em que eles incriminam seus pacificadores pelo logro que representou o convívio pacífico, para o qual foram tão manhosamente atraídos e que lhes custou um preço tão alto.

O pacificador dos índios Umutina, que viu definhar e quase extinguir-se em poucos anos o povo altivo e vigoroso que tirara da mata, ouviu deles queixas amargas. Quando levava a aldeia socorros tardios e insuficientes, após a epidemia de sarampo que reduzira o grupo de trezentas para duzentas pessoas, os encontrou "como espectros de cadáveres e não como os valentes Barbados que pacificara" O líder da tribo, ao deparar com ele depois de ver expirar a própria esposa, vitimada pelo sarampo, perguntou: De que serve tanta farinha e roupa, se morremos das moléstias que vocês nos passaram? (p. 354-355).

Para o autor a extinção parecia tristemente inevitável: *"os Umutina estão em rápido processo de extinção como etnia, porque seus sobreviventes foram recolhidos a postos indígenas juntamente com outros grupos étnicos, de que resultou a perda da língua, e uma descaracterização cultural mais intensa" (p. 510).*

Em Darcy Ribeiro, a categoria extinto, "refere-se essencialmente, ao desaparecimento do grupo como entidade étnica" (ibdem). Ao tratar da questão lingüística o autor explica que "Nos grupos integrados se observa uma verdadeira competição entre as duas línguas, tendendo a conduzir ao abandono da língua materna quando interferem certos fatores sociais desfavoráveis" (p. 282). Entre os Umutina o autor explica: "recolhidos ao Posto Fraternidade Indígena. Levados a viver juntos e diante da dificuldade de comunicação por falarem línguas diversas, todos tiveram de adotar o português. Nessas circunstâncias as gerações mais novas, constituída por filhos de casais mistos, nem chegou a aprender a língua dos pais" (p. 283). A situação a que foram submetidos os Umutina e as condições e conseqüências do processo de pacificação entre eles quando ouvidos desde os relatos dos Umutina parece ser ainda mais dramático e doloroso.

A terra indígena Umutina já está demarcada: o processo foi efetuado em 24 de abril de 1960 e registrado no cartório do Município de Rosário D' Oeste MT. O Território é protegido pelo Rio Paraguai e o Bugre tem o formato de uma ilha fluvial, à direita o rio *Xopô* (Bugres) e a esquerda o rio *Laripô* (Paraguai). Ao seu entorno encontram-se fazendas, plantações de cana, criações de gado e a cabeceira do Rio Paraguai está em uma localidade que há muito tempo funcionou como garimpo (Alto Paraguai). Sua extensão territorial é 28.120 hectares. Para ter acesso é necessário atravessar o rio em pequenas embarcações ou em uma balsa.

Nas aldeias que crescem ao lado das antigas construções do Posto de Fraternidade Indígena vivem cerca de 500 Umutina, sendo a maioria crianças, jovens e adultos descendentes de casamentos interétnicos entre os povos indígenas: Paresi, Nambikwara, Irantxe, Bororo, Kayabi, Bakairi, Terena e Umutina levados para a área pelo

SPI e que conforme contam os mais velhos ajudaram os Umutina a se reconstruírem como povo. Essa opção dos mais velhos é coerente com o discurso da revitalização cultural[16].

Para os Umutina a noção de aldeia multiétnica é fundamental, pois reconhece a existência de diferentes saberes, o modo de viver, fomenta solidariedade e a reciprocidade entre as culturas, favorece que todos desenvolvem atitudes e conhecimento holístico para atuar no seu contexto, bem como interagir com outras culturas e situar em contextos da realidade (Projeto Sala de Educador, 2013, pág 05).

Ainda que concebam uma aldeia multiétnica na sua origem os Umutina a organizam a partir de um complexo e emaranhado discurso de revitalização étnica e revitalização da língua como é possível ler nos trabalhos recentes produzidos sobre eles e por eles.

Essa possibilidade multireferenciada para a origem do povo pode ser lida no modo como contavam sua origem? desde o mito da figueira, da bacava, desde o relato de Haipuku:

> Primeiro não tinha povo e Haipuku andava triste, sozinho. Ele foi pensando na vida, foi inventar e experimentar juntar fruta de bacaba do campo. E juntava fruta macho e fruta fêmea. Foi juntando, juntando, juntando, emendando até ter dois pés de comprimento, aí deixa de lado. Quando chegou de noite ele ficou assustado com conversa. Foi ver e era gente que as frutas

---

[16] Para Lucibeth Camargo de Arruda, cujo trabalho de mestrado publicado em 2003 no Programa de Pós-Graduação em Historia da UFMT, tratou do tema do Posto de Fraternidade Indígena: Estratégias de Civilização e Táticas de Resistência 1913 -1945 aponta três hipóteses para explicar a criação do aldeamento multiétnico no território dos Umutina: a primeira, de acordo com a autora estaria relacionada a 'situação de quase falência do órgão' tutor; a segunda, segundo ela, estaria relacionada a 'disposição de apressar o processo de civilização'(pág. 127). E a terceira é a idéia de que o Posto teria a partir da década de 30 teria funcionado com um modelo de reeducação, muito próximo de um reformatório (pág.37).

viraram. E ele ficou satisfeito com os companheiros. Eles ficaram com ele e fez família logo. Foi indo, foi indo, experimentou juntar fruta de figueira de folha larga. Juntou e botou debaixo da esteira. De noite assustou da conversa de gente. Aí for ver que virou gente outra vez e ficou satisfeito que já tinha muita gente para companheiros dele. Depois de algum tempo achou que era pouco e experimentou juntar fruta de bacaba do mato. Juntou até um palmo de comprimento e saiu tudo gente de cabelo comprido, dois homens e duas mulheres, dois casais. Experimentou com mel de tatá e também saiu um casal, com a cabeça mais pelada. Quando já tinha bastante povo dele, criou barriga de perna por dois lados. Haipukú ficou apurado com a dor de criança, procurou um pé de figueira. Aí racharam as duas pernas e nasceram quatro crianças: dois meninos e duas meninas. Da perna direita saíram dois Habusé, índio e índia, e do lado esquerdo saíram os pais dos civilizados. Mas as crianças não quiseram ficar morando na casa do pai. Ele, quando teve os dois casais de crianças foi em casa dizer à mulher e a mulher disse: 'Porque não trouxe as crianças?' Haipukú respondeu: 'As crianças não querem vir!' Aí ele mandou fazer dois Ametá para as meninas e dois arco para os meninos. A menina civilizada não ajeitou com a sainha, mas o Habusé ajeitou. O menino civilizado também não ajeitou com o arco, mas o Habusé ageitou! Haipukú falou para eles ir com ele em casa dele. Mas eles não queriam. Queriam ir embora. Ele então perguntou: 'Para onde vocês vão?' Eles falaram: Os civilizados para mando do Paraguai para baixo, e os Habusé para mando do rio dos Bugres para cima. Haipukú disse que podia ficar junto com ele, que ele teve o trabalho de carregar bruto de barriga de perna, e assim mesmo eles iam se esparramar no mundo. Mas não há notícias destes índios, que dizem parece se acabou. Ficaram só os filhos de fruteira junto com ele mesmo. (Relato de Haipukú).

Ao contarem o mesmo mito de origem os Umutina descendentes de casamentos interétnicos constroem um novo laço identitário recriando uma origem comum com os descendentes dos sobreviventes Umutina que aliado aos processos de territorialização permitiu a reorganização da identidade indígena Umutina desde o território. A área da aldeia Umutina está passando por um processo de ressignificação que envolve todos os moradores e cuja importância e fortalecimento da cultura e do seu patrimônio circulam na comunidade e também modificaram o projeto de educação escolar.

Os processos de educação formal chegaram a aldeia através do Serviço de Proteção ao Índio, SPI, a primeira a escola foi criada em em 26 de maio de 1943 com o nome de Escola Otaviano Calmon. Mas o seu funcionamento não era estável, devido os professores não permanecer na aldeia. Com isso as aulas duravam de dois a três meses por ano, trazendo muitas dificuldades aos alunos que não terminava a série iniciada. Só a partir de 1982 a escola passou a funcionar normalmente com os professores contratados pela Fundação Nacional do Índio, FUNAI. A escola funcionava em regime multisseriada, ela foi reconhecida pela lei municipal nº651/83. Em 20 de setembro de 1983. Pelo município de Barra do Bugres-MT.

Saíram na década de 80, os primeiros alunos indígenas da aldeia em busca de estudo de 5º a 8º série e 2º Grau, hoje Ensino Médio (magistério, contabilidade, propedêutico e administração) na cidade de Barra do Bugres e Cuiabá, porque havia na aldeia apenas as séries iniciais. Com o passar dos anos a saída dos alunos para a cidade só foi aumentando. Então surgiram muitas preocupações, pois os adolescentes poderiam seguir outros caminhos, desvalorizando os costumes e tradições que estavam sendo revitalizadas.

Atualmente, a comunidade e os professores estão desenvolvendo a partir da escola um projeto de revitalização da cultura do que foi proibido no passado, incentivando e estimulando a falar e praticar a cultura original dos Umutina, um processo complexo já que na aldeia vivem famílias descendentes de outros povos indígenas. No entanto, a discussão sobre a revitalização da cultura é fundamental para todos os moradores, essa discussão é produto da compreensão que a cultura está e estará sendo repassada para as novas gerações, que serão conhecedores e protagonista da sua história e de seus valores.

Vale ressaltar que a comunidade considera que houve um grande avanço, '*muito dos jovens já se pinta e canta sem nenhum tipo de receio e isso é muito importante'*. A escola passou a ser um espaço de referência política de toda a comunidade Umutina. Nela se discutem os problemas de políticas internas, de rituais culturais e também a importância do conhecimento escolar para o povo Umutina como uma arma de revitalização da cultura quase em desuso ou adormecidos.

Desde a escola se criam espaços de afirmação das mesmas tradições culturais e se idealiza uma identidade Umutina que ainda que não seja homogênea se estabelece como o mais forte indicador da indianidade do grupo. Em relação à cultura, embora não sejamos falantes da língua nativa, tudo por conta de um processo histórico muito violento com os "brancos", agora juntos com a escola e a comunidade estamos buscando a revitalização da cultura Umutina. "É um rico trabalho com significância porque estamos conseguindo, nós, professores, temos mostrado trabalho verdadeiro que revelam isso e a comunidade tem participado e acreditado na eficiência da escola como espaço também de rever nossas práticas culturais".

Ao pensar sobre as mudanças de natureza cultural, econômica, social e ambiental ocorridas é possível afirmar que muitos vêem pontos positivos e negativos. Por outro lado na visão dos Umutina há um consenso de que o povo protegeu e protege o conhecimento e os saberes tradicionais e que as mudanças são parte da busca de alternativas dentro do território e de manter viva e sustentável a cultura para as futuras gerações. Por essa razão todas estas transformações se relacionam com os processos formais da educação escolar e neste momento uma preocupação da escola e da comunidade é a sustentabilidade econômica e cultural dos jovens, principalmente com as possibilidades e perspectivas relacionadas ao bem viver e uma boa qualidade de vida.

Ao apropriar-se de um novo discurso de revitalização étnica os Umutina promoveram uma ruptura com as descrições acerca de si mesmos e protagonizam um movimento de retorno não marcado, não previsto e, portanto, não descrito no processo de transfiguração étnica tal como Darcy Ribeiro o propôs. Assim, olhando para a realidade de extinção e morte da primeira metade do século XX (a partir do referencial teórico da aculturação) Darcy Ribeiro pensa a transfiguração étnica como um processo linear, como o "O transito da condição de índio específico conformado segundo a tradição de seu povo, à de índio genérico, quase indistinguível do caboclo, (p.12)" e no qual os Umutina se encaixaram exemplarmente.

As transformações que tomaram forma entre os Umutina nos últimos anos, mediadas principalmente no contexto do projeto de formação escolar informam uma outra etapa ou um outro modelo no doloroso processo de contato. Darcy Ribeiro o pensou linear em direção a civilização por que definido por ela. Os Umutina informam uma outra etapa que sucederia, no caso deles a condição de integrados e é diferente das demais por que se dá como um movimento que olha para as tradições indígenas do período que antecedeu ao contato. Para essa etapa a palavra de ordem é Revitalização.

CONSIDERAÇÕES FINAIS

A pesquisa de Darcy Ribeiro, que dá início a este texto, marca um momento importante da antropologia no Brasil e é possível pensar que a perspectiva antropológica que a fundamenta permanece, 'transfigurada', em estudos antropológicos mais recentes e na visão que os brasileiros constroem a respeito das populações indígenas. A narrativa antropológica da última metade do século passado pensou os Umutina desde a perspectiva da extinção física e cultural como apareceu no texto, já citado, de Darcy Ribeiro, no entanto é possível pensar que os Umutina vivem atualmente uma etapa, no percurso do contato, não descrita por Darcy Ribeiro. Ao contarem o mesmo mito de origem os Umutina descendentes dos casamentos interétinicos constroem um novo laço identitário recriando uma origem comum com os sobreviventes Umutina. Mais do que isso os processos de territorialização também criaram um espaço comum e permitem esta reorganização da identidade desde o território tomando os processos de escolarização como referência.

Do ponto de vista das discussões sobre interculturalidade a experiência do povo Umutina apresenta um conjunto importante de contribuições. Para finalizar este texto ressaltamos duas, que podem ser analisadas em um outro momento: a primeira é que no contexto da educação escolar os Umutina atualizaram uma perspectiva mítica de inclusão muito comum nos mitos indígenas sobre o contato nas terras baixas da América do Sul, quando trataram de contar a história depois do contato, os povos indígenas o fizeram incluindo. Outro elemento importante do projeto de educação intercultural dos Umutina é o lugar do conflito. A lógica inclusiva não minimiza a dor e a violência histórica do contato nem as condições atuais de exclusão e negação de direitos. A experiência Umutina pode nos apontar possibilidades na discussão sobre interculturalidade comprometida com a construção de perspectivas escolares (e nesse caso também antropológicas) com força para denunciar a violência e a exclusão e avançar na construção de um projeto de educação escolar culturalmente pertinente que aponte para uma sociedade mais justa e menos desigual.

REFERÊNCIAS

JESUS, Antônio João de. **Os Umutina**. In: Índios em mato Grosso. OPAN/CIMI-MT, 1987.

MONZILAR, Eliane Boroponepa. **Território Umutina: Vivência e Sustentabilidade.** Trabalho de Conclusão de Curso de Mestrado.Centro de Desenvolvimento Sustentável.UNB, Brasília,2013.

Projeto Político Pedagógico. Escola Indígena Jula Pare. Aldeia Umutina. 2009. Atualizado 2013.

RIBEIRO, Darcy. 1996. **Os índios e a civilização: A integração das populações indígenas no Brasil Moderno.** Companhia das Letras.São Paulo.

SCHMIDT, Max. 1941. **Los Barbados os Umutinas em Mato Grosso**. Revista de la Sociedad Científica Del Paraguay, n.5, p. 1-51.

SCHULTZ, Harald. **Vinte e três Resistem à Civilização.** Melhoramentos, 1953.

_____. 1961/62. **Informações etnográficas sobre os Umutina.** Revista dostina Museu Paulista, Nova Série, 13; 75-313.

SOUZA, Hellen Cristina de Souza e MONZILAR, Eliane Boroponepá. 2014. **A flecha do tempo não segue um plano pré-determinado.** (MIMEO)

POVOS TRADICIONAIS E OS PROCESSOS DE DESESTRUTURAÇÃO E DESAGREGAÇÃO DE FAXINAIS NO PARANÁ (1970-2016) [17]

Ancelmo Schörner[18]

INTRODUÇÃO

Desde 2010 viemos estudando os processos de desestruturação e desagregação de vários Faxinais no Município de Rio Azul (PR) (Porto Soares, também conhecido como Faxinal Santa Cruz, Rio Azul dos Soares, Invernada, Rio Azul de Cima, São João da Palmeirinha, Faxinal São Pedro, Faxinal dos Paula, Cachoeira dos Paulistas e Braço do Potinga. Esses faxinais do Paraná vêem sofrendo um processo de desagregação dos últimos anos, a ponto de alguns deles desaparecerem, modificando esse território. Num primeiro momento temos uma situação de desestruturação provocada por um conjunto de antagonistas, como os fazendeiros, chacreiros, migrantes catarinenses, mineradoras, plantadores de pinus, eucaliptos e soja. Num segundo momento ocorre sua desagregação, que é quando o Faxinal deixa de funcionar com pelo menos duas de suas principais características: as terras de plantar e de criar.

Esses conflitos (destruição de porteiras, de mata-burros, cercos em área de criador comum, matança de animais, envenenamento de aguadas, ameaças a moradores) levaram à passagem de uma sociabilidade das cercas para um regime de cercas, conforme veremos abaixo.

O Faxinal é um modo de utilização das terras em comum existente no Sul do Brasil, notadamente no Paraná. Ele constitui-se

---

[17] Pesquisa com financiamento do CNPQ através da chamada MCTI/CNPQ/MEC/CAPES nº 22/2014 e da Fundação Araucária, através do Convênio 17/2017.

como acontecimento singular por causa de sua forma organizacional, onde o caráter coletivo se expressa na forma de criadouro comum (terras de criar) e terras de plantar, o que vale inclusive para pessoas que não são as proprietárias legais da terra.

Afirma-se que essa forma de organização da vida no campo chegou a ser predominante em cerca de um quinto do território paranaense, mas atualmente há um número muito reduzido de municípios que ainda possuem os Faxinais ativos. Entre eles "estão Prudentópolis, Irati, Turvo, Pinhão, Rebouças, Rio Azul, Mallet, Inácio Martins, Ponta Grossa, Ipiranga, São Mateus do Sul, Antônio Olinto, Mandirituba e Quitandinha" (MARQUES, 2004: 10ss). Conforme o Relatório Técnico do Instituto Ambiental do Paraná, "[...] apenas 44 Faxinais mantém sua organização social típica e a paisagem de matas de araucária; 56 estão desativados, mas preservam a paisagem de florestas nativas; 52 estão extintos, uma vez que perderam totalmente suas características originais]. Estes números pertencem a uma trama que envolve a modernização da agricultura e o desenvolvimento do capitalismo no campo.

Em Rio Azul são sete as comunidades (Água Quente dos Meiras, Lageado dos Mellos, Taquari, Invernada, Porto Soares, Rio Azul dos Soares e Vila Nova) que foram mapeadas[19] pela Articulação Puxirão dos Povos Faxinaleneses como faxinais, sejam em atividade e funcionado com pelo menos duas de suas características básicas: as terras de criar e as terras de plantar, ou que já estão desativados. Nesses sete Faxinais vivem 496 famílias que vivem em constantes conflitos com o agronegócio e o poder público, além de conflitos

[18] Pesquisador da Rede Proprietas e Pós-doutorando no Programa de Pós-Graduação em História da Universidade Federal Fluminense. Doutor em História, Professor do Departamento de História e do Programa de Pós-Graduação em História da UNICENTRO, campus de Irati. E-mail: ancelmo.schorner13@gmail.com
[19] Contudo, há uma série de Faxinais que não foram mapeados e que estão em alguma das 4 caracterizações feitas por Souza (2009). São eles: Palmeirinha, Rio Azul de Cima, Faxinal dos Paula, Marumbi dos Elias, Braço do Potinga, Faxinal dos Lima, Faxinal São Pedro e Cachoeira dos Paulistas.

internos. Os principais conflitos se dão em relação à presença das grandes plantações de soja, pinus, eucaliptos, bem como as de fumo, o que gera uma série de violências contra faxinalenses e seus bens, tais como ameaça contra lideranças; danos, matança e roubo de criação animal; violação dos acessos ao criador comum, incorrendo em destruição, remoção ou colocação litigiosa de mata-burros e/ou portões, bem como conflitos de acesso e uso de recursos naturais, como fechos de espaços de circulação de animais, desmatamento florestal e nascentes contaminadas ou destruídas (MEIRA, VANDRENSEN e SOUZA, 2009: 120).

As abordagens consideradas clássicas acerca de sua gênese e desagregação, que entraram em voga nos anos 1980, partem de uma lógica evolucionista, ou seja, buscam determinar as origens dos faxinais e as causas que levam, segundo tais autores, "ao seu inevitável desmantelamento". Entre os principais expoentes destas abordagens temos Chang (1985) e Carvalho (1984).

Segundo eles, a instituição de formas mais modernas de agricultura de forma contínua e irreversível seria a principal causa de desmantelamento de muitos faxinais, que segundo Carvalho, estariam fadados ao desaparecimento por completo caso não fossem tomadas medidas para reverter a situação. O que se pode perceber na obra deste autor é que as categorias analíticas usadas para interpretar o Faxinal levam em conta principalmente os aspectos econômicos e fundiários, descrevendo-os desde sua gênese, passando pela consolidação e chegando à sua eminente desagregação, como produtos de forças externas.

A obra de Chang (1988) se tornou uma das principais referências sobre o assunto, apesar de apresentar certos limites interpretativos e de colocar os Faxinais como "sistema produtivo" e inseri-los nos ciclos econômicos paranaenses, isto é, como algo que tem início, meio e fim. A autora pauta suas análises nos chamados ciclos econômicos que marcaram a história paranaense, relacionando-os as fases de formação, consolidação e desagregação dos Faxinais.

Ao pesquisar os Faxinais, Chang (1988: 109, grifo nosso) aponta para um processo de desagregação dos mesmos afirmando que, *"finalmente* [...] dentro de 10 a 12 anos, o sistema faxinal não mais fará parte do setor produtivo rural do Paraná, e sim será lembrado, talvez, como parte da história da agricultura deste Estado".

A extinção prevista por Chang seria conseqüência do avanço tecnológico da agricultura moderna bem como da crescente apropriação individual dos recursos legitimada através do poder público. Contudo, levando em conta esses números e pesquisas que viemos desenvolvendo em diversos Faxinais de Rio Azul, Irati, Rebouças e Prudentópolis, podemos dizer que esse processo não ocorre dessa forma e que também não ocorre em todos os Faxinais da mesma maneira.

Vários casos (Porto Soares, Rio Azul dos Soares, Invernada, Rio Azul de Cima, São João da Palmeirinha, Faxinal São Pedro, Faxinal dos Paula, Cachoeira dos Paulistas e Braço do Potinga) evidenciam isso. Mais do que isso, mostram que nem todos os processos de desagregação acabaram com os Faxinais, haja vista que no Faxinal Rio Azul de Cima, desde 1979, cinco famílias resistiram ao processo e não acabaram com o criador comum e nem com as áreas de plantar "nos moldes de antigamente", conforme expressão utilizada por Dona Lídia Duda em 17/05/2014.

Eles mostram, ainda, que a fumicultura desestrutura a cultura faxinalense, influenciando no sagrado e nas relações comunitárias, tais como os mutirões, mas não leva, sozinho, ao fim do criador comum. Assim, há que se considerar outras questões nesse processo. No Faxinal São Pedro, por exemplo, soma-se à fumicultura o fato de que em 1975 há a compra de uma grande "terrania[20]" dentro do criador comum por João Kava, que começa um

---

[20] Expressão utilizada em alguns faxinais para se referir a uma grande quantidade terras nas quais se planta soja com a utilização de maquinários agrícolas.

processo de piqueteação das terras, que passam a ser "plantadas na técnica", diminuindo ainda mais a área do criador comum, levando ao fim do mesmo em 1980. No Faxinal da Invernada temos que em 1981 a madeireira Essel compra uma "terrania" dentro do criador comum. Ela é cercada com quatro fios de arame farpado, e se inicia um processo de desmatamento seguido de reflorestamento com pinus. A madeireira contratou faxinalenses para esses serviços, levando-os a defender o fim do Faxinal, uma vez que se esse persistisse não teriam mais trabalho. No Faxinal São João da Palmeirinha a desagregação se inicia no final dos anos 1970, quando uma família de catarinenses comprou uma terrania e passou a plantar soja e utilizar máquinas agrícolas[21].

Então, se o fortalecimento do agronegócio contribuiu sobremaneira para a desestruturação e perda de território de muitos Faxinais, não se pode dizer que levou à sua desagregação. Contudo, a pressão exercida sobre os moradores, em muitos casos, levou-os a abandonar o modo de vida e de trabalho a que estavam habituados, e a adotar a agricultura convencional como meio de sobrevivência. Vejamos como isso se deu no caso do Faxinal Rio Azul dos Soares.

"E daí por aqui acabou o faxinal"

Os Faxinais do Paraná vêm sofrendo um processo de desagregação dos últimos anos, a ponto de alguns deles desaparecerem, modificando esse território, aqui entendido como mediação espacial das relações do poder em suas múltiplas escalas e dimensões. Essa transformação "começa" com as cercas, elementos vitais para a manutenção do Faxinal. Nos últimos dois anos, viemos estudando, através de entrevistas e fotografias, esse processo no Faxinal Rio Azul dos Soares, onde essas cercas praticamente não existem mais, ou existem em pequenos pedaços, uma vez que os

---

[21] Informações fornecidas por Rosenaldo de Carvalho em 04/07/2015.

grandes lances de cerca começaram a desaparecer nos anos 1970-80, com a chegada de migrantes catarinenses (contudo, alguns moradores do próprio Faxinal mostravam-se contrários à criação dos animais à solta, causando danos aos outros moradores, até mesmo envenenando os animais que invadiam seus terrenos), que foram comprando terras no Faxinal e iniciaram uma luta contra o criadouro comum e as terras de plantar, até que em 2011 ele deixou de existir.

Esses conflitos dizem respeito à passagem de uma sociologia das cercas para um regime de cercas. A "sociologia das cercas" é um conjunto de normas de organização dentro do Faxinal e que se baseia nos princípios comunitários de direitos e de obrigações válidos para todos os moradores e que englobam o caráter coletivo e democrático da decisão; as convenções sobre as cercas de lei; a propriedade das cercas; o critério de atribuição dos responsáveis em caso de danos (CHANG, 1988: 42), e sua tipologia contempla as cercas de lei (cercas de vão cheio com 7 palmos de altura, com tranqueiras ou palanques amarrados com arames; cercas de meio vão, com dois fios de arame farpado por cima; cercas de paus verticais com 8 palmos de altura; valos com 2 metros de largura por 2 metros de fundo; e cercas de arame farpado com no mínimo 8 fios 7 palmos de altura). (CHANG, 1988: 43)

Em relação ao "regime de cercas" (MARIN, 2009: 215), sua principal característica é a apropriação individual de recursos naturais (bebedouros, nascentes) e a presença de um proprietário, e sua tipologia contempla cercas elétricas, cercas com palanques de pinus tratado e com 8 ou 10 fios de arame, seja farpado ou liso, cercas com palanques de cimento com até 10 fios de arame.

A partir disso, uma série de conflitos surge ou ganham novos contornos. Os principais conflitos se dão em relação à presença das grandes plantações de soja, pinus, eucaliptos, bem como as de fumo, o que gera uma série de violências contra faxinalenses e seus bens, tais como ameaça contra lideranças; danos, matança e roubo de criação animal; violação dos acessos ao criador comum, incorrendo em destruição, remoção ou colocação litigiosa de mata-burros e/ou portões, bem como conflitos de acesso e uso de recursos naturais, como fechos de espaços de circulação de animais, desmatamento florestal e nascentes contaminadas ou destruídas. No lugar do criadouro comum e das matas típicas do faxinal foram aparecendo as grandes plantações de milho e soja e as plantações de eucalipto e pinus. No lugar das antigas cercas de frechame de 60, 70 lances (cada lance pode ter entre 2,7 e 3 metros de extensão), foram aparecendo cercas de arame farpado de 4 fios e, mais recentemente, as cercas elétricas. Os mata-burros deixaram de fazer sentido e em seu lugar temos as porteiras, que pode ser considerada um símbolo da propriedade privada da terra.

Por outro lado, os faxinalenses, diante da possibilidade de usurpação de suas terras, atualizam e fazem emergir discursos de valorização de seu território, de composição de uma identidade política, de resgate e recriação de sua memória. Ao longo desse confronto, o próprio sentido de "faxinalense" é mobilizado e atualizado[22], "representando uma esfera coletiva de existência através do esforço conjunto de defesa, uso, ocupação, manutenção e identificação com o seu território" (TEIXEIRA, 2001: 130).

Dito isso, passamos a analisar que transformações foram essas e como elas se deram a partir de uma entrevista realizada com Luiz Carlos Domingos Ferraz, o Seu Luiz, no dia 23 de setembro de 2016. Ele foi um dos faxinalenses que acompanhou parte do processo

---

[22] É o que podemos observar do documento Denúncia, entregue pela Comissão de Defesa do Faxinal Rio Azul dos Soares em 24 de junho de 2008 ao Dr. Newton Braga de Sampaio Júnior, representante do Ministério Público de Rebouças/PR. O documento foi assinado por 157 pessoas e era uma denúncia, por envenenamento de animais dentro do criadouro comum, contra AZ e BC. Nele podemos ler que "A Comunidade Tradicional de Rio Azul dos Soares possui uma área de criador comunitário estimado em 130 alqueires onde residem 80 famílias (70 proprietários e 10 não proprietários) que vivem no mesmo local, explorando a terra e os recursos naturais há mais de 120 anos, construindo um modo próprio de criar, de fazer e de viver, que garante a reprodução física, social e cultural dessa comunidade".

de desestruturação e posterior desagregação do Faxinal Rio Azul dos Soares, situação que começou no início dos anos 1970, mas que ganhou intensidade nos anos 2000, estando presente em reuniões com outros faxinaleneses com o objetivo de discutir a manutenção ou não do faxinal. Ele fez parte mais intensamente do segundo momento de conflitos, que se iniciou em 2008 e terminou em 2011, quando o faxinal deixou de existir.

Antes de falar dos conflitos e de como eles levaram ao fim do criadouro comum e, por extensão, do Faxinal Rio Azul dos Soares, Seu Luiz narra[23] como era o faxinal, o tamanho, o que se plantava e como se plantava.

> Minha família é tudo daqui, o meu pai morreu aqui. Desde o tempo da minha vó que era faxinal aqui. Quando ela morava aqui já era faxinal. Pelo que o povo fala, tem mais de 200 anos, tudo que fala diz que era toda vida aqui, toda vida era faxinal. **Aqui** a maioria, pra falar bem a verdade, o povo, mais lidava era com a erva mate, no tempo dos antigos, o falecido meu vô tinha o carrijo [...]. O meu pai lidou muito tempo com erva... a erva bem dizer aqui acabou... agora também não tem mais, então nos sobrevivemos do tabaco [...] mas se plantava feijão, arroz, milho, todos tinham. A maioria lidava com feijão e milho, plantava era no toco, o arroz, única coisa, era que se preparava a terra com tração animal, que o arroz se plantasse no toco, nos queimados que nós dizia, não vencia carpir, não dava, só que era uma coisa que era tudo sem veneno a maioria, e hoje a maioria que lidamos com fumo e outras coisas e tudo na base do veneno [...]. Naquela época ninguém falava no tal do veneno. A turma plantava nos queimados, no toco. [...] Todas viviam da lavoura, milho, feijão, essas coisas. Depois alguns começaram a plantar

---

[23] Para Paul Ricoeur (2010), a narrativa é uma forma de configurar os eventos do passado na sucessão temporal, construindo significados e sentidos humanos. Narrar é criar um fluxo de eventos e estabelecer uma duração que possibilitem o entendimento humano (seja o próprio entendimento, seja o do outro).

> fumo, como diz, os pequenos hoje
> sobrevivem do fumo e os maior hoje é soja.
> O soja faz menos tempo que tá sendo
> plantado.

Além disso, Seu Luiz narra a respeito do criadouro comum. Segundo ele "quem plantava dentro do faxinal, que nem eu, tinha que fazer cerca. Aqui onde nós estamos era tudo aberto, era, que a gente plantava, usava o faxinal [criadouro comum], mas só que era tudo com cerca". Contudo isso não exigia um acordo comunitário escrito, pois "acordo comunitário escrito não tinha. Isso vinha do pai que aprendia com o pai dele e todo mundo respeitava... essa era a união do povo, mas não tava escrito e nem precisava escrever[24], bem dizer o costume[25] do povo daqui".

Depois disso Seu Luiz explicou quando e como os conflitos começaram. Segundo ele:

> Os primeiros problemas foram da criação
> dos porcos. Daí os proprietários de fora
> começaram a entrar e tinha muita gente
> daqui que não cuidava muitos da criação e
> nem das cercas, dai a criação começou a
> entrar nessas lavouras e daí que foi indo, foi
> que teve o problema com os porcos, foi em
> 76. Eram pessoas de dentro, daqui mesmo
> do faxinal que não tavam querendo criação
> solta, o criadouro comum... [...] Gente que
> não queria mais o faxinal. Aqui tinha gente
> que não tinha [porcos] sabe, daí... e tinha
> gente que tinha demais, e dai o que
> aconteceu? essas criação começaram a
> entrar nessas cercas, o frechame foi

---

[24] Se as lembranças dos mais velhos, a inspeção e a exortação tendem a estar no centro da interface do costume entre a lei e a práxis, o costume passa no outro extremo para áreas totalmente indistintas: crenças não escritas, normas sociológicas e usos asseverados na prática, mas jamais registrados por qualquer regulamento (THOMPSON, 1998: 86).

[25] Na interface da lei com a prática agrária, encontramos o costume. O próprio costume é a interface, pois podemos considerá-lo como práxis e igualmente como lei. A sua fonte é a práxis. [...] os costumes devem ser interpretados de acordo com a percepção vulgar, porque os costumes em geral se desenvolvem, são produzidos e criados entre as pessoas comuns, sendo por isso chamados *Vulgares consuetudines*. [...] os costumes repousam sobre 'dois pilares': o uso em comum e o tempo imemorial (THOMPSON, 1998: 86).

apodrecendo... Então o povo fez uma união, foi feito uma cerca ou outra, mas sempre tinha gente que era prejudicada, sempre tinha porco que ia na lavoura do outro, daí que quem não tinha não queria tomar prejuízo também. [...] Se reclamava com quem era o dono, até pra justiça eles iam antigamente... foi feito de tudo, sei lá, mas a maioria, né, os que não tinham porco, tinham mais força né, e foi acabando.

Em 2008 os problemas voltaram a ocorrer, mas agora com contornos mais trágicos e que acabariam levando ao fim do sistema de faxinal no Rio Azul dos Soares. De acordo com Seu Luiz esses problemas, ao contrário dos que aconteceram em 1976, se deram com "os de fora".

Deu bastante gente que veio do Rio Grande, veio gente de Santa Catarina, e dai que, sei lá, se onde eles moravam era desse jeito [cercar o gado]... aqui eles queriam plantar e plantavam e não arrumavam cerca, dai as criações começaram, que as cercas já estavam fracas, dai as criação começaram a arrebentar e dar prejuízo... (Seu Luiz)

Como vemos, dois modelos de produção entraram em choque naquele momento. Para Seu Luiz o "pessoal do faxinal plantava de um jeito e eles plantavam de outro. Tinha uma diferença no modo deles trabalharem na terra".

Eles já vieram, como dizem, era plantador forte, com maquinário, então... eles chegaram de 15, 20 anos pra cá, que veio bastante gente, 95, por aí... começou com plantação de soja, depois pinus e eucaliptus, mas bem menos. Nós sempre reflorestava com eucaliptu para fazer para lenha pra estufa né, pra secar o fumo, para fazer a lenha, que hoje não pode desmatar... A maioria era para estufa. [...] mais que plantava era mil, mil e poucos pés. isso precisa de pouco terreno. É só para o uso pra safra e todo ano a gente usa 40, 50 metros de lenha. Mas grandes plantadores desmatavam pra aumentar a área para plantar soja...

Diante disso, e para resolver os problemas, muitos faxinalenses começaram a se organizar. Para isso contaram com a ajuda de moradores de outros faxinais (Lajeado de Cima, Taquari dos Ribeiros e Marmeleiro, esse localizado em Rebouças/PR). Porém, muitos que queriam a manutenção do faxinal tinham uma participação mais pontual, "mais de incentivo do que de ajuda mesmo". Dessa forma, Seu Luiz acabava tendo que "correr atrás de tudo sozinho, mas daí começou a venenaiada".

Ao falar em "venenaiada" Seu Luiz se refere às estratégias dos "contrários" para acabar com o criador comum, como faxinal.

> Naquela época era isso, a maioria plantava soja. Então acabando o criador essas terras iam estar livres para ser plantadas sem se incomodarem com os animais dos outros. Daí começaram a limpar tudo, jogando veneno pra acabar com a criação, que quando acaba a criação solta acaba o criador, bem dizer acaba o faxinal. [...] Aqui animal foi matado até com tiro. Uns cinco acharam gado morto com sinal de tiro, se for de contar toda a criação que o pessoal perderam aqui dentro do faxinal dá mais de 50 cabeça de criação, fora cachorro... tudo com veneno, tiro, [...] as vez tinha pessoa que tinha carneiro, que esses eram roubados, mas dai envenenavam a buchada e os cachorros morriam. Queriam acabar com tudo que era criação, bicho. Jogavam veneno em tudo, em todo lugar.

Essa situação acabou levando a Comissão do Faxinal Rio Azul dos Soares a enviar ao representante do Ministério Público um documento chamado Denúncia. O documento apresentava denúncia contra AZ e BZ, que eles:

> [...] se posicionaram contra o criador em assembléia da comunidade que se realizou-se no dia 14/04/08, sendo que os mesmos saíram ameaçando de matar a todas as

criações dentro da área de uso comum, onde mais de 150 pessoas presenciaram o fato, onde nesse dia construíram um documento de abaixo assinado onde aproximadamente 80 famílias com 157 assinaturas confirmaram o interesse em defender e permanecer com criador comunitário na Comunidade de Faxinal Rio Azul dos Soares.

Além disso, o documento dizia que:

[...] os mesmos posicionaram contra, dizendo em assembléia que violariam de forma sistemática direitos constitucionalmente garantidos, de caráter ambiental e cultural, sem pensar nas conseqüências, onde os mesmos são os principais suspeitos de matar animais silvestres, animais domésticos e até 4 vacas e 2 cavalos causando um prejuízo inestimável, pois das mesmas vacas eram retirados leite para as crianças da comunidade, sem contar o imenso perigo de crianças se contaminarem com venenos na comunidade [que eram jogados nas estradas, deixados em espigas de milho], esse fato vem afetando de forma direta a vida da comunidade tradicional ao colocarem "venenos para animais" em áreas de uso comum, com grande intuito de matar os animais das pessoas que vivem e cultivam a tradição do uso em comum das terras com animais a solta, respeitando o meio ambiente e o convivem em comunidade.

AZ e BZ, eram, assim, citamos como os principais responsáveis na ação deliberada de acabar com o faxinal, "[...] ação que pode comprometer além da reprodução física e social, a reprodução cultural dessa comunidade que tem um modo próprio de viver" ligado por antigos laços de consangüinidade, vizinhança ou casamento.

Como vimos, a passagem da sociologia das cercas para o regime de cercas gerou uma série de conflitos (ou deu novos contornos aos antigos), cujos principais se dão em relação à presença das plantações de soja, pinus, eucaliptos e de fumo, o que gera uma série de violências contra faxinalenses e seus bens (matança e roubo de criação animal, violação dos acessos ao criador comum, restrição aos recursos naturais), desmatamento florestal e nascentes contaminadas ou destruídas. No lugar do criadouro comum e das matas típicas do faxinal foram aparecendo as grandes plantações de milho e soja e as plantações de eucalipto e pinus.

Segundo Seu Luiz:

> Em 2011 o último mata burro foi arrancado... tiraram o mata burro... Eu, pra falar a verdade eu não sei quem foi... a turma vinha e tirava de noite, ninguém sabia quem, agora, tinha um aqui perto, ali... esse o pessoal falaram que foi no tempo do prefeito que tirou esse mata-burro... se foi ele, ou a mandado do prefeito, eu não sei... levavam embora e depois enchiam de terra o valo. Quem tinha criação teve que vender, ou deixar presa, a maioria foi vendida, alguns fechou a criação... daí por aqui acabou o faxinal.

Conforme este depoimento percebemos, ao mesmo tempo, a impotência e a resignação com a situação de fechamento do fachinal, fato que ocorreu, segundo relato, não por vontade da comunidade, mas por ação intencional de terceiros.

CONSIDERAÇÕES FINAIS

Como vimos, no transcorrer desse trabalho, desenvolvemos inicialmente, o contexto de surgimento e características desta região específica do Brasil, o Paraná, em que em determinado período, chegou a se constituir em um quinto da atividade rural do estado do Paraná. Nesse contexto, chamamos de Faxinal a um modo de ocupação das terras, em comum, para a criação de animais, existente na região sul do Brasil, e que se tem qualificado como manifestação cultural pertencente à categoria dos povos tradicionais.

Mais especificamente, o Faxinal é um modo de utilização das terras em comum existente no Sul do Brasil, notadamente no Paraná. Ele constitui-se como acontecimento singular por causa de sua forma organizacional, onde o caráter coletivo se expressa na forma de criadouro comum (terras de criar) e terras de plantar, o que vale inclusive para pessoas que não são as proprietárias legais da terra.

Entretanto, conforme esses anos de pesquisa vem demonstrando, estes faxinais, desde os anos 1970, veem sofrendo um processo de desagregação, a ponto de alguns deles desaparecerem, modificando esse território, aqui entendido como mediação espacial das relações do poder em suas múltiplas escalas e dimensões.

O que mais chama a atenção, é que nem sempre a desagregação de um faxinal ocorre por movimento próprio da comunidade, mas constata-se, que em muitos casos, são situações provocadas por pressão de agentes externos, especialmente relacionado ao agronegócio exportador de monocultura, e mesmo por pressão do poder público.

No presente texto apresentamos, de maneira geral, os processos de desestruturação e desagregação de alguns faxinais de Rio Azul (Porto Soares, Invernada, Rio Azul de Cima, São João da Palmeirinha, Faxinal São Pedro, Faxinal dos Paula), e de maneira particular o do Faxinal Rio Azul dos Soares, todos na região centro sul do Estado do Paranã/Brasil. Estes processos têm em comum a presença de diversos antagonistas, como a atividade fumageira, a chegada de migrantes, genericamente denominados de gaúchos ou catarinenses, que passam a plantar soja e eucaliptus, e problemas internos, como os fechos individuais

Apesar de todos esses fatores que nas últimas décadas vêm provocando a desagregação do modelo de faxinal, constatamos, também, que algumas comunidades resistem e perpetuam, dinamicamente essa forma tradicional de relação com o território.

REFERÊNCIAS

CAMPIGOTO, José Adilçon. *Representações sobre cultura na região de Irati*. Irati, mimeo, 2008.

CARVALHO, Horácio. M. de. **Da aventura à esperança: a experiência auto-gestionária no uso comum da terra**. Curitiba: 1984.

CHANG, Man Yu. *Sistema Faxinal - uma forma de organização camponesa em desagregação no Centro-Sul do Paraná*. Londrina: Fundação Instituto Agronômico do Paraná/Boletim Técnico 22 do IAPAR, março de 1988 [1985].

MARIN, Rosa Elizabeth Acevedo. **Quilombolas na Ilha de Marajó: território e organização política**. In: GODOI, Emilia Pietrafesa de; MENEZES, Marilda Aparecida de; MARIN, Rosa Acevedo (orgs.). Diversidade do campesinato: expressões e categorias: construções identitárias e sociabilidades. São Paulo: UNESP; Brasília: Núcleo de Estudos Agrários e Desenvolvimento Rural, 2009.

MARQUES, Cláudio. *Levantamento preliminar sobre o sistema Faxinal no Estado do Paraná*. Relatório Técnico do Instituto Ambiental do Paraná. Guarapuava, 2004.

MEIRA, Antonio Michel Kuller, VANDRESEN, José Carlos e SOUZA, Roberto Martins de Souza. **Mapeamento situacional dos Faxinais no Paraná**. In: ALMEIDA, Alfredo Wagner Berno de e SOUZA, Roberto Martins de. (Orgs.). Terras de Faxinais. Manaus: Edições da Universidade do Estado do Amazonas - UEA, 2009.

RICOUER, Paul. **Tempo e narrativa**. São Paulo: Martins Fontes, 2010.

SOUZA, Roberto Martins de. **Levantamento de fontes documentais e arquivísticas.** In: ALMEIDA, Alfredo Wagner Berno de e SOUZA, Roberto Martins de. (Orgs.). Terras de Faxinais. Manaus: Edições da Universidade do Estado do Amazonas - UEA, 2009.

SOUZA, Roberto Martins de. **Mapeamento social dos Faxinais no Paraná**. In: ALMEIDA, Alfredo Wagner Berno de e SOUZA, Roberto Martins de. (Orgs.). Terras de Faxinais. Manaus: Edições da Universidade do Estado do Amazonas - UEA, 2009.

TEIXEIRA, Raquel Oliveira Santos. **A 'rua' e o 'nosso lugar: processos de reterritorialização no licenciamento da unisna hidrelétrica de Murta**. In: ZHOURI, Andréa. As tensões do lugar: hidrelétricas, sujeitos e licenciamentos ambientais. Belo Horizonte: Editora da UFMG, 2011.

THOMPSON, Edward P. **Costumes em comum**: estudos sobre a cultura popular tradicional. São Paulo: Companhia das Letras, 1998.

LAS POLÍTICAS PÚBLICAS SOCIALES DESTINADAS A LOS PUEBLOS INDÍGENAS BRASILEÑOS FRENTE A LA CONVENCIÓN INTERNACIONAL SOBRE LA ELIMINACIÓN DE TODAS LAS FORMAS DE DISCRIMINACIÓN RACIAL (ICERD)

Sheila Stolz[26]
Gabriela M. Kyrillos[27]

INTRODUCCIÓN

La globalización de procesos económicos, políticos y normativos ha introducido sincrónica y necesariamente el despertar de los procesos culturales. Pero, dicho despertar no es algo sencillo, puesto que existe una evidente asimetría entre el modo en que se narran y construyen los movimientos sociales y estudios culturales y, por otra parte, las políticas públicas[28] puestas en práctica – sea

---

[26] Máster en Derecho por la Universitat Pompeu Fabra (UPF/Barcelona/Espanha). Doctora en Derecho por la Pontifícia Universidade Católica do Rio Grande do Sul (PUC/RS) y becaria CAPES. Profesora Adjunta de la Faculdade de Direito e del Programa de Pós-Graduação em Direito e Justiça Social (Mestrado) de la Universidade Federal do Rio Grande (FaDir/FURG/RS).

[27] Doctora en Derecho por Universidade Federal de Santa Catarina (UFSC/SC). Máster en Política Social por la Universidade Católica de Pelotas (UCPel/RS). Especialista en Derechos Humanos por el Centro Universitário Claretiano. Actualmente realiza Post-Doctorado junto al Programa de Pós-Graduação em Direito e Justiça Social (Mestrado) de la Faculdade de Direito de la Universidade Federal do Rio Grande (FaDir/FURG/RS).

[28] De forma breve es muy importante mencionar que "desde el punto de vista teórico-conceptual y también práctico, la política pública en general (*policies*) y la política pública social en particular son campos multidisciplinares. Por lo tanto, implican no solamente la búsqueda por sintetizar las teorías construidas en este campo del conocimiento, sino también en analizar las plataformas/acciones/metas concretas y sus repercusiones socioeconómicas. Dicho de otra forma, si la formulación de políticas públicas se constituye en la etapa en que los gobiernos democráticos traspasan sus propósitos y plataformas electorales en programas que producirán cambios en el mundo real, compete tanto a la ciudadanía y también los profesionales de las diversas áreas del conocimiento del país en cuestión, participar de su creación, implementación y evaluación" (STOLZ; GUSMÓN, 2017, p. 300). Además, cabe destacar que, *a priori*, los programas de gobierno están previstos en alguna forma o medida en las normativas internacionales y, particularmente, en el sistema jurídico de cada Estado – en Brasil, las líneas maestras de las políticas públicas y de las políticas sociales son establecidas en la Constitución (1988) como acciones que deben ser desarrolladas por el Estado. Sobre el tema de las políticas públicas y sociales se recomienda la lectura de las siguientes obras: STOLZ; GUSMÓN (2017); MELO (1999) y REIS (2003).

porque suelen ser espinosas las cuestiones culturales y sus procesos en el corazón de las comunidades aludidas como multiculturales, sea porque el mundo globalizado se mueve, en definitivo, bajo el control capitalista. Esta oposición entre el *ser* y *deber ser* toma corporalidad y sustancia cuándo el núcleo duro de los Derechos Humanos de todas las personas se encuentra configurado en las políticas públicas que tienen como retos además de la garantía de dichos derechos, la igualdad y la justicia bajo la gestión y administración de las diferencias culturales.

Un ejemplo paradigmático de lo susodicho se encuentra en las políticas púbicas proyectadas y direccionadas a los pueblos indígenas. Pues, además de no poder olvidarse de la postración, exclusión y expulsión de los ámbitos de la vida a la que han sido y todavía siguen estando sometidos dichos pueblos, suelen ser muy llamativas y por que no decir agonizantes las distorsiones con las que son llevadas a cabo las políticas multiculturales en el tratamiento de los procesos socioculturales indígenas. Constatación todavía más persistente si se tiene en cuenta el modo como los llamados Estados postcoloniales han construido y relatado sus historias coloniales. Por lo tanto, es indudable el hecho de que las sociedades latino americanas se encuentran ante dinámicas que, frente a las necesarias críticas y confrontaciones, pueden agravar todavía más los procesos de exclusión, discriminación y desigualdad en tiempos postmodernos y postcoloniales.

Fundamentada en las investigaciones llevadas a cabo por el Grupo de Investigación: Derecho, Género e Identidades Plurales (DGIPLUS), en el presente *paper* las autoras se proponen a analizar de qué modo se han instituido las Políticas Públicas Sociales direccionadas a los pueblos indígenas que viven en Brasil confrontándolas, además, con las determinaciones contenidas en la *International Convention on the Elimination of All Forms of Racial*

Discrimination (ICERD)[29]. Para lograr alcanzar el objetivo propuesto se realizará un estudio previo, pero resumidamente sistemático, sobre el contexto histórico y los paradigmas que sirvieron y aún sirven de base para la elaboración de las políticas sociales destinadas a los pueblos indígenas.

El punto de partida adoptado será el examen de los primeros debates sobre las políticas públicas sociales, buscando comprender cómo surgieron y cuáles fueron los paradigmas globales empleados a partir, por ejemplo, de acuerdos económico-políticos de trascendencia global que generaron, entre otros, el Consenso de Bretton Woods, el Consenso de Washington y el Post-Consenso[30] de Washington y a partir de los cuales se debaten tanto la idea (hecha realidad) de globalización como también el papel de las políticas sociales en este contexto.

A partir de estas aclaraciones, se transitará por la trayectoria de la institucionalización de las políticas dirigidas a los pueblos indígenas en Brasil. Dando destaque para la creación de los órganos responsables de tales temáticas y de que forma se aplicaron y todavía se asimilan los paradigmas impuestos desde fuera y desde arriba. Apuntándose, además, para los cambios que se han producido en las últimas décadas – en especial a partir de la promulgación de la Constitución Federal de 1988 – en el campo de las políticas indigenistas y sus referenciales epistemológicos que buscaron romper con el paradigma imperante sin dejar de llevar en consideración el hecho que frente a las innegables mejoras formales, en el plano fáctico todavía escasean políticas sociales realmente adecuada a los

---

[29] Convención Internacional sobre la Eliminación de Todas las Formas de Discriminación Racial (ICERD).

requerimientos de los pueblos indígenas y que les garanta, en definitivo, sus Derechos Humanos.

Surgimiento y Consolidación de las Políticas Públicas

Hay investigadoras(es), tales como Elaine Behring e Ivanete Boschetti (2011, p. 47), que alegan no haber un período específico de surgimiento de lo que actualmente se conoce bajo el nombre de política social. Se puede afirmar, sin embargo, que los primeros debates sobre la posibilidad y la necesidad de acciones de intervención del Estado sobre la pobreza, o mejor dicho, sobre el malestar provocado por determinados grupos sociales considerados inconvenientes a las elites, surgieron en Inglaterra cuando de la publicación de las *Poor Laws* (Leyes de los Pobres) "edictos de la Reina inglesa Isabel I y que se sucedieron de 1531 a 1601" (STOLZ, 2015, p. 59) y, es, precisamente en ellos que "están en el origen de las primeras políticas estatales adiestradoras de los comportamientos sociales" (STOLZ, 2015, p. 59). Dichas Leyes establecieron como telón de fondo la obligatoriedad de trabajo para "todo hombre y mujer sano de cuerpo y capaz de trabajar, que no tiene tierra, no está empleado por nadie y no ejerce profesiones comerciales u artesanales reconocidas" (CASTEL, 2010, p. 177). Dichas Leyes y respectivas políticas de represión y encarcelamiento "constituyeron, a su vez, una forma sistemática de impedir no sólo la propagación poblacional de los llamados 'vagabundos', aquel contingente de individuos que fueron desplazados del campo para la ciudad y que no disponían de ninguna fuente de renta capaz de garantizarles la

---

[30] La palabra "post" se ha convertido en un lugar común, que se utiliza en las diversas vertientes de los escenarios de la globalización, señalando la ruina de conceptos occidentales usados durante mucho tiempo para explicar y gobernar el mundo. Con la crisis abrumadora que afectó a los países ricos y el fracaso de los sistemas financieros que rigen la economía global, se entra en una nueva era. Caracterizada por cambios no sólo coyunturales, pero también

subsistencia, sino también en endosar el proceso de acumulación del capital" (STOLZ, 2015, p. 59).

Y, aunque hayan sido publicados nuevos reglamentos a lo largo de los siglos, la historia de la Revolución Industrial ocurrida primeramente en Inglaterra pero después respaldada en el Continente Europeo, a acreditado, como bien esclarecen Ana Luiza Viana y Eduardo Levcovitz (2005), una visión individualista de comprender la asistencia pública basada en los principios del liberalismo de inspiración utilitarista y, donde se prescribe, además, la importancia de la no dependencia del individuo frente al Estado con vista a alcanzar su libertad. En realidad dicha perspectiva nada más significaba que los individuos sin poder político u económico tenían en el trabajo su única y exclusiva fuente de renta y subsistencia, marcando el predominio del capitalismo sobre todo lo demás.

De lo susodicho se puede deducir una estrecha relación entre la ampliación del capitalismo y la aparición de las políticas sociales destinadas a desplegar la Revolución Industrial (XVIII-XIX), en la medida en que éstas surgen como "respuestas y formas de enfrentamiento – en general sectorizadas y fragmentadas – a las expresiones multifacéticas de la cuestión social en el capitalismo" (BEHRING; BOSCHETTI, 2011, p. 51).

Conviene recordar que el capitalismo también prospera con la ampliación de los dominios de los Estados europeos sobre los territorios ultramarinos permitiendo además del enriquecimiento de la nobleza y de la burguesía comercial, el incremento de esta última y, por ende, la prominencia de algunos Imperios europeos a una posición destacada en el mercado mundial. Y es precisamente en este contexto que el entonces Brasil colonia se inserta en la economía

---

estructurales. Es una profunda transformación que afecta percepciones y distribución de poder.

portuguesa. De acuerdo con la doctrina mercantilista que existía entonces,

> [...] las colonias debían satisfacer los intereses de la metrópoli, empleando el excedente de mano de obra y consumiendo artículos producidos por éstas. Había entre ambas subordinación política y, en el caso de Brasil, el llamado Pacto Colonial dictaba las reglas por las que la corona portuguesa tenía el monopolio comercial de todo lo que se producía.
>
> (...) La historia brasileña es pautada, durante más de cuatro siglos, por la ocupación y explotación eminentemente rural y motocultora, por lo que son los intereses de la clase que posee la propiedad de tierras que se superponen sobre los demás intereses, incluso después de la industrialización de Brasil puesto que, contemporáneamente, el agro negocio se expandió hacia otros sectores de la producción nacional (STOLZ; GUSMÓN, 2017, p. 302-303).

Históricamente la producción agrícola, pecuaria y de extracción de la naturaleza de cualesquiera productos que pudieron ser cultivados con fines comerciales o industriales estuvo asociada a la realización de trabajo esclavo primeramente, de los pueblos indígenas, y, desde mediados del siglo XVI, a las personas esclavizadas que eran trasladadas de África para el Continente Americano y, especialmente, a Brasil. Pero, fue con el proceso de industrialización dinamizado a partir de 1930 del siglo pasado por el gobierno del presidente Getúlio Vargas[31], que las elites agrarias

---

[31] Getúlio Vargas fue presidente de Brasil en dos períodos: en el primer ha estado en el poder durante 15 años ininterrumpidos, de 1930 a 1945; y, en el segundo, fue elegido Presidente de la República de 31 de enero de 1951 hasta el 24 de agosto de 1954.

brasileñas se organizan, efectivamente, como clase con intereses a ser garantizados y preservados. Y, si bien la esclavitud no era más un régimen legalizado, la explotación de la clase trabajadora sí era la tónica de las relaciones laborales. Sin embargo conviene aludir al hecho de que los pueblos y comunidades indígenas quedaron bastante alejados de dicho proceso en la medida en que no estaban mayormente ubicados en el medio urbano ni poseían muchas posibilidades de inclusión en los trabajos formales – pero eso no ha impedido que hayan sufrido inúmeras violaciones a sus Derechos Humanos sea porque fueron disipados individual o colectivamente, sea porque parte de sus territorios han sido tomados/robados por los dueños del poder[32] y, con ello, su cultura y modo de vida atrapados y/o dilapidados.

Es un hecho bastante actual y notorio tanto en los países centrales como en los países periféricos, el continuo crecimiento de la importancia de las políticas públicas, circunstancia que resulta, en efecto, de la combinación de algunos factores. El primer de ellos,

---

[32] Expresión utilizada por Raymundo Faoro en la clásica obra de su autoría titulada "Los dueños del poder. Formación de Política Patronato de Brasil", publicada por primera vez en 1958 (2001) y en la cual analiza la historia luso-brasileña desde 1385 demostrando de que forma se ha formado la estructura de dominación en el estado patrimonial portugués y cómo este sistema fue trasladado a Brasil – y sigue confundiéndose hasta los días actuales – con el poder político.

deriva de la concepción keynesiana[33] sobre el papel intervencionista de los Estados y, como tal, su responsabilidad directa por la creación y ejecución de las políticas públicas – ideario que fue acogido por muchos Estados occidentales, particularmente por aquellos que habían sido destruidos por los sucesos de la Segunda Guerra Mundial y que necesitaban de una contundente reconstrucción. El segundo factor, empieza a producirse a principios de los años 80 del siglo pasado cuando empezó a manifestarse, a nivel mundial, una paulatina metamorfosis en el modelo político-económico hasta entonces adoptado y, por ende, la substitución de dicho modelo por una nueva concepción económica llamada neoliberal e implementada, simultáneamente, por los gobiernos de los presidentes estadounidenses Richard Nixon (mandato: 1969-1974) y Ronald Reagan (mandato: 1981-1989) y de la primera ministra del Reino Unido de Gran Bretaña e Irlanda del Norte, Margaret Thatcher (mandato: 1979-1990). Esta nueva ideología propugnaba en sus delineamientos teórico-prácticos la retirada del Estado de la economía y la transformación profunda de los mercados económicos y de trabajo. El énfasis en las políticas públicas restrictivas de gastos y que pasaron a dominar la agenda de la mayoría de los países, en especial los periféricos – sometidos al llamado Consenso de

---

[33] Dicha teoría fue idealizada por él "economista inglés John Maynard Keines, que defendió en su más conocida obra de 1936 y titulada 'General Theory of Employment, Interest and Money' (La Ley General del Empleo, del Interés y de la Moneda), la participación del Estado en la economía con el objetivo de lograr el pleno empleo que sería alcanzado, según Keynes, a través del equilibrio entre la demanda y la capacidad de producción. Dicha teoría fue aplicada durante algunas crisis económicas que ocurrieron en el siglo XX. En los Estados Unidos, por ejemplo, fue la doctrina económica que dio soporte al llamado New Deal, plan de gobierno del presidente Franklin Delano Roosevelt, orientado a sacar la economía estadounidense de la profunda crisis provocada por la quiebra de la Bolsa de Valores en 1929 (también, conocida como Gran Depresión). En los países europeos, cuyas economías estaban destruidas al final de la Segunda Guerra Mundial, también se aplicaron los fundamentos del keynesianismo para sacar sus economías de la crisis. En aquel momento fue de fundamental importancia la interferencia del Estado, como fuente de promoción del desarrollo económico y social" (STOLZ, 2018, p. 52).

Washington[34] –, acabaran por ampliar vertiginosamente, en los países que la han adoptado, los índices de pobreza y de exclusión social creando nuevas e inesperadas pautas para las políticas públicas.

Si bien es cierto afirmar que el capitalismo dispone del Estado como el espacio-tiempo privilegiado de agregación de sus intereses, también es en el ámbito estatal que se encuentran los diferentes antagonismos que existen y permean las sociedades y, por lo tanto, las batallas que necesariamente traspasarán las políticas sociales. Por ello, en el aura de incertidumbre y de ausencia de control incompatible con la figura de un Estado maestro de las relaciones sociales, el rechazo al neoliberalismo y a las políticas dictadas de arriba abajo (modelo *top-down*), bien como una construcción de "políticas en términos de nueva gobernanza" (MERRIEN, 2007, p. 62), es, sobre todo, una necesidad societaria. Este punto de vista significa, en síntesis, una búsqueda por retomar el poder del Estado y la valorización de las experiencias locales en el momento de la elaboración de las políticas públicas, primordialmente las de matriz social y ha sido una tendencia desarrollada en los últimos años en América Latina (OTALVARO, 2009) – un ejemplo de ello, son las experiencias de consultas públicas a las comunidades

---

[34] El Consenso de Washington es un conjunto "de medidas que se compone de diez reglas básicas formuladas por economistas de instituciones financieras situadas en Washington DC, entre ellas, el Fondo Monetario Internacional (FMI), el Banco Mundial y el Departamento del Tesoro de los Estados Unidos y que se ha convertido en la política oficial del FMI en 1990, cuando pasó a ser 'indicado' para promover el 'ajuste macroeconómico' de los países en desarrollo que pasaban por dificultades. El plan de aplicación de las metas previstas en el Consenso elaborado por John Williamson (WILLIAMSON, 1993) implicaba un conjunto de prioridades, tales como: estabilización económica, disciplina fiscal, control del gasto público – con reducción drástica de los recursos destinados a los programas sociales, liberalización comercial y financiera, creciente apertura de la economía (comercial y financiera), privatización de las empresas estatales y desregulación. Una vez alcanzadas esas metas, se afirmaba, se crearían las condiciones necesarias y suficientes para cada país que las aplicara entrar en la ruta del desarrollo" (STOLZ, 2013, p. 495).

indígenas en Brasil. Frente a las constantes crisis capitalistas y el deseo de cambios reales, el hasta entonces denominado Consenso de Post-Washington presenta, como alternativa al ideario neoliberal (que consta de la nota de rodapié nº. 9), los siguientes postulados:

> - Dejar que el mercado actúe solo no implica, necesariamente, por corolario, un equilibrio económico;
> - Es necesario estar atento a las consecuencias sociales de las políticas de ajuste y evitar que sean demasiado drásticas;
> - Es indispensable reforzar las instituciones estatales antes de liberalizar los mercados;
> - Las políticas sociales (anti-pobreza) son importantes y deben acompañar las medidas de política económica;
> - Es necesario demostrar el pragmatismo en las reformas, tener en cuenta las herencias institucionales y normativas (MERRIEN, 2007, p. 62).

A partir de dichas proposiciones se puede observar que el campo de las Políticas Sociales parece estar distanciándose de las visiones dicotómicas del tipo: sólo el Estado es bueno y justo *versus* sólo la Sociedad y el Mercado son justos e íntegros. América Latina parece poseer algunas particularidades en este nuevo escenario ejercitando, en el, un papel de precursora. A partir de mediados de la década de 1990 y muy apaciblemente, comienza a surgir un nuevo enfoque en el campo de la asistencia que unirá la garantía incondicional de salvaguarda de la dignidad humana – posible desde que se concreten los Derechos Humanos – a necesaria autonomía y empoderamiento de los grupos sociales más vulnerables. Un ejemplo concreto de tal enfoque, se encuentra en los llamados programas de transferencias condicional de renta como el "Oportunidades" en México o el "Bolsa Familia" en Brasil.

A partir del reseñado panorama acerca de las Políticas

Públicas de huella social, se pretende realizar, en la próxima sección, un análisis más específico de tales políticas destinadas a los pueblos indígenas.

2. Las Políticas Públicas Sociales para los Pueblos Indígenas en Brasil

En todas las sociedades humanas se estableció a lo largo del tiempo diferenciaciones entre el yo/tú/nosotras(os) y las(os) otras(os). No obstante, la forma como se operan estas distinciones y sus efectos varían en consecuencia de los distintos momentos históricos y, también, de la sociedad que está bajo análisis. Sin embargo y de una forma bastante asertiva, se puede afirmar que la Modernidad y sus prerrogativas ha estado vinculada al surgimiento del concepto de raza y a la creación de identidades históricamente nuevas como, por ejemplo, la de los pueblos africanos e indígenas en contraposición a los europeos. Dicho en otros términos, la producción científica, religiosa, cultural, económica de la Modernidad deja sus huellas sobre el concepto de raza desvelando, además, "un ejemplo palpable de cuánto las discusiones científicas y académicas son saberes producidos en/y por determinados contextos, con consecuencias políticas en las relaciones sociales. La Modernidad amplió las fronteras del mundo, proporcionando los encuentros-desencuentros entre grupos distanciados geográficamente y culturalmente y, con ello, el surgimiento de nuevas concepciones sobre raza de carácter jerárquico y plagadas de menoscabo" (STOLZ, 2013, p. 116). La noción de raza es, por tanto, un elemento de la colonialidad existente en el patrón de poder que aún hoy persiste: el colonial (QUIJANO, 2005, p. 227).

En el caso brasileño, utilizar el término raza significa también dar énfasis a un proceso discriminatorio que tiene como particularidad la asociación no sólo de elementos identitários (étnicos), sino también fenotípicos. De esta forma, el concepto de raza no debe ser entendido como fue utilizado del siglo XVI al XIX, para reproducir ideas de la colonialidad Moderna que defendía la existencia de una jerarquía racial. En esta investigación, así como ocurre cuando el concepto de raza es utilizado por el Movimiento Negro y por algunas(os) intelectuales de las Ciencias Sociales, se está partiendo de una nueva interpretación, tal cual presentada por Nilma Lino Gomes (2005, p. 45), que se fundamenta en la dimensión social y política del concepto de raza. La utilización de dicho término es, por tanto, una elección política, puesto que la forma como se da la discriminación racial, particularmente en Brasil, se desarrolla no sólo a partir de elementos de la identidad étnica de determinado grupo, sino también en razón de los aspectos físicos posibles de ser observados en la estética corporal de los miembros de este grupo. Es decir, "la raza todavía es el término que logra dar la dimensión más cercana a la verdadera discriminación contra los negros, o mejor, de lo que es el racismo que afecta a las personas negras de nuestra sociedad" (GOMES, 2005, p. 45). Y, precisamente por ello, se entiende que el término/categoría raza también es el más adecuado para analizar los procesos de violencia, discriminación y exclusión a los que se sujetaron y todavía siguen se sometiendo las poblaciones indígenas que viven en Brasil.

Así como el término raza ha recibido distintas connotaciones, la palabra indio, de evocación históricamente peyorativa, ha sido, diferentemente de lo que ocurre, por ejemplo, en Bolivia, Venezuela y Argentina, donde se rechazan las expresiones indios e indígenas refiriéndose a tales pueblos como pueblos originarios o naciones originarias, reapropiada y resignificada por los pueblos y comunidades indígenas de Brasil. Y, con esta misma resignificación, cuando quepa, se manejará, en lo que sigue, la expresión "políticas indigenistas oficiales".

Sin duda, una de las instituciones públicas más importantes, en lo que concierne a las políticas para los pueblos indígenas, fue el Servicio de Protección a los Indios (SPI) que surgió en 1910. Este fue el primer órgano brasileño enderezado a la conducción de los pueblos indígenas y surgió en un contexto muy particular, pues, en aquella época, existían verdaderas guerras por territorios entre los no indígenas y los indígenas.

> Fue este contexto que dio origen al Servicio de Protección a los Indios y Localización de Trabajadores Nacionales (SPILTN), que pretendía tanto la protección e integración de los indios, como la fundación de colonias agrícolas que se utilizarían de la mano de obra encontrada por las expediciones oficiales (Decreto nº 8.072, de 20 de junio de 1910). En la base de la unificación de estas funciones estaba la idea de que el 'Indio' era un ser en estado transitorio. Su destino sería convertirse en trabajador rural o proletario urbano. En 1918 el SPI fue separado de la Localización de Trabajadores Nacionales (Decreto-Ley nº 3.454, de 6 de enero de 1918). Sin embargo, incluso con la separación, la premisa de la integración pacífica de los indios continuó formalizándose en la actuación del órgano (Pueblos Indígenas en Brasil, 2012).

Esta deseada incorporación de los indígenas fue parte de un dilatado contexto histórico de mestizaje y construcción de la identidad nacional iniciada desde la Independencia de Portugal, en 1822, de modo que no fue proyectada solamente para los pueblos indígenas, sino también para las personas negras y migrantes. De hecho, hay que tener claro que "las naciones contemporáneas no conforman colectivos orgánicos de individuos asociados voluntariamente por vínculos esenciales comunes" (COSTA, 2001, p. 143) y una tendencia histórica de Brasil y de otros países de América Latina fue, precisamente, la apelación pública y propagandista de la artificial idea de que esta era una sociedad formada por seres libres y, por ende, el natural mestizaje, fue escogido como símbolo de la identidad de un pueblo con orígenes plurales, pero con una identidad y proyectos comunes[35].

La falacia de que existe, desde sus orígenes, una democracia racial en Brasil proviene de la comprensión de que se trata de un país formado por la mezcla de razas diferentes (amerindios, africanos y europeos) que, en su abrumadora mayoría, es fruto del mestizaje – elemento que por sí sólo eliminaría todo y cualquiera prejuicio racial y discriminatorio. Esta formulación es, en parte, tributaria del libro de Gilberto Freyre "Casa-Grande y Senzala", publicado en 1933 y que, al examinar la historia colonial y esclavista brasileña, acaba concluyendo que fue positivo el resultado del encuentro de las diferentes razas y culturas. De acuerdo con Jessé Souza, Freyre identificaba el encuentro entre culturas distintas como el elemento distintivo de la cultura brasileña, lo que generaría una "propensión para el encuentro cultural, para la síntesis de las diferencias, para la unidad en la multiplicidad. Es por ello que somos únicos y especiales en el mundo. Debemos, por lo tanto, tener orgullo y no vergüenza de ser 'mestizos'" (2014, p. 94)[36].

Otro autor relevante para la construcción del mito de la democracia racial brasileña es Darcy Ribeiro, que teniendo como una de sus referencias básicas las aportaciones de Gilberto Freyre,

---

[35] Ejemplos de ello son los casos de Bolivia y Ecuador, como bien presentado por Edwin Cruz Rodríguez (2010).

[36] También es importante mencionar las contribuciones de Lélia González sobre los argumentos de Gilberto Freyre, pues según ella, para él autor, las mujeres negras sólo eran vistas como buenas cuando ejercían el papel de amas de leche y cuando las denominaba como madres negras, cuestiones que llevan a González a afirmar que solamente "en dicha hora la gente es vista como figura buena y se vuelve gente" (1984, p. 23). Y, a partir de tal comprensión, la autora hará una interesante reflexión sobre las negras como madres de esa cultura que se construyó y que históricamente niega e no visibiliza la importancia de las mujeres negras.

comprende que la conjunción de las "matrices culturales indígena, africana y europea" fue capaz de generar "algunas nuevas células culturales, a las matrices originales y luego a fusionarlas en una proto-etnia con la que toda la población se va identificando" (1980, p. 140). Darcy Ribeiro llega a afirmar que existe en Brasil una "nueva etnia nacional" (1980, p. 141).

La ideología del mestizaje fue en la historia brasileña y de otros países latinoamericanos tan importante que generó la idea de que es "imposible la determinación exacta del *status* racial de la mayoría de los actuales latinoamericanos" (MUNANGA, 2010, p. 444). El antropólogo nacido en el Congo y radicado en Brasil Kabengele Munanga, comprende el mestizaje como el símbolo de la identidad brasileña y analiza algunos de sus alcances. Una de estas implicaciones consiste en la afirmación de que hay pueblo mestizo típicamente brasileño y, por ende, el entendimiento intrínseco de una reconocida "anulación de las identidades étnicas de indios, africanos y europeos" y de una "indiferenciación entre las varias formas de mestizaje" (MUNANGA, 2010, p. 445).

De tales inferencias adviene la idea de "brasilidad" que sería la unión de lo mejor de cada uno de los tres grupos que dieron origen al país (COSTA, 2001, p. 146). Segundo Sérgio Costa (2001, p. 147), no es exagero considerar que las políticas adoptadas por el Estado brasileño en la Campaña de Nacionalización promocionada por Getúlio Vargas en 1937, partieron de la concepción de brasilidad de Gilberto Freyre. La idea de mestizaje, por tanto, es un punto central de lo que vendría a se tornar el mito, con pretensión de realidad, de la democracia racial en Brasil.

En lo que se refiere a los pueblos indígenas, esta búsqueda por una identidad nacional estuvo íntimamente vinculada a la ideología de asimilar dichos pueblos en la sociedad nacional lo que significaba, en efecto, la obligatoriedad para ellos de renunciar a diversos hábitos de sus propias culturas. Y, aunque

> la historia del SPI fue marcada por la influencia de figuras prominentes y comprometidas con el destino de los pueblos indígenas, su actuación no era la regla. Permanentemente carente de recursos, el órgano acabó por involucrar a militares y a trabajadores rurales que no poseían ninguna preparación o interés en la protección a los indios. Sus actuaciones al frente de los puestos indígenas de todo el país acabaron por generar resultados diametralmente opuestos a esta propuesta. Casos de hambre, enfermedades, disminución de la populación y esclavización eran permanentemente denunciados. A principios de la década de 1960, bajo acusaciones de genocidio, corrupción e ineficiencia, el SPI fue investigado por una Comisión Parlamentaria de Investigación (CPI). El proceso llevó a la dimisión o suspensión de más de cien empleados de todos los escalones (OLIVEIRA; FREIRE, 2006, p. 131). En 1967, en medio de la crisis institucional y al inicio de la Dictadura, el SPI y el CNPI fueron extinguidos y sustituidos por la Fundación Nacional del Indio (Funai) (Pueblos Indígenas en Brasil, 2012).

En 1967, a través de la Ley nº. 5371/67, es creada la Fundación Nacional del Indio (FUNAI) que empieza, muy tímidamente, a imprimir un distanciamiento de la perspectiva de mera asimilación que ha vigorado hasta entonces. Sin embargo, desde el matiz político normativo, el primer artículo de dicha Ley define el propósito institucional de la FUNAI que es la preservación de las culturas y la integración a los pueblos indígenas a la "comunión nacional" de modo progresivo y armonioso. Con la promulgación del Estatuto del Indio (Ley nº. 6001/73) este tipo de concepción persiste y, con ella, la creencia en la necesidad de "inclusión" de los pueblos indígenas en la nación de la "democracia racial" y del mestizaje, al mismo tiempo, parece que dicha Ley da señales de que es importante el respeto a las culturas indígenas. Actualmente la propia FUNAI reconoce que su origen estuvo vinculada a la visión evolucionista y etnocéntrica que existía en Brasil en la época de su fundación, lo mismo es cierto con respecto al Estatuto del Indio, en la medida en que ambas normativas fueron reguladas a partir de la Constitución de 1967 que presuponía a los indígenas como personas "relativamente incapaces" (FUNAI, 2012).

En el contexto de la redemocratización del país después de los duros años de una Dictadura Militar (1964-1985) que, en lo que se refiere a los pueblos indígenas, mantuvo la visión etnocéntrica y la ideología del mestizaje, se observa un incremento de los debates que buscaban construir una nueva Constitución democrática fundamentada en la dignidad humana y en la garantía de derechos y, en lo que concierne a los pueblos y comunidades indígenas se

> [...] permitió e incentivó la amplia discusión de la llamada cuestión indígena por la sociedad civil y por los propios indios, que empezaron a concientizarse y a organizarse políticamente, en un proceso de participación creciente en los asuntos de su interés. En las discusiones y actividades políticas que involucraron el período de elaboración de la Constitución de la República Federativa del Brasil, promulgada en 1988, fue intensa la actuación de entidades civiles dedicadas a la causa indígena, así como de entidades constituidas por los propios indios (FUNAI, 2012)

La Constitución Federal de 1988, por lo tanto, logra romper con sus predecesoras suprimiendo los dispositivos legales que establecían la capacidad relativa de los indígenas y la necesidad de su incorporación a la "comunión nacional". Su Capítulo VIII está dedicado a los pueblos indígenas y, en ningún momento, menciona la necesidad o obligatoriedad de su incorporación a la "nación". Es notorio que el texto constitucional (en el artículo 231) tiene un carácter bastante patrimonialista y busca asegurar los derechos de los pueblos indígenas sobre las tierras que ocupan. El destaque dado a las cuestiones patrimoniales tiene razón de ser. La política indigenista brasileña tuvo dos grandes momentos orientados al tratamiento destinado a los territorios: el primero de ellos, los gobiernos actuaron de forma muy semejante al modelo adoptado por Estados Unidos[37] con la creación de las reservas donde los pueblos indígenas quedaban concentrados cerca de un puesto/una base indígena y el resto de su territorio era liberado para la explotación agraria; el segundo momento, tuvo como marco la creación y/o preservación de territorios indígenas pero, ahora, comprendidos y reconocidos como hábitat social y, por ello, conservados como territorios culturales y no solamente como una propiedad productiva – esta segunda concepción fue consagrada en el artículo 231 de la Constitución.

---

[37] La situación de los pueblos indígenas en los Estados Unidos fue un caso extremo pues, "al delimitar por un acto legal los territorios de excepción para los indígenas, crearon la figura jurídica moderna de los campos de concentración. Los indígenas que habitaban las reservas estaban fuera del orden legal del Estado, ellos eran excluidos de la ciudadanía del Estado. Estaban dentro del Estado porque los controlaba, pero existieron fuera de su orden legal como excepción. Llegaba al extremo de que cualquier ciudadano norteamericano que matase a un indio no podía ser culpable por eso, ya que la ley no lo tipificaba como delito, pero lo contrario, sí, ocurría. (...) Las reservas indígenas se convirtieron, en la práctica, en campos de exterminio. Ellas fueron los primeros campos de exterminio masivo de un Estado moderno". (RUIZ, 2009, p. 35). La semejanza del modelo brasileño adoptado en aquel momento con el estadounidense, ha dejado muchos reflejos negativos, entre ellos, el hecho de que la población indígena tuvo una reducción poblacional, que solamente empieza dar señales de mejora en su constante disminución muy recientemente, entre las décadas de 1990 y 2000, como demostró el Censo Demográfico realizado por el Instituto Brasileño de Geografía y Estadística (IBGE) en 2010. Los datos mencionados se encuentran disponibles en: IBGE, 2012.

La superación formal del paradigma de asimilación fue un avance muy importante dado por el Estado brasileño en las últimas décadas y, sumado a ello, el nuevo contexto de las Políticas Sociales – apodado de Post-Consenso de Washington – ha repercutido en la forma como se piensa el proceso de elaboración e implementación de las políticas indigenistas. El rechazo de políticas del tipo *top-down* como citado anteriormente, refleja en acciones diferenciadas del Estado, como la creación de la Comisión Nacional de Política Indigenista que surge en 2006, a partir de diversas presiones de la sociedad civil.

> La Comisión Nacional de Política Indigenista sólo vendría a ser nombrada el 19 de abril de 2007. La CNPI funciona con reuniones bimestrales, contando con 13 representantes de gobierno (03 de la Presidencia, 02 del Ministerio de Justicia y 08 de otros Ministerios); 20 indígenas distribuidos entre las regiones del país (de estos 10 con derecho a voto) y 2 representantes de entidades de la sociedad civil, garantizada la paridad en las votaciones (CTI, 2012).

Como fruto de nueve años de actuación de la Comisión surgió, en 2016, el Consejo Nacional de Política Indigenista (CNPI) – órgano de carácter colegial y consultivo responsable por la elaboración e implementación de políticas públicas destinadas a los pueblos indígenas.

En la sección siguiente se analizará la Convención Internacional sobre la Eliminación de Todas las Formas de Discriminación Racial (ICERD), con el propósito de buscar identificar de qué forma la actuación estatal brasileña se acerca a los preceptos de dicho instrumento normativo internacional.

3. La Convención Internacional Sobre la Eliminación de Todas Las Formas de Discriminación Racial (ICERD) y la y las políticas sociales para los Pueblos Indígenas brasileños

La ICERD adoptada y abierta para su firma por la Asamblea General de las Naciones Unidas en su Resolución 2106 A (XX) del 21 de diciembre de 1965, ha entrado en vigor internacional en el 4 de enero de 1969, año en el que fue ratificada por Brasil1969[38]. Esta importante Convención forma parte del Sistema Internacional de Protección de los Derechos Humanos de las Naciones Unidas (ONU) y está incorporada al ordenamiento jurídico nacional. Por lo tanto, analizar el seguimiento en ámbito interno a dicho tratado de Derechos Humanos, equivale a averiguar la eficacia de un grande rol de derechos relacionados con la igualdad racial, algo de suma importancia en un país que se construyó históricamente a través de la esclavitud y del genocidio de pueblos africanos e indígenas y que a lo largo del siglo XX ha fortalecido el mito de la democracia racial, tal como se ha señalado anteriormente.

El surgimiento de una Convención destinada específicamente a la lucha contra la discriminación étnica y racial es resultado, en gran medida, del contexto histórico y social de mediados del siglo XX cuando la pauta de los Derechos Humanos fue fuertemente influenciada por las atrocidades cometidas durante las dos Grandes Guerras ocurridas en territorio europeo.

El fin de la II Guerra trajo consigo profundas reflexiones sobre las brutalidades realizadas en nombre de la supremacía racial y, por ende, la necesidad de garantías mínimas de protección de los individuos y de los grupos sociales más vulnerables. No por

---

[38] Ratificada a través del Decreto de nº. 65.810, de 8 de diciembre de 1969, por el entonces Presidente General Emílio Médici. Vale destacar que su ratificación ocurrió durante la Dictadura Militar que siempre ha buscado mantener una aparente legalidad democrática en sus actos.

casualidad sobreviene la creación, en 1945, de la Organización de la Naciones Unidas (ONU) con el propósito de instituir un Sistema Internacional de Protección de los Derechos Humanos. Una de las principales autoras a analizar este período ha sido la filósofa Hanna Arendt para quien:

> El antisemitismo (no sólo el odio a los judíos), el imperialismo (no sólo la conquista) y el totalitarismo (no sólo la dictadura) - uno tras otro, uno más brutalmente que el otro - demostraron que la dignidad humana necesitaba una nueva garantía, sólo posible de encontrar en nuevos principios políticos y en una nueva ley en la tierra, cuya vigencia esta vez alcance a toda la humanidad, pero cuyo poder debe permanecer estrictamente limitado, establecido y controlado por entidades territoriales nuevamente definidas (1998, p. 13).

En alguna medida, la búsqueda por una organización universal de derechos y garantías mínimas de protección coincide con los argumentos de Arendt. El surgimiento de la Declaración Universal de los Derechos Humanos (DUDH), en ese sentido, tiene un significado jurídico y simbólico. En el ámbito simbólico es posible reconocer que se pretendía instaurar un nuevo período en el que las violencias institucionalizadas y en gran escala, como ocurridas en la II Guerra, se convirtieran en parte del pasado, y la Declaración vino, en este sentido, inaugurar un nuevo tiempo. Su aspecto jurídico deriva de la sistematización que ella produce acerca de los Derechos Humanos característica innovadora e inédita hasta entonces.

El surgimiento y la existencia de la ICERD es consecuencia de distintos factores, entre los cuales, la necesidad precipua de especificar y objetivar las normas genéricas de la DUDH, pero también deriva de las presiones ejercidas a través del ingreso de diversos países africanos en la ONU y, por supuesto, de los movimientos por los derechos civiles[39] que tomaran, en la década de 1960, los escenarios públicos, en especial de los Estados Unidos, Europa y América Latina.

E su primer artículo, la ICERD, esclarece lo que entiende por discriminación racial: "cualquier distinción, exclusión, restricción o preferencia basadas en raza, color, descendencia o origen nacional o étnico". A partir de ello, es posible identificar en el artículo segundo, los compromisos que la normativa internacional impone a los Estados partes con el objetivo primordial de eliminar la discriminación racial, entre ellos: no actuar de modo discriminatorio, incluso revisando políticas estatales y/o gubernamentales nacionales o locales que puedan estar perpetuando discriminaciones raciales, además de comprometerse a crear medidas especiales, cuando sea necesario, para la protección y el desarrollo de grupos raciales y/o individuos que formen parte de esos grupos.

Con el objetivo de acompañar el desarrollo de la aplicación del contenido de la ICERD por los Estados signatarios, la ONU ha estructurado el Comité para la Eliminación de Todas las Formas de Discriminación Racial (CERD). El CERD es un organismo de fiscalización y promoción de la no discriminación y, uno de los medios adoptados, es la evaluación de los informes periódicos que los Estados signatarios se comprometen a enviar para su apreciación.

Los detalles sobre la estructura y funcionamiento del CERD se exponen a partir del artículo 8 de la Convención, en el que se establece que el Comité debe estar compuesto por 18 miembros que serán elegidos por los Estados Partes para un mandato de cuatro

---

[39] Conviene mencionar que el Movimiento dos Derechos Civiles (particularmente en Estados Unidos) agregaba, entre otros, distintos Movimientos Civiles Feministas e de Afro descendientes y, claro, también sus subgrupos de intereses y de visiones de mundo y lucha por derechos diferenciados.

años. Los informes estatales deben ser presentados a cada dos años, así como, cuando fuera de dicho período, el Comité solicite al Estado. Además, a cada año, corresponde al CERD someter a la Asamblea General de la ONU un informe de las actividades desarrolladas, pudiendo también, realizar sugerencias y recomendaciones generales sobre la base de los informes que el Comité ha recibido de los diversos países.

Es válido considerar que el abandono formal del paradigma de asimilación por la legislación federal, hecho que sucedió a partir de la Constitución de 1988, está de acuerdo con el ya mencionado artículo segundo de la ICERD que estableció ser compromiso de los Estados Parte "revisar las políticas gubernamentales nacionales y locales y modificar, reemplazar o anular cualquier disposición reglamentaria que tenga como objetivo crear la discriminación o perpetuarla donde ya exista" (ONU; 1965, art. 2). Es decir, entre 1969 y 1988, mismo ante el hecho de que Brasil hubiese ratificado la ICERD, no adoptaba, en ámbito interno, una postura no discriminatoria frente a los pueblos indígenas, actitud totalmente inadecuada cuando se tiene en cuenta los preceptos internacionales de Derechos Humanos.

A pesar de estos importantes avances formales, el Estado brasileño aún carece de mejores estrategias en el campo de las políticas públicas y sociales para los pueblos indígenas. En el notorio caso de los pueblos indígenas Macuxi, Taurepang, Wapichana, Patamona e Ingaricó, el CERD intervino llamando atención del Estado brasileño para el hecho de que debería mantener en manos de dichos pueblos la Tierra Indígena Raposa Serra do Sol (localizada en

Roraima)[40]. El Comité ha tomado posición a partir de los informaciones oficiales que el propio Estado brasileño remitió demandando, a continuación, que el Estado promoviera medidas activas para proteger a los pueblos indígenas y, en particular, las disputas en torno a la Tierra Indígena Raposa Serra do Sol.

Se hace notorio, por lo tanto, que los avances en el campo jurídico formal de superación del violento paradigma de asimilación debe entenderse sólo como un primer paso necesario para que el Estado brasileño sea capaz de pautar sus acciones y políticas de forma más amplia y no discriminatoria frente a los pueblos indígenas.

Considerando la realidad social puesta[41], es posible reconocer que las medidas adoptadas por el Estado brasileño todavía son insuficientes para alcanzar los objetivos dispuestos en la ICERD y en las Recomendaciones Generales del CERD, aunque un estudio detallado sobre esas cuestiones carece ser realizado.

---

[40] El proceso de demarcación de la tierra indígena Raposa Serra do Sol se inició en la década de 1970. En 1998 se publica la Orden de nomenclatura de la Tierra Indígena Raposa Serra do Sol, que generó la preocupación expresada por el CERD, "(...) dicha Ordenanza viene a ser cuestionada judicialmente en 1999, por algunos granjeros y productores de arroz de la región, de modo que el Ministerio Público Federal pide que la competencia para el análisis de tal cuestionamiento sea del STF. En 2005, el entonces presidente de la república, Luís Inácio Lula da Silva, firma el decreto y homologa el reconocimiento continuo de la Tierra Indígena Raposa Serra do Sol. En el mismo año, el STF declara extintas todas las acciones que contestaban la demarcación de ese territorio indígena" (KYRILLOS, 2016, p. 168).
[41] Los datos de investigaciones como las realizadas por el IBGE y el Instituto de Pesquisa Económica Aplicada (IPEA) confirman que la desigualdad en Brasil tiene en la raza, en el sexo y en la clase algunas de las variables más fundamentales para determinar el acceso a bienes y derechos. En una encuesta titulada "Faces de la Desigualdad en Brasil - Una mirada sobre los que quedan atrás", coordinada por Tereza Campello (2017), se encuentran diversos índices que sistematizan investigaciones realizadas por los mencionados organismos oficiales. En el estudio de Campello (2017), es posible identificar que la pobreza afecta de forma más violenta a las personas negras, que las mujeres todavía reciben salarios inferiores a los hombres incluso cuando ejercen las mismas funciones y que las mujeres negras reciben aún menos que las mujeres blancas, por ejemplo.

Consideraciones Finales

Partiendo de la historia brasileña sobre las políticas sociales, con especial enfoque en las políticas indigenistas, fue posible identificar cómo el Estado pautó tales políticas en el paradigma de asimilación. Tal modelo tuvo como presupuesto la imposición de una obligatoriedad por parte de los pueblos indígenas de abstenerse de diversos hábitos de sus culturas. Se identificó, por lo tanto, que permanecía existiendo, mismo en el siglo XX, una relación de colonización del Poder Estatal frente a los pueblos indígenas.

Este paradigma como presupuesto de las Políticas Sociales para los pueblos indígenas duró décadas y sólo empezó a ser superado a partir de la Constitución Federal de 1988. Esto permite identificar que solamente a partir de ahí Brasil empezó a respetar las disposiciones estipuladas en la ICERD, aun ella formaba parte del ordenamiento jurídico nacional desde 1969.

La ICERD requiere la superación formal y material de condiciones desiguales en razón de la raza o etnia. Sin embargo, el Estado brasileño post-Constitución de 1988 todavía necesita avanzar en diversos aspectos y, en particular, a lo que se refiere a garantizar y promocionar los Derechos Humanos de los pueblos tradicionales.

REFERENCIAS

ARENDT, Hannah. **Origens do totalitarismo**. São Paulo: Companhia das Letras, 1998.

BAUMAN, Zygmunt. **Globalização: as Consequências Humanas.** Rio de Janeiro: Zahar, 1999.

BEHRING, Elaine Rossetti & BOSCHETTI, Ivanete. **Política Social: fundamentos e história.** 9 ed. São Paulo: Editora Cortez, 2011.

CAMPELLO, Tereza. **Faces da Desigualdade no Brasil** – Retrato dos que ficam para trás. São Paulo: Clacso, 2017.

CAVALCANTI-SCHEIL, Ricardo. A Política Indigenista, Para Além dos Mitos da Segurança Nacional. In: **Estudos Avançados.** Vol. 23, nº 65, 2009. pp. 149-164

CLAVERO, Bartolomé. **Bolivia entre Constitucionalismo Colonial y Constitucionalismo Emancipatório.** Disponível em: http://www.rebelion.org/docs/85079.pdf. Acesso em 15 de abril de 2012.

COSTA, Sérgio. A Mestiçagem e seus Contrários – Etnicidade e Nacionalidade no Brasil Contemporâneo. In: **Tempo Social**; Rev. Sociol. USP, maio, p. 143-158, São Paulo, 2001.

CTI (Centro de Trabalho Indigenista). **Comissão Nacional de Política Indigenista – CNPI.** Disponível em: http://www.trabalhoindigenista.org.br/pagina.php?p=cnpi.php. Acesso em 31 de agosto de 2012.

DAMÁZIO, Eloise da Silveira Petter. Descolonialidade e Interculturalidade dos saberes político-jurídicos: uma análise a partir do pensamento Descolonial. In: **Direitos Culturais**. Santo Ângelo, v. 4, n.6, p. 109-122, jan/jun, 2009.

DUSSEL, Enrique. Europa, Modernidade e Eurocentrismo. In: **A Colonialidade do Saber, Eurocentrismo e Ciências Sociais – Perspectivas Latino-Americanas.** Edgardo Lander (org). Buenos Aires: Consejo Latinoamericano de Ciencias Sociales – CLACSO, 2005.

FREYRE, Gilberto. **Casa-grande e senzala**: formação da família brasileira sob o regime da economia patriarcal. 51. ed. São Paulo: Global, 2006.

FUNAI – Fundação Nacional do Índio. **História e Política Indigenista.** Disponível em: http://www.funai.gov.br/indios/politica/politica.htm. Acesso em 31 de agosto de 2012.

FORNET-BETANCOURT, Raúl. Pressupostos, Limites e Alcances da Filosofia Intercultural. In: **Alteridade e Multiculturalismo.** Antônio Sidekum (org.). Rio Grande do Sul: Editora UNIJUI, 2003. p. 299-316

IBGE (Instituto Brasileiro de Geografia e Estatística). **Censo 2010: População Indígena é de 896,9 mil, tem 305 etnias e fala 274 idiomas.** Disponível em: http://www.ibge.gov.br/home/presidencia/noticias/noticia_visualiza.php?id_noticia=2194&id_pagina=1. Acesso em 01 de setembro de 2012.

GOMES, Nilma Lino. Alguns termos e conceitos presentes no debate sobre relações raciais no Brasil: uma breve discussão. In: BRASIL. **Educação anti-racista**: caminhos abertos pela lei federal nº 10.639/03. Brasília, MEC, Secretaria de educação continuada e alfabetização e diversidade, p. 39-62, 2005.

GONZALEZ, Lélia. Racismo e sexismo na cultura brasileira. **Ciências Sociais Hoje**, p. 223-244, São Paulo, 1984.

KYRILLOS, Gabriela M. Breve Análise da Decisão do Supremo Tribunal Federal sobre a Terra Indígena Raposa Serra do Sol à Luz da Obra de Hans Kelsen. **JURIS**, v. 25, p. 165-180, Rio Grande, 2016.

LINDGREN-ALVES, José A. Cinquenta Anos da Convenção sobre a Eliminação da Discriminação Racial: uma Apreciação Crítica de Dentro. **Lua Nova**, p. 25-82, São Paulo, 2017.

MELO, Marcus André. Estado, Governo e Políticas Públicas. In: MICELI, Sergio. (org.). **O que Ler na Ciência Social Brasileira (1970-1995)**: Ciência Política. V. III. São Paulo/Brasília: Sumaré/Capes, 1999, p.59-99.

MERRIEN, Fraçois-Xavier. Em direção a um novo consenso pós-Washington na América Latina? In: **Política Social, Justiça e Direitos de Cidadania na América Latina**. Denise Bomtempo Birche de Carvalho, Debora Diniz, Rosa Helena Stein e Perci Coelho de Souza (Orgs). Brasília: Editora da UNB, 2007. p. 47-74.

MUNANGA, Kabengele. Mestiçagem como símbolo da identidade brasileira. In: SANTOS, Boaventura de Sousa; MENESES, Maria Paula (Orgs.). **Epistemologias do Sul**. São Paulo: Editora Cortez, 2010.

ORGANIZAÇÃO DAS NAÇÕES UNIDAS. **Convenção internacional sobre a eliminação de todas as formas de discriminação racial – ICERD**. 21 dez. 1965. Disponível em: <http://www.pge.sp.gov.br/centrodeestudos/bibliotecavirtual/instru mentos/discriraci.htm>. Acesso em: 30 out. 2017.

OTALVARO, Andrés. Una nueva estrategia de política social en América latina como alternativa al neoliberalismo: el caso de las misiones bolivarianas en Venezuela. IN: **anal.polit.** [online], vol.22, n.66, p. 123-144, 2009.

POVOS INDÍGENAS NO BRASIL. **O Serviço de Proteção aos Índios (SPI)**. Disponível on line, em: http://pib.socioambiental.org/pt/c/politicas-indigenistas/orgao-indigenista-oficial/o-servico-de-protecao-aos-indios-(spi). Acesso em 31 de agosto de 2012.

QUIJANO, Aníbal. Colonialidade do Poder, Eurocentrismo e América Latina. In: **A Colonialidade do Saber, Eurocentrismo e Ciências Sociais – Perspectivas Latino-Americanas.** Edgardo Lander (org). Buenos Aires: Consejo Latinoamericano de Ciencias Sociales – CLACSO, 2005.

REIS, Elisa. Reflexões Leigas para a Formulação de uma Agenda de Pesquisa em Políticas Públicas. **Revista Brasileira de Ciências Sociais/ ANPOCS**, v.18, n.51, p.21-30, São Paulo, 2003.

RIBEIRO, Darcy. **Os brasileiros – livro I**: teoria do Brasil. 5. ed. Petrópolis: Editora Vozes, 1980.

RODRÍGUEZ, Edwin Cruz. Los Movimientos Indígenas y la Cuestión Nacional en Bolivia y Ecuador: Una Genealogía del Estado Plurinacional. In: **Anal. Polit.** Vol. 23, nº 70, Sept./Dec, Bogotá, 2010.

RUIZ, Castor Bartolomé. Para os Oprimidos, o Estado de Exceção Continua Sendo a Norma. In: **Direitos Humanos e Fundamentais – O necessário diálogo interdisciplinar.** Sheila Stolz e Gabriela Kyrillos (orgs). Pelotas: Editora e Gráfica da Universidade Federal de Pelotas, p. 15-44, 2009.

SOUZA, Jessé. A gramática social da desigualdade brasileira. **Revista Brasileira De Ciências Sociais**, v. 19, n. 54, fev., p. 79-98, São Paulo, 2014.

STOLZ, Sheila. Fim do trabalho ou trabalho sem fim? A terceirização laboral e a necessidade de dotar a legislação trabalhista internacional e local de uma 'grande angular' protetivo-regulatória, *conditio sine qua non* de justiça social. In: Marco Aurélio Serau Junior (Org.); **TERCEIRIZAÇÃO: Conceito, crítica, reflexos trabalhistas e previdenciários**. Sao paulo: LTr, 2018, p.51-66.

_____ A Odisseia dos Direitos Fundamentais: Sobre a incompleta mas imprescindível igualdade entre mulheres e homens e a conciliação da vida laboral e familiar no Direito Espanhol. Tese doutoral. Orientador: Draiton de Gonzaga de Souza. Porto Alegre: Programa Pós-Graduação em Direito. Faculdade de Direito. Pontifícia Universidade Católica do Rio Grande do Sul (PUC/RS), 2015.

_____ Os atores sociais e a concretização sustentável do direito fundamental ao trabalho garantido pela Constituição cidadã. In: MACHADO, Ednilson Donisete; BREGA FILHO, Vladimir; KNOERR, Fernando Gustavo (Coord.). **Direitos fundamentais e democracia I** [Recurso eletrônico *on-line*]. Organização CONPEDI/UNICURITIBA CONPEDI/UNICURITIBA. Florianópolis: FUNJAB, 2013. p. 479-502.

_____ Preconceito, discriminação, racismo, racialização e identidade cultural. In: STOLZ, Sheila; MARQUES, Clarice Pires Marques; MARQUES, Carlos Alexandre Michaello (Orgs.). Disciplinas Formativas e de Fundamentos: Diversidade nos Direitos Humanos. **Coleção Cadernos de Educação em e para os Direitos Humanos**. v.8. Rio Grande: FURG, 2013, p. 114-129.

STOLZ, Sheila; GUSMÃO, Carolina Flores. A Influência da Frente Parlamentar Da Agropecuária (FPA) na legislação e na formulação de políticas públicas direcionadas às pessoas que trabalham no meio rural. **Revista Nomos** (Vinculada ao PPGD – Mestrado da Universidade Federal do Ceará (PFC), v. 37, n. 2, jul./dez., 2017, Fortaleza, p. 299-330.

VIANA, Ana Luiza d'Ávila; LEVCOVITZ, Eduardo. Proteção Social:

Introduzindo o Debate. In: **Proteção Social – Dilemas e Desafios**. Ana Luiza d'Ávila Viana, Paulo Eduardo M. Elias e Nelson Ibañez (orgs). São Paulo: Editora HUCITEC, 2005. p. 15-57

WALSH, Catherine. **Interculturalidad crítica y pluralismo jurídico.** Palestra apresentada no Seminario Pluralismo Jurídico. Procuradoria do Estado/Ministério da Justiça. Brasília, 13-14 de abril de 2010.

A CIRCULARIDADE E A VIVÊNCIA DAS CRIANÇAS KAIOWÁ NA ALDEIA LARANJEIRA ÑANDERU, MS/BRASIL[42]

José Paulo Gutierrez[43]

INTRODUÇÃO

As crianças Kaiowá da aldeia Laranjeira Ñanderu vivem atualmente dentro de um território tradicional e juntamente com suas famílias aguardam "*in loco*" o julgamento que decidirá pelo retorno ao seu antigo *tekohá*[44]. O *tekohá* já foi objeto de estudos realizados por pesquisadores como Melià, G; F. Grünberg (1976, p. 218), Brand (1997, p. 123-124), Pereira (2004, p. 23; 115) que retrataram ser este lugar ocupado pela aldeia e também o local onde os indígenas vivem segundo seus costumes. Pereira (2004, p. 116) afirma que:

> Etimologicamente, a palavra é composta pela fusão de *teko* – sistema de valores éticos e morais que orientam a conduta social, ou seja, tudo o que se refere à natureza, condição, temperamento e caráter do ser e proceder kaiowá -, e *há*, que, como sufixo nominador, indica a ação que se realiza. Assim, *tekoha*, numa acepção mais dura, pode ser entendido como o lugar (território) onde uma comunidade kaiowá (grupo social composto por diversas

---

[42] Trata-se de artigo apresentado originalmente no VII Seminário Internacional: Fronteiras Étnico-culturais e Fronteiras da Exclusão e II SEMINÁRIO NACIONAL DO OBEDUC: Relações étnico-raciais, gênero e desigualdade social no ensino fundamental do 6º ao 9º ano em escolas públicas estaduais de Campo Grande de 26 a 28 de setembro na Universidade Católica Dom Bosco (UCDB), em Campo Grande/MS, Brasil.
[43] Doutor em Educação pela Universidade Católica Dom Bosco (UCDB). Professor da Faculdade de Direito (FADIR) na UFMS/Brasil. E-mail: josepaulo_gutierrez@yahoo.com.br
[44] A aldeia situa-se perto da BR 163, rodovia que liga Campo Grande à Rio Brilhante no sul do estado de Mato Grosso do Sul. Os Kaiowá viviam à margem da rodovia até 2008, quando retomaram o território pela primeira vez. Adentraram em parte do que consideravam como seu *tekoha* (território tradicional), na reserva legal da fazenda Santo Antonio da Nova Esperança. Por ordem da Justiça Federal foram despejados e permaneceram acampados durante um ano e oito meses na beira da BR 163. Em maio de 2011, conseguiram uma liminar que lhes permitiu ocupar cerca de 50 (cinquenta) hectares de terra, até que se finalize o processo pericial e judicial.

parentelas) vive de acordo com sua organização social e seu sistema cultural (cultura) (PEREIRA, 2004, p. 116) (Grifo do autor).

Utilizaremos o termo *tekohá* para designar especificamente o território tradicional dos Kaiowá que vivem na aldeia Laranjeira Ñanderu – próximo ao município de Rio Brilhante/MS. Os Kaiowá encontram-se fora de seu *tekohá*, desde que sofreram o esbulho[45] durante o governo do presidente Getúlio Vargas (1930-1945). Para Brand (1997, p. 73) este presidente desenvolveu a política da "marcha para o Oeste", "buscando incorporar novas terras e aumentar a produção de alimentos e produtos primários necessários à industrialização, a preços baixos" (FOWERAKER, 1981 apud BRAND, 1997, p. 73).

Os Kaiowá, a partir da década de 1980 começaram a fazer a retomada de parte de seu *tekoha* que haviam perdido no período da colonização. Brand (1997) na sua tese de doutoramento afirma que "com o fim do domínio da Companhia Matte Larangeiras outras atividades emergiram" [na região] (BRAND, 1997, p. 87).

Segundo Brand (1997), após o fim do ciclo da erva-mate passou-se à coleta do palmito e a derrubada de mato que resultou no início "da implantação das fazendas" e o *esparramo* das famílias "com a dispersão das aldeias e o desmantelamento das famílias extensas" (Id., 1997, p. 88). O termo *esparramar* é a palavra mais recorrente nos diversos depoimentos indígenas sobre a história recente, ou seja, a partir do início da implantação das fazendas (Ibid., p. 88).

---

[45] Segundo a doutrina do direito civil brasileiro o esbulho caracteriza-se pela retirada forçada do bem de seu legítimo possuidor, que pode se dar violenta ou clandestinamente. Brand (1993) destaca que a ação dos índios frente ao esbulho de suas terras se resume em dois pontos básicos "[...] a terra e o seu modo de ser. As estratégias de luta que adotam mostram ser impossível separar um ponto do outro, ou seja, um é impossível sem o outro. Por isso a luta pela terra significa, e muitas vezes esconde, a luta mais profunda e ampla dos Kaiowá pelo seu 'modo de ser' (BRAND, 1993, p. 78).

É neste contexto de expulsão de suas terras e retomada dos *tekohá* que surge a circularidade das crianças Kaiowá na aldeia Laranjeira Ñanderu, Rio Brilhante, Mato Grosso do Sul. A circularidade diferentemente de circulação[46] acrescenta a dinâmica *espaço-temporal* e *simbólica* e de certa forma, está profundamente relacionada com os elementos da organização social deste povo – os caminhos interconectam parentelas, relações políticas e sociabilidades.

Constatamos isso, no dia a dia, na prática das crianças que utilizam as trilhas na aldeia para convivência e lazer, com sentido de pertença e apropriação dos espaços sociais e simbólicos (até mesmo "cosmológicos", tendo em vista os significados espirituais da mata, dos rios e animais), não caracterizando, apenas, a passagem física de um lugar para outro.

Pereira (2004), em sua tese de doutorado, descreveu elementos dessa circularidade, quando tratou da centralidade das trilhas e caminhos, os quais:

> [...] torna[m] visível a cooperação e o intercâmbio entre os fogos e parentelas em uma determinada região. Mesmo nos locais de onde foram expulsos, os kaiowá mantêm a memória da malha de caminhos ligando as antigas residências das diversas famílias que aí viviam no passado. A malha de caminhos funciona como suporte para uma rede de relações sociais: parentes e amigos se visitam, circulam presentes, estabelecem acordos matrimoniais, alianças políticas, e

---

[46] A antropóloga Claudia Fonseca (2006) utiliza o termo "circulação de crianças" para tratar da transferência de crianças entre famílias no processo legal de adoção de crianças à circulação internacional. No mesmo sentido, Pereira (2002), trata da situação do *guacho* e os mecanismos de adoção de crianças entre os Guarani, quando destaca a socialização das crianças adotadas entre os Kaiowá, sendo de certa forma, uma prática da "circulação" (PEREIRA, 2002, p. 171), mas não de *circularidade*, como propomos neste artigo.

combinam a realização de festas de caráter lúdico ou religiosos (p. 215).

Entendemos que a circularidade das crianças Kaiowá, ocorre no *tekohá*, território tradicional, trilhado no passado por seus ancestrais, e que, no presente, carrega essa carga histórica e simbólica, evocando mitos e relatos dos mais antigos, acerca das particularidades geográficas e espirituais desse território. A circularidade ocorre nos círculos concêntricos presentes na aldeia e fortalecem a educação tradicional das crianças na aldeia.

Assim, no dinâmico movimento de ir e vir nas trilhas da aldeia/*tekohá*, as crianças exploram seu território tradicional e se utilizam dele para continuar vivendo sua cultura dentro dos círculos concêntricos, afinal, como os próprios Guarani afirmam, *"sem tekohá, não há teko"*, ou seja, sem o território (*tekohá*), é impossível viver o jeito de ser (*teko*) tradicional dos Guarani.

A circularidade das crianças kaiowá na aldeia Laranjeira Ñanderu

A circularidade das crianças Kaiowá na aldeia Laranjeira Ñanderu tem uma profunda relação com as atividades praticadas no território tradicional. A aprendizagem delas no cotidiano constitui-se na centralidade da produção de suas identidades.

Embora a identidade tenha sido tratada por muito tempo como uma questão sem muita relevância, hodiernamente o conceito emerge sobre um panorama agonístico em que as certezas plantadas sob a inspiração cartesiana de identidade unificada são profundamente questionadas, interrogadas, e o essencialismo e a fixidez das identidades, como algo natural, biológico, são colocados em xeque.

Para Woodward (2012) "a fixação de certas identidades estão entrando em colapso, e novas identidades estão sendo forjadas, muitas vezes por meio da luta e da contestação política" (p. 26). Desta forma, pela circularidade das crianças Kaiowá que vivem na aldeia significa que elas não aprendem o conhecimento em uma cultura passiva, formal, capitalista, mas aprendem a viver a cultura tradicional no coletivo. No cotidiano, aprendem os saberes tradicionais de seu povo, os quais são repassados desde cedo pelos seus pais, na vivência direta com a natureza e no relacionamento com as crianças mais velhas.

A circularidade dentro da aldeia permite que as crianças tenham uma liberdade de ir e vir na aldeia, apreciem o espaço dentro dela e saibam das características da mata como o conhecimento da fauna e da flora, conhecimento dos espaços que têm para brincar, caçar e pescar e também dos limites impostos pela existência das cercas das fazendas que estão ao redor.

As crianças Kaiowá utilizam a circularidade das trilhas para manifestar o *tekoyma* (o modo de ser dos antepassados) que faz parte de sua tradição. Pela circularidade das trilhas, elas saem do confinamento a que foram submetidas com suas famílias. Pela circularidade, dão continuidade a sua relação "com [a] economia, [...] com a terra, sua religião e organização social" cada vez mais ameaçadas (BRAND, 1997, p. 22).

Para Silva (2007), o intuito de retomada dos *tekohá* ou a recuperação de suas terras se constitui em uma reterritorialização que objetiva constituir espaços de exclusividade étnica. Segundo Silva (2007)

> Esta reterritorialização não pode ser vista como resultado propriamente de um *movimento* guarani pela recuperação dos espaços territoriais, isto implicando em uma articulação geral deste povo, contando com uma organização centralizada e com pautas

> bem definidas, a serem postas em prática. Diversamente, a organização para a reivindicação se dá fundamentalmente no seio de cada comunidade política constituída pela articulação entre grupos macro familiares originários do lugar reivindicado; ou seja, a origem de cada demanda é específica, o processo sendo o de se procurar organizar o máximo possível os membros das famílias extensas com origem no local em causa, passando assim a se conformar uma comunidade política com um objetivo específico (a terra) (p. 67) (Grifo da autora).

Assim, as crianças Kaiowá que moram na aldeia buscam retomar o jeito de ser retornando ao antigo *tekohá* de onde foram expulsas e jamais deixaram de exercer a continuidade da ocupação tradicional mesmo de longe, pois continuaram a morar com seus familiares em fundos de fazenda e em acampamentos à beira da estrada, segundo afirma Pereira (2006 e 2010) e Crespe (2009, 2015).

A importância dos círculos concêntricos e o processo de aprendizagem

As crianças Kaiowá que moram com suas famílias na aldeia vivem em barracas cobertas de plástico preto ou branco com cobertura feita de sapé. É na mata da própria reserva que seus pais buscam o sapé para fazer a cobertura das casas e da casa de reza que fica na entrada da aldeia.

No espaço habitado na aldeia existem dois poços de água que ficam ao lado das casas, uma casa de reza onde realizam os rituais de canto e rezas, dois campos de futebol onde se realizam as atividades de jogos, um córrego e a mata. Perto de onde moram o córrego *Karajá Arrojo* serve para as crianças pescar, tomar banho e terem um espaço de lazer. Elas visitam a casa de reza e, no final da tarde, vão banhar-se no córrego que passa dentro de seu *tekohá*.

Ao realizar esta pesquisa com as crianças Kaiowá, buscou-se entender o contexto em que vivem, ou melhor, compreender a *"situação histórica"* desse povo, conceito desenvolvido por Oliveira Filho (2012). Segundo o autor, torna-se tarefa muito difícil o estudo e a compreensão da realidade atual destes povos indígenas, sem a compreensão de sua *"situação histórica"*, a qual entende por:

> [...] *situação* histórica define-se pela capacidade de determinados agentes (instituições e organizações) produzirem uma certa *ordem política* por meio da imposição de interesses, valores e padrões organizativos aos outros [...]" (Id., 2012, p. 18).

Para Oliveira Filho (2012), a noção de *situação histórica* não se confunde com a ideia historicista de fases, ou etapas, que descrevem momentos no tempo e permitem singularizar uma descrição generalizada de um esquema evolutivo suposto como necessário. A noção de *situação histórica* constitui uma maneira de trazer a consideração histórica do plano das estruturas e da ênfase em outros domínios da totalidade social para o plano do estudo dos processos políticos (Id., 2012, p. 18).

Ao visitar as crianças Kaiowá observamos como ocorria o processo de aprendizagem pela circularidade nas trilhas que fortalecia a cultura tradicional e observamos seu comportamento no contexto familiar e comunitário. Essas visitas foram pontuadas com anotações no diário de campo e entrevistas com os pais e lideranças da aldeia.

Chegando à aldeia as crianças corriam para avisar as outras crianças de nossa chegada. No decorrer da pesquisa, circulando com elas pela aldeia, verificou-se uma disposição de casas como "unidades sociológicas" na mata, que, conforme Pereira (2004), se identificava como um "modelo concêntrico" a que chamamos de círculos concêntricos, pois ali, naquele local, estava inscrito o significado da vida para os Kaiowá que ainda buscavam vivenciar o *tekoyma* (o modo de ser dos antepassados)[47]. Apesar de sofrerem no *processo de colonização*[48] a perda do território com a retomada a circularidade voltou a acontecer: retomou-se a comunicação da mata com a casa de reza, a casa em que está presente o fogo doméstico, as casas da parentela, os campos de futebol, o cemitério, o córrego *Karajá arrojo*.

Assim, o modelo concêntrico das unidades sociológicas apresentado por Pereira (2004) permite construir uma compreensão razoável dos mecanismos institucionais através dos quais as "pessoas ocupam posições distintas no interior da estrutura social [...] [e] a operacionalidade do modelo evidencia suas feições políticas" (p. 49).

Pereira (2004) destaca que, nesse modelo, se evidencia o *espaço humanizado* na aldeia que se materializa por círculos concêntricos (mesmo centro) que tem o *fogo doméstico*, as famílias extensas, a mata como sua referência central. Nos círculos concêntricos, apresentam-se as dimensões do *tekohá* em que estão presentes o *ñane retã* e o *ñande reko* no território tradicional Guarani e Kaiowá.

Para Brand (1997, p. 02), no território kaiowá existe o *ñane retã*[49] (nosso território amplo) e o *ñande reko*[50] (modo de ser e de

---

[47] Brand (1997, p. 21).
[48] Crespe (2015, p. 387)
[49] Brand (1997) diz que talvez seja possível falar em duas dimensões de território, isto é, o *ñane retã* (nosso território), enquanto espaço amplo, com determinadas características ecológicas, onde os Kaiowá localizavam suas aldeias, tendo como referenciais básicos as matas, os córregos e as aldeias, em torno das quais emerge uma segunda dimensão de território, como algo específico e concreto para cada família extensa, sempre em busca da continuidade do bom modo-de-ser de seus antepassados (p. 02).

viver) (p. 08) que fazem parte do *tekoha* (território tradicional). Entende-se *ñane retã* como círculo concêntrico, pois, segundo SUSNIK (1979-1980), era caracterizado:

> [...] Cuando varios 'teýy' se associaban 5, 6 o más, formábase la consciência sociolocal unitária, el vínculo 'aldeano', 'teko'á, tecua, tendá, si bien las 'teýy-óga' hallábanse a veces distanciadas a una o dos léguas entre sí (p. 19).

Ou seja, nesse círculo encontra-se inserido o *tekohá* que, conforme diz SUSNIK (1979-1980), era o modelo de organização espacial Guarani e Kaiowá em que as famílias se associavam. Feita a associação, havia a formação de uma consciência sociolocal unitária, cujo vínculo se caracterizava como de um aldeão (pertencente a aldeia).

Os Estudos Culturais apresentam-se como um esforço de repensar a cultura e de redescobrir e descolonizar o conceito de cultura. Apresenta-se como uma promessa intelectual e metodológica desconfortável no processo de descolonização, porque, na verdade, "não tem nenhuma metodologia distinta, nenhuma análise estatística, etnometodológica ou textual singular que possa reivindicar como sua" (NELSON; TREICHLER; GROSSBERG, 2008, p. 09).

Os Estudos Culturais tentam atravessar, de forma explícita, interesses sociais e políticos diversos e se dirigir a muitas lutas e conflitos no cenário social atual. Segundo Nelson; Treichler; Grossberg (2008), "Sua metodologia, ambígua desde o início, pode

---

[50] Para Brand (1997) o *ñande reko,* entendido como modo de vida específico e tradicional, pode ser traduzido por cultura, reconhecido e afirmado pelos Kaiowá, mediante a abertura de novas possibilidades de recuperação de espaços para localizar e reconstruir suas aldeias apoiados principalmente nas relações de parentesco (p. 08).

ser mais bem entendida como uma bricolage. Isto é, sua escolha da prática é pragmática, estratégica e auto-reflexiva" (Id., 2008, p. 09).

Também na perspectiva da teoria Pós-Colonial, Said (2007) construiu uma teoria em que demonstrou como o Ocidente desenvolveu uma estratégia de dominação colonial em que o colonizador

> [...] europeu [aparece como] bom raciocinador; suas afirmações factuais não possuem nenhuma ambiguidade [pois] ele é um lógico natural, e mesmo que não tenha estudado lógica [...] é cético [e] requer provas antes de aceitar a verdade (p. 71).

Segundo o autor, o colonizado é aquele considerado vivendo em estágio primitivo, que está sujeito a erros e que deve ser corrigido pela "verdade" do colonizador. Portanto o colonizador, realizando ações de benfeitorias para o homem primitivo, precisa ter o domínio e ocupação de suas terras, dos assuntos internos e controlar seu sangue, seu tesouro para colocar à disposição de uma potência ocidental (SAID, 2007, p. 68).

Em Mato Grosso do Sul, depois da Guerra do Paraguai, houve uma intensa colonização dos Guarani e Kaiowá que viviam na fronteira do Brasil com o Paraguai. Brand (1993, 1997, 2004) destaca que, no início do século XX, a titulação das terras na região de Amambai, Bela Vista e Ponta Porã possibilitou o avanço dos colonos agropecuaristas que, após se utilizarem do trabalho indígena para limpar e desmatar a mata, desalojaram os indígenas de seus *tekohá* tradicionais com o apoio do estado brasileiro (BRAND, 1993 e 1997). O problema da titulação dessas terras é que elas já eram habitadas pelos Guarani e Kaiowá. Esse fato gera até hoje os conflitos de terras em Mato Grosso do Sul.

Entre os anos de 1915 e 1928, houve a criação de oito pequenas reservas indígenas que foram destinadas aos Guarani e Kaiowá. Esse projeto de colonização, realizado pelo Serviço de Proteção ao Índio (SPI), desenvolveu uma política indigenista assimilacionista e integracionista, que visou garantir aos índios um espaço para viverem, nas reservas, o processo de assimilação em que eles fossem integrados como pequenos agricultores na sociedade da época.

Brand (1997), em sua tese de doutorado, listou mais de oitenta antigas áreas de ocupação tradicional, em que os Guarani e Kaiowá foram esbulhados de seu território tradicional (p. 130). O processo de colonização resultou no processo de dispersão – caracterizado como *esparramo,* que resultou na perda do *tekohá*, na desintegração das famílias extensas e na destruição das aldeias.

O pensamento dos Estudos Culturais e da teoria Pós-Colonial foi bastante utilizado em Mato Grosso do Sul quando o Estado brasileiro deu início ao processo de colonização no território dos Guarani e Kaiowá. Brand (1997) destaca que, com o fim da Guerra do Paraguai, "uma nova comissão de limites percorreu a região ocupada pelos Kaiowá/Guarani, entre o rio Apa e o salto de Sete Quedas, em Guaíra, terminando seus trabalhos em 1874" (Id., 1997, p. 60).

Com a política da "marcha para o Oeste", o governo federal, denominado de Estado Novo e sob o regime governamental de Getúlio Vargas, criou a Colônia Agrícola Nacional de Dourados (CAND), que foi um projeto colonizador em que buscou-se resolver a questão do povoamento do país na fronteira, cujo território estava ocupado pelos Guarani e Kaiowá. Esse ato teve graves consequências para esse povo, que teve suas/seus terras/territórios invadidas/os com a chegada de colonos provenientes de várias regiões do país.

Segundo Cavalcante (2013), o entendimento de território determinado pelos Estados nacionais de Brasil e Paraguai

> [...] foram definidos em sobreposição ao território tradicional Guarani e kaiowa, sendo este dividido sob a administração de dois Estados nacionais, implicando diretamente o agravamento das consequências da situação de subjugação colonial (p. 32).

Há grupos de indígenas que ocupam parcialmente áreas reivindicadas porque existe a "intenção, por parte dos moradores, de ocuparem as áreas de fazenda que [...] correspondem ao *tekohá* de onde são originários" (CRESPE, 2009, p. 44). Desta forma, acampamentos como a aldeia Laranjeira Ñanderu são pensados como uma "etapa de mobilização para uma possível ocupação, configurando assim uma modalidade de assentamento não permanente, mas estratégia e provisória" (Id., 2009, p. 44).

Portanto, os acampamentos e as ocupações, na visão da autora, são estratégias de reaproximação das famílias Kaiowá aos antigos *tekohá*.

> O local escolhido, mesmo que seja entre as margens de estradas e as cercas das fazendas, são áreas que o grupo identifica como sendo parte do antigo *tekoha* ocupado por seus antepassados. Assim, no acampamento em margem de estradas, para se reaproximarem do *tekoha* eles se organizam em um território de fronteira entre a estrada, espaço público, e a fazenda, espaço privado onde situa-se os antigos sítios de ocupação tradicional. Neste território de transição entre o público e o privado, entre as cercas das fazendas e a estrada, os indígenas conseguem permanecer próximos ao *tekoha* reivindicado, fortalecendo o vínculo com o território e exercendo sobre ele uma espécie de domínio som confrontar diretamente o

proprietário da fazenda (CRESPE, 2009, p. 45).

Por meio da aprendizagem de sua cultura na circularidade das trilhas as crianças Kaiowá tornam esse conhecimento um processo de luta ante a invisibilidade que a sociedade nacional lhes impõe. No processo de aprendizagem se faz a classificação das crianças pelo ciclo de crescimento. Para Benites (2009)

> Neste âmbito da família extensa para ensinar as *crianças e jovens* de modo correto é feita uma classificação das crianças por ciclo de crescimento, considerando os diversos momentos por que passam os jovens. É levada em consideração o estado e a característica de cada alma gradativamente assentada no corpo da criança, observando a sua força e a fraqueza, visto que a condição da alma (*ayvu ñe'e*) é a condição vital para o bom desenvolvimento da aprendizagem e crescimento saudável do corpo (BENITES, 2009, p. 62) (Grifos do autor).

Desta forma, se inicia o processo de aprendizagem da educação tradicional, pois, as fases de crescimento destas crianças são acompanhadas de forma que elas ganham liberdade no espaço familiar. A sequência das fases é acompanhada pela mãe e avó que ajudam a criança com a idade de cinco a dez anos a realizar a ressignificação do comportamento e a incorporação de frases ou ideias de adultos. Segundo Benites esta fase (2009)

> [...] é considerada a mais delicada e preocupante, porque é o início da imitação, reprodução e incorporação de qualquer comportamento e atitudes, sejam positivas ou negativas. Ainda é possível afastar da alma as palavras imperfeitas ou negativas, que podem comprometer a força e a aprendizagem do modo de ser adequado (*teko porã vy'a*) almejado pela família. É

> possível também fortalecer o estado da alma no corpo, para suportar e superar os desafios futuros frente aos possíveis ataques dos espíritos maléficos, visando sempre a derrotá-los e a evitar a sua incorporação. (BENITES, 2009, p. 62).

A aprendizagem se inicia desde que a criança tenha identidade na aldeia e cada família, iniciando pelas mulheres (avó, mãe, noras) supervisiona as tarefas desenvolvidas por elas. Após, acompanhando o ciclo de crescimento a criança recebe a educação dada pelos homens, em especial os meninos. Somente após esse processo de aprendizagem é que as crianças ficam aptas a frequentar as escolas públicas de Rio Brilhante/MS.

Aquino (2012) em sua dissertação tratou da "Educação Escolar Indígena e os processos próprios de aprendizagens: espaços de inter-relação de conhecimentos na infância Guarani/Kaiowá, antes da escola, na Comunidade Indígena de Amambai, Amambai – MS" e teve como objetivo principal conhecer melhor a criança Kaiowá antes de ir à escola, observar/descrever como se davam as suas aprendizagens, tendo em vista a compreensão dos seus processos próprios de aprendizagens e as suas interações estabelecidas com o cotidiano e seu entorno.

Em sua pesquisa a autora concluiu que as crianças que ainda não haviam ido para a escola têm [na aldeia] suas aprendizagens uma vez que ela ocorre no cotidiano, não importando os momentos e nem os lugares em que se encontram. Para Aquino (2012)

> Tudo se torna uma escola de aprender, sempre vai ultrapassando as fronteiras e os entre lugares e afirmando sua identidade, buscando o seu pertencimento nos lugares adequados, aprendendo a conviver com os dois mundos diferentes, respeitando as diferenças culturais existentes (AQUINO, 2012, p. 06).

Na aldeia Laranjeira Ñanderu, segundo Adauto as crianças começam a aprender com as dificuldades de se manter na aldeia. Segundo ele "começamos a aprender na [aldeia Laranjeira Ñanderu]... e essa forma, essas dificuldades que passamos aqui que, mas todo mundo está aprendendo" faz parte da circularidade das crianças (ALMEIDA, 2015). Também com a circularidade elas aprendem a

> [...] respeitar a refloresta, a respeitar a madeira, porque todas as madeiras têm vida então isso nós vamos passando para nossas crianças e a madeira, a árvore é remédio então por isso é útil para nós, tem que aprender a respeitar mesmo, porque a floresta dá muita a saúde para nós o que são a floresta traz a felicidade para nós; porque a floresta sem floresta não vivia os animais, os pássaros e os bichos (ALMEIDA, 2015).

Segundo Aquino (2012) a aprendizagem ocorre nos diferentes momentos da vida. Verifica-se, portanto que

> [...] ao longo de toda a vida as pessoas vão adquirindo muitos aprendizados, e esses aprendizados acontecem em diferentes momentos. As crianças indígenas Guarani/Kaiowá, como todo e qualquer ser humano, estão em constante processo de desenvolvimento, aprendendo dos mais diferentes jeitos e em vários momentos da vida (AQUINO, 2012, p. 86).

Reforça esse olhar o entendimento de Nascimento (2006) de que

> As crianças aprendem olhando, observando toda a realidade, estão presentes em toda a parte na aldeia e nas áreas circundantes e quase não há punições. A criança tem liberdade, permissividade e autonomia, experimentando e participando da realidade concreta do dia a dia, seus conflitos e contradições, estão perfeitamente articuladas com aprendizagem e

responsabilidades (NASCIMENTO, 2006, p. 8).

Desta forma, defende Aquino (2012) e Nascimento (2006) que a criança Kaiowá precisa negociar o conteúdo sistematizado (na escola) com o sistema tradicional de educação numa relação de ambiguidade para o alcance do mesmo objetivo. Backes e Nascimento (2011) acreditam que os povos indígenas nos instigam a subverter e ressignificar as práticas de colonização e subordinação.

Para Silva (2007) "a concepção de que os 'índios' vivem em 'aldeias' é algo naturalizado e dado como essencial" (SILVA, 2007, p. 64). Porém, este conceito não pode ser abordado de modo ingênuo que para Silva (2007) simplesmente se refira a lugar e por causa deste equívoco "é justamente esta a visão que toda escola de ensino fundamental transmite aos seus alunos (visão que torna-se arraigada e difícil de se desfazer), tem-se em sentido de inexorabilidade" (Id., 2007, p. 65).

Por isso, concordamos que o local estudado se trata de uma aldeia indígena e não de mais um acampamento. Apesar das crianças estarem vivendo em condições precárias elas aprendem vendo as coisas na aldeia, aprendem com os irmãos mais velhos na prática como, por exemplo, Adauto revela que

> Aqui já começa aprender com seis sete anos porque nós manda pro nosso filho esse o prova geral nós sempre fazia prova geral em comparação se a irmã, o irmão se tiver com diarreia nós fala pra mais velha "oh, você vai buscar esse cipó é lombre", esse cipó é lombre é pra diarreia, pra lombriga... aí, se nós mandá primeira coisa nós mostra e segundo nós faz prova "vái lá buscar" se trazendo ele aprende se não trazer ele não aprende, então por isso que nós mostra, vendo e aprendendo. Tudo que faz aqui é assim, só mandar pra ele que ele que já busca por isso que conhece; quando tiver

alguma dor de cabeça, febre alguma coisa nós manda pra ele que ele vai lá diretamente e busca (ALMEIDA, 2015).

Com a circularidade das crianças na aldeia e o desenvolvimento do processo de conhecimento, busca-se desvendar as relações de poder que ocorrem fora da escola, além de que na visão de Walsh (2009) pensar que estamos colaborando para descolonizar o saber e isso representa uma mistura de sentimentos/pensamentos ambivalentes e também um exercício permanente de descentramento como bem reforça Larrosa (2003) uma vez que se torna uma experiência impronunciável.

CONSIDERAÇÕES FINAIS

Finalizando o texto verifica-se tratar de resultado da pesquisa de campo que se propôs a compreender a circularidade de crianças kaiowá que moram na aldeia Laranjeira Ñanderu e a sua vivência nos círculos concêntricos. Ocorre que tanto as lideranças como as crianças indígenas sustentam que - desde já - vivem na aldeia que pertenceu aos seus antepassados que foram expulsos dali na década de 1930/1940.

Sabe-se que o processo de aprendizagem das crianças na aldeia Laranjeira Ñanderu aponta para um desenvolvimento de conceitos novos como a circularidade e concepções de mundo e território que alargam a visão etnocêntrica de que a aldeia se constituiu de forma homogênea no desenvolvimento da identidade Kaiowá. A aprendizagem na aldeia faz sentido à medida que ela é capaz de preparar a criança para viver sua cultura entre aquelas culturas diferentes.

Espera-se que a circularidade e a vivência dos círculos concêntricos das crianças Kaiowá que moram na aldeia Laranjeira

Ñanderu possibilite uma visibilidade do conhecimento tradicional por meio do processo de aprendizagem e se transforme numa educação intercultural.

REFERÊNCIAS

ALMEIDA, Adalton Barbosa de. Entrevista concedida a José Paulo Gutierrez em 14 de abril de 2015, no acampamento Laranjeira Ñanderu, Rio Brilhante, Mato Grosso do Sul, 2015.

AQUINO, Elda Vasques. **Educação escolar indígena e os processos próprios de aprendizagens:** espaços de inter-relação de conhecimentos na infância Guarani/Kaiowá, antes da escola, na comunidade indígena de Amambai, Amambai – MS. Dissertação (Mestrado em Educação) – Universidade Católica Dom Bosco, Campo Grande, 2012.

BACKES, José Licínio; NASCIMENTO, Adir Casaro. Aprender a ouvir as vozes dos que vivem nas fronteiras étnico-culturais e da exclusão: um exercício cotidiano e decolonial. **Série Estudos (Dossiê Fronteiras)**, n. 31, jan./jun. 2011. Campo Grande: UCDB, 2011. p. 25-34.

BENITES, Tonico. **A escola na ótica dos ava kaiowá:** impactos e interpretações indígenas. Dissertação (Mestrado em Antropologia Social). Universidade Federal do Rio de Janeiro, Rio de Janeiro, 2009.

BRAND, Antonio Jacó. **O confinamento e seu impacto sobre os Paì-Kaiowá.** Dissertação (Mestrado em História). Pontifícia Universidade Católica de Porto Alegre, 1993.

_____. **O impacto da perda da terra sobre a tradição Kaiowa/Guarani:** os difíceis caminhos da Palavra. Tese (Doutorado em História). Pontifícia Universidade Católica do Rio Grande do Sul, Porto Alegre, 1997.

_____. Os complexos caminhos da luta pela terra entre os Kaiowa e Guarani no MS. **Tellus,** Campo Grande/MS, ano 4, n. 6, p. 137-150, abr. 2004.

CAVALCANTE, Thiago Leandro Vieira. **Colonialismo, território e territorialidade:** a luta pela terra dos Guarani e Kaiowa em Mato Grosso do Sul. Tese (Doutorado em História). Universidade Estadual Paulista, Assis, São Paulo, 2013.

CRESPE, Aline C. L. **Acampamentos indígenas e ocupações:** novas modalidades de organização e territorialização entre os Guarani e Kaiowa no município de Dourados – MS: (1990-2009). Dissertação de Mestrado. Curso de Pós-graduação em História da UFGD, 2009.

_____. **Mobilidade e temporalidade Kaiowá:** do Tekoha à reserva, do Tekoharã ao Tekoha. Tese (Doutorado em História/História Indígena) – Universidade Federal da Grande Dourados, Dourados, 2015.

LARROSA, Jorge. **Pedagogia profana: danças, piruetas e mascaradas.** Belo Horizonte: Autêntica, 2003.

MELIÀ, B., GRÜNBERG, G., GRÜNBERG, F. **Etnografia Guaraní del Paraguay Contemporâneo**: Los Pai-Tavyterã. Suplemento antropológico.

FACES DA INTERCULTURALIDADE

Assunción: Centro de Estudios Antropológicos de La Universidad Católica, 1976.

NASCIMENTO, Adir Casaro. **A cosmovisão e as representações das crianças Kaiowá/Guarani:** o antes e o depois da escolarização. Anais da 25º Reunião Brasileira de Antropologia. Goiânia, 2006.

PEREIRA, Levi Marques. **Imagens Kaiowa do sistema social e seu entorno.** Tese de Doutorado em Ciências/Antropologia Social – USP, São Paulo, 2004.

_____. Assentamentos e formas organizacionais dos Kaiowá atuais: o caso dos "índios de corredor". **Revista Tellus,** Campo Grande: UCDB, Ano 6, n. 10, p. 69-81, 2006.

_____. Demarcação de terras kaiowa e guarani em MS: ocupação tradicional, reordenamentos organizacionais e gestão territorial. In: **Tellus,** Ano 10, n. 18, jan./jun., Campo Grande - MS, 2010.

SILVA, Alexandra Barbosa da. **Mais além da "aldeia":** território e redes sociais entre os guarani de Mato Grosso do Sul. Tese de Doutorado (Doutorado em Antropologia Social) PPGAS do Museu Nacional/UFRJ, 2007.

WALSH, Catherine. **Interculturalidade críticae pedagogía decolonial:** insurgir, re-existir e re-viver. In: CANDAU, Vera Maria (Org.). Educação intercultural na América Latina: entre concepções, tensões e propostas. Rio de Janeiro: 7 Letras, 2009. p. 12-43.

WOODWARD, Kathryn. Identidade e diferença: uma introdução teórica e conceitual. IN: SILVA, Tomaz Tadeu da. **Identidade e diferença: a perspectiva dos Estudos Culturais.**13. ed. Petrópolis, RJ: Vozes, 2012, p. 7-72.

OS DESAFIOS DA EDUCAÇÃO INTERCULTURAL DIANTE DAS IDENTIDADES DOS SUJEITOS FRONTEIRIÇOS

Getúlio Raimundo de Lima[51]

INTRODUÇÃO

O presente texto é fruto de pesquisas e das experiências do Prof. Dr. Antônio Hilário Aguilera Urquiza e da minha pessoa, relacionadas com a questão das fronteiras e a educação intercultural, bem como, práticas educativas em Direitos Humanos entre Bolívia, Brasil e Paraguai.

Versa sobre a vivência em escolas de fronteira e a questão das práticas interculturais. Tendo como objetos problematizadores: quem são os sujeitos fronteiriços que pugnam por identidade em uma realidade constituída por diferenças, diversidades e desigualdades? Que conhecimento e organização do conhecimento necessitamos para engendrar atitudes interculturais na região de fronteira?

Categorias de análise: fronteiras, cultura, interculturalidade, educação.

Assim, a base empírica deste estudo, será preferencialmente o Programa Escolas de Fronteira, formação de professores na fronteira de Corumbá-MS, as estratégias de inserção e orientar a prática intercultural reflexiva sobre as vivências e práticas profissionais em escolas de fronteira.

À problemática da fronteira está subjacente questões de ordens étnicas, geográficas, econômicas, militares, cujos processos de interações envolvem problemas de identidade, nacionalidades e etnicidade em fronteiras. A educação fronteiriça envolve fronteiras

---

[51] Doutorado em Educação, pela Universidade Federal de Mato Grosso do Sul - UFMS, possui mestrado em Geografia (UFMS), Especialização em Educação, Pobreza e Desigualdade Social (UFMS), Especialização em gestão pública e sociedade (UFT). Atualmente exerce o cargo efetivo de professor na Rede estadual de ensino. E-mail: miostigl@gmail.com

entre diferentes modos de fazer e pensar a disciplina tal como se configuram conforme diferentes nacionalidades.

Sabemos que, historicamente, os territórios e os universos etnoculturais dos povos de fronteiras é muito maior que os limites das suas estruturas políticas nacionais, definidas por processos históricos e políticas mercantilistas de colonização estimuladas pelo espírito burguês.

O espírito burguês hegemônico não tinha por escopo para essa região do planeta, estabelecer relações de convívio e nem o imaginário iluminista, associados com os povos originários, longe disto, os longos séculos da era mercantilista colonial foram de espoliação econômica da região, politicamente deixou essa parte do continente sem cidadãos, nem líderes educados em valores republicanos, mas em uma "poderocracia" (GALIANO, 2006, p. 36), sem infraestrutura, nem instalações de saúde e educação pública.

Os processos de formação dos novos Estados independentes organizaram suas fronteiras, em certo sentido, de acordo com as linhas arbitrárias dos antigos impérios, sem considerar os grupos étnicos, priorizando as vantagens dos ecossistemas, minerais, bacias hidrográficas e recursos naturais das diferentes geografias.

Culturalmente a América Latina é marcada por uma diversidade etnocultural, antes de ser chamada por esse nome. Centenas de povos habitavam o continente. Segundo Clanclini (2006), intercâmbios e guerras entre alguns deles era comum, evidenciando sua enorme diversidade, entre eles podemos destacar: incas, calchaquíes, tzotziles, olmecas, maias, guaranis, tupis etc. Mas não existiam ainda as palavras índios e indígenas com as quais os unificaram os colonizadores espanhóis e portugueses.

Desse modo, o processo histórico e cultural da identidade-diferença-contradição, forjado por indígenas, afro-americanos e brancos (e crioulos ou criollos, como eram chamados os descendentes de europeus nas colônias espanholas da América), passaram a incorporar aos projetos geopolíticos de integração regional, desde o de Bolívar até o MERCOSUL, análises e debates sobre "as diferenças entre nações e as perguntas sobre o que poderia unificar o continente ou criar uma identidade latino-americana" (CLANCLINI, 2006, p.385).

As fronteiras nacionais na atualidade, face às novas configurações políticas, sociais e culturais da América latina, se firmaram, tornaram-se mais "porosas". Constatamos, também, uma convergência em um mesmo contexto de diversas culturas, a globalização do mercado, a mudança das estruturas familiares, em nosso caso, o incremento dos fluxos migratórios, entre as regiões de um mesmo país e, entre países vizinhos. Este fenômeno tem gerado, cada vez mais, uma sociedade plural e multicultural, diferente daquela de alguns anos atrás, o qual supõe novos desafios para a escola que não se sente suficientemente preparada.

> A cultura regional está sujeita à mobilidade espacial e ao híbrido cultural resultante da conectividade com outros lugares, seja através da imigração, da mídia, do consumo ou da internet. No caso específico da fronteira, o híbrido cultural resultante das conexões e convivência com o "estrangeiro", exige o reconhecimento por parte do poder público de uma com características peculiares a situação de fronteira (BRASIL, 2005, p. 29).

É em vista destes novos desafios colocados pela realidade atual, de sociedades cada vez mais multiculturais, que se torna necessário a reflexão e a formação acerca desta realidade e a importância social da educação em um contexto marcado pela dinâmica dialética do encontro de culturas, povos, projetos geopolíticos e desenvolvimento econômico. As escolas em área de fronteira são instigadas a desenvolverem novas metodologias de aprendizagem e socialização de conhecimentos e o primeiro e mais importante passo é o desafio de olhar a pluralidade como um valor no novo mapa da sala de aula.

PROGRAMA ESCOLAS DE FRONTEIRA E POLITICA DE INTEGRAÇÃO REGIONAL

Concretamente, ao tratar das políticas públicas de educação em contexto de fronteira, é preciso voltar aos anos de 1991, quando por ocasião da reunião de 13 de dezembro do referido ano, dos Ministros da Educação dos países integrantes do MERCOSUL, à época, quando firmaram o protocolo de intenções (Brasil, 2012), por meio do qual manifestaram interesse em contribuir na área educacional para os objetivos políticos de integração do MERCOSUL.

No ano de 2003, os Ministros da Educação assinam a "Declaração Conjunta de Brasília para o Fortalecimento da Integração Regional", entre Brasil e Argentina, em que a educação foi considerada como "espaço cultural para o fortalecimento de uma consciência favorável à integração regional, tendo início o Programa Escolas Interculturais Bilíngues de Fronteira do MERCOSUL como Programa de Cooperação" (BRASIL, 2012).

Em 24 de novembro de 2006, foi realizada a XXXI reunião dos Ministros da Educação dos países do MERCOSUL, na cidade do Belo Horizonte, Estado de Minas Gerais, Brasil, na qual foi avaliado o I Seminário de Escolas de Fronteira do MERCOSUL, que aconteceu na cidade de Foz de Iguaçu - Brasil e solicitado ao Comitê Coordenador Regional que encomendasse à Comissão Regional Coordenadora de Educação Básica (Brasil, 2012), a elaboração de projeto para o ano de 2007 com o apoio da Corporação Andina de Fomento – CAF.

O Ministério da Educação-MEC, em 19 de junho de 2012, promulga a Portaria Nº 798, que "Institui o Programa Escolas Interculturais de Fronteira, que visa a promover a integração regional por meio da educação intercultural e bilíngue", resolve:

> Art. 1º. Fica instituído o Programa Escolas Interculturais de Fronteira (PEIF), com o objetivo de contribuir para a formação integral de crianças, adolescentes e jovens, por meio da articulação de ações que visem

à integração regional por meio da educação intercultural das escolas públicas de fronteira, alterando o ambiente escolar e ampliando a oferta de saberes, métodos, processos e conteúdos educativos (BRASIL, 2012).

Os principais entes federativos responsáveis pelas Escolas Interculturais de Fronteira são os Estados e Municípios, por meio das escolas públicas situadas na faixa de fronteira e instruídas pelo "Modelo de ensino comum de zona de fronteira, a partir do desenvolvimento de um Programa para a educação intercultural, com ênfase no ensino do português e do espanhol", conforme a Declaração Conjunta de Brasília, firmada em 23 de novembro de 2003 pela Argentina e pelo Brasil, e do Plano de Ação do Setor Educativo do MERCOSUL 2006-2010 (Brasil, 2012).

Os princípios, segundo o Programa das Escolas Interculturais de Fronteira (Brasil, 2012), são três: primeiro a Interculturalidade, que trata a fronteiras como *loci* de diversidade e cujas culturas são formadoras do MERCOSUL, corroborado com a promoção da cultura de paz, o conhecimento mútuo e a convivencialidade dos cidadãos dos diversos países-membros. Esta convivencialidade se realiza com a atuação conjunta de docentes dos dois países em cada uma das Escolas Interculturais (princípio do cruze), gêmeas ou próximas.

O segundo princípio é o bilinguismo, que prevê que o ensino seja realizado em duas línguas, o espanhol e o português, com carga horária paritária ou tendendo ao paritário, (Brasil, 2012), para tanto é necessário que haja uma distribuição equilibrada dos conhecimentos ou disciplinas ministradas em cada uma das línguas. Esse princípio deve levar em conta a singularidade do "sujeito do aprendizado". O bilinguismo não significa exclusão das demais línguas, mas deve garantir a presença na escola de outras línguas regionais, conforme a demanda.

Por fim, o Programa primará pela construção comum e coletiva do Plano Político-Pedagógico das Escolas-Gêmeas, respeitando as tradições escolares dos países envolvidos e incluindo as demandas culturais específicas da fronteira no currículo.

Cabe ao Ministério da Educação do Brasil, por meio da Secretaria de Educação Básica e da Assessoria Internacional promover a articulação institucional e a cooperação técnica entre os Ministérios da Educação dos países membros, Secretarias Estaduais e Municipais de Educação, as Universidades e Conselho Nacional de Educação e dos Conselhos Estaduais e Municipais de Educação, bem como garantir recursos financeiros às instituições formadoras e às escolas, com o escopo de alcançar os objetivos do Programa.

De acordo com o Ministério da Educação do Brasil (Brasil, 2012), integram o Programa Escolas Interculturais de Fronteira (PEIF) as seguintes instituições: Ministério da Educação, representado pela Secretaria de Educação Básica e da Assessoria Internacional do Gabinete do Ministro da Educação; representantes dos Ministérios da Educação dos Estados parte e associados do MERCOSUL que possuem áreas fronteiriças com o Brasil; Secretarias Estaduais e Municipais de educação envolvidas das regiões de fronteira; Conselho Nacional de Educação e os Conselhos Estaduais e Municipais de Educação das áreas de fronteira; instituições de Ensino Superior participantes da Rede Nacional de Formação Continuada dos Profissionais do Magistério da Educação Básica Pública e as Escolas gêmeas.

Segundo o Ministério da Integração Nacional-MI (Brasil, 2005), e a Lei N° 6.634, de 2 de Maio de 1979, a Faixa de Fronteira interna do Brasil com os países vizinhos foi estabelecida em 150 km de largura (Lei 6.634, de 2/5/1979), paralela à linha divisória terrestre do território nacional. A largura da Faixa foi sendo modificada desde o Segundo Império (60 km) por sucessivas Constituições Federais (1934; 1937; 1946) até a atual, que ratificou sua largura em 150 km. É importante destacar a diferença entre os conceitos faixa e zona de fronteira.

> Enquanto a faixa de fronteira constitui uma expressão de jure, associada aos limites territoriais do poder do Estado, o conceito de zona de fronteira aponta para um espaço de interação, uma paisagem específica, com espaço social transitivo, composto por diferenças oriundas da presença do limite internacional, e por fluxos e interações transfronteiriças, cuja territorialização mais evoluída é a das cidades-gêmeas (BRASIL, 2005, p. 21).

Neste sentido são resultados de processos e interações econômicas, culturais e políticas, tanto espontâneas como promovidas, a zona de fronteira é o espaço-teste de políticas públicas de integração e cooperação (Brasil, 2005), como espaço-exemplo das diferenças de expectativas e transações do local e do internacional, e espaço-limite do desejo de homogeneizar a geografia dos Estados nacionais, como podemos observar na figura Nº. 01. A zona de fronteira é composta pelas 'faixas' territoriais de cada lado do "limite internacional, caracterizadas por interações que, embora internacionais, criam um meio geográfico próprio de fronteira, só perceptível na escala local/regional das interações transfronteiriças" (BRASIL, 2005, p. 152).

FIGURA Nº. 01: CONCEITOS – FAIXA E ZONA DE FRONTEIRA

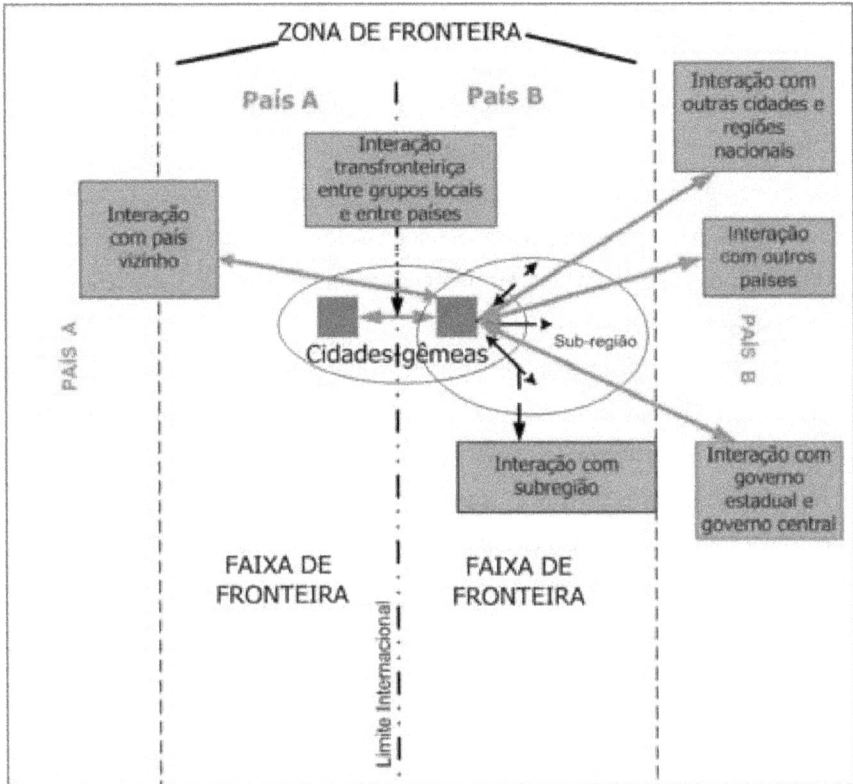

Fonte: Brasil. Ministério da Integração Nacional-MI (2005, p. 22).

Em seus 15.719 quilômetros de fronteira do Brasil com os países vizinhos, existe uma heterogeneidade em termos de níveis de desenvolvimento e características culturais dos países que a compõem. Mato Grosso do Sul (fronteira com a Bolívia e o Paraguai) e, principalmente, o Rio Grande do Sul (fronteira com Argentina e Uruguai) concentram o maior número de cidades-gêmeas (Brasil, 2005, p. 153), como demonstra a figura 02, apesar da maior delas, Foz do Iguaçu, estar localizada no Paraná.

EDUCAÇÃO INTERCULTURAL E IDENTIDADES DOS SUJEITOS FRONTEIRIÇOS

No contexto do Programa Escola Intercultural de Fronteira (PEIF), atuando com as escolas da Bolívia (Puerto Quijaro) e Brasil (Corumbá), adotamos o conceito de interculturalidade, como base conceitual para entender os processos didáticos pedagógicos, ou seja, uma concepção com claras intenções políticas, de valorização da diversidade cultural.

Para o processo de organização da prática pedagógica no Programa Escola Intercultural de Fronteira, é fundamental como conceito instrumental a noção de interculturalidade, pois ela nos remete exatamente para concepções de diálogo e respeito na convivência com diferentes culturas.

FIGURA Nº. 02: CIDADES-GÊMEAS / ESCOLA DE FRONTEIRA

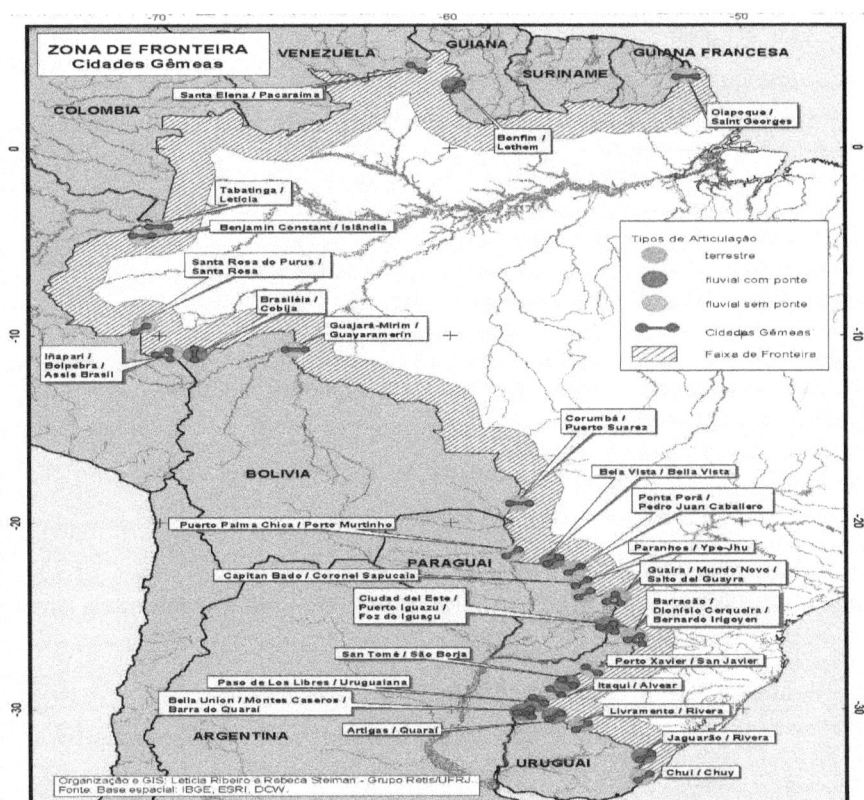

Fonte:http://portal.mec.gov.br/seb/arquivos/pdf/Escolafronteiras/mapa_cidad es.pdf

A cultura emerge das formas de apropriação da natureza e das relações sociais, dos processos e da habilidade das pessoas em transformar seu meio, reconstruindo-o e re-significando-o. É com esse sentido que entendemos "cultura", "não apenas em seu sentido mais estrito, como o universo simbólico de representações e significados sociais, mas como todo o conjunto de práticas, materiais e discursivas que envolvem a construção do espaço social" (BRASIL, 2005, p. 33).

A noção de interculturalidade, apreendida como espaço de

"pertencimento dinâmico dialético" (KROTZ, 2004, p. 20), vem de encontro ao que o artigo 1º das Diretrizes e Bases da Educação Nacional, Lei nº 9.394, de 20 de dezembro de 1996, que entende a educação como resultado de complexas práticas e relações humanas, abrange os processos formativos que se desenvolvem na vida familiar, na convivência comunitária, no trabalho, nas instituições de ensino e pesquisa, nos movimentos sociais e organizações da sociedade civil e nas manifestações culturais de cada povo.

Historicamente, em particular no contexto dos países da região, educar resumia-se a tarefa de transmitir os valores da sociedade dominante, o que levava indiretamente à desvalorização dos membros das minorias étnicas ou culturais, ou de sua própria cultura. Em uma nova sociedade, exigem-se mudanças, sem exceções de sexo, etnia, cultura ou religião, uma escola para todos, onde se trabalha a riqueza das diferenças.

É neste contexto de uma sociedade cada vez mais multicultural e de escolas plurais, que torna-se importante a prática da interculturalidade. O próprio Programa Escola Intercultural de Fronteira, baseia-se na noção de interculturalidade.

Podemos dizer que interculturalidade, com base nos estudos Fleuri (2005), é um conjunto de propostas de convivência democrática entre diferentes culturas, com a pretensão de desenvolver processos de integração entre elas sem anular sua diversidade, ao contrário, cuja convivência potencializa a criatividade e as relações entre diferentes agentes e seus respectivos contextos.

Segundo Clanclini (2006), nos últimos anos dos estudos sobre a diversidade houve um deslocamento para a análise da interculturalidade. A ênfase da diversidade, como a valorização da capacidade de cada nação, etnia ou grupo para expressar sua cultura em seu espaço próprio é, sem dúvida, importante, por que estabelece "limite de fato" que "torna-se agora a prova de um direito – ou antes, de um não- direito [...] aí numa demarcação inevitável: 'os limites de um e de outro são fixos e imóveis'" (SANTOS, 2010, p. 22).

> Mas, num mundo tão interconectado, a simples afirmação da diversidade pode conduzir ao isolamento e, finalmente, à ineficácia. Considera-se também necessário trabalhar nos espaços globalizados a favor da interculturalidade democrática: o problema não é que, apenas, a cada um se permita falar sua língua com seu grupo ou cantar suas canções e filmar suas festas no âmbito local; o desenvolvimento cultural põe hoje em jogo o que significa a convivência entre nativos e migrantes, entre distintas religiões, gostos e concepções da família, no meio de conflitos transnacionais. As perguntas não se referem só ao modo de reivindicar o peculiar. Podem, por exemplo, a escola e os meios de comunicação ajudar-nos a descobrir o valor do diferente, reduzir a desigualdade que converte as diferenças em ameaças irritantes e gerar intercâmbios construtivos a distância? Experimenta-se a necessidade de trabalhar, além dos direitos da diversidade, também sobre os direitos interculturais (CLANCLINI, 2006, p. 390).

Este conceito vem sendo utilizado com certa frequência nas teorias e ações pedagógicas nos últimos anos, extrapolando o contexto educacional e sendo também aplicado, às práticas culturais e políticas. Segundo o mesmo professor Fleuri (2005), este termo diferencia-se de outro bastante usado no estudo da diversidade cultural que é a noção de multiculturalidade que indica apenas a coexistência de diversos grupos culturais na mesma sociedade, sem apontar para uma política de convivência.

Podemos dizer que a educação intercultural é um dos temas pedagógicos que mais tem gerado estudos e publicações nas últimas décadas, tendo em vista que a diversidade sociocultural é um fato inquestionável.

Muito além de ser uma moda passageira, este fenômeno da diversidade de culturas nos remete a uma reflexão sobre os fins e metodologias da educação em uma sociedade em um mundo diverso e interdependente, de modo especial se a escola está em contexto de fronteira, verdadeiro "espaço de referência identitária" (Brasil, 2005, p. 34).

As propostas de uma educação intercultural surgem no contexto de um processo mais amplo de reação e, ao mesmo tempo, de proposição de novos modelos de educação para as novas gerações, na América Latina e em outras partes do mundo ocidental. Estas propostas estão baseadas em outros valores e pressupostos teóricos (currículos abertos, escola comunitária, avaliação processual.

Inicialmente o contexto dos conflitos de reconhecimento dos direitos das minorias nos Estados Unidos, especialmente dos negros nos anos de 1960, passou a ser conhecido como contexto de sociedades multiculturais. Outros elementos que poderíamos elencar como estando na origem da noção de multicultural e intercultural: as reivindicações sociopolíticas dos anos de 1960, com demandas a favor da igualdade de oportunidades sociais, políticas, econômicas, culturais e educativas; o auge do fator étnico; o fenômeno migratório e a problemática do chamado terceiro mundo; a interdependência mundial, com a abertura das fronteiras, a rapidez das comunicações, a globalização dos problemas políticos e econômicos.

Neste contexto, a noção de multicultural foi entendida como referente ao fenômeno da situação das sociedades e grupos sociais, nos quais muitos grupos ou indivíduos pertencentes a distintas culturas vivem juntos, qualquer que seja seu estilo de vida escolhido. Em outras palavras: são várias culturas vivendo em uma mesma sociedade, ou seja, o mesmo que acontece em situação de escolas em contexto de fronteira.

O certo é que o simples contato entre indivíduos ou grupos culturalmente diferentes não gera por si mesmo relações positivas, enriquecedoras ou interculturais. O que sucede em qualquer sociedade que deixe ao azar a coexistência dos grupos étnico-culturais, é realmente pouco apetecível: tentativas de assimilação, atitudes racistas, guetos minoritários, encapsulamentos culturais. A educação intercultural possibilita que

> Las situaciones del contacto cultural pueden convertirse en lugar para la ampliación y profundización del conocimiento sobre sí mismo y su patria-matria, más precisamente, sobre sí mismo como parte de su patria-matria y sobre su patria-matria como resultado de la actuación humana, o sea, siempre también de su propia actuación (KROTZ, 2004, p. 20).

Com o tempo, e a partir deste contexto reflexivo, passou a ser usado o termo interculturalidade, como uma atitude mais dinâmica de busca ativa de diálogo na superação dos preconceitos e discriminação, de modo especial no campo da educação.

> La interculturalidad supone una reflexión profunda en torno a las oportunidades que nos ofrece la diversidad cultural como elemento de intercambio fructífero de valores y actitudes, rompiendo prejuicios e iniciando espacios de interrelación e intercambio, creando así lazos e interdependencias entre los grupos culturales diversos que conviven en una misma realidad escolar (LEIVA OLIVENCIA, 2008, p. 11).

A realidade das nossas escolas foi se transformando paulatinamente durante os últimos anos, com o aumento de crianças de múltiplas origens, transformando a sala de aula na coexistência de diversos grupos culturais. Por outro lado, quase nenhuma política púbica preocupa-se com esta realidade, ou ainda, quase nenhum professor procura incorporar adaptações em sua metodologia e mesmo conteúdos passados aos alunos: currículos orientados a fomentar a diversidade cultural desde um ponto de vista inclusivo.

Desde o etnocentrismo seguimos equiparando o estrangeiro com o bárbaro (bugre, preto, boliviano, paraguaio, etc.), identificado como aquele que desconhece a cultura de quem lhe atribui tal qualificativo. O estrangeiro continua sendo o estranho, algo que não desperta respeito pela diferença e às vezes nem sequer curiosidade, pois acaba supondo uma "ameaça" para a sociedade. As visões predominantes sobre a sociedade ou país menos desenvolvido economicamente continuam sendo produzidas e difundidas pelo senso comum, e às vezes, inclusive em nossas escolas.

Assim, baseado em Aguilera Urquiza (2006, p. 135), por interculturalidade podemos entender pelo menos dois tipos de ações diferentes:

Em primeiro lugar, um conjunto de práticas sociais ligadas a 'estar com o outro', entendê-lo, trabalhar com ele, produzir sentido conjuntamente. Como em toda prática social, interculturalidade se vive na medida em que se produzem contatos qualificados com o outro, como por exemplo, nos planejamentos conjuntos dos professores dos dois países, nos projetos de aprendizagem em que interagem alunos argentinos e brasileiros, cada grupo com sua maneira culturalmente diferente de olhar para os mesmos objetos de pesquisa, na participação em eventos próprios de cada país.

Em segundo lugar, interculturalidade é entendida, também, como conhecimento sobre o outro, sobre o outro país, suas formas históricas de constituição e de organização, conhecimentos estes que precisam estar presentes nos currículos e nos projetos de aprendizagem planejados e executados nas escolas. São estes conhecimentos sobre o outro que possibilitarão, aos alunos, sentirem-se partícipes de histórias comuns.

Temos convicção de que grande parte dos preconceitos e estereótipos é produzida por desconhecimento do "outro". A partir do momento em que se promove, sobretudo no âmbito da educação, momentos de sadia convivência e de conhecimento do outro, não como algo exótico, mas como uma outra possibilidade de ser no mundo, então estaremos praticando o diálogo intercultural.

O reconhecimento da alteridade implica, dessa forma, refletir sobre as representações que circulam em uma sociedade a respeito das línguas e das culturas que as contextualizam. Um claro exemplo disso são os estereótipos com os quais se identifica tanto a uma língua como a seus falantes. As línguas, neste sentido, são mais ou menos "fáceis", "alegres", "doces", "musicais", entre outras apreciações estereotipadas. A compreensão destas representações implica reconhecer a complexidade da aprendizagem de outra língua e cultura e, consequentemente, compreender o alcance do esforço pedagógico a ser realizado pela escola.

No contexto de fronteira, entre dois países, a prática da língua certamente é o elemento mais característico e marcador das diferenças. Talvez esteja neste aspecto o primeiro grande desafio dos/as professores/as das escolas da fronteira.

A educação a partir desta perspectiva, do cotidiano das práticas pedagógicas, tem potencial para formar uma criança, um jovem, um cidadão sensível à interculturalidade que, ao longo do seu percurso escolar, tenha experimentado diferentes situações de contato com a outra cultura, permitindo-lhe gerar critérios amplos e tolerantes perante a diversidade. Além disso, o aluno egresso do Programa terá um domínio suficiente das línguas portuguesa e espanhola para interatuar com seus pares em contextos previsíveis de intercâmbio linguístico.

Uma educação para as escolas de fronteira, nesse contexto, implica no conhecimento e na valorização das culturas envolvidas, tendo por base práticas de interculturalidade. Como efeito da interação e do diálogo entre os grupos envolvidos, têm-se, então, relações entre as culturas, o reconhecimento das características próprias, o respeito mútuo e a valorização do diferente como diferente (e não como 'melhor' ou 'pior').

A escola é uma instituição social que torna possível o encontro das diferentes presenças e ao mesmo tempo, é também um espaço sociocultural marcado por símbolos, rituais, crenças, culturas e valores diversos. A pluralidade cultural de grupos étnicos, sociais ou culturais necessita ser pensada como matéria de aprendizagem, porém nunca como conteúdo de dias especiais, datas comemorativas ou momentos determinados em sala de aula. Fazer isso é congelar a cultura, reificá-la, transformá-la em recurso de folclorização, e como tal acentuar as diferenças.

Outro conceito relevante para a educação em contexto de fronteira e o tema da alteridade. Alteridade não é simplesmente considerar as características individuais e muito menos as propriedades "naturais" do outro, implica reconhecer o outro

> Como *miembro* de una sociedad, como *portador* de una cultura, como *heredero* de una tradición, como *representante* de una colectividad, como *nudo* de una estructura comunicativa de larga duración, como *iniciado* en un universo simbólico, como *introducido* a una forma de vida diferente de otras –todo esto significa también, como *resultado y creador partícipe* de un proceso histórico especifico, único e irrepetible. En esto no se trata de una sencilla suma de un ser humano y su cultura o de una cultura y sus seres humanos. Al divisar a otro ser humano, al producto material, institucional o espiritual de una cultura o de un individuo-en-sociedad, siempre entra al campo de visión *en conjunto de la otra cultura* y cada elemento particular es contemplado dentro de esta totalidad cultural (KROTZ, 2004, p. 20. *Grifo do autor*).

A estruturação da educação em contexto de fronteira com fundamento na interculturalidade e alteridade não se formula com base na premissa da

> Imagen equivocada de una base común de un ser humano abstracto, que sólo 'se manifiesta' en las dos formas culturales diferentes, que meramente 'aparece' en las situaciones de contacto cultural [...]. Cultura familiar y cultura extranjera no se encuentra, pues "en la base" o "encima" de las culturas, sino en ellas mismas y en su interjuego (KROTZ, 2004, p. 20).

FACES DA INTERCULTURALIDADE

O desenvolvimento cognitivo da alteridade e da interculturalidade exigem o movimento constante de abertura e conhecimentos sobre o outro, sobre o outro país, suas formas históricas de constituição e de organização, a incorporação no currículo escolar, em projetos de aprendizagem, a história, a geografia, as dimensões literárias, artísticas, religiosas, etc. do outro país. Segundo Silva (2000, p. 76), os processos de afirmação da identidade e/ou da diferença - termos "mutuamente determinantes" - são "fabricados" e "criados" no contexto das "relações culturais e sociais". São resultados de um "processo de produção simbólica e discursiva" (SILVA, 2000, p. 81), indicando, portanto, disputas mais amplas "por recursos simbólicos e materiais".

> A construção e reconstrução de identidades não constituem, portanto, um processo linear. Trata-se de um processo eivado de contradições e ambiguidades, os símbolos envolvidos nem sempre tendo a mesma eficácia. Altamente complexo, o jogo de identidades pode ser facilitado ou dificultado de acordo com as condições sociais em que se dá. Neste sentido, a presença de "marcos" ou referenciais histórico-geográficos pode ser um fator decisivo na sua construção e reconstrução de identidades, especialmente quando relacionados a processos de regionalização (BRASIL, 2005, p. 34).

A objetivação da identidade dos sujeitos fronteiriços, requer antes de mais nada, uma "política da diferença", em princípio deve estar contida nas práticas educativas da dignidade humana.

Neste sentido, o processo histórico de integração que no projeto de colonização, teve como metodologia a assimilação de preconceitos, de estereótipos e da inferiorização e subalternização das culturas indígenas, parece ser a lógica que fundamenta a mobilização destes povos à crítica do modelo Integracionista colonizador para a ressignificação dessas relações de poder em que "as culturas se convertem em lugares e forças que mantêm uma diversidade criadora e que atuam também com crescente alcance político" (PINEDA, 2009, p. 96).

Por isso, os desafios maiores dizem respeito à dificuldade em construir experiências de interculturalidade ou relações interculturais, ou chegar a um diálogo de saberes construtores das escolas de fronteira, que exige questionar as relações de poder construídos pela modernidade (SOUSA SANTOS, 2005), além da revisão de metodologias e currículos, para assim transitar em direção a uma educação mais aberta às demandas da interculturalidade.

O processo de educação intercultural não lida, apenas, com sujeitos escolares, com "sujeitos étnicos diferentes", frente aos quais não se trata da universalização da escolarização, apenas, ou de inclusão desses outros, excluídos, mas na abertura de espaços políticos de diálogo de saberes. Bem como lida com os desafios postos pelas diferenças de territórios e territorialidades estruturados na Região.

Como afirmamos anteriormente, à realidade das fronteiras se interpõe os territórios, que não se limitam, exclusivamente à sua dimensão jurídico-administrativa, de áreas geográficas delimitadas e sob domínio do Estado, neste sentido o

> Território é produto de processos de controle, dominação e/ou apropriação do espaço físico por agentes estatais e não-estatais. Os processos de controle (jurídico/político/administrativo), dominação (econômico-social) e apropriação (cultural-simbólica) do espaço geográfico nem sempre são coincidentes em seus limites e propósitos. Ademais, a territorialização desses processos se dá tanto "de cima para baixo" (a partir da ação do Estado ou das grandes empresas, por exemplo) quanto "de baixo para cima" (através das práticas e

significações do espaço efetivamente vivido e representado pelas comunidades). É, portanto, o processo de territorialização como acima concebido, ou seja, filtrado pelos agentes sociais, que acaba por delinear o território por uso e posse, e não somente por determinação jurídico-administrativa (BRASIL, 2005, p. 17).

Outro elemento importante para as Escolas de Fronteira são os processos relacionados ao poder sobre territórios, as lutas entre "interesses" e "reivindicações" é a noção de territorialidade, espaço vivido, entendida como

O poder de afetar, influenciar, controlar o uso social do espaço físico - não criam homogeneidade ou uma qualidade única do território, nem mesmo, obrigatoriamente, geram um território, pois podem se "empilhar" tanto quanto articular-se em tensão constante ou gerar conflitos abertos. Ao contrário do território, que de alguma forma define "nós" e os "outros", o "próprio" e o "não-próprio", ou seja, carrega um sentido de exclusividade, a territorialidade um processo de caráter "inclusivo", incorporando novos e velhos espaços de forma oportunista e/ou seletiva, não separando quem está "dentro" de quem está "fora". Por isso mesmo, a territorialidade de algum elemento geográfico dificilmente coincide com os limites de um território, embora possa justificar a formação de novos territórios (BRASIL, 2005, p. 17).

O desenvolvimento das relações interculturais na fronteira, como mais um espaço de projeção de novas formas de convivência social, terá como um dos seus desafios entender os mecanismos instituídos de apropriação do espaço, das relações sociais e dos tipos e interesses dos agentes sociais aí constituídos.

Além dos desafios apresentados, Tubino (2018), tem sido enfático ao afirmar que existe um uso do conceito de interculturalidade que não questiona as regras da lógica do modelo econômico neoliberal, por ele chamada de interculturalidade funcional, que deve ser contraposto pela interculturalidade enquanto projeto Político de ação transformativa e democracia radical que ele designa de interculturalidade crítica.

No interculturalismo funcional, buscar-se ia promover o diálogo e a tolerância sem tocar nas causas da assimetria social e cultural vigentes.

No interculturalismo crítico, a busca pela supressão dessas assimetrias daria a tônica à ação ético-política através do uso de métodos políticos não violento. Há a necessidade de uma crítica profunda ao modelo intercultural funcional que reforça uma política colonial que gera as assimetrias entre os grupos sociais tanto em nível mundial (divisão social e racial do trabalho) quanto em níveis locais (subalternização de pessoas e grupos de minorias sociais).

CONSIDERAÇÕES FINAIS

A questão da relação entre educação e fronteira não é simplesmente uma preocupação com os problemas de ordens intra-educacional (conteúdos, didáticas), mas exigem, principalmente, atitudes extra educacionais, como intervenção nas relações sociais e instrumentos materiais produtores e reprodutores de práticas e saberes que valorizem identidades, diferenças e pugnem por relações igualitárias, livre de etnocentrismos, estereótipos e preconceitos.

Uma educação para as escolas de fronteira, nesse contexto, implica no conhecimento e na valorização das culturas envolvidas, tendo por base práticas de interculturalidade. Como efeito da interação e do diálogo entre os grupos envolvidos, têm-se, então, relações entre as culturas, o reconhecimento das características próprias, o respeito mútuo e a valorização do diferente como diferente (e não como 'melhor' ou 'pior').

Neste sentido assumimos que a educação intercultural supõe o reconhecimento do direito dos grupos ou pessoas provenientes de distintas culturas, a uma educação com equidade social, com compromisso, com qualidade e, em especial, compatível com as características próprias de sua cultura e seus modos de vida. Assim, uma criança boliviana em uma escola brasileira, ou o contrário, uma criança brasileira em escola boliviana, deverá ser reconhecida em seus direitos de ter uma educação de qualidade e que respeite suas características culturais.

Para que estes princípios de uma educação intercultural consigam produzir efeito no cotidiano das práticas pedagógicas das escolas de fronteira, não podem ficar apenas em princípios, mas devem ser traduzidos em ações.

REFERÊNCIAS

AGUILERA URQUIZA, A. H. Educación e Identidad en el Contexto de la Globalización - La Educación Indígena Bororo frente a los retos de la Interculturalidad. Tese de Doutorado. Salamanca/Espanha. 2006.

BRASIL. Ministério da Integração Nacional. Secretaria de Programas Regionais. Programa de Desenvolvimento da Faixa de Fronteira. Proposta de Reestruturação do Programa de Desenvolvimento da Faixa de Fronteira. Brasília: Ministério da Integração Nacional, 2005.

_____. Lei Nº 6.634, de 2 de maio de 1979. Dispõe sobre a Faixa de Fronteira, altera o Decreto-lei nº 1.135, de 3 de dezembro de 1970, e dá outras providências. Disponível em: http://www.planalto.gov.br/ccivil_03/leis/L6634.htm. acesso em: 30/03/2017.

_____. Ministério da Educação. Gabinete do Ministro. Portaria Nº 798, de 19 de junho de 2012. Institui o Programa Escolas Interculturais de Fronteira, que visa a promover a integração regional por meio da educação intercultural e bilíngue. Disponível em: http://educacaointegral.mec.gov.br/images/pdf/port_798_19062012.pdf . Acesso em: 30/03/2017.

_____. Lei nº 9.394, de 20 de dezembro de 1996. Estabelece as diretrizes e bases da educação nacional. Disponível em: http://www.planalto.gov.br/ccivil_03/leis/L9394.htm. acesso em: 25/03/2017.

CANCLINI, Néstor García. Diversidade cultural. In: SADER, Emir; JINKINGS, Ivana. (Coords.). Enciclopédia Contemporânea da América Latina e do Caribe. São Paulo: Boitempo editorial, 2006.

FLEURI, Reinaldo Matias. Palestra Proferida no V Colóquio

Internacional Paulo

Freire. Recife, 2005. Disponível em: www.paulofreire.org.br/Textos/fleuri_2005_recife_resumo_e_texto_c ompleto.pdf. acesso em 30/06/2012.

GALEANO, Eduardo. O teatro do bem e do mal. São Paulo: L&PM Pocket, 2006.

KROTZ, Esteban. Alteridad y pregunta antropológica. *In*: BOIVIN, Mauricio; ROSATO, Ana; ARRIBAS, Victoria. Constructores de Otredad: Una introducción a la Antropología Social y Cultural. Buenos Aires: Editorial Antropofagia, 2004.

LEIVA OLIVENCIA, Juan José "Interculturalidad, gestión de la convivencia y diversidad cultural en la escuela: Un estudio de actitudes del profesorado". Revista Iberoamericana de Educación, 2008. Vol. 46, núm. 2.

PINEDA, Fabiola Luna. É hora de sacudir os velhos preconceitos e de construir a terra: sobre educação intercultural. In: CADAU, Vera Maria (org.) Educação Intercultural na América Latina: entre concepções, tensões e propostas. Rio de Janeiro: 7Letras, 2009.

SANTOS, Antônio Carlos dos (org.). o outro como problema: o surgimento da tolerância na modernidade. São Paulo: Alameda, 2010.

SILVA. Tomaz Tadeu da. A produção social da identidade e da diferença. In Identidade e diferença. A perspectiva dos Estudos Culturais. Tomaz Tadeu da Silva (org.), Petrópolis: Vozes, 2000.

SOUSA SANTOS, Boaventura de (org.). Semear outras soluções. Os caminhos da biodiversidade e dos conhecimentos rivais. Rio de Janeiro: Civilização Brasileira e Ministério da Cultura, 2005.

TUBINO, Fidel. Del interculturalismo funcional al interculturalismo crítico. Disponível em: http://red.pucp.edu.pe/wp-content/uploads/biblioteca/inter_funcional.pdf. Acesso em: 19/07/2018.

O ACESSO E PERMANÊNCIA DE INDÍGENAS À EDUCAÇÃO SUPERIOR: AMBIVALÊNCIAS, TENSÕES E POSSIBILIDADES

Antonio H. Aguilera Urquiza [52]
Valéria Calderoni [53]

INTRODUÇÃO

O acesso e a permanência de indígenas nas Instituições de Ensino Superior, tensionadas pelas políticas para a educação escolar indígena em âmbito nacional, tem sido pautada por ambivalências, tensões e possibilidades, quando percebidas em uma perspectiva intercultural e decolonial. Sabemos que embora não sejam a maioria em termos numéricos como nos aponta o CENSO/IBGE (2010), os ocidentais mantêm o domínio concreto e simbólico sobre o espaço universitário, seus saberes são hegemônicos no currículo dos cursos regulares nas IES.

Para os acadêmicos indígenas, o espaço universitário tem sido um espaço fronteiriço e ambivalente, visto que em muitas universidades se garantem o acesso, entretanto, não existe uma política de permanência, não consideram a diferença desses povos, nem dialogam com os seus saberes[54]. Em muitos cursos regulares, subalternizam, silenciam os indígenas e seus conhecimentos sob o argumento da universalidade do saber (europeu) e da suposta necessidade de cientificidade dos saberes, ambos construtos da colonização e da modernidade. O espaço universitário é uma

---

[52] Idem nota nº 1
[53] Idem nota nº 2
[54] Neste texto fazemos referência a saber e conhecimento como sinônimo, entendemos com Mato (2009), que não há hierarquia entre saber e conhecimento, mas sim um processo histórico que desqualificou um determinado conhecimento, e que ainda se faz presente como uma herança colonial, a colonialidade do saber.

construção da modernidade e segue ainda sustentado nos pilares modernos.

Neste texto partimos da leitura da diferença cultural como possibilidade de distanciarmos dos discursos, da suposta arrogância epistêmica de tolerância e inclusão. Esta leitura nos leva a questionar os processos e os discursos que subjazem e produzem a subalternização dos povos indígenas para analisar as políticas públicas e ações afirmativas voltadas para esses povos nas Instituições de Ensino Superior - IES.

Objetiva-se, problematizar as motivações e os desafios desses acadêmicos quando buscam o acesso à Educação Superior nas universidades do Mato Grosso do Sul, de maneira especial, quando se trata de acesso aos chamados cursos regulares, e não às licenciaturas específicas as quais oferecem acesso e permanência diferenciada para estudantes indígenas. Neste caso temos uma questão epistêmica importante, a política de educação intercultural que deveria existir se tratando de um pais hibridizado[55] culturalmente. Somos interculturais natos, "[...] o que exige uma postura epistemológica de compreensão da realidade como dinâmica e diversa, ou seja, nada está posto de antemão, os conceitos e práticas precisam estar profundamente ancoradas no diálogo entre culturas – diálogo intercultural (AGUILERA URQUIZA, NASCIMENTO, 2010, p. 49-50).

---

[55] Hibridismo não deve ser associado a mestiçagem, ancorados em Bhabha (2003) entendemos como conceitos com sentidos distintos. As teorias da mestiçagem são, inclusive, estranhadas pelos pós colonialistas. Neste texto entendemos o hibridismo das identidades sociais num contexto (pós)colonial culturalmente tão rico e nuançado como nosso, não é apenas um instrumento de ruptura com a "unidade" cultural do colonizador, este representa-nos uma forma de resistência ao discurso do colonizador e uma possibilidade de construção identitária outra.

A pesquisa é de caráter qualitativa, entre alguns autores com os quais dialogamos para a esta construção, recorremos às reflexões trazidas pelos autores pós-coloniais e como Bhabha (2003), Brand e Calderoni (2012), Mato (2009), Mignolo (2003), Walsh (2009), que nos permitem discussões e olhares investigativos outros.

Assim, apoiamos nosso estudo na Antropologia e na perspectiva da colonialidade[56] do poder (QUIJANO, 2005), e nas concepções de interculturalidade (CANDAU, 2010) e colaboração intercultural (MATO, 2017), para entender as relações culturais existentes nas universidades brasileiras. Quanto aos procedimentos recorremos a revisão bibliográfica, a análise documental, e a entrevistas semiestruturadas e conversas não formais, assim como a convivência com indígenas na pós-graduação, especialmente na UFMS.

Neste caminho investigativo nos propusemos a levantar algumas problematizações que vêm de um dos traços mais inquietantes da contemporaneidade, nossas relações com povos de cultura diferente, visto que há uma dificuldade em lidar com a alteridade do outro[57], pois ao longo de encontro dos povos indígenas e os colonizadores ocidentais as relações culturais e sociais, por uma relação de poder sendo permeadas por atitudes etnocêntricas que

---

[56] O colonialismo denota uma relação política e econômica, na qual a soberania de um povo está no poder de outro povo ou nação, o que constitui a referida nação em um império. Diferente desta ideia, a colonialidade se refere a um padrão de poder que emergiu como resultado do colonialismo moderno, mas em vez de estar limitado a uma relação formal de poder entre dois povos ou nações, se relaciona à forma como o trabalho, o conhecimento, a autoridade e as relações intersubjetivas se articulam entre si através do mercado capitalista mundial e da ideia de raça (MALDONADO TORRES, 2007, p.131).

[57] Trata -se de uma provocação contida nos discursos dos autores pós-coloniais do MC, seus autores recorrem aos dizeres olhares "outros", saberes outros para propor uma resposta a um "[...] não ao moderno-ocidental-colonial" (MIGNOLO, 2003).

gerou e seguem gerando grandes consequências para os povos indígenas.

Os dados consultados, assim como os caminhos investigativos delineados apontam para um aumento significativo de acadêmicos indígenas nas Instituições de Ensino Superior de MS nos últimos anos. Entendemos que essa demanda se configura como um mecanismo dos próprios povos originários que, em busca de sustentabilidade e alteridade, procuram caminhos outros, assim recorrem a educação superior como um espaço político de afirmação identitária e minimização das desigualdades sociais.

Estas são algumas questões inquietantes que propomos neste artigo, essas mobilizaram todo esse caminho investigativo, e ao longo da escrita nos colocam em uma tensão constante, pois as questões epistêmicas exigem uma ressignificação, cria-nos olhares outros, e nos possibilita a "[...] desaprender o aprendido para voltar a aprender", (JUAN GARCIA, *apud* WALSH, 2009, p.24), tomando-o como exercício epistemológico e ontológico, na perspectiva de decolonialidade (WALSH, 2009).

A construção da diferença do outro

Com as lentes reorientadas por estes autores pós-coloniais[58] lançamos um olhar de estranhamento e desnaturalização para a construção da diferença cultural em relação aos ocidentais e os povos colonizados, procurando entender a produção da hegemonia cultural, enxergando-a como consequência das relações de poder, ser e saber, por perceber que essa perspectiva nos possibilita a compreensão de que a "[...] diferença é sempre um processo relacional". E, como nos afirma Macedo (2006, p. 348), "´É deste processo relacional que surgiu o "sistema-mundo moderno/colonial", ou "sistema mundo europeu/euro-norte-americano moderno/capitalista/colonial/patriarcal", que Grosfoguel (2008, p. 113), nos provoca a pensar".

A articulação entre a colonização, colonialismo e colonialidade, a geopolítica do conhecimento[59] (MIGNOLO, 2003) e a revisão desses processos e resistência dos povos indígenas, permitem fazer emergir a construção da diferença colonial e a revisão dos discursos globais ocidentais e da suposta hegemonia europeia. "A diferença colonial epistêmica é cúmplice do universalismo", afirma Ballestrin (2013, p.103), e argumenta que:

> A noção de diferença colonial desenvolvida por Mignolo (2002, 2003) projeta muita importância ao *lócus* de enunciação dessa mesma diferença. E aqui se tem outra dimensão fundamental para o grupo: a dimensão epistêmica e epistemológica, isto é, a colonialidade do saber (p.103).

A diferença colonial posicionou e legitimou o conhecimento da Europa, instituindo na modernidade a racionalidade científica como o modelo epistemológico global, universal, excluindo, subalternizando ou negando a diferença cultural existente.

---

[58] A perspectiva pós-colonial rejeita as tradições sociológicas do subdesenvolvimento, ao contrário, busca revisar os discursos ideológicos modernos que estabeleceram entre o Primeiro Mundo e o Terceiro Mundo uma relação binária de oposição, criando a diferença colonial (BHABHA, 2003).
[59] Entendemos geopolítica do conhecimento, com Mignolo (2003), quando este afirma existir uma relação direta entre o lugar de enunciação do conhecimento e suas formas de validação, ou seja, o lugar de fala determina o objeto e o conteúdo do conhecimento, bem como o seu valor de verdade, assim questiona as pretensões universalistas do pensamento ocidental.

A diferença cultural entre povos ocidentais e indígenas em países como o nosso são relações bem distintas de outros países com outro modelo de colonização (como por exemplo a colonização de povoamento), como nos faz pensar Mignolo (2003). Ou seja, por conta das relações vividas com os colonizadores europeus, estas acabaram estabelecendo relações assimétricas entre as diferentes culturas. Ou seja, a classificação hierárquica produzida no período colonial, acabou construindo a diferença colonial.

Os colonizadores de nosso país se autorelataram, e como nos afirma Mignolo (2003), construíram uma narrativa hegemônica, e por conta do poder se posicionaram em um *lócus* privilegiado de enunciação. Assim, o pensamento científico moderno tem corroborado para a naturalização das características das sociedades ocidentais modernas como expressões do desenvolvimento histórico da humanidade e, mesmo após o fim do período colonial, permaneceram favorecendo aspectos da cultura europeia, criou-se assim a diferença colonial que pauta nosso pensamento e nossas relações até hoje.

Aliadas à modernidade e a colonialidade se auto representaram e para além de auto representação, construíram, inventaram o outro[60] a partir das categorias e interesses de sua cultura. E essa construção da diferença cultural inventada pelos colonizadores segue pautando as relações interculturais nas IES com

---

[60] Pensamentos outros, introduzido por Mignolo (2003), Walsh (2009, p.25) nos explica a conceitualização de Mignolo, afirmando que, "Falar de modos 'outros' é tomar distância das formas de pensar, saber, ser e viver inscritas na razão moderno-ocidental colonial. Por isso, não se refere a 'outros modos', nem tampouco a 'modos alternativos', mas aos que estão assentados sobre as histórias e experiências da diferença colonial, incluindo as diásporas africana sobre as histórias e experiências da diferença colonial (...)". Os autores do MC, recorrem as expressões como: "pensamento-outro", conhecimento-outro". Com o "outro", pretende-se uma mudança de ótica, de lógica, de paradigma (CALDERONI, 2016, p.24).

forte tradição colonial e eurocêntrica. As implicações, segundo Mato (2009, p. 31),

> Una de las formas en las cuales se ha expresado y reproducido la exclusión de pueblos, comunidades e individuos indígenas y afrodescendientes en los procesos de construcción de los Estados y sociedades nacionales en América Latina, ha sido la "invisibilización" de su existencia mediante la omisión de producción de estadísticas tanto acerca de su importancia demográfica en general, como respecto de variables económicas y sociales significativas cruzadas con identificaciones étnicas y/o raciales.

Segundo Mignolo (2003), o ocidentalismo, a construção societal e epistêmica de nossa colonização foi um instrumento eficaz de subalternização dos povos colonizados. Os saberes, cosmologias dos povos colonizados foram subalternizados nesse projeto colonial, dele criou-se a diferença colonial e a contemplação folclorizada da diversidade cultural como nos permite pensar Bhabha (2003).

O entendimento de diferença cultural de Bhabha (2003), coloca em xeque a autoridade da cultura que enuncia e estabelece sistemas de identificação e diferenciação. O autor questiona a noção de diversidade cultural como uma herança das tradições colonialistas e relativistas, estabelecendo uma relevante distinção entre diversidade e diferença.

É lícito afirmar com Bhabha (2003, p. 63), "[...] a diversidade é uma categoria da ética, estética ou etnologia comparativa", já a diferença cultural, "[...] é um processo de significação através do qual afirmações da cultura ou sobre a cultura diferenciam, discriminam e autorizam a produção de campos de força, referência, aplicabilidade e capacidade". O autor nos indica que a análise de relações (nada simétricas) devem partir da noção de diferença cultural e não de diversidade, pois ao lermos nossas relações a partir do entendimento de diversidade cultural, esta valida as normas etnocêntricas, posiciona o outro como algo natural, pré-determinado, a partir das quais as diferenças culturais são narradas.

Consideramos importante fomentar o debate acerca da diferença colonial vigente, porque com a crescente entrada de acadêmicos indígenas na IES, sucinta a reflexão do porque estes sujeitos foram historicamente excluídos de nossa sociedade e mais especificamente da educação superior. Tal debate esbarra em questões que vem no bojo de nossa colonização epistêmica, questões históricas e culturais que se segue desde o período da colonização. E a colonialidade, sustentada pelo pensamento colonial, segue reproduzindo em uma tripla dimensão: a do poder, do saber e do ser (MIGNOLO, 2003).

Segundo Silva (2007), a análise pós-colonialista une-se também a outras, "[...] para questionar as relações de poder e as formas de conhecimento que colocaram o sujeito imperial europeu na sua posição atual de privilégio" (p.127). Para Silva (2007), no projeto epistemológico colonial, "o conhecimento do Outro e da terra era, pois, central aos objetivos de conquista dos poderes coloniais". Segue argumentando, "O projeto colonial teve, desde início, uma importante dimensão educacional e pedagógica" (p.128). Um dos impeditivos de termos relações interculturais nas IES pautadas pela alteridade.

Um grande equívoco histórico é que ao se deparar com a diferença do outro, esta estranheza leva ao entendimento de que a diferença é desigualdade, e essa desigualdade acaba sendo identificada pela raça e cor, o que acaba por desencadear num racismo. Ou seja, temos uma incapacidade em dialogar com a diferença dos povos indígenas, esta incapacidade reforça e segue instituindo a diferença colonial.

FACES DA INTERCULTURALIDADE

A diferença cultural no processo histórico de colonização brasileira, se fez colonial instituindo a subalternização dos povos indígenas, e, a condição subalterna a que estes povos foram colocados reforça o etnocentrismo nas universidades, seguimos ambivalentes, ou seja, discursamos que respeitamos a diferença dos povos indígenas e negamos, subalternizamos ou silenciamos seus saberes nos espaços acadêmicos. Vivemos em uma tensão constante.

O acesso e a permanência dos acadêmicos indígenas MS na Educação Superior

No Mato Grosso do Sul, segundo informações que colhemos no site do NEPPI Rede de Saberes há cerca de 500 acadêmicos indígenas de várias etnias que atualmente estão cursando a educação superior no estado, destacando as universidades UCDB, UEMS, UFGD e UFMS[61] em todos os cursos. Refletir sobre os motivos que levam os indígenas MS a buscar a educação superior, instiga-nos a pensar sobre as questões que envolvem o acesso e a permanências destes acadêmicos nos cursos regulares nas IES. Problematizamos as motivações e os desafios desses acadêmicos quando buscam o acesso à educação nas universidades de maneira especial, quando se trata de acesso aos chamados cursos regulares.

A chegada dos acadêmicos indígenas nas universidades em MS, como em todo país, vem se tornando possível graças ao protagonismo do movimento indígenas e indigenista que tencionam o surgimento de legislações específicas, e do reconhecimento da Educação Escolar Indígena no Brasil pela Lei de Diretrizes e Bases da Educação Nacional LDBEN (1996), possibilitando demandas a

---

[61] Há outras universidade e faculdades neste estado que não são citadas no site, possivelmente por não fazerem parte do Rede de Saberes, não há dados computados.

acadêmicos indígenas. Foi em um primeiro momento para suprir a necessidade de professores indígenas em "cursos específicos", direcionados para a Educação Escolar Indígena, criou-se também um novo mecanismo de luta, o acesso aos cursos de licenciaturas e posteriormente aos cursos regulares.

Sobre a presença desses acadêmicos nas IES, mais especificamente em MS, argumentam Brand e Calderoni (2012, p. 86):

> No caso de MS, devem ser considerados, também, os profundos impasses verificados nos processos relativos à recuperação dos territórios tradicionais e que acabam impulsionando os jovens para a busca de espaços no entorno regional. Antes desse período, certamente diversos índios passaram pela academia, mas que podem ser considerados como casos isolados e resultados de contextos particulares distintos dos que hoje marcam a presença indígena nas IES.

O acesso e a permanência às IES por parte dos povos indígenas são questões complexas, pois exigem mudanças estruturais desde a educação básica a universitária. Trata-se de um modelo de construção sustentado nos pilares modernidade, entretanto, a presença de indígenas nas universidades, nos leva a pensar sobre as políticas curriculares vigentes, visto que,

> Os jovens indígenas que buscam as IES podem ser fenotipicamente muito parecidos com os habitantes regionais com que convivem e serem até mesmo invisíveis enquanto integrantes de coletividades etnicamente diferenciadas (LIMA e HOFFMANN, 2007). Mas seguem com seus sistemas de valores e de pensamento, suas visões de mundo nas quais os direitos e

> saberes coletivos constituem-se em um diferencial importante. Seguem, portanto, também, como portadores de identidades diferenciadas dos outros estudantes regionais, pobres, negros ou brancos (BRAND, CALDERONI, 2012, p. 90).

Nos últimos dez anos, a respeito das propostas de educação superior, advindas do protagonismo indígena, certamente alguns documentos são mais relevantes, como é o caso da Lei Federal nº 12.711, de 2012, que institui a política de cotas para negos e indígenas em todas as Universidades Federais do Brasil. Outros dois documentos significativos vieram da I e da II Conferência Nacional de Educação Escolar Indígena. A I CONEEI, realizada em Luziânia, Goiás, em 2009, sob a responsabilidade do MEC, em parceria com a Fundação Nacional do Índio, FUNAI e o Conselho Nacional de Secretários de Educação (CONSED), trata pela primeira vez, da temática, então inédita para o movimento indígena, da presença de indígenas nas universidades do país. No referido documento, na Parte 3, letra E – Das modalidades de ensino na Educação Escolar Indígena, deparamos com um total de 10 recomendações relativas ao tema da educação superior.

Também na II CONEEI, realizada em Brasília, em março de 2018, também aparece com destaque, no documento final, a temática da presença de indígenas na educação superior. Das 25 proposições finais, pelo menos 5 delas tratam direta e/ou indiretamente, desta temática, sendo a de nº 15 que trata das Licenciaturas Interculturais e a de nº 14, as mais importantes. Segue abaixo a formulação dessa última:

> Que a União, estados e municípios, por meio de seus respectivos órgãos de fomento, criem, mantenham e aperfeiçoem programas, com fomento específico e bolsas, para que as universidades, institutos federais e demais Instituições de Ensino Superior garantam a oferta de cursos de graduação (presencial, alternância e EaD) e pós-graduação (Lato e

Stricto Sensu) em cursos acadêmicos e profissionais, específicos e interculturais para os povos indígenas, nas diferentes áreas de conhecimento, conforme demanda dos povos indígenas e a partir de consulta prévia às comunidades, seguindo a Convenção 169 da OIT (MEC, II CONEEI, 2018).

Quanto a política de acesso, Mato Grosso do Sul foi o primeiro estado a ofertar vagas especificamente para indígenas, pela implantação da política de cotas através da Universidade Estadual de Mato Grosso do Sul (UEMS), que tem cotas para estudantes indígenas, estabelecidas por lei, o que não quer dizer que tenha, eventualmente, outras iniciativas idênticas. Em decorrência da Lei 2.589 de 26 de dezembro de 2002, que definiu um percentual de 10% das vagas em todos os cursos regulares, inclui-se também um programa de bolsa de permanência do Governo de Mato Grosso do Sul.

Alguns programas governamentais, bem como ações específicas das IES tanto públicas como privadas, buscam dar assistência no sentido de manter a permanência desses universitários. Os programas: Programa Vale Universidade Indígena, Programa Bolsa Permanência, destinam-se ao apoio a moradia e alimentação. O "Programa Rede de Saberes[62]" busca trazer um apoio pedagógico buscando auxiliá-los nas atividades acadêmicas, acaba também promovendo a socialização e o aprendizado coletivo, como poderemos refletir com a fala dos entrevistados.

Nos espaços acadêmicos, as ações afirmativas (políticas e ações específicas) realizadas nos cursos regulares das IES em Mato Grosso do Sul ainda não são suficientes para minimizar as dificuldades, tanto no respeito a alteridade de sua cultura, língua e

---

[62] Para mais informações ver: AGUILERA URQUIZA e NASCIMENTO, 2013.

saberes, quanto no âmbito econômico que muitos têm que se sustentar e viabilizar sua estada na universidade, entre outras enfrentadas por estes acadêmicos investigados. Não podemos negar que há um pequeno movimento das IES tanto públicas e privadas em oferecer bolsa permanência, espaços e apoio nas atividades de pesquisa acadêmica.

Um olhar para a presença de indígenas nas universidades: tensões, ambivalências e possibilidades

Diante dos desafios dos povos indígenas em MS, a quanto a territorialidade e a sua sobrevivência enquanto um grupo social e cultural, estes tem buscado na formação superior mecanismos de enfrentamento e afirmação de sua identidade, pois desde a colonização tiveram as margens do poder econômico, político e intelectual da sociedade.

Pode se afirmar que com o acesso dos povos indígenas a universidade, esta se tornou um espaço fronteiriço de culturas hibridizadas, assim, não podemos negar que se trata de um importante deslocamento epistêmico. Entretanto, como podemos ver nas falas dos entrevistados abaixo, estes ainda anseiam por uma universidade intercultural, pois enfrentam desafios epistêmicos, sociocultural, sustentabilidade econômica e preconceito diante do etnocentrismo vigente nas IES.

Quanto à produção de dados, além da pesquisa bibliográfica e a experiência de convivência com estes estudantes indígenas, recorremos à técnica de entrevistas, no formato de uma "roda-de-conversa". Participaram estudantes indígenas da UCDB e UFMS (Campo Grande e Aquidauana) sendo a maior parte da etnia Terena, com a exceção de um estudante da etnia Bororo e outro da etnia Kadiwéu. Todos eles frequentadores de cursos universitários comuns, ou seja, não específicos. Através da técnica de entrevista semiestruturada, foram construídos momentos de conversa "quase informal", a partir de um roteiro mínimo, buscando a percepção desses sujeitos acerca de suas presenças na universidade e o que isto tem gerado de impacto e de significação, para eles e para seus respectivos povos.

Os acadêmicos afirmam que vivenciam dificuldades, pois encontram-se em constantes tensões, conflitos, ambivalências. Conforme relata o Eriki (etnia terena, UFMS/campos Aquidauana 2017) ao perguntamos se haveria por parte das universidades uma política de inclusão das diferenças culturais dos povos indígenas.

> Em Aquidauana tem o Rede de Saberes; mas não tem transporte; não tem restaurante universitário; os funcionários não estão preparados para dialogar com indígenas, há muito preconceito; é uma região em que predomina os ruralistas e o embate é grande. No caso da logística o Rede de Saberes é um apoio, porque tem sala com equipamentos para uso dos estudantes indígenas. Precisa de uma logística para acolher, um lugar que ampare os jovens indígenas com **questões básicas**: onde está a sala; e com as **questões maiores**: como conseguir uma bolsa; nota verificar as notas das disciplinas.

Débora (UFMS/campos: Campo Grande) reflete sua mudança de universidade, pois foi transferida do curso de Farmácia da UCDB para a UFMS, e ao refletir sobre o seu deslocamento do espaço universitário, nos diz:

> Lá na UCDB com o Rede de Saberes, havia monitoria, xérox, espaço de convivência; conhecia muita gente. Aqui na UFMS não tem nada disso; os indígenas não se assumem, devido ao preconceito. A UFMS não tem política de inclusão das diferenças culturais dos povos indígenas.

Algumas ações afirmativas são realizadas nas IES no estado de Mato Grosso do Sul, mas ainda não são suficientes para minimizar significativamente as dificuldades enfrentadas por estes acadêmicos. Percebemos na fala da maioria dos acadêmicos que há uma dificuldade até mesmo de acesso a elas, como afirmado por Kasiele (etnia terena, 2017), quanto lhes perguntamos sobre como ocorriam a política específica para o acesso dos povos indígenas na universidade? Esta nos informou:

> Meu acesso à informação sobre as políticas específicas se deu através do meu pai e dos professores do ensino médio. Cheguei na universidade totalmente perdida, e somente ano passado fui saber sobre o Rede de Saberes. Mas percebi o preconceito, já foi logo de cara, pois quando fiz entrevista para bolsa na universidade pelo o fato do meu pai Alceri (lider de retomada), o preconceito a pareceu na fala da funcionária que me disse: **"índio não tem terra mesmo"**! A funcionária foi logo falando, mostrando seu preconceito. Então desisti de fazer a inscrição para a bolsa da universidade. Não tive nenhum apoio, nem informação do que fazer. Hoje percebo que os estudantes precisam mostrar a cara e não aceitar o preconceito (Kasiele, 2017; grifos nossos).

Sobre os desafios para a sua permanência na Educação Superior, observamos na fala dos entrevistados que esta se traduz um na tensão devido a forma agonística que estes vivenciam o cotidiano na universidade ao se depararem com o desafio de conviver em um espaço que ainda é hegemonicamente ocidental. A acadêmica

Débora (2017), argumenta,

> Vim da UCDB porque fiquei de DP em uma matéria e não teria condições de pagar. Como houve a possibilidade, fiz a transferência para a UFMS, pensando que iria encontrar a mesma experiência da UCDB: uma sala, xerox, computadores, monitoria, etc. Os veteranos (não-indígenas) fazem a monitoria para com os indígenas – uma política do Programa Rede de Saberes. A dificuldade aqui é não ter um lugar para estudar. Tem as salas da biblioteca, mas é muito disputada. **É legal ter um espaço como na UCDB**. Nesse ano é que começamos a nos encontrar e reunir. Um aspecto positivo da UFMS é o preço de R$2,50 para o almoço, sendo possível ficar aqui todo o dia. Facilita quando os professores enviam os textos em PDF, ao invés de deixar na xérox. Achei maravilhosa a notícia de que os indígenas terão uma vaga por curso a partir de 2018; pois é muito difícil entrar na UFMS em Campo Grande (grifos nossos; a estudante faz referência ao Programa Rede de Saberes da UCDB).

Kassiele (2017), observa também que além "[...] da dificuldade financeira, para conseguir livros e xérox para estudar", há a questão da segunda língua, pois segunda ela, " Não sou 100% falante da língua, mas tenho colegas que possuem muita dificuldade com a língua portuguesa: têm que traduzir de uma língua para a outra". Para Gilson (2017), "O mais difícil para a permanência é toda a falta de apoio: acesso à internet, a livros transporte, alimentação, hospedagem, material didático, pois não tenho renda para comprar, nem xérox".

Em sua fala, mestrando em antropologia Gilberto (2017), chama a atenção para a inadequação de uma política específica para os acadêmicos indígenas, que acaba por lhes negar o direito à efetiva permanência, assim nos diz:

> Precisa ter uma **sala específica para indígenas na UFMS**. Em Aquidauana tem uma sala do Rede de Saberes. Quando cheguei na UFMS me perdia nos corredores. Em relação aos livros, temos acesso on-line. Atualmente estamos "de favor" no alojamento da UFMS (SEDFOR); mas às vezes, tem semana que ficamos sem alojamento. Esse alojamento é fundamental para os indígenas.

Zuleica (2017), chama-nos a atenção para o preconceito ainda vigente no espaço universitário, que acaba em muitos casos dificultando permanência no espaço universitário, afirmando: "Desafio da permanência é o preconceito; atualmente não acontece de forma explícita e oral, mas uma discriminação sutil: em um olhar, em não fazer trabalho junto, etc. Mudaram as formas de expressão, mas o preconceito continua".

Para a maioria dos entrevistados não há nas IES um currículo voltado à perspectiva da interculturalidade, conforme podemos perceber nos dizeres de Zuleica (2017),

> Os cursos de graduação não tratam da temática indígena. No curso de enfermagem havia uma disciplina sobre saúde indígena, enquanto política pública, mas nada sobre tradições, rituais, etc. Somente medicina ocidental e nenhuma menção à realidade/tradição indígena.

A reprodução do currículo hegemônico e regulador nas universidades, estão sendo abalados pela presença de sujeitos culturais diferente, a pluralidade de pertencimentos que definem jeitos de ser e de pensar estão cada vez mais entrando no espaço universitário. Pode ser esta uma possibilidade de emancipação das diferenças em um contexto colonizador, pois, que por mais etnocêntrico que seja este contexto não tem poder para eliminar as diferenças, mesmo que a considere como cultura subalterna e as coloque as margens.

Uma possibilidade para que a interculturalidade aconteça no espaço universitário é aprender a,

> [...] articular saberes no sentido de conhecimentos acumulados, modos de produção de conhecimentos, e modos de comunicação; sua forte vinculação com os entornos sociais dos quais fazem parte; aprender precisamente as maneiras nas quais [práticas] (as) interculturais conseguem articular pesquisa com docência, com extensão e com vinculação com a comunidade? (MATO, 2010, p. 4)

Nas falas dos entrevistados é possível perceber que as IES seguem construindo e reproduzindo um currículo colonizador e etnocêntrico, a negação dos saberes indígenas ocorre através do silenciamento e da não inclusão nas práticas cotidianas, da imposição do padrão hegemônico que seguem sustentada da colonialidade e a "geopolítica do conhecimento,"[63] afinal, "[...] vivemos em tempos outros, então, "Mudaram as estratégias de 'colonizar', de educar e de governar" (PARAÍSO, 2012, p.26).

Com a presença dos acadêmicos indígenas nas universidades, estas estão sendo tensionadas a construir políticas públicas favoráveis às demandas deste grupo étnico, assim terão que repensar o modo como vêm respondendo a esta demanda. Há necessidade de se criar políticas e programas em que a interculturalidade possa pautar as ações pedagógicas no cotidiano das IES.

---

[63] Ver mais em Mignolo (2003).

CONSIDERAÇÕES FINAIS

Este caminho investigativo teve como objetivo apontar algumas ambivalências, tensões e possibilidades quanto ao acesso e a permanência dos acadêmicos indígenas as universidades. Trata-se de um tema complexo, o que exige um aprofundamento de nossas pesquisas, entretanto, algumas indicações já são possíveis.

Ancoramos nos autores pós-coloniais para refleti-las, assim indicamos com eles a perspectiva decolonial, pois percebemos na fala da maioria dos entrevistados que a diferença cultural ainda não é vista como algo que soma, mas sim que incomoda, que deve ser eliminada nos espaços das IES.

Os depoimentos indígenas parecem nos indicar que persistem a forma indígena de resistir, ressignificar e traduzir seus saberes. Há um entendimento relevante destacado pela maioria dos que participaram dessa pesquisa, que firma-se um grupo cada vez mais ativo de lideranças, e especialmente de acadêmicos indígenas que buscam cada vez mais se engajar no processo de apropriação indígena dos espaços universitários. Os dizeres dos acadêmicos indígenas são contundentes ao observar os grandes desafios que hoje enfrentam, destacam os de ordem econômica, epistêmica e cultural. A universidade também se depara com a luta pela decolonialidade protagonizadas por sujeitos epistêmicos.

A colonialidade do poder, ser e saber (WALSH, 2009) ainda se faz presente, e atua no sentido de afirmar e seguir impondo a hegemonia epistêmica europeia, negando e rejeitando outras formas de racionalidade e história (WALSH, 2007). Assim, a colonialidade do poder domina no currículo e nas relações sociais e culturais na universidade, contribuindo para manter formas coloniais de dominação, reafirmando o "sistema-mundo capitalista moderno/colonial" apontado por Grosfoguel (2008). Segue a forma hegemônica de saberes, seguem silenciando as possibilidades de inclui as epistemologias indígenas, pois "[...] são poucas e pontuais as orientações ministeriais quanto à ancoragem epistêmica desses cursos" (CALDERONI, 2016, p. 161).

Observamos com as falas dos entrevistados que não ha por parte das IES uma significativa troca de saberes que possibilite a interculturalidade. Acreditamos na educação superior na perspectiva da interculturalidade, pois esta pode contribuir para que os acadêmicos indígenas possam compreender melhor a situação e os desafios de suas comunidades hoje. Para diminuir os efeitos do colonialismo e enfrentar o preconceito seria oportuno a inclusão dos saberes indígenas nas matrizes curriculares das IES.

Para terminar este agora, podemos considerar que a presença dos acadêmicos indígenas (sujeitos epistêmicos) e sua diferença na universidade pode criar condições, para o estabelecimento de um processo revisionário, possibilitando um processo decolonial onde faça eclodir os conflitos, ambivalências e negociações epistêmicas, pondo em evidência as diferenças, que permitirá a visibilidade de outras lógicas históricas, diferentes da lógica dominante eurocêntrica. As políticas pedagógicas das IES seguem em sua maioria eurocêntricas e etnocêntricas.

REFERÊNCIAS

AGUILERA URQUIZA, A. H; NASCIMENTO, Adir C. O **desafio da interculturalidade na formação de professores indígenas**. Espaço Ameríndio, Porto Alegre, v. 4, n. 1, p. 44-60, jan./jun. 2010.

AGUILERA URQUIZA, A. H; NASCIMENTO, Adir C. **REDE DE SABERES - Políticas de Ação Afirmativa no Ensino Superior para indígenas no Mato Grosso do Sul**. 01. ed. Rio de Janeiro: FLACSO, GEA; UERJ, LPP, 2013. v. 01. 86 p.

BALLESTRIN, Luciana. **América Latina e o giro decolonial**. Revista Brasileira de Ciência Política, nº11. Brasília, maio - agosto de 2013, pp. 89 -117.

BHABHA, Homi. **O local da cultura**. Belo Horizonte: UFMG, 2003.

BRAND, Antonio, Jacó; CALDERONI, Valéria, A.M.O. **Povos indígenas e formação acadêmica: ambivalências e desafios.** Currículo sem Fronteiras, v.12, n.1, pp. 85-97, Jan/Abr 2012. ISSN 1645-1384 (online) www.curriculosemfronteiras.org. Acessado em: 25/05/2018.

CALDERONI, Valéria Aparecida Mendonça de Oliveira. **Professores indígenas e educação superior:** traduções e negociações na Escola Indígena Ñandejara da aldeia Te'ýikue, Caarapó/MS. 305f. 2016. Tese (Doutorado em Educação) – Universidade Católica Dom Bosco, Campo Grande, 2016.

CANDAU, Vera Maria; Russo, Kelly. **Interculturalidade e educação na América Latina**: uma construção plural, original e complexa. In: Revista Diálogo Educacional, vol. 10, núm. 29, janeiro-abril, 2010, (p. 151-169).

GUIMARÃES, Antonio Sérgio Alfredo. **Racismo e Anti-racismo no Brasil**. São Paulo: Fundação de Apoio á Universidade de São Paulo; Ed.34, 1999. p 21-71.

GROSFOGUEL, Ramon. **Dilemas dos estudos étnicos norte-americanos**: multiculturalismo identitário, colonização disciplinar e epistemologias decoloniais. In: *Ciência e cultura*. São Paulo: v. 59, n. 2, p. 32-35, 2007.

MALDONADO-TORRES, Nelson. Sobre la colonialidad del ser: contribuciones al desarrollo de un concepto. In: CASTRO-GÓMEZ, S.; GROSFOGUEL, R. (Orgs.) **El giro decolonial. Reflexiones para una diversidad epistémica más allá del capitalismo global**. Bogotá: Universidad Javeriana-Instituto Pensar, Universidad Central-IESCO, Siglo del Hombre Editores, 2007. p. 127-167.

MATO, Daniel. Diversidad cultural e interculturalidad en educación superior. Problemas, retos, oportunidades y experiencias en América Latina. In: MATO, Daniel (Coord.). **Diversidad Cultural e Interculturalidad en Educación Superior Experiencias en América Latina**. México: Colección Cuadernos Interculturales/Calle, 2009.

_____.**Monocultural universities offer very few possibilities of integrating teaching personnel and research within the community.** In: Bulletin IESALC REPORTS ON RIGHER EDUCATION. n. 201; p. 01-07, Janeiro, 2010. Disponível: http://www.iesalc.unesco.org.ve/index.php?option=com_content&vie w=article&id=1474:entrevista. Acessado em: 30/05/2018.

_____. Del "diálogo de saberes" a la construcción de modalidades de "colaboración intercultural": Aprendizajes y articulaciones más allá de la Academia. **Rev. Lasaforum summer**. 2017: volume XLVIII: ISSUE 3.

MEC. II CONEEI. Brasília, 2018.

MUÑOZ, M. G. Saber indígena e meio ambiente: experiência de aprendizagem comunitária. In: LEFF, E. (Org.). **A complexidade ambiental**. São Paulo: Cortez, 2003.

QUIJANO, Aníbal. Colonialidade do poder, eurocentrismo e América Latina. In: LANDER, Edgardo. **A colonialidade do saber: eurocentrismo e ciências sociais. Perspectivas latino-americanas.** CLACSO, Consejo Latinoamericano de Ciencias Sociales, Ciudad Autónoma de Buenos Aires, Argentina. 2005.

SILVA. Tomaz Tadeu da. (Org.) **Documentos de identidade:** uma introdução às teorias do currículo. 2. ed., 11ª REIMP.- Belo Horizonte: Autêntica, 2007.

FACES DA INTERCULTURALIDADE

A FORMAÇÃO DE PROFESSORES INDÍGENAS EM ESCOLAS GUARANI E KAIOWÁ DE MATO GROSSO DO SUL: experiências interculturais na Ação Saberes Indígenas na Escola[64]

Carlos Magno Naglis Vieira[65]
Adir Casaro Nascimento[66]
Marcelo Casaro Nascimento[67]

INTRODUÇÃO

A formação continuada de professores na Educação Básica foi um dos focos das políticas públicas elaborada pelo Ministério da Educação/MEC, nos últimos anos, principalmente no governo do Partido dos Trabalhadores. Desde a promulgação da Lei de Diretrizes e Bases da Educação/LDB 9.394/1996 e do Plano Nacional de Educação de 10.172/2001, documentos que definiram princípios para uma política de formação e de valorização do magistério, é possível identificar um crescimento de cursos e programas direcionados para a formação docente em todo o país.

Essas formações são organizadas em diversos formatos e contextos para diferentes sujeitos e compreendem todo território nacional. Para o desenvolvimento desses programas e cursos, o Ministério da Educação/MEC conta com a parceria e a colaboração

---

[64] O texto trata-se de uma versão ampliada e revisada do artigo publicado na Revista Intermeios-UFMS.

[65] Doutor em Educação. Professor e pesquisador do Programa de Pós-Graduação em Educação – Mestrado e Doutorado da Universidade Católica Dom Bosco/UCDB. Formador na Ação Saberes Indígenas na Escola MEC/SECADI.

[66] Doutor em Educação. Professora e pesquisadora do Programa de Pós-Graduação em Educação – Mestrado e Doutorado da Universidade Católica Dom Bosco/UCDB. Coordenadora do núcleo da UCDB na Ação Saberes Indígenas na Escola MEC/SECADI.

[67] Biólogo. Mestre em Desenvolvimento Local pela UCDB. Professor do professor de Ciências Naturais no curso de magistério Povos do Pantanal, do Centro Estadual de Formação de Professores Indígenas – CEFPI/SEDMS. Formador na Ação Saberes Indígenas na Escola MEC/SECADI. Doutorando em Educação – PPGE/UCDB.

dos estados, do Distrito Federal e dos municípios na sua execução, e principalmente com a supervisão e a assessoria das Universidades.

Entre as principais iniciativas de formação de professores, em desenvolvimento, estão inúmeros cursos e programas como: o Plano Nacional de Formação de Professores da Educação Básica/PARFOR, o Pacto Nacional pela Alfabetização na Idade Certa/PNAIC, o Projovem Campo – Ensino e Pesquisa, a Escola da Terra, as Escolas Interculturais de Fronteiras, a Bolsa Permanência, o Programa Institucional de Bolsa de Iniciação à Docência/PIBID, o Saberes Indígenas na Escola, entre outros.

O artigo que parte da realidade do Mato Grosso do Sul, local de onde vivênciamos nossas experiências, procura apresentar inquietações e reflexões interculturais, ainda em desenvolvimento, das formações docentes realizada pela Ação Saberes Indígenas na Escola/MEC/SECADI e do projeto de pesquisa "A relação entre a formação de professores, os projetos políticos pedagógicos e a organização curricular em escolas indígenas Guarani e Kaiowá de Mato Grosso do Sul" que constitui um subprojeto de um Projeto maior intitulado FORMAÇÃO DE PROFESSORES INDÍGENAS GUARANI E KAIOWÁ EM MATO GROSSO DO SUL: relações entre territorialidade, processos próprios de aprendizagem e educação escolar submetido ao Observatório da Educação Escolar Indígena/CAPES/INEP/MEC.

A Ação Saberes Indígenas na Escola/MEC/SECADI, instituído pela portaria 1.061 de 30 de outubro de 2013, é uma política estabelecida pelo Ministério da Educação/MEC e integrante do Programa Nacional dos Territórios Etnoeducacionais[68], cujo os objetivos destinam a

---

[68] Decreto 6.861 de 27 de maio de 2009.

I - promover a formação continuada de professores da educação escolar indígena, especialmente daqueles que atuam nos anos iniciais da educação básica nas escolas indígenas;
II - oferecer recursos didáticos e pedagógicos que atendam às especificidades da organização comunitária, do multilinguismo e da interculturalidade que fundamentam os projetos educativos nas comunidades indígenas;
III - oferecer subsídios à elaboração de currículos, definição de metodologias e processos de avaliação que atendam às especificidades dos processos de letramento, numeramento e conhecimentos dos povos indígenas;
IV - fomentar pesquisas que resultem na elaboração de materiais didáticos e paradidáticos em diversas linguagens, bilíngues e monolíngues, conforme a situação sociolinguística e de acordo com as especificidades da educação escolar indígena (BRASIL, 2013, p. 1-2).

Como observarmos, a partir das nossas experiências com os professores Guarani e Kaiowá, Ação Saberes Indígenas na Escola surgiu a partir das lutas, das reivindicações dos movimentos indígenas e da demanda do Programa Nacional dos Territórios Etnoeducacionais, que reafirma o compromisso e o respeito do MEC com a educação escolar indígena, tanto na educação básica quanto em nível superior. Pois, a principal atividade realizada por essa política é a formação continuada de professores indígenas, principalmente aqueles que estão em exercício nos anos iniciais da educação básica nas escolas indígenas. Ainda, com base na portaria 1.061/2013, é importante ressaltar que a Ação Saberes Indígenas na Escola obedecerá às diretrizes do Pacto Nacional pela Alfabetização na Idade Certa/PNAIC, podendo utilizar de ações complementares, de acordo com as especificidades da educação escolar indígena (BRASIL,

2013) a partir de outras bases pedagógicas e epistêmicas.

Em todo território nacional, a Ação Saberes Indígenas na Escola se divide em oito redes de trabalho e reúne inúmeras instituições de ensino superior pública e privada. O Mato Grosso do Sul corresponde a uma dessas redes nacionais. A Rede MS, assim como é conhecida, iniciou suas atividades em 2013, e é composta por 04 universidades: Universidade Federal do Mato Grosso do Sul/UFMS, Universidade Católica Dom Bosco/UCDB, Universidade Estadual de Mato Grosso do Sul/UEMS e Universidade Federal da Grande Dourados/UFGD, todas sob a coordenação da UFMS. No estado, a política de formação continuada de professores indígenas compreende os Territórios Etnoeducacionais Povos do Pantanal e Cone Sul e atende os povos indígenas da etnia Guarani e Kaiowá, Terena, Kadiwéu, Guató, Kiniquinau e Ofaié.

Em relação a operacionalização da Ação Saberes Indígenas na Escola, mais especificamente na Rede do Mato Grosso do Sul podemos informar que ela está composta por: uma coordenação geral da rede e uma coordenação de cada núcleo, correspondente a cada universidade (UFMS, UFGD, UCDB e UEMS). Em cada núcleo temos as funções de supervisor (pessoa encarregada da logística das atividades, assim como das avaliações dos professores), professores formadores (pesquisador indígena e formador), muitas vezes indígenas, aqueles responsáveis pela discussão dos conteúdos das formações, orientador de estudos (indígena responsável em acompanhar diariamente as atividades de um grupo de 10 professores na escola), professores alfabetizadores (professores indígenas em sala de aula). Além dessas funções mencionadas, há ainda, os coordenadores da ação, nos municípios e na Secretaria de Educação do Estado, pessoas responsáveis em fazer a interlocução da Ação 'Saberes Indígenas na Escola' com o poder executivo.

FACES DA INTERCULTURALIDADE

Os Guarani e Kaiowá em Mato Grosso do Sul

O Mato Grosso do Sul é um território que possui uma grande diversidade demográfica e cultural[69]. Dentre os segmentos populacionais do Estado, destacam os povos indígenas com a segunda maior população do país, onde apresentam um contingente indígena de aproximadamente 72 mil pessoas vivendo em Terras Indígenas, segundo os dados do IBGE/2010, organizados em 8 etnias indígenas, sendo: os Kaiowá e Guarani (habitam a região sul do Mato Grosso do Sul), os Terena (sediados na região centro-oeste do Estado), os Kadiwéu (localizados no extremo oeste da região, na maior área indígena fora da Amazônia Legal, suas terras estendem entre os município de Bodoquena e Porto Murtinho), os Guató (antigos povos pescadores das margens do rio Paraguai, sediados no extremo norte do Mato Grosso do Sul, fronteira Brasil/Bolívia), os Ofaié (localizados na região de extremo sul do Estado), os Kinikinau (localizados no extremo oeste do Estado, mais precisamente na Reserva Indígena Kadiwéu) e os Atikum (oriundos de Pernambuco, na primeira metade do século passado, são sediados atualmente no centro-oeste do Estado mais notadamente na Terra indígena Terena de Nioaque/MS). Segundo Nascimento, Brand e Aguilera Urquiza (2011),

> com exceção dos Kadiwéu, os demais vivem em contextos marcados pela perda territorial e correspondente confinamento em terras reduzidas, com os recursos naturais profundamente comprometidos, os quais não oferecem mais condições para a sua sustentabilidade (p.18).

---

[69] O Mato Grosso do Sul possue populações de origem de migrações nacionais (mineiros, cearenses, baianos, paulistas, catarinenses e gaúchos) e internacionais vindo da Europa, Ásia e Oriente Médio, além de países fronteiriços como Paraguai e Bolívia. Também fazem parte desse cenário étnico grupos afrodescendentes.

Analisando o cenário indígena do Mato Grosso do Sul identificamos uma forte presença e influência da colonialidade, principalmente pelo fato de provocar um padrão de controle, hierarquização e classificação dessa população (QUIJANO, 2005). De acordo com os estudos de Vieira (2015) estamos diante de um estado em que a colonialidade estimula e reproduz um discurso carregado de estereótipos e intenso preconceito e discriminação aos povos indígenas.

O povo Guarani e Kaiowá encontra-se espalhado em pequenos grupos pelo território nacional e demais países da América do Sul. No Paraguai, país que faz fronteira com o Mato Grosso do Sul, os Guarani são conhecidos como Xiripá ou Avá e os Kaiowá como Pai – Tavyterã. Já no Brasil, os índios Guarani estão distribuídos em três subgrupos: Ñandeva, Mbya e Kaiowá com um pouco de 50 mil pessoas. Grande parte dessa parcela se localiza no estado de Mato Grosso do Sul. De acordo com os estudos de Brand (1997) em Mato Grosso do Sul os Nhandeva (ou Ñandeva) são os únicos que se autodenominam Guarani.

Historicamente, os Kaiowá e Guarani ocupavam, tradicionalmente, um amplo território, na região sul do atual estado de Mato Grosso do Sul, situado entre o rio Apa (Bela Vista), Serra de Maracaju, rio Brilhante, rio Ivinhema, rio Paraná, rio Iguatemi e fronteira com o Paraguai. Preferiam estabelecer suas aldeias em áreas de mata e próximas a bons cursos de água. A aldeia, para o povo Guarani, é o espaço para a continuidade do seu modo de ser. Cada aldeia era composta por

> um complexo de casas, roças e matas, mantém historicamente características muito semelhantes especialmente no que se refere à distribuição e à quantidade de famílias, organização sócio-econômica-política-religiosa. Uma aldeia podia estar

composta por uma ou várias famílias extensas. (BRAND, 1998 p. 24).

Encontram-se distribuídos no Mato Grosso do Sul em oito reservas históricas, e outras áreas retomadas a partir dos anos de 1980, totalizando 22 Terras Indígenas (TI). Dentre esse grupo merecem destaque, na região do Mato Grosso do Sul, as Terras Indígenas de Dourados, Amambaí e Caarapó que juntas atingem a maior densidade demográfica por hectares.

A principal característica histórica do povo Guarani e Kaiowá, em nosso Estado, é o seu "esparramo[70]" onde os índios Kaiowá e Guarani sofreram com inúmeras consequência, sendo a perda da terra, a destruição das aldeias e a desarticulação das famílias extensas e o confinamento[71] em áreas de terra que não permitem mais a produção suficiente de alimentos, com as tecnologias disponíveis. A progressiva perda territorial para as frentes de colonização que adentraram os territórios indígenas tradicionais e a demarcação das Reservas Indígenas pelo Serviço de Proteção aos Índios (SPI) provocou superpopulação, considerando-se o modo específico de vida e as relações que tradicionalmente esses indígenas mantêm com a natureza. Os recursos naturais estão profundamente comprometidos, não oferecendo mais as mínimas condições para a sobrevivência dessas coletividades. Entre outros problemas, constatamos, ainda, entre os Guarani e Kaiowá, na atualidade, a

---

[70] O termo esparramo, segundo Brand, foi amplamente empregado pelos informantes indígenas para caracterizar o processo de destruição das aldeias e o desmantelamento das famílias extensas em função do desmatamento. É o processo de dispersão que precede o confinamento no interior das reservas (BRAND, 2001, p.82).

[71] Segundo Brand (1997), o confinamento dos Kaiowá e Guarani deu-se por diferentes fatores, em especial, em decorrência da perda de seus territórios tradicionais, provocando a falta de condições para manterem seu modo – de ser nos tekoha (aldeias) tradicionais, fazendo com que se aglutinassem dentro das reservas instaladas pelo SPI.

incidência do alcoolismo, a prostituição, a violência interna e os suicídios[72] (NASCIMENTO, AGUILERA URQUIZA, VIEIRA, 2011).

Os Guarani e Kaiowá são marcados por constantes invasões das frentes não-indígenas de ocupação e o confinamento de seus territórios. Segundo os estudos de Brand (1997; 2011) e Nascimento, Aguilera Urquiza e Vieira (2011) as primeiras frentes não - indígenas adentraram no território Guarani e Kaiowá, a partir da década de 1880, com a instalação da Companhia Matte Laranjeira, e logo depois, com a nova política desenvolvimentista criada pelo presidente Getúlio Vargas, na década de 1930, denominada de "Marcha para o Oeste", o qual resultou na criação da Colônia Agrícola Nacional de Dourado – CAND. Com a chegada dos novos colonizadores, no final da década de 60 impulsionou um grande crescimento populacional na região e a instalação de empreendimentos agropecuários no Estado, notadamente nos espaços que abrigavam a população Guarani e Kaiowá, o que caracterizou de confinamento (BRAND, 1997).

Para o povo Kaiowá e Guarani a perda do território não significou apenas o deslocamento geográfico e a perda da terra, pois a vida dentro das Reserva impôs grandes transformações principalmente na sua relação com o território tradicional. Devido a todos esses fatores provocados pela alteração no território, os indígenas foram obrigados a disputar os lotes cada vez mais reduzido dentro das próprias Reservas (BRAND, 1997), (VIEIRA, 2008), (NASCIMENTO, AGUILERA URQUIZA, VIEIRA, 2011).

Em análise, muitos dos problemas presentes nas aldeias Kaiowá e Guarani tem-se refletido na organização social, isto é, no seu "modo de ser". Por conta desse processo histórico desfavorável, surgem sérias dificuldades, que preocupam, como por exemplo, o

---

[72]Entre os anos de 1980 a 1999 foram constatados um total de 384 casos de suicídios entre os Kaiowá e Guarani, localizados na região da Grande Dourados, no MS (Cf. BRAND, 1997).

alcoolismo, o alto índice de desnutrição, a prostituição, a tuberculose, o suicídio, a violência interna, a sobreposição de lideranças nas aldeias, a reordenação da organização familiar, a substituição das práticas religiosas tradicionais pelas crenças das religiosas neo-pentecostais. Outro problema enfrentado pelos índios em consequência da perda da terra é a grande procura de trabalho nas usinas de álcool da região por jovens adultos casados ou solteiros, isso tem provocado ausências por longo período da aldeia o que está comprometendo o seu papel na organização social do grupo (BRAND, 1997), (VIEIRA, 2008).

Situando a Educação Escolar Indígena no Mato Grosso do Sul

A educação escolar indígena no estado de Mato Grosso do Sul teve um significativo desenvolvimento após a constituição de 1988, ou seja, a partir da década de 90, através do Decreto nº 26/91 sancionado pelo Presidente da República atribuindo ao Ministério da Educação jurisdição para coordenar ações referentes à educação indígena, ações estas que até então eram administradas pela Fundação Nacional do Índio – FUNAI (NASCIMENTO, AGUILERA URQUIZA, 2010).

Visando atender as determinações do Decreto nº 26/91 o Estado do Mato Grosso do Sul, através da Secretaria e o Conselho Estadual de Educação cria e/ou aprova instrumentos específicos que possibilitam sistematizar e colocar em prática a educação escolar indígena diferenciada e especifica, tais como: a Deliberação CEE/ MS nº 4324/95 que aprova o Documento de Diretrizes Gerais/ Educação Escolar Indígena e acompanhado do parecer CEE/MS nº. 201/95; a Resolução/SED nº 1061, constituindo o Núcleo de Educação Escolar Indígena; a Deliberação CEE/MS nº 6767 de 25 de julho de 2002, onde sua maior contribuição foi criar no âmbito do Estado às categorias de escola indígena e professor indígena.

Com base nos estudos de Nascimento e Aguilera Urquiza (2010)

> Vale destacar que apesar da morosidade do Conselho Estadual, as discussões e o processo de construção de autonomia com relação às escolas nas aldeias era bastante intenso o que leva a experiências de diálogo que ao mesmo tempo em que faziam a desconstrução do modelo ocidental cristalizado pelo projeto de colonização, abriam espaços para a descoberta de novas expectativas de futuro, do tomar a escola com as próprias mãos. O texto das Diretrizes/MS foi, para a época, bastante ousado o que, fazendo aqui uma inferência apressada, levou ao arrefecimento alguns anos depois, pelo próprio poder público (p. 47).

Mesmo diante de tensões e conflitos, a Secretaria Estadual de Educação em parceria com os Municípios, Universidades, FUNAI e algumas organizações não – governamentais levaram e têm levado a efeito algumas ações atendendo, principalmente, reivindicações da organização dos professores, dentre elas a formação continuada de professores indígena. Na busca dessa educação pelos indígenas observamos que esse espaço passa ser estratégico e importante para novas conquistas, diálogos e enfrentamentos, além de reafirmar suas identidades/diferenças e autonomias.

As primeiras experiências de formação diferenciada e específica para professores indígenas no Mato Grosso do Sul iniciaram na década de 1990 com os indígenas das etnias Terena e Guarani/Kaiowá. Nesse período foram organizados o Curso de Formação e Habilitação de Professores de 1ª a 4ª Série do 1º Grau para o contexto Indígena (1994-1996), especificamente para professores Terena, e anos depois, o Curso Normal em Nível Médio - Formação de Professores Guarani/Kaiowá, denominado como Projeto ARA VERÁ (1999) (NASCIMENTO, AGUILERA URQUIZA, 2010).

FACES DA INTERCULTURALIDADE

No Mato Grosso do Sul, além do curso em nível médio para professores indígenas Guarani e Kaiowá, a Secretaria Estadual de Educação/SED-MS criou em 2007 o curso Povos do Pantanal para atender os professores indígenas das etnias Terena, Kadiwéu, Guató, Kiniquinau e Ofaié. É importante registrar que o estado também possui formação diferenciada para professores indígena em nível superior, por meio dos cursos de Licenciatura Intercultural indígena Teko Arandu, criado em 2006, na Universidade Federal da Grande Dourados /UFGD e a Licenciatura indígena Povos do Pantanal, instituída em 2007, na Universidade Federal de Mato Grosso do Sul/UFMS, Campus de Aquidauana. Em ambas as licenciaturas interculturais há presença de professores indígenas concursados e contratado no quadro pedagógico.

Analisando a estrutura curricular dos cursos de formação de professores indígenas, tanto em nível médio e superior, observamos que sua estrutura curricular está pautada em eixos temáticos como: bilinguismo, interculturalidade, educação indígena, território/territorialidade, sustentabilidade e saberes indígenas ou tradicionais.

Diante desses eixos que norteiam os cursos de formação de professores indígenas, entendemos que o grande desafio da formação desses professores no Mato Grosso do Sul é a tradução desse conhecimento para os estudantes indígenas, principalmente os saberes ocidentais que são ministrados em língua portuguesa. Amparado nos estudos de Nascimento e Aguilera Urquiza (2010) observamos

> Traduzir teoricamente estes momentos de formação parece ser, ainda, o grande desafio epistemológico para quem aposta numa pedagogia intercultural. Entre tantas outras "aprendizagens" acontecidas nestes cursos as mais significantes parecem ser: - a instrumentalização metodológica e cognitiva

para uma permanente necessidade de
investigação, de elaboração, de
sistematização de novos conteúdos; o
desejo de estar realizando a antropologia de
si mesmos, de seu povo; a atitude de
ressignificar os chamados conteúdos
universais (cristalizados pela cultura escolar
ocidental); a autonomia para a elaboração e
invenção de projetos pedagógicos e
materiais didáticos próprios,
particularizados: reinventando a didática.
Aqui estão os grandes desafios da prática da
interculturalidade e a formação de
professores indígenas no Estado (p.53).

A formação de professores indígenas Guarani e Kaiowá e a Ação Saberes Indígenas na escola: descrevendo experiências interculturais

Como já mencionado em linhas anteriores, a rede de Mato Grosso do Sul que integra a Ação Saberes Indígenas na Escola é composta de quatro núcleos, sendo o da Universidade Federal de Mato Grosso do Sul/UFMS, Universidade Católica Dom Bosco/UCDB, Universidade Estadual de Mato Grosso do Sul/UEMS e Universidade Federal da Grande Dourados/UFGD, todos coordenados pela UFMS. Assim, para dar conta do objetivo proposto, fez se necessário voltar os nossos olhares e principalmente nossa atenção para as atividades de formação que estão sendo desenvolvidas em apenas um núcleo.

Por esse motivo, optamos por descrever as experiências vivenciadas e aprendidas no núcleo da Universidade Católica Dom Bosco/UCDB. O núcleo da UCDB atende dois municípios do estado de Mato Grosso do Sul, sendo responsável pelas formações em três aldeias indígenas Guarani/Kaiowá: a aldeia indígena Taquapery, município de Coronel Sapucaia/MS e as aldeias indígenas Guaimbé e Rancho Jacaré, município de Laguna Carapã/MS.

As formações realizadas até o momento pelo núcleo sempre tiveram como foco norteador as temáticas que envolvem a Ação

Saberes Indígenas na Escola: letramento, numeramento, processo próprios de aprendizagens e a produção de material didático específico e diferenciado. Essas formações, principalmente entre os anos de 2013 e 2015, foram realizadas em dois momentos: primeiro no âmbito geral da Rede MS envolvendo todos os professores responsáveis pelas formações nos municípios e segundo no âmbito local das comunidades indígenas.

O diálogo com os professores indígenas foi importante para o direcionamento das formações, principalmente no âmbito das escolas indígenas, onde todos os envolvidos na Ação se faziam presentes. Embora cada formador tivesse a sua particularidade, a orientação teórica metodológica das formações teve sempre como base o trabalho de pesquisa como ação didática e de produção de novos conhecimentos como conteúdos escolares; a bricolagem e o diálogo como metodologias de ensino e a noção de sistemas abertos de planejamento, a valorização do sistema oral de produção de conhecimentos, bem como a preocupação de trabalhar língua, cultura e tradição como sistemas e processos resistentes, porém dinâmicos.

As formações realizadas nas comunidades indígenas sempre ocorreram nas escolas indígenas das respectivas aldeias indígenas e envolviam todos os funcionários da escola, inclusive aqueles que por alguma razão não podiam participar da Ação, destacamos os bolsistas do PIBID/Diversidade e dos demais programas de formação de professores do MEC. Nas quatro escolas que o núcleo da UCDB desenvolve o projeto, também estiveram sempre presentes os professores não-indígenas que atuam nas instituições, principalmente os docentes do 6° ao 9° ano. Fizemos o convite e a abrimos a oportunidade de participação por entendermos que esta é uma ação cujos princípios devem ser transversais a toda a ação das escolas e que, em especial, os princípios epistemológicos, metodológicos e pedagógicos do bilinguismo e da interculturalidade deve orientar a ação coletiva do contexto escolar. Temos que destacar o compromisso e parceria das prefeituras de Coronel Sapucaia e de Laguna Carapã que sempre se fizeram presentes, não só com a logística e a infraestrutura, mas participando ativamente das formações o que tem ampliado e facilitado o diálogo entre a gestão administrativa e pedagógica da escola e as secretarias.

Durante as formações locais as categorias conceituais que orientaram os estudos foram: interculturalidade, bilinguismo, saberes indígenas/saberes locais/tradicionais e saberes ocidentais/científicos, letramento, numeramento, temas e palavras geradoras, etnomatemática, educação diferenciada, modos próprios de aprendizagem, escola e professor/a indígena, planejamento diferenciado, prática social, entre outras. Para o desenvolvimento desses estudos, amparado no campo da Antropologia, da Linguística e da Educação, se fez necessário a leitura de autores como: Vera Maria Candau, Reinaldo Matias Fleuri, Catherine Walsh, Antonella Imperatriz Tassinari, Manuela Carneiro da Cunha, Judite Albuquerque, Eunice Dias de Paula, Bartomeu Meliá, Wilmar D´Angelis, Maria Aparecida Bergamaschi, entre outros. Além dos estudos mencionados, foram utilizados textos produzidos por professores indígenas e não indígenas de Mato Grosso do Sul, tais como: Eliel Benites, Claudemiro Pereira Lescano, Enoque Batista, Adir Casaro Nascimento, Antônio Hilário Aguilera Urquiza, Beatriz dos Santos Landa, Carlos Magno Naglis Vieira, Veronice Rossato e outros.

Foi nas formações realizadas nas aldeias que o Ação Saberes Indígenas na Escola conseguiu alcançar seus objetivos, principalmente no que se refere aos saberes tradicionais indígenas, a prática pedagógica, a desconstrução de conteúdos hegemônicos que ainda circulam pelos currículos das escolas indígenas, a presença do bilinguismo no espaço escolar e os pilares fundamentais da educação escolar indígena. Essa afirmação se faz presente nas falas dos professores indígenas.

> Os mais velhos não vêm até a escola. É preciso fazer pesquisa e ir em busca do conhecimento. Conversar com os mais velhos nos momentos certos... Não é toda a hora que pode falar, não é toda a hora que pode ensinar... As vezes falta o espaço na aldeia, o lugar sagrado (Adelia Martins, professora indígena na aldeia Taquapery – Coronel Sapucaia/MS, cursista na Ação Saberes indígenas, 24 de julho de 2014).

> A Educação Escolar Indígena só será indígena se compreender a educação guarani. Se nos professores mergulhar no nosso conhecimento, saberes e na nossa cosmovisão. Precisamos entender esse campo do saber guarani. O mundo vasto do guarani para depois entender a educação escolar. Quando o espaço escolar tornou se espaço do guarani. É uma espinha construir uma escola indígena (Claudemiro Pereira Lescano, professor indígena na aldeia Taquapery – Coronel Sapucaia/MS, pesquisador indígena na Ação Saberes indígenas, 24 de julho de 2014).

Foi possível também perceber uma "reafirmação" da identidade indígena de professor Guarani, fato que pode ser observado durante a elaboração do material didático. Em cada município atendido pelo núcleo está sendo desenvolvido um material didático que atende a necessidade local e étnica das populações indígenas Guarani e Kaiowá. A elaboração desse material tem proporcionado inúmeras reflexões por parte dos professores indígenas, principalmente com relação aos saberes indígenas.

> todos nós professores temos a alma kaiowá dentro de nós. O conhecimento indígena está dentro de nós. A alma guarani dentro de vocês, eu tenho. Se você não acreditar no calendário como alma guarani, não tem sentido fazer (Enoque Batista, diretor da escola na aldeia Taquapery – Coronel Sapucaia/MS, pesquisador indígena na Ação Saberes Indígena na Escola, 01 de outubro de 2015).

A conquista do direito (Constituição de 1988 e seus desdobramentos nas diversas áreas) do uso de suas línguas maternas, dos processos próprios de aprendizagens, à recuperação de seus territórios, de suas histórias, da reafirmação de suas identidades étnicas e a valorização de suas ciências/saberes coloca sobre a mesa a necessidade de problematizar e/ou evidenciar o potencial que as ciências tradicionais/indígenas têm para continuar produzindo os seus conhecimentos bem como o potencial como fonte de renovação da ciência do ocidente pós-colonial. Nesta perspectiva, entendemos que a elaboração de um material didático que contemple as relações entre os saberes indígenas e a contemporaneidade nos remete à complicada questão de fazer o enfrentamento epistemológico e metodológico entre o tradicional/ancestral/local e o moderno/universal.

Isso faz emergir um amplo debate que aprofunde a necessidade e a importância do diálogo de saberes e, sobretudo, o lugar dos saberes indígenas/ancestrais na contemporaneidade. Perguntas como: o que são saberes tradicionais/indígenas ou ancestrais, bem como por onde circulam, como se atualizam ou se ressignificam, como são produzidos e transmitidos ou ainda, como se infiltram (ou não) nos outros saberes da contemporaneidade, parecem pertinentes.

Para a elaboração do material didático se fez necessário inúmeras reuniões de formação com os professores das escolas. Nessas reuniões sempre havia um professor indígena que "se esforçava em provocar, construir, gerar e avançar com outros questionamentos críticos, compreensões, conhecimentos e atuações, maneiras de pensar e de fazer "(WALSH, 2016, p. 67) para chegar a um produto desejado e aprovado por todos.

As experiências vivenciadas com a elaboração e produção de material didático nos permitiram realizar construções "outras", desconstruções, movimentos epistêmicos e políticos, reaprender a pensar e a dialogar com os marcos hegemônicos do colonialismo.

FACES DA INTERCULTURALIDADE

Neste sentido, os professores indígenas da Aldeia Taquapery/município de Coronel Sapucaia decidiram pela elaboração do calendário tradicional Guarani, o que tem exigido muito trabalho de pesquisa e estudos da cosmovisão guarani para a produção do material. Elaborado em Guarani, exige um aprofundamento e domínio do professor nas noções de tempo e espaço, bem como da transcendência e espiritualidade que envolve a relação homem – natureza fundada em outra leitura de mundo que não o dos saberes ocidentais. Embora tenha uma grande complexidade, esta complexidade pode ser traduzida e trabalhada pedagogicamente em todos os níveis de ensino, a depender da competência do professor. O fato de o Calendário estar sendo elaborado pelo coletivo da escola (todos participam, por meio de grupos temáticos) tem sido uma oportunidade de formação tendo em vista esta complexidade. Esta tem sido uma experiência enriquecedora, não só para os educadores da escola, mas também para nós do Núcleo e o pessoal da Secretaria que estamos tendo a oportunidade de conhecer um pouco mais o mundo de sentidos e significados Guarani e Kaiowá.

Nas aldeias Guaimbé e Rancho Jacaré/município de Laguna Caarapã a opção foi pela produção de jogos pedagógicos para a alfabetização e numeramento. Há aqui um grande desafio, pois em geral, os modelos que conhecem foram produzidos em língua portuguesa, cujo sistema linguístico está alicerçado em outros fonemas e grafemas, bem como, na maioria dos casos em métodos tradicionais de alfabetização, por isso a necessidade de uma assessoria no que se refere a uma norma linguística que possibilite passar da língua oral (uso dominante) para da língua guarani escrita. Outro desafio é de elaborar jogos que não estejam atrelados a modelos de cartilhas (predefinidos, passo a passo...) e que permitam a participação dos alunos na composição do conteúdo e abra um espaço para a bricolagem, enquanto procedimento didático na escola, o que está muito próximo dos processos próprios de aprendizagem do povo guarani.

A que se destacar a influência que estes estudos, pesquisas, reflexões em grupos, a elaboração do material tem exercido no contexto das relações pedagógicas. Além de despertar nos professores a observação de suas próprias ações pedagógicas e perceber a presença da pedagogia guarani no cotidiano das aulas, o material em construção, tem sido experimentado durante as aulas o que tem servido de avaliação e revisão do material.

A decisão pela elaboração de um só tipo de material foi bem vista, pois evita a dispersão e possibilita o aprofundamento de questões que envolvem estes recursos. A proposta é que estes produtos (calendário guarani e jogos pedagógicos) sejam publicados para serem usados em todas as escolas do etnoterritorio do Cone Sul, bem como, as escolas destas aldeias devem receber materiais produzidos por outros núcleos da rede, em especial, os de fonte Guarani e Kaiowá.

Além dos materiais didáticos é possível perceber nas escolas um interesse e um envolvimento maior dos professores com relação às questões que envolvem o bilinguismo, o numeramento e principalmente os saberes indígenas. Isso é presenciado nas ações em que cada escola tem procurado desenvolver no seu dia-a-dia.

A escola indígena da aldeia Rancho Jacaré do município de Laguna Carapã tem procurado reunir os mais velhos da aldeia para uma conversa entre os professores e alguns estudantes. Essas reuniões ocorrem semanalmente, ou a cada quinze dias, sempre no período noturno ou no final da tarde. Ainda nessa mesma escola, é possível perceber que o envolvimento dos professores não indígenas com os estudos desenvolvidos e as conversas realizadas os mais antigos da comunidade tem proporcionado a eles um deslocamento do olhar pedagógico e principalmente a ressignificação, a construção e a invenção de outras pedagogias (ARROYO, 2014). De acordo com o autor, esse processo acaba ocorrendo a partir do momento em que os professores se "reencontram com os sujeitos da própria ação educativa" (p. 28).

Na escola indígena da aldeia Taquapery, município de Coronel Sapucaia, a direção e os professores decidiram em parceria com a Secretaria de Educação/SEMED realizar semanalmente, em dias alternados, uma aula diferenciada, ou como denominam aula coletiva. Nessa aula todos os estudantes indígenas saem do espaço da sala de aula, vão para a quadra de esporte da escola e lá, são debatidos e apresentados pelos professores indígenas e convidados especiais (rezadores, mestres tradicionais, professores de outras comunidades) conteúdos referentes ao conhecimento/saberes indígena. De acordo com a direção da escola a aula diferenciada está proporcionando aos professores indígenas e não indígenas um tempo maior de dedicação para a pesquisa e debates coletivos sobre a temática pesquisada e também a prática pedagógica.

REFERÊNCIAS

ARROYO. Miguel G. *Outros sujeitos, outras pedagogias*. Petrópolis/RJ: Vozes, 2014.

BRAND, Antônio Jacó; *O impacto da perda da terra sobre a tradição kaiowá/guarani: os difíceis caminhos da Palavra*. Tese (Doutorado em História). Pontifícia Universidade Católica do Rio Grande do Sul - PUC/RS. Porto Alegre: 1997.

_____; *"Quando chegou esses que são os nossos contrarios"* – a ocupação espacial e os processos de confinamento dos Kaiowá/Guarani no Mato Grosso do Sul. In: *Multitemas*. Campo Grande: UCDB. n..12, 1998.

BRASIL, MINISTÉRIO DA EDUCAÇÃO. Portaria nº 1.061 de 30 de outubro de 2013. Institui a Ação Saberes Indígenas na Escola. Brasília, DF, 2013.

CONSTITUIÇÃO DA REPÚBLICA FEDERATIVA DO BRASIL. São Paulo: Saraiva 1997.

NASCIMENTO. Adir Casaro. AGUILERA URQUIZA, Antônio H. *Currículo, diferenças e identidades*: tendências da escola indígena Guarani e Kaiowá. Currículo sem Fronteiras, v. 10, p. 113-132, 2010.

_____; BRAND, Antônio; AGUILERA URQUIZA, Antônio Hilário (2011). Acadêmicos indígenas em Mato Grosso do sul: negociações entre saberes para a construção da autonomia. In: SISS, Ahyas [et al.] (orgs). Educação e debates etnicorraciais. Rio de Janeiro: Quartet: Leafro.

_____; AGUILERA URQUIZA, Antônio Hilário; VIEIRA, Carlos Magno Naglis. A cosmovisão e a representação das crianças indígenas Kaiowá e Guarani: o antes e depois da escolarização In: *Criança indígena:* diversidade cultural, educação e representações sociais. Brasília: Liber, 2011. p. 21-44.

QUIJANO, Aníbal. Colonialidade do poder, eurocentrismo e América Latina. In: LANDER, Edgardo (org.). *A colonialidade do saber:* eurocentrismo e ciências sociais: perspectivas latino-americanas. Buenos Aires: CLACSO, set. 2005. p. 107-130. (Colección Sur).

VIEIRA, Carlos Magno Naglis. *"O que interessa saber de índio?":* um estudo a partir de manifestações alunos de escolas de Campo Grande/MS sobre as populações indígenas do Mato Grosso do Sul. 2008. Dissertação (Mestrado em Educação) – Universidade Católica Dom Bosco, Campo Grande.

_____; *A criança indígena no espaço escolar de Campo Grande/MS: identidade e diferença.* 2015. Tese (Doutorado em Educação) – Universidade Católica Dom Bosco, Campo Grande/MS.

WALSH, Catherine. Notas pedagógicas a partir das brechas decoloniais. In: Candau, Vera Maria (org.). *Interculturalizar, descolonizar, democratizar:* uma educação "outra"? Rio de Janeiro: 7 Letras, 2016.

DESARROLLO/PROGRESO: EL MITO DE UN IDEAL MORAL MONTUVIOS Y AFRODESCENDIENTES EN ECUADOR

Alba Liliana Moreira Pinargote [73]

1. El desarrollo/progreso como consecuencia inevitable

Qué se entiende por «desarrollo y progreso» y cómo ha evolucionado a lo largo de la historia este doble paradigma. Estas nociones se presentan como ideales inevitables de toda sociedad tradicional hacia una superior. Por lo que las sociedades mal llamadas *subdesarrolladas,* definidas como aquellas carentes de razón e industrialización, se han convertido paulatinamente en objeto de estudio. El progreso y posteriormente desarrollo son ideales que se presentan como desprovistas de carga moral. No obstante, la sucesión de hechos históricos, tales como las etapas que plantea Walt W. Rostow (1993) hacia el desarrollo de los pueblos contiene necesariamente una intencionalidad. Por lo que el hecho y el valor de estos ideales morales no pueden entenderse por separado.

Al abordar la idea de desarrollo es necesario conceptualizar a la par la idea de progreso. Según Robert Nisbet (1980) esta categoría ha tenido hasta la actualidad cinco premisas fundamentales: la fe en el valor del pasado; la combinación de que la civilización occidental es noble y superior a las otras; la aceptación del valor del crecimiento económico y del desarrollo tecnológico; la fe en el conocimiento científico y erudito; y la importancia intrínseca en el valor de la vida y el universo. Estos cinco momentos es lo que constituyen en una visión amplia la idea de *modernidad*. En suma, concluye Nisbet, casi no hay límite para los propósitos que el ser humano se ha fijado a lo largo de la historia para asegurar el tan deseado progreso. Concluye resaltando que progreso tiene múltiples significados: para los griegos un avance de las artes y las ciencias, con beneficios para el bienestar humano; para los cristianos es el camino hacia la perfección en la tierra; y para los modernos en Francia e Inglaterra, expansión del conocimiento, instituciones libres, afianzar el estado político [poder y dominio de la fuerza].

El progreso se instala como sinónimo de orden, la carencia del mismo resulta ser un infortunio para las sociedades que lo prescindan. Ya en el siglo XX la noción de progreso como un proceso natural de evolución va perdiendo fuerza, aunque nunca desaparece en las ciencias sociales. En la actualidad, al menos, parece existir un cierto escepticismo dado que no hemos alcanzado ningún límite de «desarrollo» económico, y porque, entre otros aspectos, seguimos agotando los recursos naturales, sin duda, finitos que poseemos.

La noción de progreso y posterior desarrollo se exporta de Europa y Estados Unidos a sus zonas de influencia desde la perspectiva cultural propia y denigra aquella de acogida. Desde esta investigación se propone precisamente darle la vuelta a esta noción, sin olvidar que existe un legado histórico, pero afirmando que es necesario observar y analizar cómo un país como el Ecuador se construye y reconstruye actualmente en el marco de aquello que parece aún no llegar: el progreso y el desarrollo.

El progreso se torna desarrollo económico en el momento en el que se reduce esta noción ideal al fundamentalismo de la producción y el consumo como sinónimo. Desde un posicionamiento decolonial, este momento de conexión, entre progreso civilizatorio y acumulación de capital, ocurre en el S. XVI con la invención de las

---

[73] Docente investigadora en la Universidad San Gregorio de Portoviejo, Ecuador. Actualmente cursa doctorado en Antropología Social en la Universidad de Cantabria, España. Su investigación actual se concentra en el estudio de las expresiones simbólicas referentes a la noción de desarrollo y progreso, con perspectiva de género.

Américas, precisamente por el comercio de esclavos.[74] Eric Williams (2011) en su estudio sobre la situación del esclavo y su relación con el capitalismo subraya que cuando se adoptó la esclavitud, no fue una elección frente al trabajo libre; no hubo discusión moral en absoluto al respecto. Las razones eran económicas: «con la limitada población europea del siglo XVI, los trabajadores libres necesarios para cultivar materias primas como el azúcar, el tabaco y el algodón en el Nuevo Mundo, no podían ser obtenidos en cantidades adecuadas para permitir una producción a gran escala. Para esto era necesaria la esclavitud y para obtener esclavos, los europeos se dirigieron primero a los aborígenes y luego a África» (Williams, 2011, p. 32).

La noción de progreso entendida como ideal civilizatorio se mantiene a lo largo de la historia y se incorpora de manera incuestionable en la construcción de las sociedades modernas, en la transición generalizada de estructuras cacicales a Estados. El desarrollo conlleva un progreso social, y se conceptualiza e integra transversalmente. En el siglo XX, se plantea como premisa el progreso económico acelerado, aunque ello implique ajustes dolorosos y la reestructuración de las sociedades *subdesarrolladas*. La prosperidad material es la prioridad y el ideal al que cualquier sociedad debe alcanzar: eliminar la miseria [lo primitivo] e implantar una lógica concreta de desarrollo. El término *subdesarrollo* obtuvo eco internacional el 20 de enero de 1949, cuando el presidente estadounidense Harry S. Truman[75] pronunció su discurso de investidura. «Desde entonces dejaron de ser lo que eran [las poblaciones sin desarrollo] en toda su diversidad, y se convirtieron en

---

[74] La esclavitud era una institución económica. «Había sido la base la economía griega y había edificado el Imperio Romano. En los tiempos modernos proveía el azúcar para el té y las tazas de café del mundo occidental. Produjo el algodón que sirvió de base al moderno capitalismo» (Williams, 2011, p. 31).

[75] El primero en pronunciar el término fue Wilfred Benson (miembro del Secretariado de la Oficina Internacional del Trabajo en 1942) y aunque se empleó en estudios económicos durante los años siguientes, fue con Harry S. Truman que el concepto de poblaciones subdesarrolladas adquirió relevancia (Esteva, 1996).

un espejo invertido de la realidad de otros [...] que reduce la definición de su identidad, la de una mayoría heterogénea y diversa, a los términos de una minoría homogenizante» (Esteva, 1996, p. 37).

Truman hablaba de capital, ciencia y tecnología como los principales componentes. Así, lo que se denominaba como *sueño americano* sería extrapolable a las demás naciones carentes de progreso/desarrollo. Tal y como Arturo Escobar analiza en su obra *La invención del tercer mundo* (2007). El análisis del discurso sobre el desarrollo a través de la historia permite observar las razones por las que los países empezaron a considerarse *subdesarrollados* y por ende legitimaron la larga e inalcanzable cruzada hacia el prometido desarrollo. Una tarea en la cual seguimos inmersos (Escobar, 2007). El desarrollo se instaura, y ha merecido innumerables trabajos de investigación, cada cual más singular, para determinar cuál es el correcto desarrollo en términos económicos, comunitarios, sustentables, participativos, entre otros.

Al hablar de desarrollo Gustavo Esteva apunta que «muy pocas palabras son tan tenues, frágiles e incapaces de dar sustancia y significado al pensamiento y la acción como ésta» (1996, p. 38). Este término, traído de la biología, se convirtió en un concepto que implica la evolución hacia una forma cada vez más perfecta, pero ya no desde lo científico, sino desde una idea concreta superior de perfectibilidad en condiciones de vida [en la que se incluyen bienes materiales y condiciones político–sociales]. La metáfora biológica se transfirió a la esfera social a finales del siglo XVIII cuando Justus Moser (1708) utilizó la palabra desarrollo al referirse al proceso gradual de cambio social, y lo describió como si se tratara de un proceso natural.

En 1939, cuando el gobierno británico transformó la *Ley del desarrollo de las colonias* en la *Ley de desarrollo y bienestar de las colonias* se evidenció una innegable fusión económica y política. Los británicos para dar un sentido positivo al protectorado colonial aludieron la necesidad de salvaguardar en los pueblos nativos niveles mínimos de nutrición, salud y educación. En este momento, «el nivel de civilización con el nivel de producción» se fusionaron en una sola categoría: desarrollo (Esteva, 1996, p. 40). O lo que vendría a ser lo mismo: una meta deseable. Pero esta meta ya no incluía el progreso necesariamente intelectual, como ser humano, sino más bien en términos de crecimiento económico.

Entre los años cincuenta y sesenta las teorías del desarrollo pasaron de un enfoque netamente económico al enfoque de las necesidades básicas, que ponía en cuestión el crecimiento y la distribución de beneficios. Se empieza a utilizar el desarrollo social [mejora en la calidad de vida de las personas] como contraparte del desarrollo económico. En 1974 [Declaración de Cocoyoc] enfatizó que el objetivo del desarrollo es el ser humano. Esta declaración incorporó además que el desarrollo puede seguir diferentes caminos, así como autosuficiencia y la necesidad de cambios económicos, sociales y políticos.

El desarrollo, por lo tanto, se convirtió en un concepto más amplio que incluye todos los aspectos de la vida, en colectividad y en relación con el mundo y su propia conciencia (Esteva, 1996). La gran parte de teóricos proponen desde estas líneas de investigación resolver los problemas sociales y económicos de las regiones empobrecidas, en base a estrategias que trascienden la idea del crecimiento pensado únicamente desde el producto interno bruto [PIB] de los países —a través de propuestas tales como: «otro desarrollo», «desarrollo participativo», entre otros—. La realidad es que, en 45 países, una estimación de 83 millones de personas, necesitaron asistencia alimentaria en emergencia durante el 2017, un 70 por ciento más respecto a 2015, según datos del Banco Mundial. Las diferentes teorías de desarrollo/progreso no han conseguido la aplicación esperada. Con la intención de «des-subdesarrollarse» los países se han sometido a las más variopintas recetas (Escobar, 2007).

La idea de desarrollo se rige por los mismos principios que el discurso colonial. Se ha generado una serie de justificaciones acerca del ejercicio del poder sobre los territorios considerados «subdesarrollados», del «tercer mundo», de la «periferia». Arturo Escobar realiza un análisis en detalle del concepto/paradigma, la relación de formas de conocimiento con las técnicas de poder:

> Como una experiencia históricamente singular, como la creación de un dominio del pensamiento y de la acción, analizando las características e interrelaciones de los tres ejes que lo definen: las formas de conocimiento que a él se refieren, a través de las cuales llega a existir y es elaborado en objetos, conceptos y teorías; el sistema de poder que regula su práctica y las formas de subjetividad fomentadas por este discurso, aquellas por cuyo intermedio las personas llegan a reconocerse a sí mismas como «desarrolladas» o «subdesarrolladas» (Escobar, 2007, p. 30).

Desde América Latina la más influyente de las tentativas de mostrar de nuevo la globalidad del capitalismo fue la propuesta de Raúl Prebisch y sus asociados, para pensar el capitalismo como un sistema mundial diferenciado en «centros y periferias». Esta visión fue retomada y reelaborada en la obra de Immanuel Wallerstein en la propuesta teórica «sistema–mundo moderno» (Quijano, 2014, p. 288).

Aníbal Quijano señala que «todos los países cuyas poblaciones son, en su mayoría, víctimas de relaciones racistas o etnicistas de poder, no han logrado salir de la periferia colonial, en la disputa por el "desarrollo"» (p. 320). La premisa de alcanzar lo «bueno» prevalece con el patrón moderno europeo. La práctica moderna civilizatoria impuso, a través de la fuerza, un modelo determinado de cultura impuesta. Esta violencia inviste a la víctima: colonizado, esclavo, mujer [...] (Dussel, 1995).

Los ideales universales [impuestos] se enfrascan en crear espacios comunes deseables, que entre otros aspectos son incuestionables. Una aportación a esta idea la recoge Fernando Coronil (1998) quien examina mapas imperiales discursivos que enmarcan de manera invisible el sentido común e instalan en el imaginario colectivo «retratos mentales o mapas del mundo notablemente consistentes, tanto en el habla cotidiana como en los trabajos académicos, términos tales como el "Oeste", "Occidente", "Centro", "primer mundo", "Este", "Oriente", "periferia" y "tercer mundo" son usados comúnmente para clasificar e identificar diversas áreas geográficas, aunque no siempre queda claro a qué se refieren estos términos, se les utiliza como si existiera una realidad externa y bien definida a la cual corresponden o por lo menos tienen el efecto de crear esa ilusión» (Coronil, 1998, p. 123).

El uso de estas categorías es casi inevitable, aunque son de cuño reciente. Tercer mundo, por años se ancló a la periferia: Asia, África y Latinoamérica. Ahora se traslada a los Estados Unidos, donde el término se aplica no únicamente a las zonas habitadas por migrantes originarios de países *subdesarrollados* sino a los espacios poblados, por ejemplo, por minorías marginalizadas. El término evoca aquello subdesarrollado, en el marco de la Segunda Guerra Mundial, al querer ubicar al *otro* que no pertenece ni al bando socialista, ni al capitalista. En cuanto a «Occidente», se lo asocia con Europa, Estados Unidos, y con la idea de un ser «moderno». Coronil retoma a John Comaroff (1987) para aproximarse a las nociones etnicistas. Éste último define la etnicidad, en contraste con el totemismo, como «un sistema clasificatorio fundado en relaciones asimétricas entre grupos desiguales», que se da de manera casi natural en la construcción significante del mundo. «La demarcación de las identidades es siempre el producto de la historia y expresa modos particulares de establecer diferencias culturales y económicas» (Coronil, 1998, p. 130). Por lo que «Occidente» y sus variantes dicotómicas son productos de este mismo proceso de diferenciación y clasificación del mundo, que sin ser una justificación permiten ubicar las nociones claves a la hora de establecer las interacciones asimétricas suscritas por el capitalismo global. Entonces, el progreso [y desarrollo] «se constituye a través de un movimiento contradictorio que erosiona y establece fronteras, que libera y contiene energías» (1998, p. 141).

Este repaso histórico, breve, de la noción de progreso y desarrollo responde al propósito de ubicar dichos conceptos en el momento que más influencia tienen para las Américas, y desde los cuales pensar *otras* maneras de entender o rebatir, si cabe, la inevitable transición de una sociedad primitiva hacia una desarrollada. Repensar estas categorías, a efectos de esta investigación, pasa por incorporar en la discusión las líneas de investigación decolonial y postcolonial, incluyendo autores que, sin pertenecer necesariamente a ellas, contribuyen de manera significativa al análisis de realidades aparentemente inevitables como la modernidad y desde la cual se justifican teorías, y posteriormente políticas, que desembocan en un aparente correcto progreso social y desarrollo económico de los pueblos.

2.. Pensar el desarrollo y el progreso desde la herencia colonial

Abordar el paradigma de desarrollo y progreso implica enmarcar dichas nociones en el contexto de la modernidad, entendiéndola como el conjunto de comportamientos que sustituyen lo tradicional, definiendo esto último como obsoleto, inconsciente [no racional] e ineficaz (Echeverría, 2010). Su origen se ubica en determinados momentos de la historia. En el Renacimiento —la idea de que el hombre burgués puede hacerse a sí mismo, «saliendo [...] a reconquistar [...] una identidad humana concreta que había sido sacrificada por los evangelizadores de Europa y su cristianismo radical [...]» (2010, p. 19)—. En el siglo XV con la conquista de América, dado que en este momento el universo deja de concebirse como un elemento cerrado. Y en el siglo XVIII con la Revolución Industrial, debido a que se consolidan dos versiones de la modernidad: la europea mediterránea y la modernidad noroccidental de Europa trasladada a «América» [Estados Unidos]. «La primera es una modernidad "católica", la segunda, una modernidad "protestante", no tanto en el sentido teológico de estos calificativos cuanto en su sentido identitario-político» (2010, p. 92).

La modernidad (Escobar, 2003) puede ser entendida desde la historia, la sociología, la cultura y la filosofía. No obstante, en sí misma no ha logrado la construcción de una realidad completa, sino que ha provocado un proyecto totalizante, en el que en última instancia «nunca ha conseguido hacernos modernos» (Escobar, 2003, p. 57). En el seno de la modernidad se asienta la idea misma del desarrollo y del progreso, en calidad de aquello deseable, que permite a los pueblos salir del estado bárbaro. No obstante, la modernidad, según Appadurai (1996) debe ser entendida como desterritorializada, hibridizada, confrontada, desigual, heterogénea e incluso múltiple.

Aproximarse a la noción de la modernidad implica marcar un inicio claro de dicho proceso histórico y su relación con el capitalismo. Bolívar Echeverría (1997/2010) marca esta relación simbiótica cuando Occidente acepta la neotécnica y el capitalismo se apropia de aquellas técnicas que le son funcionales para la acumulación del capital. Lo cierto en esta afirmación es que la neotécnica (que arranca en el siglo X, según Echeverría) marca el inicio de un proyecto civilizatorio, en el que las diferentes sociedades se verán inmersas y desarrollan diversas maneras de hacer la modernidad existente. El fundamento es la consolidación «[...] —primero lenta, en la Edad Media, después acelerada a partir del siglo XVI, e incluso explosiva, de la Revolución Industrial pasando por nuestros días— de un cambio tecnológico que afecta a la raíz misma de las múltiples "civilizaciones materiales" del ser humano» (Echeverría, 1997, p.

141).

La noción de «modernidad» capitalista no responde a la variedad de interpretaciones y necesidades, por lo que existe la obligación moral de repensar el concepto. Se replantea desde posturas postmodernistas, postcoloniales y decoloniales. Propuestas de interpretación que pasan por la no–universalización de ideas y actuaciones. «Las identidades colectivas están siendo definidas en lugares fragmentados que no pueden ser cartografiados con categorías anticuadas». De aquí la emergencia de nuevas relaciones entre lo histórico y lo geográfico, con el fin de crear [nuevas] cartografías críticas y abandonar mapas imperiales (Coronil, 1998, p. 142).

En este sentido, la aportación decolonial parte del enfoque denominado modernidad/colonialidad/ descolonialidad [MCD], en la que la modernidad no se entiende sin la colonialidad. Los conceptos básicos de esta teoría son: colonización, entendida como el proceso de adquisición territorial; colonia, organización sociopolítica específica; y colonialismo, sistema de dominación. La «colonialidad» evoca una clara diferenciación con el «colonialismo» porque es un llamado de atención sobre la continuidad histórica de las lógicas coloniales, y porque pone en énfasis que las relaciones coloniales de poder no se limitaron a un dominio económico, político, jurídico y administrativo, sino que también fue una dominación en la dimensión cultural y de producción de conocimiento.

Lo decolonial sitúa la modernidad vinculada al proceso de colonización de las Américas y la constitución de la economía–mundo capitalista como parte de un mismo proceso histórico. El pensamiento decolonial es una expresión crítica contemporánea que pone en el centro del análisis la conformación de las Américas, su pasado colonial y el colonialismo del presente. Se localiza en la comprensión de *otras* maneras intelectuales y políticas de acción emancipatoria, en territorios con pasado colonial. La modernidad/colonialidad opera mediante jerarquías de tipo: racial, territorial y de generación de conocimiento, que permiten la reproducción de patrones de dominación.

En suma, la colonialidad es la perpetuación de las estructuras fijadas en la época colonial que no desaparecen cuando este sistema de dominación se disuelve. Autores como Pablo Gonzáles Casanova (1965) y Rodolfo Stavenhagen (1965) señalan que aparece, en este momento de la historia, el «colonialismo interno», entendido como el poder racista/etnicista al interior de un Estado–nación. La perspectiva decolonial provee un marco alternativo para debatir sobre categorías aparentemente uniformes tales como la «modernidad», el «desarrollo/progreso», y la «globalización».

La crítica a la modernidad pone en cuestión conceptos del mundo moderno, tales como: ciencia, civilización, progreso, desarrollo, democracia, objetividad, razón, universalismo. La perspectiva decolonial pone en el centro de la discusión cómo el patrón colonial del poder [ser y saber] ha dejado heridas provocando la colonialidad. Una herencia que se sigue aplicando en territorios subalternizados como en el Ecuador. El lugar de enunciación de la autora y desde el cual pretende aproximarse para identificar las principales discusiones/verbalizaciones acerca del desarrollo/progreso en lo contemporáneo, entendiendo el trasfondo histórico y aterrizando esta discusión a la Costa ecuatoriana, concretamente en Manabí y Esmeraldas.

3. Visiones del desarrollo/progreso en el Ecuador

Desde el 2007, existe en el Ecuador un acuerdo nacional promovido desde el Estado, acerca de lo que parece que la sociedad ecuatoriana necesita [quiere o espera] para cumplir sus metas en torno al desarrollo. Para esto, atiende la noción indígena *Sumak Kawsay*, aunque su uso ha sido ampliamente discutido desde la academia y los sectores sociales, en las siguientes líneas se pretende realizar una radiografía breve sobre cómo el Estado ecuatoriano aborda el desarrollo y cuáles son las líneas estratégicas actuales. Se parte de la hipótesis de que en el Ecuador existe un discurso hegemónico racializado sobre el proyecto civilizatorio de desarrollo/progreso, que incluye al blanco/mestizo y a la perspectiva indígena mediante el *Sumak Kawsay*, siendo esta última la que ha monopolizado los argumentos de alteridad en el Ecuador, en el siglo XX y XXI. El objetivo en esta investigación [en curso] es incorporar a la discusión al mestizo (a) manaba [montuvio] y afrodescendiente, y bajo ningún concepto pretende juzgar la lucha indígena. El aporte de esta investigación es contribuir a los estudios etnográficos y de género en la región Costa del Ecuador, debido a que el trabajo de campo se realizará con grupos de mujeres dedicadas a actividades productivas.

A modo de repaso, se citan algunos de los aspectos principales de los planes de desarrollo nacionales elaborados en los últimos 10 años. Anterior a ello, no existía un documento marco estatal que recogiera una planificación en cuanto al desarrollo de manera uniforme, bien en términos conceptuales o en políticas públicas. La política estatal es potenciar el desarrollo de todos los sectores sociales del Ecuador, reconocidos en la Constitución del 2008, y, por ende, en el Plan Nacional de Desarrollo.

El primer plan, de 2007, sirvió «para dar un vuelvo a los ejercicios previos, limitados a un reporte periódico de instrumentos de planificación institucional, sin mayor visión estratégica nacional». En ese año se recuperó el rol del Estado con el propósito de representar los intereses colectivos y comunes en contraposición a los intereses económicos corporativos. El Plan Nacional de Desarrollo entró en vigencia, luego de que fuera aprobada la obligatoriedad de su cumplimiento en el referéndum de la Constitución de Montecristi en el 2008. En el periodo 2009-2013 se propuso «alternativas al desarrollo que superaran las visiones hegemónicas ceñidas al crecimiento económico y al neoliberalismo» y a la vez el Estado se redefinió como «constitucional de derechos y justicia, plurinacional e intercultural», lo que implicó una planificación integral. Posteriormente, la versión del 2013-2017 «sirvió para reducir brechas sociales y territoriales, consolidar el Estado democrático, potenciar el talento humano a través de procesos integrales de educación, y para generar capacidades productivas a través de grandes inversiones en diversas áreas de la infraestructura y los sectores estratégicos para el desarrollo». Actualmente, desde el 2017, hasta el 2021 se pretende «profundizar, innovar, mejorar, incluir [...] y garantizar la realización plena de los proyectos de vida, en condiciones de igualdad de oportunidades, de equidad y justicia social, celebrando las diversidades en un Estado Plurinacional e Intercultural» (Plan Nacional de Desarrollo Toda una Vida, 2017, p. 12).

El actual Plan Nacional de Desarrollo. Toda una Vida, se organiza en tres ejes programáticos: 1) derechos para todos durante toda la vida; 2) economía al servicio de la sociedad; 3) más sociedad, mejor Estado. Para implementar este modelo de desarrollo, el Estado se compromete a «mirar al territorio como el espejo donde se concretan todas las metas [...]». Se entiende al territorio ecuatoriano como «una construcción social, con sus limitaciones y potencialidades; conociendo el medio físico y sus recursos naturales, como ejes centrales del desarrollo y de satisfacción de necesidades» (Plan Nacional de Desarrollo Toda una Vida, 2017, p. 13). Estos planes de desarrollo se han articulado con los Objetivos de Desarrollo del Milenio (ODM) y actualmente con la Agenda 2030 y los Objetivos de Desarrollo Sostenible (ODS) que continúan aquello planteado en los ODM.

Según el Plan Nacional de Desarrollo actual el desarrollo debe ser integral, «durante todo el ciclo de vida», basado en el ejercicio y garantía de derechos, además de consolidar el régimen establecido del Buen Vivir, es decir, poner en el centro a la naturaleza y a las personas, en sus distintas expresiones colectivas y organizativas, como sujetos titulares de derecho, lo que las convierte en «primera prioridad» para el proceso de desarrollo nacional. En este sentido, el Estado: 1) reconoce y celebra la igualdad en la diversidad que poseen los diferentes sujetos de derechos; 2) incorpora el enfoque de género y el lenguaje inclusivo; 3) visibiliza a la mujeres en su diversidad y atiende a las problemáticas específicas y acciones afirmativas; 4) plantea acciones para la reafirmación y ejercicio pleno de derechos de los niños, niñas, adolescentes, jóvenes y adultos mayores, personas con discapacidad y sus familias; así como de los pueblos y nacionalidades indígenas, del pueblo afroecuatoriano y del pueblo montuvio, de personas lesbianas, gay, bisexuales, transexuales y *queer* (LGBTTTIQ), de las personas privadas de su libertad y de las poblaciones en situación de movilidad humana y sus familias, entre otros (Plan Nacional de Desarrollo Toda una Vida, 2017, p. 36).

Bajo este paraguas institucional, el Estado, a través del Plan Nacional de Desarrollo. Toda una Vida, procura para el periodo 2017-2021: 1) generar políticas integrales y metas que permitan monitorear el cierre de brechas y el ejercicio pleno de los derechos (incorporación de la ciudadanía en el seguimiento y evaluación de las políticas públicas); 2) definir herramientas que permitan la planificación y gestión territorial con una asignación adecuada de recursos; 3) definir lineamientos que orienten el gasto público y la inversión de recursos, así como la coordinación del Sistema Nacional Descentralizado de Planificación Participativa con el Sistema Nacional de Finanzas Públicas; y 4) Desarrollar un sistema nacional de información que dé cuenta de la diversidad poblacional y territorial del país, aportando oportuna y pertinentemente con fuentes estadísticas y registros administrativos para la toma de decisiones (Plan Nacional de Desarrollo Toda una Vida, 2017, p. 36).

Si bien, en la Constitución de 2008 y en el Plan Nacional de Desarrollo se recogen los fundamentos y la ruta a seguir para logar un mejor desarrollo en el conjunto de la sociedad ecuatoriana, se considera necesario analizar cómo dos pueblos concretos [el montuvio y afrodescendiente] se encuentran inmersos en el concepto del Buen Vivir/*Sumak Kawsay*. Para ello, se realizará un trabajo etnográfico, en el cual la pregunta clave es ¿cuáles son los discursos de identidad y cultura del pueblo afrodescendiente y montuvio, asociados al paradigma de desarrollo y progreso? El propósito de profundizar en las visiones [verbalización y prácticas] de los pueblos seleccionados.

El estado plurinacional ecuatoriano exige asumir y procesar los códigos culturales de los pueblos y las nacionalidades indígenas, así como también del pueblo afroecuatoriano, montuvio, cholo, entre otros (Acosta, 2010, p. 7). El Buen Vivir es la construcción colectiva de una nueva forma de vida, no es un recopilatorio, únicamente, de artículos constitucionales, ni un nuevo paradigma de desarrollo. «Desde la visión de los marginados por la historia, desde los pueblos y nacionalidades indígenas, se planteó el Buen Vivir como una oportunidad para construir otra sociedad sustentada en la convivencia ciudadana en diversidad y armonía con la naturaleza, a partir del reconocimiento de los diversos valores culturales existentes en el país» (Acosta, 2010, p. 9).

En suma, tal y como señala Antonio Hidalgo y Ana Cubillo (2010), el *Sumak Kawsay* ha generado al menos seis preocupaciones en el ámbito académico: ¿qué es el *Sumak Kawsay*?, ¿a qué paradigma cultural pertenece?, ¿cómo debe traducirse?, ¿qué relación guarda con el desarrollo?, ¿cómo surge en el ámbito académico?, y ¿a dónde nos conduce? En esta oportunidad, se propone incluir en el debate las posibles diferentes concepciones de desarrollo y progreso, en última instancia de Vida Buena, que existen en el Ecuador y de las cuales se ha investigado escasamente. Esta investigación se enmarca en la línea de lo que plantea Catherine Walsh (2009):

> Tanto en Ecuador como en Bolivia, la relación Estado (pluri)nacional e interculturalidad se conceptualiza en torno a

lo que Silvia Rivera Cusicanqui (1968) ha llamado el largo horizonte colonial, comprendido a partir de la relación blanco-mestizo–indígena. Fuera —o en los márgenes de la discusión— queda la presencia y diferencia histórica, ancestral y actual afrodescendiente. Este olvido y silenciamiento se encuentran enraizados en la memoria histórica y en la visión de ambos países; las identidades de la diáspora africana, la contribución de los afrodescendientes a la construcción de la patria y sus luchas actuales para ser tomadas en cuenta en la refundación, permanecen al costado de la historia social y los debates promovidos por y con relación a los movimientos indígenas (Walsh, 2010, p. 123).

4. A modo de conclusión

La literatura revisada hasta el momento deja entrever que [posiblemente] en el Ecuador existen diversas maneras de entender la noción de desarrollo y progreso, no obstante, la cosmovisión indígena ha suscitado mayor interés por parte de los investigadores. En este caso, la propuesta que plantea la autora es ahondar en la verbalización y en las prácticas actuales de los dos pueblos costeños seleccionados. El pueblo afroecuatoriano y otros pueblos como el montuvio han quedado históricamente al margen de la construcción, no sólo del Estado-nación ecuatoriano sino también del modelo contemporáneo de desarrollo. En las últimas décadas han existido momentos de alianza entre el movimiento indígena y el movimiento afro, en tanto que resistencia, insurgencia y oposición, no obstante, estas alianzas siempre han sido desiguales. En los años 90, el movimiento indígena ecuatoriano cobró fuerza y logró posicionar su lucha en la agenda política del país, no obstante, la reivindicación afrodescendiente quedó aparentemente en segundo plano. En el año

2016, en el marco del programa de Naciones Unidas Decenio Internacional para los Afrodescendientes: Reconocimiento, Justicia y Desarrollo 2015-2024, el presidente Rafael Correa firmó el Decreto Ejecutivo 915 en el que se dispone fortalecer la identidad cultural, tradiciones y derechos del pueblo afroecuatoriano y se reconoce los derechos colectivos establecidos en la Constitución, la ley y los pactos, convenios, declaraciones y demás instrumentos internacionales de derechos humanos.

Respecto a las diferentes visiones de desarrollo, en la actualidad, algunos líderes afrodescendientes asumen la noción de *Ubuntu* como el buen vivir afroecuatoriano. *Ubuntu,* entre otros significados, es entendido en lengua zulú y en la filosofía bantú como «vivir en comunidad» (Kakozi, 2015). Por su parte, el pueblo montuvio, en tanto que pueblo mestizo, ha sido escasamente estudiado desde su cosmovisión. Ha merecido algunos análisis respecto a sus tradiciones culturales y representaciones simbólicas actuales, no obstante, queda pendiente profundizar en las raíces ancestrales, proveniente de las culturas originarias Manteña y Huancavilca, para dar cuenta, de manera más acertada, de las características diferenciadoras de este pueblo respecto a otros en el contexto ecuatoriano (Regalado, 2016). Se reconoce la necesidad de una revisión más detallada de la cuestión del mestizaje en la región Costa del Ecuador. Empero, en ningún caso es una revictimización de estos pueblos, sino una mirada detallada a sus condiciones y estrategias actuales.

En la segunda parte de esta investigación se empleará el método etnográfico y la perspectiva decolonial de género centrada en la propuesta de análisis interseccional, que consiste en la comprensión de un sistema complejo de estructuras de opresión múltiples y simultáneas. La interseccionalidad permite evidenciar las formas en las que el género se cruza con otros ejes tales como la raza, la clase social, la orientación sexual, entre otros, que dan origen a situaciones específicas de opresión [o privilegio] que no pueden ser comprendidas por separado. Este enfoque, además de profundizar en los discursos de identidad y cultura asociados al desarrollo y progreso del pueblo afrodescendiente y montuvio, contribuirá a explicar cómo las mujeres pertenecientes a estos grupos se relacionan y actúan frente a estas visiones.

REFERENCIAS

Acosta, A. (2010). «El Buen Vivir en el camino del post–desarrollo. Una lectura desde la Constitución de Montecristi». *Friedrich Ebert Stiftung, Policy Paper* 9: 1–43.

Arroyo Tello, M. (2014). «Aproximación a la medición del Bienestar (Buen Vivir) en el Ecuador. Indicadores objetivos versus indicadores subjetivos del bienestar, una aplicación a las medidas económicas contemporáneas del mismo desde una perspectiva regional». Tesis de maestría. Universidad de Alcalá.

Castro–Gómez, S. y Grosfoguel, R. (Comps.) (2007). *El giro decolonial: reflexiones para una diversidad epistémica más allá del capitalismo global.* Bogotá: Siglo del Hombre Editores, Universidad Central, Instituto de Estudios Sociales Contemporáneos y Pontificia Universidad Javeriana, Instituto Pensar.

Coronil, F. (1998). «Más allá del occidentalismo: hacia categorías geohistóricas no–imperialistas». En CASTRO–GÓMEZ, S. y MENDIETA, E. (eds.). *Teorías sin disciplina. Latinoamericanismo, poscolonialidad y globalización en debate.* México: Miguel Ángel Porrúa, pág. 121–146.

Dussel, E. (1995). «Eurocentrismo y modernidad (introducción a las lecturas de Frankfurt)». En *Capitalismo y geopolítica del conocimiento: el eurocentrismo y la filosofía de la liberación en el debate intelectual contemporáneo.* Buenos Aires: Ediciones del Signo, pág. 57–70

Echeverría, B. (2015). *Definición de la cultura.* México: FCE, Editorial Itaca.

Echeverría, B. (2010. *Modernidad y blanquitud.* México: Ediciones Era.

Echeverría, B. (1997). *Las ilusiones de la modernidad.* México: Universidad Nacional Autónoma de México.

Escobar, A. (2007). *La invención del tercer mundo* (1era ed.). Caracas: Fundación Editorial el perro y la rana.

Escobar, A. (2003). «Mundos y conocimientos de otro modo» El programa de investigación de modernidad/colonialidad latinoamericano. En Tabula Rasa (1): 51–86.

Escobar, A. (2010). *Territorios de diferencia: lugar, movimientos, vida, redes*. Popayán: Envión Editores.

Esteva, G. (1996). *Desarrollo. En Diccionario del desarrollo. Una guía del conocimiento como poder*. En SACHS, W. (ed.). Perú: Pratec.

Hidalgo–Capitán, A. y Cubillo–Guevara, A. (2014). «Seis debates abiertos sobre el *sumak kawsay*» *Íconos. Revista de Ciencias Sociales* (48): 25–40.

Kakozi Kashundí, J. B. (2015). «La dimensión ético–política de *Ubuntu* y la superación del racismo en "nuestra América"». Tesis doctoral. Universidad Nacional Autónoma de México.

Maldonado–Torres, N. (2007). «Sobre la colonialidad del ser: contribuciones al desarrollo de un concepto». En Castro–Gómez, S. y Grosfoguel, R. (comps.). *El giro decolonial: reflexiones para una diversidad epistémica más allá del capitalismo global*. Bogotá: Siglo del Hombre Editores; Universidad Central, Instituto de Estudios Sociales Contemporáneos y Pontifica Universidad Javeriana, Instituto Pensar.

Mignolo, W. (2005). «Cambiando las éticas y las políticas del conocimiento: la lógica de la colonialidad y postcolonialidad imperial». *Tabula Rasa* (3): 47–72.

Nisbet, R. (1980). *Historia de la idea de progreso*. Barcelona: Gedisa.

Nisbet, R. (1986). «La idea de progreso». *Revista Libertas* (5): 1–30.

Quijano, A. (1992). «Colonialidad y modernidad/racionalidad». *Perú Indígena* 13 (29): 11–20.

Quijano, A. (2014a). «Colonialidad del poder y clasificación social». En *Cuestiones y horizontes. Antología esencial. De la dependencia histórico-estructural a la colonialidad/descolonialidad del poder*. Buenos Aires: Clacso, pág. 285–327.

Regalado, L. (2016). *Indigenismo e identidad en Manabí*. Quito: Abya Yala.

Rostow, W. (1993). *Las etapas del crecimiento económico, un manifiesto no comunista*. Madrid: Ministerio de Trabajo y Seguridad.

Santos, Boaventura de Sousa (2006). *Conocer desde el Sur*. Perú: Programa de Estudios sobre Democracia y Transformación Global, Fondo Editorial de la Facultad de Ciencias Sociales.

Santos, Boaventura de Sousa. (2010). «Más allá del pensamiento abismal. De las líneas globales a una ecología de saberes». *Para descolonizar el occidente. Más allá del pensamiento abismal*, pág.

31–84.

Senplades (2017). Plan nacional de desarrollo 2017-2021. Toda una vida. *Secretaría Nacional de Planificación y Desarrollo – Senplades 2017.* Quito: Ecuador.

Shohat, E. (2008). «Notes on the "Post-Colonial"». *Social Text 31/32, Third World and Post–Colonial Issues*. Durham: Duke University Press, pág. 99–113. doi: http://doi.org/10.1071/MU952208a.

Walsh, C. (2009). *Interculturalidad, Estado, Sociedad. Las luchas (de)coloniales en nuestra época.* Quito: Universidad Andina Simón Bolívar y Abya Yala.

Williams, E. (2011). *Capitalismo y esclavitud.* Madrid: Traficantes de Sueños.

UNA REFLEXIÓN PRELIMINAR SOBRE EL CONSERVADURISMO DE LA PRIMERA MITAD DEL SIGLO XX. VÍNCULOS Y ADAPTACIONES DEL CONSERVADURISMO ESPAÑOL, MEXICANO Y LATINOAMERICANO

Alfredo Rajo Serventich[76]

El presente artículo incursionará en las creencias y prácticas políticas del conservadurismo español, en su acepción nacional católica, a partir de 1945 cuando se fragua el Instituto de la Cultura Hispánica, sucesor del Consejo de la Hispanidad. Esta experiencia tendría una derivación incoada, la Comunidad Hispánica de Naciones, que no fructificaría por resistencias desde los ámbitos conservadores latinoamericanos, entre otras causas. Es sugerente la contemporaneidad de ciertos textos que serían precedentes de las circunstancias antes mencionadas: *La hispanidad y su verbo* (1926) de Zacarías de Vizcarra, *Defensa de la Hispanidad* de Ramiro de Maetzu (1934) y *España en los destinos de México* del michoacano José Elguero (1929).

Este artículo se incorpora a la producción que he venido haciendo al respeto de la recepción de las ideas conservadoras en México, en especial las ideas sobre la nación y el indígena forjadas mediante los relatos referidos.

Un aspecto a destacar es la búsqueda de un marco organizativo para una relación muchos más estrecha entre la antigua metrópoli y sus excolonias americanas, buscado por la época la dictadura de Miguel Primo de Rivera (1923-1930) y que durante la época franquista, con similar sentido, tendría varias expresiones como fueron el Consejo de la Hispanidad, el Instituto de Cultura Hispánica o la Organización de Estados Americanos por el año 1949. La misma consigna del Congreso Hispanoamericanos de Educación

---

[76] Doctor en Estudios Latinoamericanos por la Universidad Nacional Autónoma de México. E-mail: arajosor@yahoo.com.mx

organizado en 1951 sería elocuente la búsqueda del ser común de dicha comunidad.

Este ser común había surgido a partir del llamado "imperio espiritual" fruto de la postura de política exterior defensiva, surgida a partir de una larga estela de reflexiones al respecto de la derrota del imperio español en 1898, que como veremos en las intenciones del franquista Alfredo Sánchez Bella no sería ni tan intelectual ni tan poco imperio.

El Instituto de Cultura Hispánica cuyo segundo director sería el político arriba mencionado a partir de 1948, muy pronto mostraría una vena propagandística que se plasmaría en la estrategia de publicaciones y organización de congresos. Sin embargo el nacionalismo católico que pregonaba Sánchez Bella encontraría caminos y escollos no previstos por la resistencia nacional de algunos intelectuales católicos latinoamericanos que no veían muy bien un manejo unidireccional y la influencia de los embajadores españoles que no permitían naturalizar a las condiciones internas de los países americanos. Eso se desprende de cierto escepticismo del chileno Jaime Eyzaguirre. (Cañellas Mas, 2014, 78-79)

El extranjerismo, la mirada belicosa hacia lo foráneo, arma política de esta derecha española con tintes a veces fascistas, en ocasiones podía jugar malas pasadas con sus contrapartes americanas que también miraban con desconfianza a un hispanismo vanguardista desde la península:

Según Eyzaguirre para que la situación arribe a buen puerto, "es necesario que haya desaparecido la sensación de que se nos está metiendo algo extranjero por las narices y que al hispanismo [...] suceda una acción iberoamericanista movida desde dentro por auténticos hijos de estas tierras. Sólo entonces los lazos filiales con España serán sólidos, porque brotarán de la entraña misma de nuestro ser, como un imperativo de la propia existencia"19. (Cañellas Mas, 2014, 79)

Claro está que hay afinidades entre estos hispanismos de ambas orillas del Océano Atlántico, como el papel determinante de la tradición y de la religión católica aunque, como asevera Cañellas Mas en el caso español la unidad de la creencia religiosa y el ideal político era una realidad del estado español.(Cañellas Mas, 2014, 80).

La configuración política latinoamericana en la que la lucha por la democracia muchas veces atravesaba el terreno conservador podía ser otra. Casos como el del herrerismo clásico uruguayo con mediaciones aristocratizantes y clasistas a la vez que contradictoriamente democráticas o las reflexiones del mexicano Efraín González Morfin podrían fortalecer esta hipótesis pero, el culto a la imagen del hombre fuerte o de la democracia dirigista desde las elites podían introducir otros matices a las praxis políticas.

Desde las reflexiones del primer director del Instituto de la Cultura Hispánica y con su proceso de evolución director de la publicación *Cuadernos para el Diálogo (1963)* Joaquín Ruiz Giménez:

> Nuestra empresa es de afirmación y de comprensión, de generosidad; por eso es empresa de juventudes, y empresa de juventud espiritual subordinada a una misión todavía más alta, al servicio, a la concepción cristianamente total de la vida. La cultura hispánica está hoy al servicio [...] del catolicismo integral. (Cañellas Mas, 2014, 80)

Los proyectos emanados de esta intencionalidad buscaban requerìan varios cometidos: asegurar la captación de jóvenes de las clases dominantes latinamericanas por la vía de la formación profesional, quitar a estas de la zona de influencia ideológica de los Estados Unidos, a la vez que combatir en el terreno de las ideas y el político el comunismo y el indigenismo.

Uno de los pilares de esta política fue el del Colegio de Nuestra Señora de Guadalupe, el cual serviría para hospedar a estudiantes hispanoamericanos. El esquema de finaciamiento era mediante la otrogación de becas que les permitieran permanecer en centros universitrarios españoles. Otro efecto deseado era que el catolicismo integral que se ofrecía fuera de cuño español, para evitar lo que el régimen franquista podía considerar como contaminante de los catolicismo de otras latitudes, como las ideas liberales, entre otros temas(Cañellas Mas, 2014, 80)

El sustrato religioso estaba constituido por la evangelización de la cultura, vista como adalid de la unidad social y política: (Ángel Herrera Oria en Cañellas, 2014, 81). Otro camino, al decir del nicaragüense Pablo Antonio Cuadra, podría resultar en la zozobra de la hispanidad. (Cañellas Mas, 2014, 84) Esta combinación de temor anticomunista, antindigenista y antiliberal brindaban a esta lucha un referente o imaginario que se reflejaba en el carácter de cruzada que desempeñó un efecto propagandístico considerable. Ello, aunado al epíteto destructivo de lo extranjero, permitiría cierto clima en la sensibilidad de los pueblos español y latinoamericanos.

Es de destacar que aquí se presenta un caso de politización de las cuestriones culturales y académicas. En el momento histórico de las gestiones y de la creación de nuevas instituciones era un imperativo para la dictadura franquista superar el aislamiento internacional e ingresar a la Organización de las naciones Unidas. Era importante el proceso de desfascistización retórico de la dictadura que tendrían entre otras consecuencias los pactos Estados Unidos-España de 1953, que estuvieron marcados por un férreo anticomunismo, con ciertos maquillajes del lenguaje como es una muestra el informe de Alfredo Sánchez Bella, Director del Instituto de Cultura Hispánica, en enero de 1954:

"[...] existe otro aspecto, el político [...], cual es el procurar que los gobiernos de Hispanoamérica cuenten con los asesores que precisan para la creación del Estado moderno. En todos los países está en pleno desarrollo la crisis del Estado liberal, y en todos se observa la necesidad de iniciar la creación de un Estado fuerte, que imponga el necesario equilibrio entrelibertad y autoridad, todo ello bajo el imperio de la justicia. Paradójicamente todos desean un Gobierno y un Estado similar al español, pero que no se llame falangista ni fascista. Lo desean, pero por orgullo, no se atreven a pedirlo. Todas nuestras ideas están dispuestas a admitirlas, a condición de que aparezcan sin etiqueta e incluso, si es posible –para que no les ataquen– que no parezcan españolas. [...] ¿Por qué la nueva España, nuestra concepción del mundo y de la vida no puede proporcionar también a Hispanoamérica, los asesores, los consejeros, los técnicos, que imprescindiblemente necesitan? [...]. Esto pueden y deben hacerlo los españoles, y lo que se impone es buscar la fórmula adecuada para situarlos con disimulo, sin llamar la atención, sin despertar alarmas, que aparezcan en cada país como cosa natural"60. (Cañellas Mas, 2014, 85-86)

La índole de apoyos que recibía el régimen franquista dejaban al valor de la libertad en lo más profundo del tintero. Marcos Pérez Jiménez, el dictador venezolano (1952-1958) encontró en las tentativas culturales con gran trasfondo político una salida en la cual se combinaban la venta de petróleo, el espionaje político y la validación de su gobierno de facto, mientras que del lado español, los intercambios comerciales daban aire a su economía crítica de posguerra. Otras dictaduras ultraderechistas de comienzos de la segunda mitad del siglo XX participaron en la mística iberoamericanista del régimen español. Junto a ella se sumarían personajes sin el apoyo de sus estados como algunos dirigentes y periodistas afines del Partido Acción Nacional mexicano o el intelectual orgánico uruguayo franquista Carlos Lacalle Núñez, padre del exmandatario Luis Alberto Lacalle de Herrera, también nostálgico admirador de la dictadura española. El caso del presidente argentino Juan Domingo Perón, merece otro tratamiento en medio la pugna del mundo bipolar de la posguerra, a partir de 1945, quien pudo sacar provecho de las posturas terceristas en el terreno político internacional. Este mandatario daría un apoyo resuelto en materia económica, a la vez que un personaje tan destacado de la sociedad y la política argentina de entonces, Eva Duarte de Perón, participó en los fastos religiosos del régimen franquista, contribuyendo a la aceptación interna del régimen franquista. La trama de admisión de España en la Organización de las Naciones Unidas, se vio apoyada, sin olvidar el impulso definitivo que le diera el gobierno estadounidense en la preparación de los mencionados pactos de 1953 y lo que vino en años postreros.

Alfredo Sánchez Bella definiría así el papel conductor que tenía que desempeñar el régimen al cual servía contra la democracia existente en América Latina: "Hispanoamérica está hoy en manos de gobiernos fuertes, pero sin coordinación. Somos la única internacional que no funciona" (Cañellas Mas, 2014, 86).

A todo esto, el gobierno español se definía como el puente espiritual entre las naciones del ámbito iberoamericano y Europa, en palabras de Celestino del Arenal. Hubo tentativas relativamente exitosas como fueron la fundación del referido Instituto de Cultura Hispánica en 1945 o la Organización de Estado Iberoamericanos en 1949. Otros quedaron en calidad de proyecto como la Comunidad Hispánica de Naciones vinculada al surgimiento del instituto referido. Los ámbitos de desarrollo proyectados eran los lazos culturales con base en el catolicismo hispánico, así como tratados de cooperación económica y técnica. (Tessada, 1)

Esta iniciativa tenía la impronta referida de Sánchez Bella, del despojo retórica del lenguaje imperial con la presunción de cierta igualdad sin abandonar las intenciones verticales. En torno a la convocatoria a la herencia común del catolicismo, suponemos, tendría cierto éxito, visible a partir de los aires renovadores del Concilio Vaticano II (1959), al cual se fueron adhiriendo personajes importantes del régimen franquista como Joaquín Ruiz-Giménez, en tránsitos interesantes hacia la democracia que se venían gestando desde mediados de la década de los años cincuenta.

Es importante señalar la trama del asociacionismo español que se trasluce en torno a los intentos y proyectos que se viabilizaron. El Instituto de Cultura Hispánica de Madrid de 1945 sería uno de ellos con el fomento de las relaciones culturales. A él se agregaría otro grupo de institutos en varias capitales y ciudades latinoamericanas. No siempre la voluntad antidemocrática franquista avanzó sin obstáculos. Como señala Vanessa Tessada, estos intercambios sirvieron en ocasiones para que maestras becadas tomaran conciencia del estado general de la represión franquista y realizaran denuncias y campañas al respecto, tanto en el ámbito español como latinoamericano.(Tessada, 2013, 3)

Resalta el caso de Paz Espejo, quien en 1948 fue becada por la Junta Española de Cultura de Madrid. Al ver el clima de opresión sufrido en la península ibérica, denunció esta circunstancia. Esto le trajo una detención de tres meses en la cárcel de Ventas, siendo liberada a instancias del embajador chileno. (Tessada, 2013, 7)

A pesar de estas importantes muestras disidentes, el sustrato de las iniciativas culturales del franquismo se asentaban en un ideal regresivo, desde la misma obra de Ramiro de Maetzu (1934). En palabras de David Marcilhacy:

> Reivindicando un modelo social basado en los valores y las tradiciones de los siglos xvi-xvii —jerarquía, honor, lealtad—, el ideal hispánico elaborado por Maetzu transmitía un carácter claramente nostálgico de un pasado glorioso. Su teoria de la Hispanidad se acompañaba de una serie de

mitos que resucitaban la grandeza imperial de España: la raza hispana, el caballero cristiano, el genio nacional, la España misionera, etcétera. Al apelar al idealismo cristiano, repudiaba el materialismo liberal y la modernidad racionalista. Subyacía a su lectura de la historia española un evidente esianismo católico-imperial, que lo llevaba a reinterpretar la colonización americana colocándola bajo el único signo de una evangelización desinteresada. (Marcilhacy, 2014, 80)

En el caso mexicano, la obra España en los destinos de México (1929) de José Elguero Videgaray tendría una actitud dialogante con esta postura que nos recuerda la obra de Manuel García Morente y Zacarías de Vizcarra.

Como muestra de una obra que daría cuenta de las reflexiones de intelectuales mexicanos porfiristas, junto con otros que adoptaron el sendero crítico conservador al respecto de la revolución mexicana en los años de definición cercanos a la tercera década del siglo XX, este escritor hispanófilo mexicano definía así el influjo del espíritu de la conquista espiritual:

El Emperador atendió la súplica, y el 13 de mayo de 1524, fecha memorable en los. Fastos de México que se debería recordar con emoción en este país, llegó a Veracruz el insigne Fr. Martín de Valencia con los religiosos, franciscanos como él, Francisco de Soto, Martín de la Coruña, Juan Juárez, Antonio de Ciudad Rodrigo, Toribio de Benavente, García de Cisneros, Luis de Fuensalida, Juan de Palos, Juan de Ribas, Francisco Jiménez y Andrés de Córdoba; todos ellos varones de tan aquilatada virtud, que con justicia se les ha comparado con los primeros apóstoles de Cristo, y, a su acción maravillosa y fecunda, débese, en gran parte, la evangelización del indio mexicano y eso que ahora se llama, con pedantería y mal gusto, "incorporar el indio a la civilización". (Elguero, 1929, 14)

Esta obra tempranera sobre España y México recoge muchas de las preocupaciones conservadoras de su tiempo, es a la vez una obra académica y periodística que denota la importancia de un periódico del cual el autor era articulista, Excelsior, que en los tiempos previos al nacimiento del indigenismo mexicano oficial afinaba puntería contra las políticas de reinvindicación estatal del indígena en México. Por lo demás, llega a sentar las bases de tendencias revisionistas de la historia mexicana. Reivindica también el origen español de la nación con alusiones directas al imperialismo norteamericano Todos estos serán tópicos de una colaboración futura, con mayor puntualidad.

En torno a cierta sociología de la captación y cooptación de sujetos latinoamericanos adherentes a este ideal nacional católico por parte del Estado español, Verónica Tessada aborda las problemáticas de las mujeres, en especial las docentes. La autora se refiere a las participantes de los Círculos Culturales Chilenos. Estas mujeres fueron sujetas de programas de becas. Se dio preferencia a mujeres de las clases dominantes del credo católico. Como símbolo del tipo de mujer que se privilegiaba se distinguió a la reina Isabel la católica de quien, en 1951, se conmemoró el quinto centenario de su nacimiento. En palabras de Tessada, la reina era un ejemplo para y desde el régimen de "fortaleza, perfección y obediencia, además de representar la compenetración entre Estado y religión". (Tessada, 2013, 2)

A todo esto quien tendría un papel protagónico sería la Sección Femenina del servicio exterior la Falange. Como se ha comentado en este trabajo destaca capacidad organizativa y asociativa del estado español de signo nacional católico. Desde esta óptica se puede observar la celebración del Primer Congreso Femenino Hispanoamericano y de las Filipinas, en 1951.

En su declaración de principios establece "la importancia de la religión, la indisolubilidad del matrimonio como unidad fundamental de la sociedad, el reconocimiento de las culturas aborígenes" como parte del papel deseado de la mujer, su militancia y su papel formativo de los comportamientos en la sociedad. (Tessada, 2013 3).

Los países de origen de las mujeres participantes fueron Argentina, Bolivia, Brasil, Colombia, Cuba, Chile, Ecuador, España, Haití, Filipinas, México, Panamá, Puerto Rico, Salvador, Uruguay, Paraguay, Perú y Venezuela (Tessada, 2013 4).

A MODO DE REFLEXIÓN FINAL

Este trabajo lleva a ponderar el impacto del catolicismo en la vida política, española y latinoamericana. La encíclica Rerum Novarum (1891) del papa León XIII, había abierto las puertas para imaginar una institución eclesiástica preocupada por las circunstancias sociales en la que se adscribía.

Había cierta preocupación de este pensamiento reaccionario agrupado en el término y concepto nacional catolicismo, en que no reinara un espíritu ecuménico y menos el diálogo con otras expresiones no católicas, como los planteamientos del pensador católico francés Jaques Maritain.

Fue atrayente a partir de las ideas de Ramiro de Maetzu, fundar una corriente de pensamiento que pregonara cierta defensa de la igualdad del género humano ante dios, no así en el ámbito terrenal. Pero era profundamente contestatario y militante frente a los retos de la modernidad que planteaban la igualdad de todos ante la ley.

Del planteamiento inicial monárquico de Maetzu se derivó hacia las supuestas bondades una sociedad regida por personajes fuertes. En el caso mexicano las minorías excelentes que deberían dirigir la sociedad, como señalan los documentos fundadores del Partido Acción Nacional, con la idea de un sentido orweliano de la igualdad. La derivación era hacia una sociedad jerarquizada, bajo la tutela de la Iglesia católica.

De manera tangencial aparece la temática del reconocimiento de las culturas aborígenes, de manera explícita en el Congreso Femenino de 1951. Esta proposición que aparece en *Defensa de la Hispanidad* de Maetzu, con su planteamiento de comunidad imaginada hispánica que ubica en pie de igualdad a los pueblos originarios, por lo menos de arranque, va a tener determinada constancia en todo el devenir de esta corriente de pensamiento y en sus políticas culturales que rayan en lo político.

Por último, en la búsqueda de una identidad común, es dónde aparecerían ciertas constantes pero también contradicciones como lo expuesto al respecto de Jaime Eyzaguirre y cierto acervo documental del panista mexicano Efrain González Morfín, quien se mostró a lo largo de su producción desconfiado de cierto hispanismo antidemocrático, que se abordará en posteriores reflexiones.

REFERENCIAS

Cañellas Mas, Antonio (2014), "Las políticas del Instituto de Cultura Hispánica", *HAO*, Núm. 33 (Invierno, 2014), 77-91, Universidad de Navarra

Elguero, José, (1929) *España en los destinos de México*, México, S/E

Marcilhacy, David, (2014)« La Hispanidad bajo el franquismo: el americanismo al servicio de un proyecto nacionalista », en Xosé M. NÚÑEZ SEIXAS y Stéphane MICHONNEAU (eds.), *El imaginario nacionalista español en el franquismo*, Madrid, Casa de Velázquez, p. 73-102

Tessada S, Vanessa (2013), Fronteras de la Comunidad Hispánica de Naciones, *ILCEA Revue de l'Institut des langues et cultures d'Europe, Amérique, Afrique, Asie et Australie*, 18, Edición electrónica, URL: http://ilcea.revues.org/2068

POLÍTICA E EDUCAÇÃO COMO *AMOR MUNDI* EM HANNAH ARENDT[77]

Ricardo George de Araujo Silva[78]

Independentemente de como as pessoas respondem à questão de se é o homem ou o mundo que está em perigo na crise atual, uma coisa é certa: qualquer resposta que coloque o homem no centro das preocupações atuais e sugira que ele deve mudar para que a situação melhore é profundamente apolítica. Pois no centro da política jaz a preocupação com o mundo, não com o homem – com um mundo, na verdade, constituído dessa ou daquela maneira, sem o qual aqueles que são ao mesmo tempo preocupados e políticos não achariam que a vida é digna de ser vivida. E não podemos mudar o mundo mudando as pessoas que vivem nele [...] porque, onde quer que os seres humanos se juntem – em particular ou socialmente, em público ou politicamente -, gera-se um espaço que simultaneamente os reúne e os separa. Esse espaço tem uma estrutura própria, que muda com o tempo e se revela em contextos privados como costume, em contextos sociais como convenções e em contextos públicos como leis, constituições, estatutos e coisas afins. Onde quer que as pessoas se reúnam, o mundo se introduz entre elas e é nesse espaço intersticial que todos assuntos humanos são conduzidos.

Hannah Arendt

INTRODUÇÃO

Nossa intenção ao tratar política e educação como *amor mundi*[79] tem como objetivo central destacar a expressão da liberdade

---

[77] Oferecemos esse texto ao amigo e pesquisador Ricardo Moura, por sua interlocução perene e amizade fraterna.

[78] Doutor em filosofia – UFC. Professor da Universidade Estadual Vale do Acaraú – UEVA - Sobral – CE. Editor da revista reflexões de filosofia. [www.revistareflexoes.com.br].

[79] A esse respeito é esclarecedora a reflexão de Igor Nunes, na qual se destaca a relevância do *amor mundi* em Hannah Arendt. Nas suas palavras: "*O amor mundi simboliza uma disposição em partilhar com os outros, de maneira discursiva e ativa, das coisas e fatos mundanos. Mais do que tomar o mundo como um objeto, significa se responsabilizar por ele sem nunca perder o vínculo de pertencimento que une os homens ao mundo. Em suma, significa 'cuidado': cuidado com aquilo que deve permanecer para além de nós mesmos, cuidado que se baseia pela salvaguarda em conjunto da pluralidade, do poder e da liberdade humana*" (NUNES, 2016, p. 72).

e da pluralidade como cerne do par conceitual acima descrito e, portanto, resistir a toda e qualquer forma que vise a obstar a expressão livre dos indivíduos. Para tanto, destacamos como foco a ocupação do espaço público e o cuidado com o mundo. Ao nosso entendimento, a política deve ter por base a ação e o discurso. Portanto, fiar-se na seara da liberdade. Todavia, como nos alerta Almeida (2008, p. 467) "A liberdade do ser humano impõe um desafio à educação. Assim, a educação também se constrói via discurso e ação. Nesta direção, assumindo a letra de Hannah Arendt, asseveramos que o importante é proteger o mundo e não os homens. Preservar, pois o local no qual se possa agir e falar livremente em observância à permanência do mundo.

De início, destacamos que Arendt não é uma pensadora da educação. Não tomou esta como seu objeto de pesquisa. Todavia, ao longo de suas obras, dedicou-se ao tema e gozou de uma aceitação ímpar nos meios de pesquisa dedicados ao presente tema. Ao tratar a educação como responsabilidade pelo mundo, lançou sobre o tema uma lupa que deu destaque ao mesmo em uma época que parecia que o mundo poderia ser descartável fosse pela ameaça da guerra fria, que espreitava a vida no planeta com a possibilidade de uma guerra atômica, fosse pelo consumo desenfreado que mina a natureza e reduz os seres humanos a animais incansáveis diante do ato de consumir.

Nesta direção, destacaremos a compreensão de política e de educação em Hannah Arendt como cuidado com o mundo. Assim, buscaremos demonstrar como pensar a política e sua relação com a liberdade, o evento, a natalidade, a ação e a pluralidade imputam cuidado com o mundo, e como estes elementos marcam decisivamente a noção de resistência como ocupação do espaço público e, sobretudo, como capacidade de contraposição a toda e qualquer forma de poder que se instaure como negador da liberdade. Assim, ao longo da exposição estaremos destacando que a abordagem da educação em Arendt conclama a uma responsabilidade para com o mundo e com os seus habitantes, sobretudo os novos. Desse modo, a educação se ocupa e se responsabiliza tanto pelas crianças como também pelo mundo.

POLÍTICA EM HANNAH ARENDT

1. Hannah Arendt entende a liberdade como manifestação do homem no espaço público, mediado pela ação e pela linguagem. Política sem liberdade é uma compreensão distorcida de política, tanto quanto o é conceber liberdade sem política. Esse espaço público é o local onde uma significa a outra. Há nessas esferas uma cooriginariedade, na qual uma dá suporte a outra no tocante a seu significado. Para isso, Arendt chama atenção da seguinte forma: "Para a pergunta sobre o sentido da política existe uma resposta tão simples e tão concludente em si que se poderia achar outras respostas dispensáveis por completo. Tal resposta seria: o sentido da política é a liberdade." (ARENDT, 2002, p. 38).

2. Nesta perspectiva, não há como conceber a ação, privada da liberdade, pois ela aufere vigor tanto quanto é livre para se manifestar. É disto que é composto o espaço público: elementos plurais e livres. Assevera Arendt "A política baseia-se na pluralidade dos homens. Deus criou o homem, os homens são um produto humano mundano, e produto da natureza humana". (ARENDT, 2002, p. 21). Nesse sentido, podemos afirmar que a política trata do convívio entre os diferentes, isto é, a pluralidade traz em si o sentido da liberdade, manifesta o direito de todos aparecerem e atuarem. A política é plural, porque a liberdade exige a pluralidade como condição *sine qua non*. Não há liberdade quando um só é dono da verdade e os outros não têm o direito de exprimir posições. Assim, para Hannah Arendt, o campo da política é o campo da ação, que só é possível quando em uso da liberdade e, não uma liberdade teórica, mas uma que aparece no mundo fenomênico. Em última instância, podemos afirmar que o mundo é plural.

O mundo é o local da pluralidade. Consoante Alves Neto (2009, p, 20) "O mundo enquanto algo que aparece diretamente entre os homens". Esta assertiva, no pensamento de Hannah Arendt, tem força heurística, uma vez que indica o caráter político do mundo. Assim, o mundo é político, como estruturante das relações políticas, em vista de seu caráter de permanência. Nesta direção, em consonância com Hannah Arendt, Passos (2014, p. 134) ressalta que a "política deve cuidar do mundo e, não dos homens".

Nos passos da autora, temos que "O espaço entre os homens que é o mundo, com certeza não pode existir sem eles e um mundo sem homens, ao contrário de um universo ou uma natureza sem homens, seria uma contradição em si". (ARENDT, 2002, p. 35). Isto nos conduz ao entendimento da forte relação entre mundo e pluralidade e de como tal binômio se encontra eivado de sentido político. Corrobora esse entendimento as palavras de Alves Neto (2009, p, 20) ao ressaltar a importância da vida democrática na *pólis*, na qual afirma "que a dimensão genuinamente política do mundo e do homem, preservando, o "lado público do mundo", mantido e instaurado pelos processos decorrentes da iniciativa de agir e falar"

3. A liberdade, que encontra na pluralidade sua expressão, tem constituição no mundo político na qual ocorrem os negócios humanos, de modo que uma liberdade apenas teórica não é capaz de acolher a ação, pois esta se dá no mundo fenomênico, especialmente no seu "campo original, o âmbito da política." (ARENDT, 2001, p. 191).

4. Ao identificarmos o campo original da liberdade como sendo a política, o fazemos com fundamento no fato de que os homens vivem em um espaço público, que é político na sua constituição, já que não temos como conceber o espaço público sem a pluralidade, condição *sine qua non* para a liberdade, de tal modo que, no espaço público, se experimentam o discurso e a ação, e estes só existem onde houver a liberdade. Disso concluímos que política e liberdade se auto-identificam, não podendo se conceber uma sem a outra, a não ser que admitamos o equívoco da tradição que separou estas em esferas distintas. Só assumindo esse equívoco, se poderia admitir a política como negadora do espaço público e, consequentemente, da pluralidade, da ação e do discurso; só assim, no acolhimento deste disparate, poderíamos encontrar política e liberdade destoando. Fora disso, uma identifica a outra, já que a política é o espaço acolhedor da liberdade, e a liberdade, seu sentido. Consoante Hannah Arendt:

> O campo em que a liberdade sempre foi conhecida, não como um problema, é claro, mas como um fato da vida cotidiana, é o âmbito da política. E mesmo hoje em dia, quer o saibamos ou não, devemos ter sempre isso em mente, ao falarmos do problema da liberdade, o problema da política e o fato de o homem ser dotado de ação; pois ação e política, entre todas as capacidades e potencialidades da vida humana, são as únicas coisas que não poderíamos sequer conceber sem ao menos admitir a existência da liberdade. (ARENDT, 2001, p. 191).

5.   Toda essa argumentação fundamenta a afirmação de que a liberdade é o motivo que possibilita aos homens conviverem politicamente e, sem a qual a vida política como tal seria destituída de significado, Portanto "a *raison d'être* da política é a liberdade e seu domínio de experiência é a ação". (ARENDT, 2001, p. 192).

6.   A ação que expressa a liberdade é, para Hannah Arendt, aquela que traz em si a condição da pluralidade e a necessidade do espaço público para aparecer; é a ação que busca manifestar o outro. Nesse sentido, o mundo artificial tem de ser cenário da ação do discurso, sob pena de se perder o sentido da política e de a liberdade não ter realidade concreta. "Sem um âmbito público politicamente assegurado, falta à liberdade, o espaço concreto onde aparecer." (ARENDT, 2001, p. 195) de tal modo que, sem esse espaço, se pode encontrar a liberdade em qualquer outro lugar menos onde ela faz a diferença para o existir plural dos homens, menos onde ela pode significar suas ações e lhes garantir a possibilidade do novo. De tal modo que, podemos encontrar a liberdade nos pensamentos, nas produções teóricas ou, ainda, nos corações, contudo, nem estes nem aquelas são capazes de manifestar aquilo que realmente importa no espaço público, os assuntos humanos fenomenicamente manifestados, ao contrário, estes ficam no recôndito da introspecção[80].

7. Desse modo, podemos concluir, deste primeiro argumento, que ação, pluralidade e espaço público são categorias centrais para a compreensão dessa cooriginariedade existente entre liberdade e política, sendo possível afirmar: "a liberdade como fato demonstrável e a política coincidem e são relacionadas uma à outra como dois lados da mesma matéria". (ARENDT, 2001, p.195). Assim, em Arendt a política se dá no terreno dos iguais, pois se trata de adultos que de posse da capacidade plena da fala e da autonomia dos movimentos agem e discursam em igualdade, por sua vez a educação se dá no terreno dos desiguais uma vez que trata de adultos que se relacionam com crianças.

Nesta direção, quando tratamos da educação na esteira do pensamento de Hannah Arendt, o fazemos por entender que as questões que assolam esta se encontram fora dela, por serem de ordem política. Tal constatação nos intriga, conduzindo-nos a essa problemática. Cabe ainda esclarecer que, embora concordemos com Arendt a respeito da educação ser um espaço pré-político (ARENDT, 2001, p. 128), entendemos que esta guarda forte diálogo com a política, na medida em que os agentes da intenção pedagógica, isto

---

[80] A introspecção para Arendt representa uma fuga do mundo. A postura introspecta, alija os seres humanos da ação. Talvez a maior expressão disso tenha sido tratado por Arendt, no caso de Rahel Varnhagen, para tanto Cf. Silva (2018) *"Introspecção em Hannah Arendt: Rahel Varnhagen uma pária em busca do mundo"*. DOI: http://dx.doi.org/10.21680/1983-2109.2018v25n48ID14055 .

é, os mestres, ocupam o espaço educacional com base em uma compreensão de mundo, de sociedade e de homem, seja esta compreensão consciente ou não. Educar é introduzir as crianças no mundo. Mundo que já se encontra pronto. Assim, teremos o encontro do velho [o mundo constituído] que recebe o novo [as crianças como possibilidade de transformação]. A educação é essa mediação que "na medida em que a criança não tem familiaridade com o mundo, deve-se introduzi-las aos poucos a ele" (ARENDT, 2001, p. 239).

Assim, entendemos que o mestre educa com uma intenção. Este *telos* não é significativo para o aluno, que o acolhe como a verdade repassada pelo mestre, mas é politicamente constituído de sentido, pelo mestre que o repassa. Assim, não há como dissociar Educação e Política. Devemos, todavia, estabelecer suas fronteiras. Como assevera Freire (2003, p. 99) "É ingênua ou astuta a dicotomia entre educação para a libertação e educação para a responsabilidade". A isto, Arendt chama a atenção para a responsabilidade que temos diante do mundo. Responsabilizar-se pelo mundo, como *locus* da ação humana e das teias de relações aí travadas é, em nosso entendimento, uma atitude política, de primeira ordem. Ainda que Arendt esclareça que a autoridade se configure no mundo pré-político e, até esse, já esteja em crise (ARENDT, 2001, p. 40) não podemos negar sua importância no que se refere à política e ao cuidado com o mundo e nisso entendemos existir um pedra de toque na relação educação e política, haja vista que, consoante Arendt

> A educação é o ponto em que decidimos se amamos o mundo o bastante para assumirmos a responsabilidade por ele e, com tal gesto, salvá-lo da ruína que seria inevitável não fosse a renovação e a vinda dos novos e os jovens. A educação é, também, onde decidimos se amamos nossas crianças o bastante para não expulsá-las de nosso mundo, e tampouco arrancar de suas mãos a oportunidade de empreender alguma coisa nova e imprevista para nós,

> preparando-as em vez disso com antecedência para a tarefa de renovar um mundo comum. (ARENDT, 2001, p. 247)

8.   Ora, a renovação do mundo via natalidade, isto é, a capacidade de iniciar algo novo, foi por vezes, negada na aldeia global e, de forma bastante acentuada na América latina. Em nosso continente as experiências de poder e de organização políticas foram postas às custas de "rios de sangue"[81]. Mas não só por ocasião da ocupação e da colonização, mas, sobretudo, em nossa recente história em que regimes ditatoriais alijaram os agentes do direito de falar e de agir. Em última instância, silenciou a comunidade latino Americana do seu direito político[82]. Neste contexto, a liberdade foi alijada do convívio público, sem liberdade não é possível política, nem educação.

9.   Liberdade essa que só pode acontecer onde for possível aparecer. Portanto, o espaço público é o palco da liberdade. Nesse contexto, a formação da liberdade aparece sempre que for possível o novo se manifestar. Hannah Arendt entende que o mundo da liberdade é o mundo passível de ser cristalizado por meio de uma história narrável, mas, para essa história existir, é preciso um mundo para se viver, possibilitado por homens que permitem a vida de outros, isto é, permitem um *principium* que favorece o aparecer, o nascer, de tal modo que a curta existência entre o nascer e o morrer se cristalize, por intermédio da narração.

10.   A ação livre confere aos indivíduos a possibilidade de produzir algo que possa ser imortalizado pela memória. É evidente que nem todo ato fica guardado na narração, mas apenas aquilo que

---

[81] *Uma breve alusão do livro de Eduardo Galeano As veias abertas da América Latina.*

[82] Em nosso momento atual emerge no Brasil, a pífia ideia de uma "escola da mordaça" isto é, um não a livre expressão. Esse movimento tem sua origem em setores reacionários, de direita que intentam impedir a prática pedagógica livre, na qual, os agentes da educação tenham seu direito à livre expressão negada.

é relevante. Mas o que é relevante? Para Arendt é relevante o singular, isto é, ação fruto da habilidade usada no espaço público e visando à felicidade pública. Para tanto, se faz necessário garantir a existência de um espaço onde o que é relevante para os negócios humanos possa ser preservado na sua teia de relações. A ação e o discurso serão a garantia disso.

EDUCAÇÃO EM HANNAH ARENDT

Quando aborda o tema da educação em seu texto "A crise na educação" Arendt põe em relevo alguns aspectos importantes, ao nosso entender, são eles:

I) destaca pelo título que a crise é na educação e não da educação, portanto trata-se de uma crise política, que atinge a sociedade e alcança os limites da escola e do ato de educar. Nesta perspectiva, é evidente que a crise de autoridade presente no mundo público, das relações de poder invadiu os espaços pré-políticos como o da educação. Assim, quando Arendt trata a questão da educação, não está se ocupando de métodos de aprendizagem, mecanismos de avaliação ou planejamento escolar. Não que estes não sejam importantes, pois o são, apenas não é objeto para ela. Sua questão é mais ampla e dialogicamente trata do - mundo da vida - e do - mundo da escola-. Trata, portanto, da política e de seus impactos no interior da vida escolar.

II) Desse modo, nossa autora tem sobre o tema da educação um olhar dilatado e não focal. Ela deixa claro que os problemas de educação tendem a serem tomados por dois equívocos: a) achar que os problemas que ocorrem na educação são menores que as outras demandas da sociedade e, que, portanto, por parecerem menores podem esperar. b) e, ressalva que é tentador acreditar que os problemas da educação são apenas locais, dizem respeito apenas aquele país em específico no qual o olhar do gestor os diagnosticou. Tomá-los assim, sem nenhuma conexão as questões do século e do mundo foi um possível erro dos gestores estadunidenses que pode se repetir em qualquer outro lugar. Claro que a educação tem especificidades locais, todavia, Arendt chama atenção para a crise política que adentrou esse espaço e, essa crise política é bem mais geral. Por isso, para Arendt, ao tratar da educação está mais preocupada com a perda de autoridade e de responsabilidade pelo mundo do que qualquer outra coisa. Sua preocupação ultrapassa a questão "de saber por que Joãozinho não sabe ler" (ARENDT, 2001, p. 222). Insistimos que não se trata de menosprezar o letramento, elemento fundamental para a educação, trata-se apenas de demarcar o interesse de uma autora da política escrevendo sobre educação. Questões específicas, que fiquem com os educadores profissionais. Para ela interessa a relação entre política e educação, pois como ela mesma afirmou "não sou educadora profissional" (ARENDT, 2001, p. 222).

Certamente, a afirmação que dicotomiza educação e política é desconfortável. Sobretudo, em uma tradição de pensamento como a ocidental que insistiu, via grandes pensadores, na relação direta entre uma e outra. Podemos aqui trazer à lembrança; Platão e Rousseau como dois representantes de grande envergadura que tomaram educação e política como par conceitual sequencial e dependente no que tange a primeira preparar para a segunda. Assim, parece estranho o que realiza Arendt ao colocar a educação como pré-política. Todavia, é preciso ter em mente que o que deseja a pensadora é tratar das especificidades de cada área e, não se trata de afirmar um caráter apolítico da educação, pura e simplesmente. Em Arendt, os conceitos são relacionais, guardam consigo a capacidade de distinguir-se e relacionar-se (DUARTE, 2013, p. 48). Desse modo, sua questão é de esclarecimento dos papéis e não de negação, como nos esclarece José Sérgio:

> O que procuramos demonstrar aqui é que no pensamento de Arendt, o divórcio entre os domínios da educação e da política não deve ser tomado como afirmação do caráter apolítico das instituições e práticas

educacionais. Trata-se, antes, de alocar a relação pedagógica – que não se encerra toda a complexidade do fenômeno educativo – num âmbito intermediário entre esses domínios; numa esfera pré-política que, embora de grande relevância e profundo significado para a ação política, com ela não se confunde, em função da natureza das relações engendradas e da peculiaridade de seus princípios e de suas práticas. (CARVALHO, 2017, p. 34)

Dito isto, entendemos que sendo a educação um tema tratado na ordem do político, Arendt destaca que "a essência da educação é a natalidade" (ARENDT, 2001, p, 223). Mas o que vem a ser a natalidade? A natalidade tem dupla dimensão; uma delas reside no aspecto biológico, no fato que seres nascem pelo mundo. Aqui emerge o fato primordial de gerações que se impõe sobre outros chegando a um mundo que já está pronto e se apresenta com suas regras definidas e que lhes serão impostas. Os *neóis* – isto é – os novos habitantes do mundo precisam ser introduzidos nesse espaço de convívio público – chamado de mundo – nessa teia de relações. Esta introdução ao mundo é tarefa primordial da educação. Contudo, essa tarefa não é de fabricar um humano adulto para o mundo e sim de proteger a criança do mundo, possibilitando que ela viva seu mundo infantil e se desenvolva naturalmente e proteger o mundo desse novo que se irrompe em cada novo ser humano até que se dê seu encontro na qualidade de adulto.

Para Arendt, o perigo da fabricação na política sempre foi denunciado como uma artimanha dos pensadores que abandonaram a história dos homens e se fiaram em especulações na busca de verdades últimas para a vida eventual e fenomênica, buscando, em última instância, livrar esta vida efêmera do elemento trágico próprio da existência. Assim, Arendt identifica que na educação esse desejo de "fabricar" seres humanos prontos para a vida pública em sua fase adulta, permeou o imaginário de pensadores, como Rousseau "para a qual a educação se tornou um instrumento da política" (ARENDT,

2001, p, 225) ou foi tarefa assumida pela educação ao longo da história recente, nas palavras da autora:

> O papel desempenhado pela educação em todas as utopias políticas, a partir dos tempos antigos, mostra o quanto parece natural iniciar um novo mundo com aqueles que são por nascimento e por natureza novos. No que toca à política, isso implica obviamente um grave equívoco: ao invés de juntar-se aos seus iguais, assumindo o esforço de persuasão e correndo o risco do fracasso, há a intervenção ditatorial, baseada na absoluta superioridade do adulto, e a tentativa de produzir o novo como um *fait accompli*, isto é, como se o novo já existisse. Por esse motivo na Europa, a crença de que se deve começar das crianças se se quer produzir novas condições permaneceu sendo principalmente o monopólio dos movimentos revolucionários de feitio tirânico que, ao chegarem ao poder, subtraem crianças de seus pais e simplesmente as doutrinam. (ARENDT, 2001, p. 225).

Tomar a criança, como futuro adulto, antes de considerá-la como criança, é um equívoco a ser evitado. Na relação com o adulto, sempre teremos uma relação de desiguais e, nesse sentido, a educação é pré-política. Momentos cognitivos, afetivos, linguísticos e culturais separam o mundo adulto do mundo da criança, nesse sentido é preciso proteger a criança do mundo, preservando-a do mundo político, enquanto padece dessa relação de desigualdade, sua formação tem fim nela mesma, no seu auto-desenvolvimento e não se trata de fabricar um adulto para a sociedade, mas de possibilidade de desenvolvimento de seres livres e autônomos, capazes de construir e reconstruir o mundo quando neles adentrar em sua dimensão adulta e, portanto, capaz de responsabilizar-se por este.

Assim, entendemos que a educação é pré-política, pois não forja, não produz, não fabrica novos seres, mais alimenta e permite desenvolvimentos, nesta direção "a educação não desempenha nenhum papel na política, pois na política lidamos com aqueles que estão educados" (ARENDT, 2001, p, 225). Assim, no mundo dos iguais, isto é, dos adultos, dotados de capacidade de ação e discurso, a autonomia política não admite o papel formador da educação que protege o mundo das crianças e as crianças destes, no intuito de uma introdução destes *neóis* ao mundo. O adulto já está no mundo, ou seja, já habita as relações de poder e goza da igualdade no concerne à capacidade de opinar e agir. Desse modo, "como não se pode educar adultos[83], a palavra "educação" soa mal em política; o que há é um simulacro de educação, enquanto o objetivo real é a coerção sem o uso da força. (ARENDT, 2001, p, 225).

Assim, fazendo ressoar as palavras de Arendt, asseveramos que "a educação está entre as atividades mais elementares e necessárias da sociedade humana, que jamais permanece tal qual é, porém se renova continuamente através do nascimento, da vida de novos seres humanos" (ARENDT, 2001, p, 234). Dito isto, temos que tanto a natalidade é a essência da educação, em vista dos novos seres que nascem, quanto ela tem um segundo aspecto, qual seja: a natalidade é também um segundo nascimento para o mundo público, como adulto capaz de se responsabilizar pelo mundo e garantir a permanência desse.

Ousamos dizer, que fazer o mundo permanecer, se encontrar entre as mais nobres missões da política e de certo modo da educação. Fazer o mundo permanecer, implica garantir espaços públicos de convivência para os que estão e, para os que irão chegar.

---

[83] Aqui não se trata de alfabetização, não esqueçamos que Arendt não está tomando como objeto as questões de cunho pedagógico, Não há aqui nenhum crítica ou negação a qualquer método de alfabetização de adultos. O que se encontra em destaque crítico é a possibilidade de se pretender educar como introdução de um ser ao mundo, isto é, da pertença política desse ao mundo, para a criança esta introdução tem sentido, para o adulto, isto é impossível, pois indica dominação de um sobre outro em pleno campo das relações de igualdade, que é o campo da política.

Assim, obstar a destruição dos espaços de convívio e, resistir ao mal e visar a uma vida plural, na qual todos e todas possam sentir-se acolhidos é uma missão da educação enquanto permanência de mundo. Dito isto, temos como implicar que tanto a política como educação estão ancoradas na natalidade ou dito de outra forma; a natalidade expressa essas duas dimensões. Como nos esclarece Almeida:

> A natalidade diz respeito à vinda de seres humanos novos para um mundo mais velho. Nascemos como estrangeiros, nesse lugar, e podemos ou não nos tornar habitantes dele. O mundo, por sua vez, tanto pode acolher os novos, como não recebê-los. Assim, a natalidade, além do mero fato biológico do nascimento, diz respeito à relação entre os que nascem e o mundo já existente. (ALMEIDA, 2013, p. 223).

Assim, entendemos que reside aqui uma luta por garantir a pluralidade. Resistir às posturas fascistas de comportamento uníssono e excludente e garantir a permanência do mundo sempre em abertura aos novos que chegam com suas irrupções que renovam o mundo. Todavia, sempre com o cuidado e a responsabilidade pra que o novo que irrompe não destrua o mundo, ainda que não tenhamos como controlar isso, temos como prevenir através da garantia da liberdade. Isto é, não tirar dos agentes do mundo a capacidade de retomar suas práticas e sobre elas prometer e perdoar para continuar a vida plural.

Disto podemos concluir que a educação não fabrica novos seres, ao contrário, ela desponta com a função de promover o uso da liberdade e de responsabilizar-se pelo mundo. Proteger o mundo e garantir a pluralidade. Nas palavras de Arendt: "a função da escola [educação] é ensinar as crianças como o mundo é, e não instruí-las na arte de viver" (ARENDT, 2001, p, 246). A arte de viver será exercitada no pleno exercício da liberdade no mundo público.

REFERÊNCIAS

ARENDT. Hannah. **Entre o passado e o futuro**. Trad. Mauro W. Barbosa Et.al. São Paulo. Ed. Perspectiva. 2001.

_____. **O que é a política?** Trad. Reinaldo Guarany. Rio de Janeiro. Ed. Bertrand Brasil. 2002.

_____. *Jewish Writings*. Edited by Jerome Kohn and Ron H. Feldman. New York: Schocken Books, 2007.

ALMEIDA. Vanessa S. **Educação e liberdade em Hannah Arendt**. In: Revista de Educação e Pesquisa, São Paulo, v.34, n.3, p. 465-479, set./dez. 2008.

_____. **Natalidade e educação: reflexões sobre o milagre do novo na obra de Hannah Arendt** Pro-Posições | v. 24, n. 2 (71) | p. 221-237 | maio/ago. 2013.

ALVES NETO, Rodrigo Ribeiro. **Alienação do Mundo: uma interpretação da obra de Hannah Arendt**. São Paulo: Loyola/PUC - Rio, 2009.

CARVALHO. José Sergio F. **Educação, uma herança sem testamento: diálogos com o pensamento de Hannah Arendt**. São Paulo. Ed. Perspectiva. 2017.

DUARTE. André. **Hannah Arendt e o pensamento político: a arte de distinguir e relacionar conceitos.** In: Argumentos, ano 5, n. 9 - Fortaleza, jan./jun. 2013.

FREIRE. **Política e Educação.** São Paulo, Cortez. 2003

NUNES, Igor Vinicius Basílio. *Amor mundi* **e espírito revolucionário:Hannah Arendt entre política e ética**. *Cadernos de Filosofia Alemã*, v. 21, n. 3, p. 67-78, dez. 2006.

PASSOS, Fábio. **O conceito de Mundo em Hannah Arendt – para uma nova filosofia política**. Rio de Janeiro: *Lumen Juris*, 2014.

SILVA. Ricardo G. A". **Introspecção em Hannah Arendt: Rahel Varnhagen uma pária em busca do mundo**". In: Revista Princípios; Natal, v. 25, n. 48 Set.-Dez. 2018, p. 231-258 DOI: http://dx.doi.org/10.21680/1983-2109.2018v25n48ID14055 .

AS LEIS BRASILEIRAS 10.639/2003 E 11.645/2008 E O INSTRUMENTO CODESARROLLO NAS ESCOLAS INDÍGENA E QUILOMBOLA: ESTRATÉGIAS INTERCULTURAIS.

Racquel Valério Martins[84]

1. Uma introdução para entender mudanças sociais com evidência das diferenças

Começamos este artigo fazendo menção a um trecho de outro trabalho que para mostrar a composição da nação brasileira como formada por seres humanos, mostramos uma lâmina de radiografia realizada com um negro, com um índio e com um branco, seguida da pergunta: Existe diferença? O intuito era exatamente mostrar que em essência não! Afinal, todos são seres humanos..., porém nunca é demasiado dizer que índios e negros são dois grupos populacionais, que historicamente têm ocupado os piores índices sociais preocupantes. Assim, as Leis 10.639/2003 e 11.645/2008 aparecem como maneiras de se combater isso, a partir de ações para a implementação das mesmas, o que ainda acontece muito timidamente, pois o que percebemos com a atual conjuntura da política brasileira, é que tem se pretendido eliminar as especificidades dos grupos, diluindo as diferenças, buscando homogeneizar a sociedade e ocultar as desigualdades que são baseadas na cor, na etnia, nas condições de vida e nas condições de renda.

Pensar nessa legislação e promover a igualdade entre brancos, negros, indígenas, em que todos se sintam possuidores de direitos é uma forma também de evitar hierarquizações. É possibilitar que todos, no ambiente escolar, se sintam reconhecidos, pois um aspecto do racismo e do preconceito que ali se manifesta é justamente sobre a desvalorização das culturas afro-brasileira, africana e indígena. Nesse contexto, os sistemas de ensino, precisam reconhecer que essas leis colaboram para a permanência no sistema escolar, para diminuir as violências entre os estudantes e para que esses aprendam que são parte integrante dos que contribuíram e contribuem para a formação da nação brasileira. Um artigo de Andrade (2012), intitulado Estudo de acesso ao ensino superior no Brasil: equidade e desigualdade social, confirma que o histórico da educação brasileira mostra que o afrodescendente ainda hoje é o protagonista das maiores evasões da escolarização completa. Assim,

---

[84] Investigadora do Grupo de Pesquisa GPFOHPE/UFC. Doutorado em Educação pela Universidad de Salamanca – ES (USAL), egressa do mestrado de Antropologia em Ibero-América da Universidade de Salamanca.E-mail: racquelvm@gmail.com

vemos que a educação e o acesso à escolarização são direitos acalentados entre afro-brasileiros e indígenas desde a colonização, no entanto, vale ressaltar que deles dependem para alcançar a emancipação.

Não é à toa que muitas das recomendações feitas ao Brasil, conforme o rascunho do relatório da Revisão Periódica Universal (RPU) de Direitos Humanos pela qual o Brasil passou em maio de 2017, em sua 27ª Sessão, disponibilizado no dia nove do mesmo mês pela Organização das Nações Unidas (ONU), estão relacionadas com essas duas leis (10.639/2003 e 11.645/2008). Assim, é uma pauta urgente a implantação das mesmas, pois proporcionam uma transformação no modo superficial como as temáticas indígena e afro-brasileira eram tratadas, o que terminava por contribuir para a formação de cidadãos desconhecedores de suas origens e, portanto, leigos sobre a importância que se tem o conhecimento de como se formou e transformou-se a sociedade brasileira para continuarmos fazendo história sem repetir grandes erros ocorridos no passado. Já não é sem tempo que surge a oportunidade de se tirar do papel assuntos tão relevantes no que diz respeito aos afrodescendentes e aos indígenas, porém temos um longo caminho a percorrer.

No trabalho referido anteriormente, os pesquisadores distribuíram as escolas em quatro categorias (elementar, básica, adequada e avançada), e de acordo com essa classificação as escolas quilombola e indígena de Aquiraz estariam situadas entre a básica e a adequada, tendo em vista a não existência de biblioteca e tampouco de quadra esportiva ou parque infantil no caso da quilombola, porém com acesso à internet e com modernos equipamentos como copiadoras e computadores.

Esse nosso trabalho, é, um lançar luz nas escolas das comunidades quilombolas e indígenas. Nosso sentimento além de vergonha pelo tratamento dado a esses povos e como já comentado em outras ocasiões é também de luto, porém, hoje diferente de senti-lo como substantivo, tratamos como verbo representando a batalha que nós professores temos que enfrentar para mudar essa triste realidade.

2. Surgimento e importância das Leis 10.639/2003 e 11.645/2008

Faz-se importante entender que a Lei 10.639/2003, foi uma conquista do movimento negro brasileiro que alterou a Lei no 9.394, de 20 de dezembro de 1996 (LDB), e que instituiu a obrigatoriedade do ensino da História da África e dos africanos no currículo escolar do ensino Fundamental e médio, foi para o Brasil um marco na democracia e na promoção da igualdade racial, com medidas para a educação, mas também reconhecendo as contribuições da população negra para a formação do povo brasileiro, além de garantir outros direitos. O Parecer CNE/CEB Nº: 16/ 2012 diz que "esse histórico de lutas tem o Movimento Quilombola e o Movimento Negro como os principais protagonistas políticos" (Parecer CNE/CEB Nº: 16/ 2012, p. 13), o que significa que estes movimentos são os que lutam por reconhecimento e afirmação de identidade enquanto negro quilombola no Brasil.

No mesmo ano de 2003, a Lei nº 10.678, de 23 de maio de 2003 (Cria o Conselho Nacional de Promoção da Igualdade Racial (CNPIR). Regulamentada pelo Decreto 4.885 de 20 de novembro de 2003.

Tendo o reconhecimento por parte do Brasil, no ano de 2004, a Convenção 169 onde é reconhecido o direito a auto identificação dos povos indígenas e tribais, é reconhecida a grande dificuldade vivenciada por ambos desde que o Brasil se consolidou como nação. No artigo 2º da referida Convenção diz que "A consciência de sua identidade indígena ou tribal deverá ser tida como critério fundamental para determinar os grupos aos quais se aplicam as disposições desta Convenção".

Merece que destaquemos a consideração de que os movimentos sociais constituem um fenômeno imprescindível para se conseguir entender e explicar a dinamicidade e o caminho das mudanças social, política e cultural. Em seus triunfos e suas derrotas, as distintas "famílias" dos movimentos – aqui com destaque para as comunidades quilombolas – têm contribuído para instituir numerosos aspectos do mundo social em que hoje vivemos. Além desses movimentos serem ainda produtores de conhecimento que se projeta neles mesmos, em suas urgências políticas e nas complexas conceituações sobre a natureza, a sociedade e a cultura, pois expressam sem intermediário o cérebro social político, a inovação e a criatividade política e social e com a ajuda das mídias sociais são difundidos, proporcionando resultados bastantes positivos para seus militantes.

Como uma conquista mais específica dos quilombolas, também no ano de 2004 o "Programa Brasil Quilombola" é lançado, coordenado pela Secretaria Especial de Políticas de Promoção da Igualdade Racial. Esse programa atua promovendo por meio de diversas articulações, a igualdade racial com uma participação mais ampla da população. Merecem destaque quatro das ações desenvolvidas como a "regularização fundiária", de "infraestrutura e serviços", de "desenvolvimento econômico e social" e de "controle e participação social". E essas ações abrem a possibilidade de políticas de reconhecimento tanto afirmativas no que diz respeito por exemplo aos impactos desejados na autoimagem do negro, como transformativas no que tange à distribuição principalmente da terra, temas que não devem deixar de serem discutidos nas escolas.

As comunidades de índios e negros do Brasil, foram também contempladas com a Lei Nº 11.645/2008, na qual se altera a LDB, modificada pela Lei no 10.639, de 9 de janeiro de 2003, que estabelece as diretrizes e bases da educação nacional, e passa desde então a incluir no currículo oficial da rede de ensino a obrigatoriedade da temática "História e Cultura Afro-Brasileira e Indígena", conquista que a nosso ver é a possibilidade de "germinação" de uma "semente plantada" com a própria Constituição Federal vigente desde 1988, em seu artigo 210 e que se apresenta 20 anos depois com a promessa de mudança.

3. O instrumento do codesarrrollo e uma efetiva interculturalidade

Defendemos que a difusão do conceito codesarrollo, no âmbito educacional, tendo como pilar a vinculação de imigrações e desenvolvimento da educação, despertará investigadores para a busca de conhecimentos externos para contribuir para o desenvolvimento de seu país de origem. E ainda, com o princípio do benefício mútuo, através das pedagogias de Paulo Freire e Freinet, a partir dos contextos de educação multi e intercultural que vivenciamos, e que gerou um efeito cultural positivo, contribuirá para o desenvolvimento "Brasil e Espanha" que juntos estão aprendendo sobre distintas culturas, em especial no contexto escolar de indígenas e quilombolas.

No que tange ao conceito de codesarrollo, utilizamos neste artigo nosso entendimento, conforme exposto numa outra publicação , na qual o termo codesarrollo corresponde a um conceito que no entorno europeu surgiu desde o âmbito estatal (França primeiramente) e apresenta um vínculo das políticas de imigração com as de desenvolvimento, implicando a todos os atores participantes, incluindo os próprios imigrantes. Sendo definido por Sami Nair como uma integração de imigração e desenvolvimento para que os países, de envio e acolhida, possam beneficiar-se dos fluxos migratórios, corresponde a uma conexão ativa entre as atuações/políticas/planejamentos entre os temas de imigração e desenvolvimento em uma dimensão em que a imigração atua como fonte de desenvolvimento econômico, cultural e social, sendo as pessoas imigrantes protagonistas da palavra de desenvolvimento tanto em seu país de origem como no país de acolhida, implicando a dois ou mais coletivos (usualmente entidades) que colaboram (em pé de igualdade) no país de emigração e de imigração.

O codesarrollo também é apresentado como resposta a uma necessidade, bem como uma grande oportunidade. Compreendendo que não se freiam as migrações e que os países não podem se fechar para impedi-las, é necessário se buscar alternativas para gerir eficazmente a questão migratória, sendo essa também uma oportunidade de nos enriquecer, de aprender, de evolucionar, enfim de desenvolver-nos nos países envolvidos. Herrero, afirma que codesarrollo é uma forma de vincular de forma positiva migrações e desenvolvimento; se supõe aceitar que as migrações e, seus protagonistas, os imigrantes, podem ser vetores fundamentais para o desenvolvimento dos referidos países; supõe também aceitar que a consideração do imigrante como agente de desenvolvimento pode ser fundamental na cogestão exitosa da questão migratória; supõe, por último, e não menos importante, uma forma de entender as relações entre países ricos e pobres, entre o norte e sul, entre países de envio e países de acolhida, em paridade, dado que ambos se reconhecem e admitem a necessidade do outro para "codesarrollarse" . (Blanca Herrero Muñoz-cobo, 2000).

Codesarrollo como um método de aprendizagem é o destaque dado por Martha Alicia Alles, autora que trabalha com essa abordagem em um taller para elaboração de um plano de ação com foco organizacional. (Alles, 2009).

São essas também as explicações encontradas para o termo, traduzido para o português, co-desenvolvimento, porém considerando o desvelar do conceito de codesarrollo no âmbito escolar a partir de nossa investigação em busca de contribuir para o desenvolvimento das comunidades indígena e quilombola da cidade de Aquiraz, Brasil, através de suas escolas, percebemos a técnica de intercâmbio escolares representada no caso de Las Hurdes, como bastante exitosa, observando que para se levar a cabo, à época, houveram imigrações de professores espanhóis, os quais foram buscar conhecimento para que pudessem contribuir com o progresso das crianças daquela região tão longínqua, com as mesmas se apropriando da referida técnica entre outras inovações, então vanguardistas, estabelecendo o intercâmbio com escolas de Espanha, Andorra, França, Bélgica e também de Hispano América, o que relacionamos com uma prática intercultural que oportunizou que os países, mas sobretudo a escola de Las Hurdes se "coodesarrollarsen".

Particularmente, fizemos uma relação direta do codesarrollo com a filosofia africana "Ubuntu", que trata da importância da união, das alianças e do relacionamento das pessoas, umas com as outras. Corroboramos com a afirmação de Dirk Louw, doutor em Filosofia Africana pela Universidade de Stellenbosch (África do Sul), em entrevista exclusiva ao Por dentro da África, quando diz que de ubuntu, devemos nos conscientizar que o mundo não é uma ilha: "Eu sou porque nós somos". Ser de fato humano, e a natureza humana implica partilha, respeito, empatia.

Na nossa visão, o codesarrollo na educação representa além da consciência de que cada um de nós, assim como nossos descendentes serão afetados quando nossos semelhantes são diminuídos, oprimidos..., situação que infelizmente retrata a desigualdade de oportunidades que vivenciamos nas escolas brasileiras, onde é cada vez mais difícil se chegar a consensos sobre as oportunidades, nos demonstra também a necessidade de lançar o olhar para a imigração considerando uma radical mudança do seu fluxo, e que não seja compulsiva ou arbitrária como normalmente se pensa, mas como algo que motiva que estejamos mais próximos e nos influamos muito mais com intercâmbios (ensinos e aprendizados) interculturais.

Com a referida técnica de intercâmbio, na ótica do codesarrollo, buscam-se conhecimentos a partir de uma imigração seja, internacional, ou mesmo intercontinental, ou ainda, pensando num contexto "local globalizado" a interação entre escolas com diferentes características tanto por pertencerem a regiões distintas como pelas diferenças por etnia, cor, classe social. Tal interação entre as diversas culturas, será focada no "descobrimento do Velho Mundo", mas também de "Novos Mundos" para adequações nas escolas indígenas e quilombolas, tendo como primeira contribuição a difusão do próprio conceito no Brasil (no âmbito escolar), assim como também do movimento Freinet da década de 30, um dos grupos de renovação pedagógica que mais aportou à educação espanhola durante o primeiro triênio do século XX (Hernandez Díaz; Hernández Huerta, 2007), período que os professores de ensino fundamental (primária) lutavam para aumentar as possibilidades de promoção social e cultural dos alunos.

É nesse cenário que as Técnicas Freinet encontram especial acolhida nas zonas rurais, sobretudo onde reinava a miséria material e cultural, assim que vislumbramos dar continuidade ao que se tentou 40 anos atrás no Brasil, ficando por muito tempo esquecido ou quando não, restrito à escolas muito pontuais. Para isso é preciso que sejam aplicadas as teorias estudadas para superação do presente status quo com a construção da escola do trabalho cooperado e popular.

Fazendo, portanto, uma relação do conceito de coodesarrollo com as técnicas de intercâmbios e a correspondência escolar utilizadas por Freinet, que já nos anos trinta permitia o recebimento e envio de cadernos, jornais e cartas por muitas escolas de distintos países, tal combinação se apresenta para as escolas indígena e quilombola como uma importante contribuição para a difusão entre classes e entre as próprias escolas que com a prática, por exemplo, de publicação de um jornal escolar, pode ser estabelecida com alcance internacional, permitindo o recebimento e envio dos materiais às escolas, com uso das redes sociais, que embora com outros fins, já é utilizada no caso da escola indígena. O intercâmbio assim entendido, contribui para uma melhor aprendizagem entre as escolas e consequentemente para o desenvolvimento intercultural das mesmas e dos países onde estão situadas.

Para situar o codesarrollo e diferenciá-lo das outras abordagens que se dão ao conceito, partimos de duas ideias , a primeira a de um processo em fases (no caso, autodesarrollo) até a sua completude (codesarrollo), no âmbito escolar, não como um método de aprendizagem, mas como resultado desse processo e a outra é a ideia da passagem da conscientização (de necessidades pessoais e locais) para a conscientização (de necessidades global). Sendo assim, o codesarrollo pressupõe o uso de conceitos antropológicos (sobreculturalidade), sem que o resultado final seja o processo completo de codesarrollo, porém com resultados positivos sempre (aprendizados e aportações), transformações que ocorrem no contexto escolar considerado. Em outras palavras, nessa concepção, abordar o tema de desenvolvimento mútuo ou intercultural não implica em contemplar apenas distintos países (conceito europeu que relaciona imigração e desenvolvimento) ou o ambiente organizacional (conceito difundido no Brasil como metodologia de aprendizagem), mas a troca de experiências dos escolares é o que se propõe.

Essa concepção da qual o codesarrollo deriva, implica em concebê-lo como um processo de mudança de comportamento e atitudes, a partir de práticas conscientizadoras na escola que, como resultado temos um fenômeno que é sempre positivo complete-se ou não. Dessa forma, podemos trabalhar desde uma perspectiva de soma das necessidades (do outro e as próprias), até a satisfação de ambas, fazendo com que o produto final seja o desenvolvimento mútuo.

Quanto à escolha das práticas, e de como aplicá-las no contexto específico das escolas, isso depende do envolvimento de toda comunidade escolar. Podemos e devemos realizar projetos interdisciplinares (onde trabalhe-se conceitos antropológicos e práticas de motivação, valorização de Direitos Humanos e de cooperação), com a finalidade de promover mudanças no comportamento dos indivíduos motivando-os a desempenharem os seus papéis da melhor forma possível dentro do contexto em que se encontram com a perspectiva da filosofia Africana "ubuntu", de que "eu sou porque nós somos".

Apresenta-se, portanto, o codesarrollo, como um fenômeno emergente como resultado de muitas práticas escolares que visam a educação para o desenvolvimento, numa mão dupla de ensino e aprendizagem, onde como exemplo podemos citar nas escolas indígena e quilombola, aprender com o outro, experiências do século XX (intercâmbios internacionais) e experiências de interação entre elas mesmas (intercâmbios locais); e ensinar sobre suas culturas (indígena e quilombola). Ou seja, codesarrollo se justifica a partir de uma perspectiva sociocultural.

Atualmente, o codesarrollo encontra na educação indígena e quilombola formal uma área bastante fértil para a sua aplicação, pois lá ele encontra os indivíduos que carregam consigo muitas aprendizagens advindas das interações tanto com os saberes tradicionais, como também científicos. Encontra também uma área que necessita de novas estratégias para dar conta de indivíduos que cada vez estão mais inseridos no contexto das tecnologias digitais, distanciados da identidade cultural do grupo, e que se mostram desinteressados pelos métodos passivos de ensino e aprendizagem utilizados na maioria das escolas.

4.   Educação Quilombola e Educação Indígena nas Diretrizes Curriculares da Educação Básica no Brasil

De acordo com o censo de 2010, existem no Brasil 1.912 escolas localizadas em áreas remanescentes de quilombos, das quais 1.889 são públicas (109 estaduais, 1.779 municipais – como vemos a grande maioria, e 1 federal) e 23 de iniciativa privada. Estavam matriculados na Educação Básica, nesse período, 210.485 mil estudantes em escolas localizadas em áreas remanescentes de quilombos, dos quais 207.604 nas escolas públicas (42.355 estavam nas estaduais, 165.168 nas municipais e 91 na escola federal), e 2.881 nas privadas.

Do total de alunos matriculados no Brasil, conforme o censo de 2010, 15,2% encontrava-se no Norte do país, 68% no Nordeste, 10,9% na Região Sudeste, 3,1% no Sul e 2,8% no Centro-Oeste. (Brasil, 2013).

Nas audiências públicas realizadas pelo CNE, destacou-se a consciência das comunidades quilombolas do seu direito à educação e à escola. Direito esse, negado ao longo da história das comunidades e timidamente reconhecido.

Em 2010, a Resolução nº 4 define as Diretrizes Curriculares Nacionais Geral da Educação Básica e em seu art. 41 determina a existência de unidades educacionais nas terras quilombolas, respeitando a cultura de seus moradores, para isso requerendo pedagogia própria o que resultou em um maior conhecimento dos termos, e em um crescimento do interesse acadêmico pela temática.

Com a produção de legislações, ações e políticas voltadas para questões quilombolas, no Brasil (reconhecimento das suas identidades, memória, cultura) é que a política educacional começa, aos poucos, compreender que a Educação Escolar Quilombola vem, desde sempre, sendo negada como um direito. Porém continua, seja na gestão dos sistemas de ensino, nos processos de formação de professores ou na produção teórica educacional, evidente a invisibilidade ou tratada de forma marginal. É a partir das pressões dos Movimentos Quilombola e Negro que destacam essa problemática como uma importante questão social e educacional.

Nas comunidades quilombolas, como é o caso Lagoa do Ramo e Goiabeiras, a maioria das crianças se encontram na escola, porém mesmo tratando-se de uma escola quilombola, tem sido preocupante a invisibilidade tanto no espaço escolar como nos Planos Políticos Pedagógicos, de temas relacionados à cultura quilombola e afro-brasileira. É necessário fortalecer a identidade cultural em ambientes escolares para que, não se reproduzam manifestações de preconceito e racismo, e para que seja essa um elemento central dos projetos da escola da comunidade.

A Educação Quilombola tem como objetivo fortalecer os sistemas municipais, estaduais e do Distrito Federal de educação, envolvendo o apoio à coordenação local na melhoria de infraestrutura, formação continuada de professores que atuam nas comunidades remanescentes de quilombos, visando a valorização e a afirmação dos valores etno raciais proporcionando instrumentos teóricos e conceituais necessários para compreender e refletir criticamente sobre a educação básica oferecida nas comunidades quilombolas. Tem como ações específicas: Formação de professores em educação quilombola; Produção e distribuição de material didático; construção de escolas quilombolas, com vistas a dotar de infraestrutura básica as comunidades quilombolas para realização de educação de qualidade.

Em geral, a escola não pode mais permanecer atuando de maneira ideológica, no sentido de que todos têm a mesma oportunidade de uma escola pública de qualidade por exemplo. Defendo, contrário ao posicionamento de Carril (2017), que sim, somos todos iguais em direitos, mas ao mesmo tempo levanto a bandeira de que deve ser mantido o respeito às diferenças, evitando a neutralidade nos conteúdos curriculares das escolas e respeitando o contexto local. De acordo com as Diretrizes Curriculares Nacionais para a Educação Escolar Quilombola na Educação Básica, determinadas no ano de 2012, pela Resolução nº 8:

Uma proposta de educação quilombola necessita fazer parte da construção de um currículo escolar aberto, flexível e de caráter interdisciplinar, elaborado de modo a articular o conhecimento escolar e os conhecimentos construídos pelas comunidades quilombolas. Isso significa que o próprio projeto político-pedagógico da instituição escolar ou das organizações educacionais deve considerar as especificidades históricas, culturais, sociais, políticas, econômicas e identitárias das comunidades quilombolas, o que implica numa gestão democrática da escola que envolve a participação das comunidades escolares, sociais e quilombolas e suas lideranças. Por sua vez, a permanência deve ser garantida por meio da alimentação escolar e a inserção da realidade quilombola em todo o material didático e de apoio pedagógico produzido em articulação com a comunidade, sistemas de ensino e instituições de Educação Superior. (Brasil, 2012, p. 26).

Nesse sentido, nossa investigação aparece como o pontapé inicial para a formulação de uma proposta pedagógica para a educação quilombola interdisciplinar, onde se comuniquem educação, antropologia e outras ciências que possam contribuir para o desenvolvimento de um currículo pertinente a essa realidade.

Ademais, de acordo com Gohn (2008), é válido conectar os remanescentes de quilombos ao processo de reconhecimento da identidade étnica quilombola, pela possibilidade tanto de estar relacionada ou com a memória coletiva presente na estrutura organizacional da comunidade, que passa a ser um elemento importante da tradição, das lembranças e das histórias do grupo, à medida que vão sendo atualizadas nas interações sociais cotidianas, ou ainda, com o pertencimento à comunidade, à origem e às crenças dos quilombolas, com a existência de elementos de dinamicidade e de reapropriações dos sujeitos no interior da comunidade, o que passa é que ela também se apoia na história e na cultura dessa população. Estamos falando de um simbolismo que para os quilombolas, é uma referência e que precisa ser preservado porque é o que os distingue dos demais povos de nosso planeta.

FACES DA INTERCULTURALIDADE

Quanto à Educação Diferenciada, como é conhecida a educação indígena, essa surge com a Constituição Federal de 1988, e tem amparo legal em dois de seus artigos: Art. 210. §2º. que assegura às comunidades indígenas também a utilização de suas línguas maternas e processos próprios de aprendizagem, e Art. 231. No qual são reconhecidos aos índios sua organização social, costumes, línguas, crenças e tradições, e os direitos originários sobre as terras que tradicionalmente ocupam, competindo à União demarcá-las, proteger e fazer respeitar todos os seus bens. (Brasil, 1988). E também na Lei nº 9.394/96 (Lei de Diretrizes e Bases da Educação Nacional) que estabelece como princípios, dentre outros, o pluralismo de ideias e de concepções pedagógicas; a valorização do professional de educação escolar; a valorização da experiência extraescolar; a vinculação entre a educação escolar, o trabalho e as práticas sociais, os quais citamos, especialmente os dois últimos, por considerarmos que se apresentam como uma grande oportunidade de alcançarmos resultados positivos com a escolha das duas pedagogias (Paulo Freire e Freinet) para melhoria das novas práticas para a escolas que investigamos.

O modelo de escola para atender à Educação Diferenciada é tal que proporcione a interação de toda a comunidade educativa (pais, alunos, professores, líderes comunitários) em conformidade com a realidade da cultura local.

É muito comum posicionamentos de que a Educação Diferenciada no Brasil, se apresenta como um "adorno exótico da educação nacional" (Grupioni L.D., 2010; Valério, 2015), onde somente é permitido uma adaptação de um modelo de programas universais para aplicação em contextos totalmente distintos, quando na verdade a preocupação deve ser com uma adequação dos referidos programas.

Em 1996, com a Lei de Diretrizes e Bases da Educação Nacional e o Plano Nacional de Educação, o MEC passa a abordar a Educação Diferenciada, pautada pelo uso das línguas indígenas, pela valorização dos conhecimentos e saberes milenares desses povos e pela formação dos próprios índios para atuarem como docentes em suas comunidades. Essa educação aparece como um direito indígena.

Nos que diz respeito à Educação Escolar Indígena, as determinações dos artigos 78 e 79 da LDB, representaram um grande avanço. No Art.78 temos que a União, em colaboração com as agências de fomento à cultura e de assistência aos índios, deverá desenvolver programas integrados de ensino e pesquisa para a oferta da educação escolar bilíngue e intercultural aos povos indígenas, tendo como objetivos:

I – proporcionar aos índios, suas comunidades e povos, a recuperação de suas memórias históricas; a reafirmação de suas identidades étnicas; a valorização de suas línguas e ciências;

II – garantir aos índios, suas comunidades e povos, o acesso às informações, conhecimentos técnicos e científicos da sociedade nacional e demais sociedades indígenas e não-índias.

Com o Art. 79 se define como competência da União, apoiar técnica e financeiramente os sistemas de ensino no provimento da Educação Escolar Indígena, por meio de programas integrados de ensino e pesquisa, com o intuito de:

I – fortalecer as práticas sócio-culturais e a língua materna de cada comunidade indígena;

II – manter programas de formação de pessoal especializado, destinado à educação escolar nas comunidades indígenas;

III – desenvolver currículos e programas específicos, neles incluindo os conteúdos culturais correspondentes às respectivas comunidades;

IV – elaborar e publicar sistematicamente material didático específico e diferenciado.

No entanto, a criação das Escolas indígenas no Brasil, em 1999, evidenciava uma visão ainda distante da interculturalidade. No caso específico da Escola Diferenciada de Aquiraz, tentamos desde o início chamar a atenção para a necessidade de se transpor da visão multicultural para a intercultural no município, no sentido de que a escola compreendesse a importância de se colocar em marcha uma prática educativa inter e transcultural, para a qual é imprescindível envolver os alunos num processo de promoção da interculturalidade para o desenvolvimento da comunidade e do próprio município que é poliétnico.

Conforme o censo realizado em 2010, existem no Brasil 2.836 escolas indígenas, estando estas vinculadas administrativamente 1.508 aos municípios (53,17%) e 1.308 aos estados (46,13%), nas quais estudam 194.449 estudantes indígenas, distribuídos pelos 25 estados da federação que no ano de 2010 registravam escolas indígenas. (Brasil, 2013).

Esses estudantes estavam distribuídos, na situação de matrícula demonstrada no Quadro 1 que segue:

Quadro 1 – Matrículas dos estudantes indígenas no Brasil (2010)

Situação de Matrícula	Nº de alunos	%
Educação Infantil	19.565	10%

Ensino Fundamental Total Anos iniciais (72,7%) Anos finais (27,3%)	151.160	77,5%
Ensino Médio	10.004	5%
Educação de Jovens e Adultos	15.346	7,5%

Fonte: Elaboração própria

Como pode ser verificado no quadro acima, ainda há um grande desequilíbrio na progressão dos anos de estudos, pois os estudantes indígenas estão muito concentrados na modalidade de Ensino Fundamental, enquanto no Ensino Médio, estão apenas 5% deles. Para uma mudança nesse quadro, se apresentam dois importantes pontos, a ampliação de programas de formação de professores indígenas e a construção, reforma, e providência de equipamentos e materiais didático-pedagógicos que permitam o exercício e a prática da educação intercultural e diferenciada de qualidade. (Brasil, 2013).

Considerando tais necessidades, constatamos que mesmo tendo se chegado ao século XXI, com uma grande preocupação ainda com uma educação para a multiculturalidade, ao menos os programas de formação de professores indígenas tiveram grande avanço. O MEC, em 2005, criou o Programa de Apoio à Formação Superior e Licenciaturas Interculturais Indígenas (Prolind), para os docentes dos anos finais do Ensino Fundamental e do Médio, onde em breve teremos mais de 1,5 mil professores indígenas licenciados. Porém para o cumprimento efetivo da lei, faz-se necessário que os cursos de formação de professores proporcionem aos docentes o conhecimento de estratégias pedagógicas, materiais didáticos e de apoio pedagógico, além de uma avaliação que leve em consideração a realidade cultural e social dos estudantes garantindo o direito à educação escolar, que para ser efetivado necessita de uma maior democratização do acesso, de assistência estudantil para a permanência do estudante na escola e da qualidade social do ensino para conclusão com sucesso dos estudos realizados nas escolas diferenciadas.

Tudo isso, desenvolvido com base numa concepção e prática de educação em direitos humanos, ajudarão a eliminar toda forma de preconceito e discriminação, promovendo entre outros direitos constates das Diretrizes Nacionais para a Educação em Direitos

Humanos à dignidade humana.

5.   Exemplificando com a implantação das Leis 10.639/2003 e 11.645/2008 na Escola Quilombola de Aquiraz, Ceará, Brasil.

Estamos tratando de uma escola municipal, do âmbito rural, localizada numa região com uma deficiente infraestrutura (distrito de Justiniano de Serpa), muito embora pertencente à região metropolitana de Fortaleza, distando cerca de 21 Km da sede do município de Aquiraz, sendo a única escola quilombola dentre as cerca de 300 existentes no município, por estar situada na comunidade Lagoa do Ramo e Goiabeiras, duas comunidades que juntas foram reconhecidas pela Fundação Cultural Palmares como território de remanescentes de quilombos num processo único no ano de 2005.

A Escola Municipal de Ensino Fundamental José Raimundo da Costa (EMEFJRC) é composta por um quadro de sete professores e 55 alunos que no geral não demonstraram interesse de evidenciar a etnia, não se reconhecendo como quilombolas, ou por não pertencimento à comunidade no caso dos professores, ou no caso dos alunos, por acreditarem que pode "chamar mais atenção" para a condição de serem negros.

No ano de 2015, com a realização, no município de Aquiraz, da Reunião Técnica sobre Educação Quilombola, promovida pelo governo do estado do Ceará, foi decidido pela implantação da Lei 10.639/2003 no Plano Político Pedagógico (PPP) da Escola Municipal de Ensino Fundamental José Raimundo da Costa, como dito, a única escola quilombola do referido município, e que até então não contemplava a legislação, mesmo já estando às vésperas de completar quinze anos de sua promulgação, tendo essa chegado para entre outras coisas, fortalecer a identidade negra do país, da qual faz parte os quilombolas. A efetivação da referida lei, tem se vertido num grande desafio, pois o fato de ser contemplada nas diretrizes curriculares e agora também no PPP, não garantiu seu cumprimento na prática escolar.

Fruto dessa reunião, na escola quilombola de Aquiraz, o Plano Político Pedagógico foi elaborado para o triênio 2015-2017, com a colaboração dos professores da escola, porém sem participação da comunidade ou dos alunos, justificado em seis principais pontos, aos quais chamaram de Eixos. São eles: Criar vínculos com a Escola (Eixo1); Permanência na escola (Eixo2); Melhoria da qualidade do ensino e aprendizagem (Eixo3); O professor e sua missão (Eixo4); Escola e comunidade: parcerias (Eixo5); e Gestão escolar (Eixo6). Não se faz menção no conteúdo do PPP, informação recebida nas entrevistas com a secretária de educação do município e com os professores da escola, que a principal alteração realizada, se comparada essa versão com a do ano de 2011, foi a implementação do livro sobre a cultura afro-brasileira. No entanto, muitas são as constatações em cada um dos eixos considerados, porém ainda, em sua maioria, sem concretude.

A referida escola já funciona em tempo integral, oferece atividades, para os alunos em turno inverso ao turno de aula, porém não se faz menção no PPP quais as atividades desenvolvidas com os alunos que atendam ao proposto na Lei 10.639/2003. Remoto a pelo menos quatro anos, período da realização de um estudo etnográfico na escola considerada, encontramos como únicos elementos que fazem referência à identidade quilombola, os nomes de origem africana que são utilizados para identificar as distintas salas e algumas publicações do MEC do ano de 2006, de livros paradidáticos.

Quanto aos recursos materiais existentes na escola, consideramos que mesmo limitados, são satisfatórios para realização de atividades variadas, porém uma deficiência encontrada, e não citada no PPP é a de recursos humanos, pois nas entrevistas foi comentado sobre a falta por exemplo de professores de música, quando na escola se encontra uma grande quantidade de instrumentos de percussão amontoados na sala de informática, sem uso. Vale salientar que também não foi feito referência a existência desse material na dimensão de infraestrutura do PPP. Verificamos, portanto, que as carências não são só materiais, mas sobretudo de ordem organizacional e de formação de magistério, problemas que marcaram as escolas rurais no século XX e seguem ocorrendo.

Quanto aos professores, verificamos que esses consideram pouco importante as especificidades da educação quilombola por desconhecimento da causa e até da comunidade, pois não são da localidade, o que dificulta uma prática transformadora. Embora possamos afirmar que a valorização da identidade está presente no PPP, na prática a postura se revelou outra, pois quando da aplicação dos questionários, o secretário da escola nos alertou várias vezes sobre a necessidade de não mencionar o assunto de ser ou não quilombola, alegando esse ser o "segredo" para conseguir que dessem atenção e participassem respondendo as questões. O gestor, por sua vez, afirma o cumprimento dos direitos e faz referência ao tema de uma postura necessária frente à inclusão da história africana e afro-brasileira no currículo da escola, fruto da Lei nº 10.639/2003, porém na prática da escola há uma inobservância do conteúdo da referida lei, assim como da LDB, quando não priorizam a formação de docentes da comunidade.

A formação inicial e continuada de professores quilombolas se apresenta hoje como um grande desafio para essa escola, pois os alunos têm o direito de serem educados dentro de suas culturas e comunidades, e constatamos que não é fácil desenvolver práticas que contemplem a diversidade cultural e isso se agrava ainda mais quando da necessidade de se trabalhar com a educação especial por exemplo, como é o caso de uma única aluna matriculada na escola que sem dúvida acaba por "sofrer" pela falta de preparo do professor.

É fundamental considerar e incluir na proposta pedagógica das escolas, os saberes e fazeres comunitários e das famílias, pois aspectos da cultura local podem enriquecer não só a relação ensino-aprendizagem dos alunos, mas o próprio currículo das escolas. É mais que necessário fortalecer a identidade cultural fazendo com que esta seja um elemento central nos projetos das escolas porque isso contribui para uma transformação na história da educação brasileira que é retardatária, resultado dos quatro séculos de escravidão e de seu passado colonial que deixaram marcas profundas.

Para concluir, podemos dizer que as leis 10.639/2003 e 11.645/2008 abriram a possibilidade para as escolas quilombolas e indígenas valorizarem sua diversidade cultural para deixar de se restringir a um instrumento de imposição dos valores culturais da sociedade nacional, e para que possam ser reconhecidas. Hoje ainda temos uma prática deficiente e isso se deve principalmente ao fato de não se puder ensinar o que não se conhece. Percebemos uma visão atrasada dos professores sobre o tema, não reconhecendo a identidade cultural como um potencial para o desenvolvimento de um espaço de vida e de cultura.

Desde uma perspectiva etic , vemos o assumir a identidade como aquilo que permite ao indivíduo que se coloque como diferente perante a sociedade e assim ao denominar-se como integrante de um grupo ou reconhecer-se individualmente como quilombola, por exemplo, estará compartilhando uma identidade, constituindo-se ao mesmo tempo que se auto reconhecendo, o que pode determinar sua trajetória ou engessá-la, estando essa última opção mais evidente no caso em estudo. Portanto, entendemos que a valorização da identidade, assim como do espaço rural em que está inserida a escola deveria ser a base para sua atuação, e a efetivação das duas Leis tratadas nesse artigo, bem como o instrumento do codesarrollo são lançados como estratégias interculrturais.

REFERÊNCIAS

Brasil. (23 de setembro de 1999). Lei nº 9.836.

Brasil. (20 de novembro de 2003). Decreto nº 4887, de 20 de novembro de 2003.

Brasil. (2012). Resolução CNE/CEB n. 8, de 20 de novembro de 2012. Define as Diretrizes Curriculares Nacionais para a Educação Escolar Quilombola na Educação Básica. Diário Oficial da União, Brasília, DF: MEC/CNE/CEB, 21 nov. 2012. Seção 1, p. 26.

Brasil, M. d. (2013). Diretrizes Curriculares Nacionais da Educação Básica. Brasília, Brasil: MEC, SEB, DICEI.

Carril, L. (2006). Quilombo, favela e periferia: a longa busca da cidadania. Annablume.

Carril, L. D. F. B. (2017). Os desafios da educação quilombola no Brasil: o território como contexto e texto. Revista Brasileira de Educação, 22(69), 539-564.

de Andrade, C. Y. (2012). Acesso ao ensino superior no Brasil: equidade e desigualdade social. Revista Ensino Superior Unicamp. Retrieved from http://www. revistaensinosuperior. gr. unicamp. br/edicoes/ed06_julho2012/Cibele_Yahn. pdf.

Gohn, M. d. (2008). O protagonismo da sociedade civil: movimentos sociais. ONGs e redes solidárias. (2. ed.). São Paulo: Cortez.

Valério, D. M. (2016). A intraculturalidade nas comunidades indígenas da Região Metropolitana de Fortaleza - Ce - Brasil: Caminho para o desenvolvimento e sobreculturalidade. Salamanca: Ediciones Universidad de Salamanca, Colección Vitor.

Valério, R. M. (2017). A pedagogia de Freire e Freinet e a prática dos Direitos Humanos. Uma contribuição para as comunidades indígena e quilombola da cidade de Aquiraz-Brasil. Salamanca: Ediciones Universidad de Salamanca, Colección Vitor.

Valério, R. M.; Neves Gortari, A. L. do C. (2017). A lei brasileira 10.639/2003 e a escola quilombola de Aquiraz, Ceará, Brasil. Um caminho negro. Los Valores en la Educación de África. De Ayer a Hoy. 1ed. Salamanca: Ediciones Universidad de Salamanca, 2017, v. 1, p. 7-799.

Valério, R. M.; Vieira de Melo, R. A.; Jiménez Eguizabal, A. (2018). Codesarrollo a ser aplicado em escolas indígenas e quilombolas no Brasil. In: Luis Távora Furtado Ribeiro; Marilia Duarte Guimarães; Allan Pires Rodrigues; José Antonio Gabriel Neto. (Org.). Educação Brasileira em Pesquisa. 1ed.Curitiba: CRV, v. 1, p. 123-136.

DIREITOS HUMANOS SOBREPOSTOS - ACESSO À JUSTIÇA E AOS ALIMENTOS – MEDIAÇÃO FAMILIAR NO BALCÃO DE JUSTIÇA

Vitor Guimarães de Santana e Silva[85]
Sheila Marta Carregosa Rocha[86]

1 INTRODUÇÃO

Os Direitos Humanos foram sendo construídos historicamente com base filosófica e científica para selecionar direitos e garanti-los através de instrumentos que viabilizassem internacional e nacionalmente a sua efetividade pelos Organismos Internacionais e pelas Instituições Nacionais.

No Brasil, os direitos humanos fundamentais estão expressos na Carta Política de 1988, que consagrou o Estado Democrático de Direito como uma forma de viabilizar direitos para todas e todos. Isso proporcionou uma crescente busca do Poder Judiciário, para que este funcionasse como solucionador de todas as questões não resolvidas pelos outros poderes da República. Levando-o a se apresentar como centro de decisões, principalmente nos casos de competência do Direito de Família. Tal Poder representa desde então o último dos recursos dos cidadãos para garantir a efetivação de direitos e garantias fundamentais, não realizados pela atuação de outros poderes, importando em grave violência aos direitos humanos.

Nessas linhas, a ampliação das complexidades das relações humanas e familiares, resultou na imensa quantidade de audiências e processos que chegam as Varas de Família a fim de tratar acerca do direito alimentar de crianças, direito este previsto pela Constituição da República Federativa do Brasil, de 1988, pela Lei de

---

[85] Pesquisador do Grupo Direitos Humanos, Envelhecimento e Violências (DHEV), certificado pela UNEB e inscrito no CNPq, DHEV/UNEB/Cnpq dgp.cnpq.br/dgp/espelhogrupo/1551266856460047.   E-mail: vitor.gsantana@gmail.com

[86] Pós Doutorado no Programa de Família na Sociedade Contemporânea (UCSal). Pós Doutorado no Departamento de Sociologia da Universidade do Porto. Doutora em Família na Sociedade Contemporânea (UCSal,2015). Mestre em Família na Sociedade Contemporânea(UCSal,2012). Lider do Grupo Direitos Humanos, Envelhecimento e Violências, certificado pela UNEB e inscrito no Diretório dos grupos de Pesquisa do CNPq, DHEV/UNEB/Cnpq dgp.cnpq.br/dgp/espelhogrupo/1551266856460047. E:mail: sheila.carregosa@gmail.com

Alimentos de 1968 e por diversos acordos e tratados internacionais, a exemplo da Convenção Internacional da Criança e do Adolescente.

A soma de todos esses fatores fez com que a engrenagem do poder judicante operasse em velocidade cada vez menor, devido à sobrecarga de processos e demandas, além da diminuta oferta de servidores para operar este sistema. Esse cenário é apresentado através do relatório anual disponibilizado pelo Conselho Nacional de Justiça, no ano de 2017.

Sendo assim, não é raro observar casos que versem sobre o direito alimentar perdurar por tanto tempo, que quando chega à fase final do processo, o momento da prolação da sentença, aquela criança, já atingira a idade adulta, perdendo o status de beneficiário da mensalidade alimentícia, a ser prestada por um de seus genitores ou responsáveis.

Diante desta situação crítica que se observa no Judiciário, segundo relatório do CNJ 2017, na qual o número de demandas cresce em progressão geométrica e o de servidores em progressão aritmética, a sociedade civil organizada vislumbrou a necessidade de se buscar meios paralelos e extrajudiciais, detentores de uma formalidade diminuta, da encontra na esfera judicial.

A sociedade civil organizada passou então a fomentar um novo centro de poder, portador de novos instrumentos processuais, que irão satisfazer a solução dos conflitos, entre eles os familiares, que envolvam pensão alimentícia, em tempo hábil e célere. Representa uma forma de garantir o direito fundamental aos alimentos da criança.

Dentro desse rol de novos instrumentos de solução de conflitos, a mediação de conflitos extrajudicial familiar, fncionando como um processo paralelo ao processo judicial, sem se opor a esse, o substituindo, quando cabível, pois, apresenta vantagens, tais como: a celeridade, a confidencialidade, informalidade, flexibilidade e baixos custos. Sendo um importante meio de acesso à justiça e um instrumento capaz de solucionar conflitos de forma eficaz.

O procedimento da mediação, a partir do momento em que apresentou resultados significativos, fora apropriado pelo Estado, sendo então regulamentado, com a Resolução n. 125 de 2010 do CNJ, que estabeleceu a politica nacional de disseminação da mediação e conciliação no Poder Judiciário e a Lei n. 13.140 de 2015, que dispõe sobre a mediação entre particulares como meio de solução de controvérsias. Percebe-se que o procedimento passa a integrar o rol de instrumentos disponibilizados ao Judiciário para solução de litígios que envolvam a relação entre particulares, dentre elas as questões alimentícias no âmbito familiar.Noutra esteira, é preciso compreender o direito alimentício das crianças, elencado em Constituição, na Declaração Universal dos Direitos Humanos de 1948, no Código Civil (Lei n. 10.406 de 2002), no Estatuto da Criança e do Adolescente (Lei n. 8.069 de 1990), na Lei de Alimentos (Lei n. 5.478 de 1968), no Pacto Internacional sobre os Direitos Civis e Políticos de 1966 (Decreto n. 592 de 1992) e a Convenção sobre os Direitos das Crianças (Decreto n. 99.710 de 1990).

Para além, o método indutivo, que parte do específico para o geral, foi o escolhido a partir da pesquisa empírica deste trabalho, a fim de empreender uma originalidade, além de divulgar a implantação da mediação extrajudicial familiar no município de Valença, Bahia. Fazendo uma interlocução com a doutrina e a jurisprudência que acolhem e defendem formas alternativas de resolução de conflitos.

2 A MEDIAÇÃO DE CONFLITOS EXTRAJUDICIAL

De forma precípua, antes de refletir sobre o instituto da mediação, é imperioso compreender o acesso à justiça e o acesso ao Poder Judiciário, com base em uma leitura conceitual, doutrinária e legislativa. Para então compreender de que forma o instituto servirá como instrumento capaz de garantir a efetivação do direito constitucional aos alimentos das crianças, representando um garantidor de direitos e pacificador social.

2.1 O acesso à justiça e o acesso ao Poder Judiciário

De forma conceitual, o acesso à justiça representa a possibilidade de o cidadão poder levar seus anseios, questionamentos e conflitos ao Poder Judiciário, e a obrigação deste em ouvir a demanda e apresentar em tempo hábil uma resposta eficaz, pacificadora e capaz de solucionar aquele litígio. Seria então, o mais básico dos direitos humanos, presente em um sistema jurídico moderno e igualitário que pretende garantir, e não apenas proclamar os direitos de todos. (CAPPELLETTI; GARTH, 2002: 12)

Tal instituto se apresenta no rol dos direitos fundamentais da Carta Magna de 1988, no seu artigo 5º, inciso XXXV, esboço da figura do Estado-juiz, que deverá atender a todos que busquem suas "portas", oferecendo à população em geral, sem qualquer tipo de descriminação, uma reposta ágil, hábil, eficaz e pacificadora.

Para além da previsão constitucional, o mais básico dos direitos humanos encontra- se anotado em diversos acordos e tratados internacionais, os quais serviram de base e referencial teórico as constituições e leis infraconstitucionais em diversos países, *exempli gratia* o Brasil. Bem se cita os artigos 8 e 10 da

Declaração Universal dos Direitos Humanos de 1948 e o artigo 14, 1 do Pacto Internacional sobre Direitos Civis e Políticos, recebido pelo Decreto n. 592 de 1992.

Noutra vertente, pode-se entender o acesso à justiça através de uma classificação "material e formal". O acesso formal corresponde ao acesso ao Judiciário para pleitear a Tutela Jurisdicional de um direito. E o acesso material constitui-se no acesso à justiça propriamente dito, ou acesso à justiça efetiva, representando a efetivação da democracia e dos direitos fundamentais. (CAPPELLETTI; GARTH, 2002: 09).

Em termos de viabilização, o acesso formal à justiça é exclusivo do Poder Judiciário sendo intitulado por vezes como acesso ao Poder Judiciário, já o acesso material à justiça pode se dar através do Judiciário ou por vias extrajudiciais. Porém, ao se acionar o Poder Judiciário, a garantia do efetivo acesso à justiça não se resume à interposição de uma ação judicial, sendo relevante, em verdade, que o processo seja apto a garantir o direito em tempo célere, a participação dos litigantes e análise da realidade concreta das partes. (CAPPELLETTI; GARTH, 2002: 09)

No tocante ao procedimento da mediação de conflitos extrajudicial familiar, tem-se a face material do acesso à justiça, considerando que a realidade do Centro Judiciário de Solução Consensual de Conflitos – Balcão de Justiça e Cidadania no município escolhido para a pesquisa utilizam a via extrajudicial do instrumento, aplicado aos conflitos familiares.

Então de forma influenciada por experiências de outras nações, a exemplo dos Estados Unidos, Canadá e França, os teóricos, juristas e a sociedade civil passaram a buscar novos meios de solução de litígios, os quais cresciam de maneira geométrica, inserindo-se aqui o instituto da mediação de conflitos, com sua face extrajudicial e familiar tratando do direito alimentício da criança, baseado no diálogo, na comunicação e com características não adversarial. (GUANAES, 2015: 12)

Ademais, para se compreender de que forma esse novo instrumento servirá como meio de acesso à justiça, na perspectiva material, é preciso conhecê-lo, seu procedimento, fases, personagens e aplicação. Tem-se que, é um processo autocompositivo, originariamente aplicado por via extrajudicial, que depende da voluntariedade das partes para ocorrer. É realizado por um terceiro, portador da imparcialidade, não podendo ali propor soluções e nem acordos diante dos conflitos que lhe são levados, cabendo o construir da solução a ser realizado pelas partes, através do diálogo, do falar e ouvir, do sugerir e aceitar. (GUANAES, 2015: 16)

2.1.1 Da mediação de conflitos extrajudicial familiar

O ponto inicial de abordagem da mediação de conflitos se dá quando da sua chegada ao Brasil em 1989, o modelo francês na cidade de São Paulo, seguindo-se pela entrada do modelo norte-americano vindo da Argentina na década de 1990, representam esses períodos o marco inicial das discussões acerca da mediação de conflitos no Brasil. O seu primeiro objetivo era reduzir o distanciamento imposto entre o Judiciário e o cidadão, buscando um aperfeiçoamento dos instrumentos de acesso à justiça, desafogando o Judiciário. (BARBOSA, 2015: 17)

Então, os primeiros debates acerca da mediação de conflitos eram na tentativa deste instrumento desafogar o Judiciário, sendo aplicado nos processos já em tramitação, reduzindo o lapso temporal de processamento dos feitos, apresentando uma solução à população. Mas em momento algum os teóricos e juristas da época, buscaram aplicar o novel instrumento na origem do problema, a fim de reduzir a demanda inicial, apresentando a população uma nova via de solução de conflitos consensual, célere e eficaz. (BARBOSA, 2015: 17)

Reconhecendo a mediação como um campo do conhecimento fértil e capaz de instrumentalizar a transformação do Judiciário, que até então era totalmente pró-processo, vislumbrando a tramitação processual como única forma de solucionar qualquer demanda e pacificar a sociedade, alguns grupos e instituições da sociedade se comprometeram em promover e desenvolver um modelo brasileiro de mediação. (BARBOSA, 2015: 17)

Nas primeiras experiências realizadas no Brasil, não fora possível a extração de resultados da eficácia desta prática, pois, não havia clareza na distinção conceitual entre mediação e conciliação, enxergadas como termos meramente sinônimos.

O modelo de mediação construído no Brasil sofrera forte influência da escola norte-americana, o qual privilegia a negociação, conceituada como resolução de conflitos, somada as influências do modelo europeu, que conceitua a mediação como instrumento de transformação do conflito. (BARBOSA, 2015: 18)

Com isso, de maneira geral, a mediação constitui-se em um processo autocompositivo (extrajudicial ou judicial), voluntário, informal, porém estruturado, no qual, um ou mais mediadores ajudam os indivíduos envolvidos no conflito a encontrar uma solução amigável, solidária e aceitável por eles próprios. Em sua essência, a mediação revela-se como extrajudicial aplicada em ambientes externos e próximo as comunidades, a partir da instalação de um conflito oriundo na divergência de interesses entre duas ou mais pessoas. (GUANAES, 2015: 27)

Traz em seu bojo a comunicação e o diálogo, para propiciar a construção de solução pelas partes envolvidas, promovendo a inclusão de todos os indivíduos que compartilham o conflito. A discussão iniciada na sessão de mediação não precisa estar necessariamente limitada a questões legais, devendo incluir o máximo de informações e exposição das partes. (GUANAES, 2015: 27)

Por isso, a participação de um terceiro imparcial, o mediador, é essencial, porque por meio de técnicas específicas, o mediador ajuda as partes a identificar, discutir e resolver as questões do conflito apresentado. Comunicando suas necessidades, esclarecendo seus interesses, estabelecendo limites e possibilidades para cada um, fazendo com que o paradigma adversarial seja transformado em cooperativo. (GUANAES, 2015: 27)

É ainda atribuição do mediador, encorajar as partes envolvidas a proporem soluções para o conflito, conduzindo os indivíduos para um consenso, empoderando-os, no sentido de responsabilizá-los pelas decisões tomadas, esclarecendo as implicações de cada decisão a curto, médio e longo prazo.

A mediação é um processo que transcende a solução do litígio apresentado, pois, o mediador não deve apenas enquadrar as questões do conflito às normas de Direito vigentes, muito menos reduzir a finalidade do procedimento a produção de um acordo. O terceiro imparcial ali presente deve ter consciência de que a aplicação da mediação comporta objetivos mais especiais, que exigem a capacidade de todos ali em transformar o conflito, até aquele momento visto como algo negativo, numa perspectiva positiva, modificando o entendimento das partes sobre o problema. (GUANAES, 2015: 28)

A função primordial do mediador é de facilitar o diálogo, auxiliando as partes a restabelecerem o processo de comunicação, que fora interrompida pelo conflito, e avaliarem objetivos e opções, conduzindo-os a um termo de entendimento para mútua satisfação. Assim, o procedimento é uma técnica de solução de conflitos rápida, ágil, simples, flexível e particularizada a cada caso, que se processa a baixos custos. Assim, a mediação apresenta-se como forma de resolução eficiente e eficaz de conflitos jurídicos e sociais.

Dentre suas características, é de extrema importância apresentar aquelas principais, aplicáveis exclusivamente ou também à via extrajudicial do procedimento: a celeridade, ou seja, o diminuto lapso temporal entre o atendimento de um dos genitores da criança até a homologação do termo de acordo, que dura em média 180 dias, na perspectiva do CEJUSC-BJC usado como base para a construção do presente artigo.

A média de tempo fora extraída dos relatórios mensais encaminhados ao Tribunal de Justiça do Estado da Bahia, por parte do CEJUSC-BJC de Valença-BA, muito aquém do prazo médio de tramitação processual no Brasil, de 03 anos e 01 mês, calculado pelo CNJ e apresentado em seu relatório anual em 2017.

A confidencialidade de todo o procedimento da mediação respeita o sigilo, tanto no atendimento dos envolvidos, quanto durante o procedimento realizado com os mediadores. Tal característica é inerente ao próprio procedimento da mediação, além de atentar para o quanto disposto no Estatuto da Criança e do Adolescente, na leitura do artigo 206.

A informalidade, sendo a inexistência de forma prevista em lei o ponto inicial desta característica, aplicada desde o local em que se realizam as mediações, que em sua maioria são situados fora dos prédios do Poder Judiciário, estando ausente a arquitetura judicial, até a ausência de juízes, promotores e advogados. Pois, originariamente o mediador é um profissional das ciências humanas ou uma liderança social, com formação interdisciplinar para atuar. (GUANAES, 2015: 37)

Devendo fazer com que os indivíduos falem por si, apresente seus argumentos e sentimentos, trazendo sugestões e possibilidades, embasadas em suas vivências, crenças, cultura e formação pessoal, sem a tecnicidade e a formalidade do mundo jurídico. Estão ali para tratar de um direito constitucional derivado do poder familiar e do dever de guarda para com as crianças, mesmo que não compreendam a dimensão social e jurídica deste.

A flexibilidade, corolário da informalidade, pois, o procedimento da mediação se apresenta como uma oportunidade que é dada ao indivíduo para que ele possa entender o conflito vivido, analisar sua parcela contributiva para a intensificação ou a pacificação deste. A partir do momento em que o mediador oportuniza as partes a apresentarem suas versões e impressões do conflito, garantindo que um indivíduo ouça atentamente o outro e após, pergunta a todos que ali se encontram no caso da mediação familiar os genitores ou responsáveis pela criança, de qual forma vislumbram uma solução àquele conflito.

Bem verdade, é preciso ressaltar que a flexibilidade não permite as partes caminharem a uma situação estranha ao ordenamento jurídico e ao Estado de Direito, contudo, permite-lhes ponderar as condições econômicas e sociais de cada um, o melhor interesse e o desenvolvimento sadio da criança e do adolescente, como genitores deste, e não somente por possuírem o dever legal, levando a sua realidade e impressões.

Outra característica são os baixos custos do procedimento, ao não depender primordialmente da máquina judicial, das inúmeras fases processuais, servidores, audiências e todos os custos inerentes ao Judiciário, batendo-lhe a porta apenas para pleitear a homologação judicial. Tudo isso, faz com que no campo familiar a mediação, no todo de seu procedimento, seja ofertado de maneira gratuita à população.

Já no campo da regulamentação legislativa, apresenta-se uma ordem cronológica. O Projeto de Lei inaugural a tratar do tema fora o de n. 4.827 de 1998, iniciativa da deputada federal Zulaiê Cobra Ribeiro, adotando-se o modelo francês de mediação. Proposta simples, com sete artigos, visando o reconhecimento do conceito legal de mediação, para passar a ser adotado ou recomendado pelo Judiciário, exaltando o valor pedagógico da prática. (BARBOSA, 2015: 18)

No mesmo período a professora Ada Pellegrini Grinover coordenou um grupo de juristas, processualistas em sua maioria, que redigiram um Anteprojeto de Lei da mediação, abrindo a temática para debates públicos. Era um movimento influenciado pelo modelo norte-americano, abraçando a perspectiva de resolução de conflitos, com notório objetivo de apenas desafogar o Judiciário. (BARBOSA, 2015: 19)

Em termos atuais, a mediação no Brasil encontra-se regulamentada pela Lei n. 13.140 de 2015. Na referida Lei, no parágrafo único do artigo 1º, encontra-se conceituado o instituto da mediação. Sendo este uma atividade técnica exercida por terceiro imparcial sem poder decisório, podendo ser escolhido ou aceito pelas partes, as auxilia e estimula a desenvolver soluções consensuais para a controvérsia.

Este novel regramento apresenta ainda os princípios orientadores do procedimento da mediação, a exemplo: a imparcialidade do mediador; a isonomia entre as partes; a oralidade; a informalidade; a autonomia de vontade; e a confidencialidade. Dispõe ainda acerca do papel do mediador extrajudicial.

De forma comparativa, principalmente no aplicável a via extrajudicial, é perceptível que hoje se vislumbra uma pacificação social e uma efetivação do acesso à justiça por parte da população, aplicando-se o procedimento na origem do litígio, contando também com o objetivo de desafogar o Judiciário, não exclusivamente como antes.

Para além, emposse desse novel instituto é preciso analisar de que forma a mediação, pode representar um garantidor da efetividade do direito constitucional das crianças. Combatendo assim, as violações perpetradas contras essas pessoas em desenvolvimento, no tocante a necessidade de perceber uma condição mínima existencial para seu desenvolvimento sadio.

3   O DIREITO CONSTITUCIONAL AOS ALIMENTOS DAS CRIANÇAS

Ab initio, o direito a prestação alimentar por parte dos genitores para com crianças fora trazido na Constituição da República de 1988, nos seus artigos 227 e 229, dando-lhe absoluta prioridade, determinando ao Estado o dever de criar meios a efetivar esse direito, seja por via das políticas públicas ou de seu papel de Estado-juiz.

Bem verdade, ao se considerar a condição peculiar de pessoa em desenvolvimento da criança, que deriva da doutrina da proteção integral adotada pelo Estatuto da Criança e do Adolescente, ter-se-á devidamente ilustrada a necessidade de se buscar meios concretos e capazes de efetivar tal direito constitucional. Ainda em termos legislativos, apresenta-se o Código Civil de 2002, através dos seus artigos 1.566, inciso IV e 1.694, ao trazer como dever dos cônjuges, a promoção do sustento para os filhos, crianças, derivado do poder familiar.

Para além, é preciso compreender que o direito constitucional aos alimentos, não se restringe somente a pensão alimentícia, contudo, o objetivo primitivo do presente trabalho, é justamente analisar de que forma a mediação garante a efetivação do direito alimentar da criança, no campo da pensão alimentícia, com base na pesquisa empírica desenvolvida junto ao CEJUSC-BJC.

Após tais considerações, compreender-se-á os alimentos como as prestações para satisfação das necessidades vitais de quem não pode provê-las por sim, *in casu* a criança e o adolescente, tendo por finalidade fornecer a estes o necessário a sua subsistência (GOMES *apud* GONÇALVES, 2009, p. 455).

3.1. Do direito constitucional aos alimentos

O termo alimentos possui no Direito uma conotação ampla, ao não se limitar ao mínimo necessário para o sustento de uma pessoa. Representa não somente a obrigação de prestá-los, como também o conteúdo da obrigação a ser prestada. Esta concepção técnica de larga abrangência leva-nos a interpretá-lo ainda como o necessário à manutenção da condição social e moral do alimentando. (GONÇALVES, 2009: 455)

Para além, dentro da perspectiva familiar, o dever de prestar alimentos, que se origina a partir do poder familiar e do dever de guarda, funda-se na solidariedade humana e econômica que deve existir entre os membros da família ou os parentes. Há aqui um dever legal de mútuo auxílio familiar, transformado em norma ou mandamento jurídico. (RIZZARDO *apud* GONÇALVES, 2009: 456)

Pondera-se que o poder familiar emerge do espaço doméstico, constituído pelas relações sociais de direitos e deveres entre os membros da família, nomeadamente entre cônjuges e seus filhos. (SANTOS, 2013: 159)

A partir da promulgação do texto constitucional, outros regramentos internacionais foram recepcionados por ter influenciado o constituinte originário de 1988. Permitindo ao ordenamento jurídico pátrio possuir textos que apresentam a mesma hermenêutica no tocante ao direito alimentar das crianças.

É ainda considerado Direito Humano Universal, por força do artigo 25, 1 da Declaração de 1948, ao se fazer garantir a todo o ser humano condições mínimas de alimentação, e no artigo 25, 2 ao ser invocar cuidados especiais para as crianças.

Já no texto da Convenção sobre os Direitos da Criança, em seu artigo 27, 4 é dado ao Estado signatário o dever em tomar as medidas necessárias com o fito de garantir a prestação alimentícia à criança, sendo devedor desta os genitores. Bem verdade, o texto da Convenção é mais preciso ao se apropriar da expressão pensão alimentícia, a face concreta do direito alimentar.

Com a presença em texto constitucional e em acordos e convenções recepcionados pela Carta Maior, ao Estado fora dado o dever de agir a fim de garantir o efetivo acesso da criança ao direito alimentar.

O primeiro instrumento adotado pelo Estado com a responsabilidade de se fazer efetivar o direito constitucional fora às varas de famílias, dispersas em todo o território nacional, dentro dos Tribunais de Justiça. Contudo, ao se considerar que na maioria das vezes as varas possuem competência concorrente, ou seja, além da competência do direito de família, está presente ali o direito civil, as relações de consumo, questões de registros públicos, a competência da fazenda pública. Fazendo com o que o Juiz e os servidores que ali laboram, possuíssem inúmeros processos a ser analisados e julgados.

Com isso, a questão alimentar das crianças, que no ano de 2016 apareceu como o sexto tema mais recorrente no Poder Judiciário, possuindo um acervo de mais de 850 mil processos, entrasse junto com toda a estrutura do Órgão Judicante numa imensa crise. Na qual as demandas se multiplicam e o contingente de servidores permanece estático.

Por muitas vezes, se observa que a tramitação processual é tão lenta, que quando da prolação da Sentença, a criança já não mais se encontra no intervalo de idades para figurar como beneficiários. Ou pior, devido à formalidade excessiva muitos genitores ou responsáveis deixam de buscar a efetivação do direito constitucional daquela criança.

Com base nessa análise é que se vislumbrou uma pesquisa dentro do CEJUSC-BJC em Valença-BA, a fim de verificar se a mediação de conflitos extrajudicial familiar representaria um garantidor ao direito constitucional aos alimentos das crianças.

Para tanto, é preciso compreender que o direito constitucional aos alimentos tratado nas mediações de conflitos, aparece em sua face mais concreta, qual seja, a pensão alimentícia. Normalmente um genitor busca o CEJUSC-BJC a fim de convidar o outro genitor para que juntos possam decidir a melhor maneira de promover um desenvolvimento sadio e equilibrado os filhos.

3.2. Da pensão alimentícia

Representa à pensão alimentícia a face mais concreta do direito constitucional aos alimentos da criança. Dentro da acepção civilista brasileira, ou seja, no campo doutrinário do direito de família, de Orlando Gomes, é a pensão alimentícia pessoal, pois, ao ser pleiteado, ter-se-á um ou mais alimentados, aquele que pleiteia o direito, podendo fazê-lo em nome próprio ou por via de representação, e o alimentante, aquele sobre o qual o dever recairá.

Originariamente, a prestação alimentícia representava um dever moral, que dentro do direito romano se expressava na equidade, ou no *officium pietatis*, ou na *caritas*. Todavia, as razões que obrigam alguém a alimentar um parente ou cônjuge, transcendem as meras justificativas morais ou sentimentais, encontrando origem no próprio direito natural. É inata na pessoa a inclinação para dar sustento a seu ente, principalmente filho. (RIZZARDO *apud* GONÇALVES, 2009: 456)

Imperioso ainda ponderar que a conceituação do termo alimentos, é de cunho doutrinário e jurisprudencial, pois, ao se observar a Lei de Alimentos de 1968, tem-se ali a descrição de procedimentos a serem adotados, no momento em que a questão alimentícia é levada ao crivo do Poder Judiciário.

Sendo assim, com base na leitura do artigo 1.695 do Código Civil de 2002, a doutrina elaborou o binômio "necessidade-possibilidade", norteador para fixação de valores monetários dos alimentos, a face mais conhecida deste direito constitucional, que se traduz na pensão alimentícia.

O termo necessidade, critério percebido a partir de uma análise, no caso da mediação de conflitos, do relatado pelo genitor (ou genitora) que possua a guarda do alimentando, representando o indispensável à subsistência da criança ou adolescente, para que possam obter um desenvolvimento sadio, tendo em vista sua condição peculiar.

Já a palavra possibilidade, adentra ao campo econômico da prestação alimentícia, porque se refere em termos monetários, se o alimentante possui disponibilidade financeira para contribuir com a manutenção e o desenvolvimento saudável do alimentando. A análise da possibilidade do alimentante deve ser feita, ponderando-se aquilo que é indispensável a sua sobrevivência, não sendo possível, por em risco a mantença deste, em detrimento a subsistência do alimentado.

4. LEADE CASE

A análise empírica sobre a mediação de conflitos extrajudicial familiar como garantidor do direito constitucional aos alimentos das crianças deriva de vivências dentro do CEJUSC-BJC de Valença-BA. Com isso, contextualizar as vivências a fim de extrair delas as impressões e resultados, nos levara a uma conclusão acerca do quanto construído.

O ponto inicial do procedimento é o atendimento de um dos genitores. No caso em análise, ocorrera aos 20 de fevereiro de 2017 quando a genitora da criança buscou os serviços do CEJUSC-BJC. Na presença dos mediadores, a parte ali intitulada requerente, pois, irá requerer a sua participação na sessão de mediação, expôs em linhas gerais o ocorrido.

Após o atendimento da parte requerente, coletando-se os dados pessoais dessa e o quanto desejado, fora-lhe esclarecido alguns dos princípios da mediação de conflitos. E com base na informalidade do procedimento, seria confeccionada uma carta convite a ser entregue ao requerido, por parte da requerente.

Até este momento, observou-se que o atendimento primário possibilitou aquela pessoa acessar a justiça, para buscar a efetivação de um direito constitucional de seu filho, derivado do poder familiar, os alimentos. Tem-se aqui a nítida concepção do caráter material de acesso à justiça.

Devidamente convidados, os indivíduos compareceram a Unidade do CEJUSC-BJC aos 06 de março de 2017, 14 dias após o primeiro atendimento, tempo inferior quando se compara a data de protocolização da petição inicial, até a realização da primeira audiência, com base no relatório de 2016 do CNJ.

Sentaram-se os indivíduos e mediadores ao redor de uma mesa redonda, em cadeiras idênticas, postas ali para confirmar o caráter informal do procedimento e a igualdade de oportunidades e condições.

O ponto de partida do procedimento da mediação de conflitos extrajudicial familiar é a apresentação dos mediadores e da Unidade. Empós, ouve-se os nomes ou apelidos das partes ali presentes. Insta mencionar que em atendimento a doutrina da proteção integral da criança, a permanência desta na sala em que esta ocorrendo o procedimento não é permitida, para sua preservação.

Por seguinte, os mediadores esclarecem as partes o que é o procedimento, seus princípios, procedimentos e regras. Dando ênfase de que ao participarem da mediação, eles serão os responsáveis em decidir acerca dos direitos de seu filho, pois, o papel do mediador é de facilitador do diálogo, estimulando ambos a desenvolver soluções consensuais para a controvérsia.

A ordem de fala é iniciada pela pessoa que primeiro buscou o procedimento, para apresentar ao convidado o porquê estão ali sentados e qual o seu desejo. A partir daí, os mediadores passaram a atuar como facilitador, aplicando as técnicas da mediação de conflitos, a fim de despertar nos indivíduos soluções, desejos e sentimentos.

Ainda dentro do procedimento, após as falas iniciais dos indivíduos, os mediadores atuam como organizadores, indicando as partes qual a ordem de assuntos que precisam tratados. Não incide aqui o mediador no campo da parcialidade, pois, ao organizar um cronograma não emite opinião, não faz juízo de valor e nem se posiciona dando razão a um e condenando a outro.

O ponto de conclusão do procedimento é a confecção do termo de acordo, no qual os mediadores anotaram o valor a ser pago a título de pensão alimentícia, a necessidade de se dividir as despesas extras, os dias de visita do genitor para seu filho. Ficam também os mediandos comprometidos em retornar a Unidade, caso haja necessidade de se discutir qualquer outro tema a respeito da criança.

Este caso real fora eleito para análise devido a algumas particularidades. Primeiro, pois, no momento do atendimento, a parte requerente demonstrou ser sabedora dos direitos de seu filho, não de forma ampla e conceitual, mas com base nas suas vivências.

Também, o sentimento de respeito e atenção mútuos existente entre as partes, que fora fortificado no momento em que os mediadores esclareceram que ali o poder de decisão estava nas mãos de ambos, ou seja, eles precisariam refletir como pais qual era a decisão mais acertada para com o desenvolvimento de seu filho.

O direito alimentar estava ali presente não só na sua face pensão alimentícia, principalmente o cuidado, zelo, guarda e proteção que emergem do poder familiar. Os mediandos estavam ali para garantir o direito alimentar de seu filho, expondo suas dificuldades, concordando, ouvido e apresentando sugestões.

Para além, a mediação de conflitos representou o pleno acesso à justiça para as pessoas que participaram da sessão. Pacificou o conflito, restabeleceu a comunicação e fez com eles obtivessem uma resposta ágil, eficaz e célere, construída pelos esforços mútuos de ambos.

Em análise a teoria levanta no decorrer do presente trabalho, fora identificada a mediação de conflitos extrajudicial familiar nos seguintes momentos: No momento em que a genitora buscou a Unidade e apresentou o seu desejo de solucionar através do diálogo a demanda; O local de atendimento e realização de mediações foge do padrão tradicional da arquitetura judicante, como traz a informalidade; Na primeira vez que a parte buscou atendimento, ela fora atendida, ouvida e já saiu com a data da sessão marcada para 14 dias após, celeridade.

Tanto no atendimento, quanto na mediação estavam presentes a sala os mediadores e as partes, o sigilo do procedimento. Por não seguir um roteiro previsto em lei, facultando aos indivíduos tratarem da melhor forma o conflito, apresentando soluções construídas em suas vivências e experiências, fora identificada a flexibilidade. E por fim, do atendimento até a homologação do termo de acordo, todo o custo para os indivíduos fora zero, além de não se movimentar toda a máquina estatal por meses ou anos, os baixos custos do procedimento.

Do atendimento até a homologação, requisito disposto em Lei para validar o procedimento da mediação de conflitos, mesmo em via extrajudicial, as partes percorreram um lapso temporal de 05 meses. Prazo inferior à média nacional de 03 anos e 01 mês de duração de um processo judicial, informações do CNJ.

Os indivíduos podem fazer uso do procedimento para revisar o valor a ser contribuído, negociar as dívidas porventura existentes de pensão alimentícia não adimplida. Ou tratar de outros assuntos referentes à criança.

Caso não fosse realizada, seria mais um processo judicial a movimentar a já engessada máquina judicante. Assim, fica demonstrada a efetividade do Balcão de Justiça, uma experiência ainda novel no país, mas que angaria a cada dia mais adeptos e a sociedade desenvolve o costume e a confiança nessa forma de resolver conflitos.

CONCLUSÕES

A mediação de conflitos representa um método fundamentado, teórica e tecnicamente, por meio do qual uma terceira pessoa, neutra e imparcial, além de treinada pelo Conselho Nacional de Justiça, que através de um curso modular, em 40 horas de teoria e prática, ensina aos mediandos a despertarem seus recursos pessoais, para que possam eles próprios, com intensa mudança de comportamento, transformar o conflito.

Tal experiência organizada pelo Conselho Nacional de Justiça, que qualifica profissionais, na área do Direito e outras áreas do conhecimento de nível superior, principalmente das ciências humanas, habilitando-os a atuar de forma judicial ou extrajudicial junto à sociedade, para que possam disseminar a paz social, para além da prestação jurisdicional equilibrada, ágil e eficaz.

Todavia, inexiste ainda uma regulamentação acerca da profissão de mediador de conflitos, definindo seu regime jurídico laboral, piso salarial, enquadramento sindical e outras questões envolvendo este novo segmento de trabalho, que ao longo do tempo passa a representar um auxiliar da justiça.

Depois dessa regulamentação como categoria profissional, a oferta da mediação será bem maior, proporcionando às comunidades mais longínquas uma oportunidade ímpar na solução dos conflitos de natureza civil, dentro das relações familiares, principalmente nas questões envolvendo alimentos de crianças.

A crítica que se faz é a de que seria uma subutilização desses profissionais, que não decidem nada, apenas funcionam como um intermediário. Sem legislação, sem piso salarial, de tudo que ainda estar por vir. Neste entretempo, como ficam esses profissionais mediadores? Além do mais não teriam vínculo com o Poder Judiciário nem outro órgão, então como ficaria a aposentadoria? Como autônomos?

O Poder Judiciário lança programas para "desafogar" seu trabalho, deixar de lançar concurso público, no momento em que aumenta a demanda e diminui a mão de obra. Uma tercerização precária dos serviços do Poder Judiciário, cômoda para o Estado, mas seria eficaz para as partes, tão somente.

No tocante ao direito constitucional aos alimentos, o procedimento da mediação de conflitos, no âmbito familiar, representa um novo instrumento capaz de se efetivar tal direito fundamental, ao agregar suas características, valorando a condição peculiar de pessoa em desenvolvimento da criança.

Portanto, os instrumentos de solução consensual de conflitos, a mediação, representam possibilidades de efetivação do direito de acesso à justiça fazendo-se garantir o direito constitucional alimentar da criança. As partes, em conflito encontram nesta técnica formal mais simples de decisão que satisfaçam a ambas e sejam justas.

Os meios alternativos são em absoluta consonância com o Estado Democrático de Direito, pois ao Estado cabe o monopólio da jurisdição, mas não o monopólio da efetivação da Justiça e dos direitos constitucionais, que pode ser realizada por outros meios, representando a jurisdição apenas um deles.

Mesmo sendo a mediação judicial ou extrajudicial, o Poder Judiciário no Brasil ainda detém o monopólio de dizer o direito, administrar e fazer a gestão da resolução dos conflitos.

Uma experiência similar foi realizada com as Comissões de Conciliação Prévia na Justiça do Trabalho, obrigando as partes a resolverem o conflito primeiro nessas comissões, correspondentes à cada categoria de trabalho, para que, se não obtivesse êxito, recorresse ao Poder Judiciário. Resultado, muitas comissões não foram instituídas e as partes se viam obrigadas a demandar em juízo. Isto significa que o monopólio do Poder Judiciário permanece e toda e qualquer forma de resolução de conflito extrajudicial precisa passar pelo seu crivo e fiscalização.

Além do mais, é cultural a sociedade recorrer ao Poder Judiciário ainda em primeira instância, sem tentar ir ára conciliação ou mediação de conflitos. Campanhas, conferências, informações precisam ser realizadas para mudar a cultura do povo brasileiro que judicializa tudo, espera muito tempo pela resolução do conflito, acredita que o ganho financeiro será alto, terá que arcar com honorários advocatícios e no final, muitas vezes, conclui que não atingiu o objetivo desejado.

REFERÊNCIAS

BARBOSA, Águida Arruda (2015): Mediação familiar interdisciplinar. São Paulo: Atlas.

BRASIL. Constituição (1988): Constituição da República Federativa do Brasil. Diário Oficial [da] República Federativa do Brasil, Brasília, DF, 05 out. 1988. Disponível em: <www.planalto.gov.br/ccivil_03/Constituicao/Constituiçao.htm>. (07 out. 2017).

BRASIL. Conselho Nacional de Justiça (2017): Justiça em números 2017: ano-base 2016. Brasília: CNJ.

CAPPELLETTI, Mauro/GARTH, Bryant. (1988): Acesso à Justiça. Tradução de Ellen Gracie Northfleet. Porto Alegre; Sergio Antonio Fabris Editor.

DECLARAÇÃO UNIVERSAL DOS DIREITOS HUMANOS, ONU, 1948. Disponível

em: <http://www.ohchr.org/EN/UDHR/Documents/UDHR_Translations/por.pdf>. (07 out. 2017).

FARIAS, Juliana Guanaes Silva de Carvalho. (2015): A Mediação Comunitária como Fonte do Direito. 2015. 171 f. Monografia (Mestrado em Direito Público) – Pós-Graduação em Direito, Faculdade de Direito, Universidade Federal da Bahia (UFBA), Salvador/BA.

GOMES, Orland. apud GONÇALVES, Carlos Roberto. (2002): Direito de família. 14. ed. Atualização de Humberto Theodoro Júnior. Rio de Janeiro: Forense.

GONÇALVES, Carlos Roberto. (2009): Direito Civil Brasileiro, volume VI: direito de família. 6. ed. rev. e atual. - São Paulo: Saraiva.

RIZZARDO, Arnaldo. apud GONÇALVES, Carlos Roberto (2004). Direito de família. 2. ed. Rio de Janeiro: Forense.

SANTOS, Boaventura de Sousa. (2013): Pela mão de Alice: o social e o político na pós- modernidade. São Paulo/SP: Cortez.

REFLEXÕES SOBRE A EDUCAÇÃO BÁSICA NO BRASIL

Antonio Marcos Cabral de Sousa[87]
Cyntia Kelly de Sousa Lopes[88]
Rodrigo Neves de Araújo[89]

INTRODUÇÃO

A educação básica no Brasil é um dever do Estado. A este cabe garantir que todo brasileiro tenha um banco escolar público, laico e de qualidade social, como um direito natural, inalienável, pelo menos, é o que se assenta como cláusula pétrea no texto constitucional de 1988.

O Estado Brasileiro, reconhecendo um débito que se faz insistente desde os idos coloniais, cônscio da relevância da educação no desenvolvimento e formação do indivíduo como ser humano, como ser social, tem buscado, em suas mais distintas esferas de governamentais, tem buscado cumprir essa responsabilidade, mormente nos dois últimos decênios, por meio da implementação de políticas educacionais que possibilitem a todo brasileiro acesso à escola e a uma formação plena.

A adoção dessas políticas educacionais, é esclarecedor que se diga, também busca sintonizar o país às exigências e metas de organismos internacionais, tais quais a Organização das Nações Unidas (ONU), a Organização das Nações Unidas para a Educação, a Ciência e Cultura (UNESCO), a Organização para Cooperação do Desenvolvimento Econômico (OCDE), o Mercado Comum do Sul (MERCOSUL),bem como considerar o pensamento e as preocupações

---

[87] Professor da Rede Estadual do Ceará; Mestre em Letras pela UFC, Especialista em Literatura pela UECE; Especialista em Língua portuguesa pela FFB e Graduado em Letras pela UECE.
[88] Professora da Rede Estadual do Ceará; Mestra em Ciências da Educação pela Universidade Americana no Paraguai; Especialista em Planejamento do Ensino e Avaliação da Aprendizagem pela UFC e Especialista em Gestão e Avaliação da Educação Pública pela UFJF.

de especialistas e estudiosos, educadores e políticos e, por extensão, a sociedade Civil organizada como um todo, sobre o tema educação pública de qualidade.

A despeito dos esforços envidados, essa universalização do ensino e qualificação da escola, conforme preconizados na Magna Carta brasileira, têm sido alcançadas? A educação e escola que, hoje, temos; são elas as que queremos?

Neste artigo, em busca das respostas às indagações evidenciadas acima, fazem-se uma breve contextualização e algumas reflexões, mesmo que superficiais, sobre o ensino e a escola do Brasil no âmbito da educação básica.

A ESCOLA QUE TEMOS

Vive-se hoje a sociedade da informação, da rapidez e dinamicidade com que essas informações são comunicadas. O panorama mundial tem mostrado as transformações por que têm passado as diferentes sociedades em todo o mundo, sobretudo nos dois últimos quartéis. São inúmeras as mutações sociais que têm alterado as relações entre os homens, modificado as interações humanas. Essas transformações requerem, e tem propiciado, mudanças significativas também nos sistemas de ensino e na concepção da educação.

A esse contexto imbricado, o Brasil não está imune às múltiplas transformações por que passam as sociedades e, em decorrência, às implicações para a educação, para escola, mormente para escola que queremos.

No entanto, rápidas observação e análise sobre a escola coetânea no Brasil, mostrá-la-ão descontextualizada de um ambiente e tempo evolutivamente complexos. "A inclusão de grupos antes marginalizados tenciona o ambiente escolar, as velhas políticas, os rituais, e requer outras formas de pensar a educação e a escola"

---

[89] Mestrando em Ciências da Educação da Universidade Federal da Paraíba.

(KROMBAUER & SIMIONATO, 2008: O5). Uma vez que os modos de pensar e ver o mundo, os valores, as referências têm mudado velozmente; no Brasil, a escola que está a conduzir nossas crianças e nossos jovens tem ciência da realidade de seus educandos e de suas experiências existenciais?

De acordo com Arroyo (2001, p.47):

> [...] se os saberes escolares não podem ser alheios a experiência existencial dos educandos (as), teremos que iniciar por aí, por conhecer os sujeitos. Não apenas conhecer a realidade social, econômica, política, mas como educadores conhecer, sobretudo, os educandos, quem são, como experimentam existencial e humanamente essa realidade. Em que, a realidade e até as ciências, os conhecimentos, os afeta nas suas possibilidades de se formarem como humanos.

Esse pensamento de Arroyo suscita uma dúvida inquietante: se a Escola tem um olhar pleno e atento da realidade e das necessidades – presentes e futuras – de seu alunado, se a Escola que se faz hoje está em sintonia com o contexto histórico e social em que se insere, se ela dialoga com os novos tempos socioculturais.

Para Paulo Freire[90] (apud Adriana Aubert; Ramón Flecha, Carme García, Ainhoa Flecha, Sandra Rancionero, 2010),

> Continuamente estamos em diálogo com o mundo, com os outros, e nesse processo, nos criamos e recriamos. Dessa forma, a dialogicidade não pode ser reduzida a um simples método ou estratégia educativa, já que é uma exigência da natureza humana. (p.124).

---

[90]Paulo Freire (1921-1997), educador e filósofo brasileiro, desenvolveu a teoria da ação dialógica. Escreveu o livro Pedagogia do Oprimido (1968), que o tornou mundialmente conhecido. Notabilizou-se por seu trabalho na área de educação popular, voltada tanto para a escolarização como para a consciência política. Em 2012, foi declarado Patrono da Educação Brasileira.

Destarte, não é estranho pensar que a escola atual parece não compreender que as relações entre as pessoas - nas famílias, no trabalho, nos diferentes espaços sociais - têm sofrido alterações e, concomitantemente, este fato estar a exigir uma escola a qual propicie aos alunos a formação reclamada por esta nova realidade. Parece que a escola no Brasil não encontrou ainda o definitivo norte que lhe oriente as novas trilhas da educação, que lhe possibilite um novo caminhar em sua função precípua de educar homens e formar cidadãos conscientes. A educação brasileira parece ainda muito enraizada aos preceitos elitistas de uma sociedade colonial, agrária, aristocrática.

É sabido que durante muito tempo, à época imperial, numa estrutura social de dominantes e dominados, conforme (GALEGO, 2011:12-34.) a educação formal e o conhecimento científico foram privilégio de alguns, para uma minoria; aos demais restava um tipo de instrução doméstica, em que aqueles que tinham algum lampejo do saber ensinavam aos que viviam mergulhados em plena escuridão. Sabe-se, também, que, com a proclamação da República no Brasil, na segunda metade do século XIX, não ocorreram alterações relevantes ou significativas no modelo social, uma vez que as oligarquias continuavam exercendo demasiada capacidade de influência, o que de fato veio a exaurir-se apenas, quando da ascensão da burguesia, se é que podemos assim dizer, pois, no Brasil, realmente, havia uma aristocracia com estado de espírito burguês. Em reação ao plano educacional, assim como no Império, na forma republicana, educação era ainda privilégio para poucos.

Assim, até os primórdios do século XX, com uma ou outras alterações bem próprias das mudanças de governos, arrastou-se a educação no Brasil. Somente a partir da década de 30, período de acentuada insatisfação nacional com o Governo do Presidente Getúlio Vargas, com o surgimento de"[...] um dos mais fecundos momentos da elaboraçãodo pensamento pedagógico brasileiro, quando educadores se mobilizampara debater as questões da área e produzem o Manifesto dos Pioneiros da Educação Nova (1932) " (VIEIRA; FARIAS, 2007:90).

O pensamento daqueles educadores brasileiros influenciou, sobremaneira, no campo educacional, a Constituição de 1934, a qual imputou à União o dever pelo ensino secundário e superior e aos Estados, a obrigação pelo ensino primário. A Carta também determinou que a educação pública era destinada aos que não reuniam condições financeiras para pagar seus estudos - os pobres – e para estes, ainda, estabeleceu o ensino profissionalizante e vocacional como prioridade, fato que, para VIEIRA e FARIAS, intensificou o sistema dual de uma escola pública e profissionalizante para as classes populares e uma educação escolar elitista, para que estava reservado o ensino superior (VIEIRA; FARIAS, 2007).

Na década de 60, à época do golpe e do regime militares, na área da educação registram-se duas reformas, a saber, uma relativa ao ensino superior e outra em relação ao primeiro e segundo graus. Esta intentou frear a demanda por ensino superior, através da formação de técnicos de nível médio, nos quais se procurou inculcar a ideia de término não do segundo grau, mas da escolaridade como um todo. Acrescente-se que mesmo com essas reformas, não se atingiu a universalização da educação básica no Brasil, que continuou sendo privilégio para poucos.

A partir da denominada constituição cidadã de 1988, como se pode depreender no preâmbulo deste artigo, asseguraram-se conquistas e garantias para educação, agora consagrada como direito público e dever do Estado. Assim é que, na trilha de uma nação democrática e embaladas por ares não menos democráticos, vieram reforma e inovação educacional, por meio da Lei de Diretrizes e Bases da Educação Nacional – LDB (Lei n.º 9.394, de 17 de dezembro de 1996) – documento que rege, até então, a educação nacional.

FACES DA INTERCULTURALIDADE

A Lei de Diretrizes e Bases da Educação Nacional tem suscitado várias políticas educacionais, através das quais o Estado vem promovendo ações educativas que revelam a preocupação com a aprendizagem discente e com a atuação docente. Algumas dessas políticas que visam a melhoria da educação básica são: a criação do FUNDEF - Fundo Nacional de Educação Básica e Valorização dos Profissionais da Educação –, em 2007;a formação continuada para os professores e professoras das redes públicas de ensino; o programa de transferência de renda, condicionada a matrícula e frequência das crianças e adolescentes de 6 a 17 anos à escola, parafamílias em situação de pobreza; a ampliação, no ensino médio, de escolas profissionais nas redes estaduais e de Institutos Federais na rede federal.

Outra política educacional, mais recente e ora em fase de implantação, diz respeito ao currículo da educação básica. Trata-se da BNCC – Base Nacional Comum Curricular -, que se apresenta em meio a pensamentos, argumentos e posicionamentos divergentes. E a posição antagônica de estudiosos, especialistas e educadores sobre a temática bem revela a natureza polêmica dessa política e, de acordo com Sacristán (2000:15), "[...] quando definimos o currículo, estamos descrevendo a concretização da própria escola e a forma particular de enfocá-la num momento histórico e social determinado, para um nível ou uma modalidade de educação. "

De modo geral, os resultados alcançados pela implementação dessas políticas já se fazem ver gradativamente. Assim, ampliação da oferta de matrículas, o aumento do número de escolas, inclusive as de tempo integral e as profissionalizantes, a redução dos coeficientes de evasão e reprovação são positivos e animadores, embora, consoante dados do relatório 2º ciclo monitorado 2018, disponibilizados pelo Instituto Nacional de Estudos e Pesquisas

Estatísticas Anísio Teixeira[91] (INEP), não sejam ainda correspondentes às metas estabelecidas pelo PNE – Plano Nacional de Educação[92].

Assim mesmo, pode-se averiguar, por meio dos relatos pessoais de alunos e professores das diferentes redes públicas e, também, com informações obtidas de registros documentais de órgãos como o Instituto Brasileiro de Geografia e Estatística – IBGE e do próprio INEP, averiguar que Educação e escola no Brasil têm passado por melhorias.

Esses avanços da Educação básica são consideráveis, notadamente, quando se reconhece, diante de um exame do percurso histórico da escola no Brasil, que esta não se desvencilhou completamente das amarras que a prendem a séculos de atraso. Todavia as mudanças implementadas já permitem que as crianças e jovens brasileiros frequentem uma escola que lhes assegure ensino e aprendizagem de qualidade e permita a eles perspectivas mais justas e mais otimistas em suas trajetórias de vida.

A ESCOLA QUE QUEREMOS

Para o Estado brasileiro garantir uma educação básica universal e qualificada com essas perspectivas otimistas, verdadeiramente, faz-se mister uma escola que leve em conta o multiculturalismo, o globalismo, o transculturalismo, a diversidade enfim. Precisa-se de uma escola que enxergue as reorganizações socioculturais que estão a realizar-se em nossos dias, uma escola ativa que compreenda o novo papel que dela é exigido, que contribua

---

[91] De acordo com o artigo 5º da Lei nº 13.005/2014, o Inep é responsável pelo acompanhamento das metas do PNE, por meio da publicação de estudos para aferir a evolução no cumprimento das metas, a cada dois anos.
[92] O Plano Nacional de Educação (PNE) 2014-2024 foi instituído pela Lei nº 13.005, de 25 de junho de 2014, estabelecendo diretrizes, metas e estratégias para a política educacional brasileira dos próximos dez anos a partir da definição de 20 metas.

---

para a resolução dos desafios que ora se colocam ante a educação das novas gerações. Parece que a luz que se vislumbra fora da caverna - por interesses outros as amarras oligárquicas perduram por conta de uma engrenagem sistemática que se constrói consciente e insistente -, tarda em banhar a escola brasileira, ainda que, fora da caverna, seja sabido está a escola que se quer para todos.

Assim, ante a exacerbada dinamicidade com que se dão essas transformações e com que são veiculadas as informações no meio social na contemporaneidade, a escola no Brasil precisa "ressignificar-se em suas práticas pedagógicas e buscar novos sentidos para o encontro entre professores e alunos" (JACIRA PINTO DA ROZA In: KROMBAUER & SIMIONATO, 2008:25). O ambiente escolar que vigora até o momento, a rigor, não tem possibilitado uma educação que favoreça o potencial individual do educando, que possibilite ao aprendiz uma visão de mundo no qual ele se faça agente.

Esse mundo, irrefutavelmente conturbado, em que se vive, porque não dizer conturbadíssimo mundo, em que o individualismo impera, a violência assombra, o medo impede o homem de identificar-se ou auto afirmar-se como ele mesmo é, enquanto a roda gira, o homem vai vivendo com muita gente em derredor de si, mas isolados, acomodados...inertes aos velhos paradigmas de sempre, sem lutas... passivos.

Assim tem sido. Assim, é amalgamado o indivíduo ao não pensar, ao não falar ou não agir que se impos, desde os primórdios dos tempos, pelo sistema educacional...

> Este medo a vida, este medo a luta e à experiência nova, mata em nós o espírito de aventura; por causa de nossa criação e educação, temos medo de ser diferente do nosso próximo. Tememos pensar em desacordo com o padrão social, num falso respeito à autoridade e à transição (Krihnamurti, 1993:8)

Esse é o modelo de homem que a sociedade contemporânea tem formado. E, no âmbito nacional, a escola brasileira muito tem contribuído muito para esta formação.

Sabe-se que a escola integra um sistema, uma rede de exigências burocrático-administrativas, legais e, inevitavelmente, está atrelada a relações com o Estado político, realidades estas que a tornam um dos aparelhos mais complexo da moderna sociedade. E não é apenas isto!

É sabido que a escola desempenha um conjunto de atividades que vão desde as mais elementares - como alfabetizar ou transmitir o saber fundamental nas áreas de linguagens e códigos; da matemática; das Ciências Humanas, das Ciências da Natureza; e suas respectivas tecnologias -, até as que preparam os indivíduos para as atividades intelectuais e mais sofisticadas. Ao exercício dessas atividades, hoje, ainda, somam-se algumas responsabilidades inerentes à família que, uma vez desestruturada, transfere para escola alguns de seus papéis na expectativa de que seus filhos sejam persuadidos pelo ambiente escolar, e no espaço escolar, a cumprir aquilo que, em casa, os pais já não conseguem.

Parece, outrossim, que a escola é radicalmente afetada por diversas e equivocadas políticas de distintos governos que se sucedem. Cada governante evocando para si o direito ou dever de criar e implementar ideias, projetos, métodos e modelos educacionais que, a bem da verdade, constituem nada mais que uma teia de ações desordenadas, sem sintonia e conexão com as reais necessidades da escola no Brasil. Então vazias, uma vez que não trazem contribuição. Por quê?

Diante desse quadro, é oportuno lembrar o pensamento de Rodrigues (1987), inteiramente harmônico com nossa realidade, ao estudar as lições de Gramsci sobre educação:

> O que se faz necessário como exigência fundamental, hoje, é uma definição do que se quer da escola, enquanto instituição capaz de

formar e desenvolver o espírito da cidadania nos indivíduos. A partir daí, determina-se o que é fundamental que a escola ensine, o que é essencial que a escola implemente como preparação dos indivíduos e da sociedade para aquisição do saber, desenvolvimento da cultura e aprendizado de técnicas e de formas de trabalho que promovam em conjunto o desenvolvimento individual e social.

Conforme afirmou-se anteriormente, a escola está presa a grilhões do Estado político. Em razão disso, ao longo de nosso passado histórico, as políticas públicas relativas à educação foram pautadas pela alternância de interesses político-econômicos daqueles que detêm esses poderes, advindo disto os problemas ou a razão maior pelos quais a escola que se tem em nosso país não atender os anseios e demandas multiculturais de todos os brasileiros.

Referente ao surgimento da escola, (Saviani D. 1994:159) diz que "a história da escola começa com a divisão dos homens em classes. Essa divisão da sociedade em classes coloca o homem em antagonismo a classe que explora e domina a outra. " Atingimos, com a sociedade capitalista, o ápice da sociedade de classes.

Hoje escola e educação se confundem. Educação e escola para formação do indivíduo na qualificação do trabalho a serviço da classe dominante, a serviço do mercado econômico dos meios de produção. Hoje as pessoas são instruídas para ser 'alguém na vida', para 'passar no vestibular', para 'se formar' e auferir pecúnia.

Krishnamurti (1994), em seu artigo "O educador de nova era", discorre sobre a educação que precisamos, e ressalta a urgência de refletir e ponderar sobre a ação educacional que hoje se vivencia.

A educação não consiste apenas em aprender o que está nos livros, em memorizar fatos, mas significa também aprender a olhar a compreender o que os livros ensinam, a perceber se o que dizem é falso ou verdadeiro. Tudo isso faz parte da educação. Educação não é apenas preparamos para exames, obter diplomas e empregos,

> casarmos e estabilizamos. É igualmente escutar as aves, olhar o céu, ver a extraordinária beleza de uma árvore, a forma dos montes e sentir com eles, estar em contato direto com todas as coisas e com o criador. (KRISHNAMURTI)

Confirmando o que disse Saviani e Krishnamurti, Duarte Jr (1996) faz a seguinte afirmação:

> Historicamente sempre tivemos aqui a educação do colonizador, isto é, aquela que despreza as condições específicas da terra e procura impor a visão de mundo que interessa as minorias dominantes, nosso projeto educacional esteve, desde o início, voltado a inculcação de valores pragmáticos, de valores que tinham a ver apenas com a produção de bens de consumo.

É irrefutável que ao referir-se à educação, não se pense em escola, ainda que se saiba haver várias formas de educação, pois "A educação escolar é forma dominante na sociedade atual" *(SAVIANNI, D. 1998: 157)*. E boa parte dos educadores ainda não despertou a consciência de que ela, a escola, faz parte de uma sociedade cheia de conflitos e que estes devem ser pensados no seio escolar.

De acordo com *(DEWEY Jr. 1978:28)* "a escola não deve ser a oficina isolada onde se prepara o indivíduo, mas o lugar onde, numa situação real de vida, indivíduo e sociedade constituam uma unidade orgânica. "

A educação hoje não tem atendido as necessidades de humanização, é, pois, de fundamental importância refletirmos: em nosso sistema educacional atual, damos ênfase aos valores humanos? Ou estamos tão ofuscados pelas recompensas materiais que não logramos reconhecer que os verdadeiros valores da democracia residem no seu mais precioso bem, o indivíduo?

Em nosso sistema educacional, a maior ênfase reside sobre a aprendizagem de informações e de fatos. Em "grandes" escolas, a aprovação ou reprovação num exame ou curso, a passagem de ano ou mesmo a permanência na unidade escolar dependem do domínio ou da memorização de certos fragmentos de informações, os quais já são conhecidos do professor... é assaz inquietante a ideia de que a capacidade para repetir fragmentos de informações pode ter pouca relação com o indivíduo consciente e cooperante, ativo e bem ajustado à sociedade... Sabe-se muito bem que a memorização dos fatos, a menos que isso seja exercido por um espírito livre e flexível, não beneficiará o indivíduo nem a sociedade. Sobre o assunto assim se expressam LOWENFELD e BRINTTAIN (1977:15-18):

> Às vezes ficamos a pensar com os nossos botões, refletimos a maneira como o processo educacional vem caminhando, um caminhar que não tem ofertado ao homem a sua autonomia pessoal nem social. Na realidade somos seres domesticados pela razão de uma minoria que dita as regras de como pensar, falar, sentir, vestir-se... dita as regras de como agir e ser diante do mundo em que vivemos, como se fossemos meros espectadores da história e não sujeitos ativos da mesma.

O atual caminho educacional, em que se encontra a escola no Brasil, possui uma visão fragmentada de mundo que tem gerado o mundo dos incluídos e excluídos para KRISHNAMURT (1993:7-8):

> A educação convencional dificulta sobremodo o pensar independente. A padronização do homem conduz a mediocridade... Gera o temor e este impede a compreensão inteligente da vida... enquanto a educação não abranger o sentido integral da vida, bem pouco significará.

Enquanto a educação, como diz Krishnamurti, não buscar desenvolver o homem no sentido integral da vida, ela estará excluindo, estigmatizando...

Os excluídos, os que estão à margem da sociedade, são marginalizados pela própria política educacional neoliberal, a qual se caracteriza por construir um indivíduo, um homem, na sua vontade de querer vencer... se não vence é porque não quer. Falsa ideia, raciocínio cruel, pois sabemos que aqueles marginalizados são afligidos por preconceito e por uma ação política seletiva. Quanto aos ditos incluídos, preparados nos processos educacionais, também a estes, é negada uma compreensão integral da vida   (KRISHNAMURTI).

O mundo que nos cerca não pode ser compreendido apenas com o intelecto. Precisamos, mais do que nunca, contar com a ajuda da criatividade, da imaginação, das emoções, dos sentimentos, para que assim possamos formar, em nós mesmos, pessoas mais completas... mais humanizados.

A educação não se pode limitar a um mero instrumento de transmissão de modelos e padrões já postos, como afirma o pensador KRISHNAMURTI (1993:13) "infelizmente o nosso atual sistema de educação nos torna subserviente, mecânicos e, fundamentalmente, incapazes de pensar; embora desperte nosso intelecto, deixo-nos interiormente incompletos, estultificados e estéreis"

No entanto, nos últimos anos, mormente a partir do advento da LDB, conforme foi já afirmado no bojo deste texto, e de acordo com MOTA, "tem-se observado um incremento nas políticas educacionais no Brasil, priorizando diversas ações que visam atender demandas sociais que se arrastavam ao longo das décadas anteriores" (MOTA, 2009: 15). O Autor elenca, ainda, como principais, "pela sua repercussão e relevância", ações, dentre as quais, algumas já foram citada sem momento pretérito: universalização do ensino, sobretudo no nível fundamental; as formas de financiamento da educação, como FUNDEB; reforma de gestão escolar, pressupondo uma ênfase maior para a autonomia da escola e da comunidade escolar; processos de avaliação, como o Sistema Nacional de Avaliação da Educação Básica - SAEB e o Exame Nacional do Ensino Médio – ENEM; os parâmetros curriculares para todos os níveis e modalidades de ensino; o Plano nacional de Educação, programas específicos que contemplam a merenda escolar, o livro didático, a área de informática; novas políticas que visam à formação de professores.

CONSIDERAÇÕES FINAIS

Deve-se reconhecer em tais ações educacionais, notadamente durante o período em que se deram os governos populares, a tentativa de o Estado Brasileiro reorganizar e reordenar nosso sistema de educação, criando os trilhos sobre os quais se estabeleça a escola que queremos. Em relação àeducação básica, pode-se constatar in loco que, infelizmente, a adoção das citadas medidas e políticas educacionais ainda não foram o suficientepara proporcionar os resultados impulsionadores de uma escola plena em suas potencialidades.

No entanto, a educação no Brasil hoje já não representa, diferente de um passado recente, uma chaga no corpo da nação, um obstáculo quase instransponível à cidadania e à democracia.

A educação e escola que queremos devem estar postas para satisfação e interesses populares, devem se negar, mesmo inseridas em uma contemporânea sociedade de contradições, à formação de um homem bipartido, fragmentado, mas sim empenhar-se a formar um homem que seja potencialmente de espirito e corpo livres.

Portanto, uma escola a qual não apenas prepare para a vida, mas que seja a própria vida num processo que se componha de ensinar a aprender, mais que este ensinar a aprender seja algo que dê prazer.

REFERÊNCIAS

AUBERT, Adriana; FLECHA, Ramón; GARCÍA, Carme; FLECHA, Ainhoa; RANCIONERO, Sandra. **Aprendizaje Dialogico em La Sociedad de La Informacion**. Barcelona, Hipatia Editorial, 2010.

DEWEY, J. **Vida e Educação**. 10. Ed. São Paulo, Melhoramentos; 1978.

DUARTE Jr. J.f. **Fundamentos Estéticos da Educação**. Campinas Papirus; 1998.

DUARTE JR. J.F. **Porque Arte-Educação?** 8. Ed. Campinas, S.P. Papirus, 1996.

FREIRE, Paulo. **Pedagogia do Oprimido**. 17ª edição. Rio de Janeiro: Paz e Terra, 1987.

GALLEGO, R. C. **A configuração temporal e as inovações nos modos de ensinar e aprender nas escolas públicas primárias** (São Paulo – Brasil – 1850 a 1890). *In*:

PERANDONES, P. C. **Arte y oficio de enseñar:** dos siglos de perspectiva histórica.Madrid: Sociedad Española de Historia de la Educación, 2011. INSTITUTO NACIONAL DE ESTUDOS E PESQUISAS EDUCACIONAIS ANÍSIOTEIXEIRA – INEP.
Disponível em:
http://portal.inep.gov.br/documents/186968/485745/RELAT%C3%93RIO+DO+SEGUNDO+CICLO+DE+MONITORAMENTO+DAS+METAS+DO+PNE+2018/9a039877-34a5-4e6a-bcfd-ce93936d7e60?version=1.26. Acesso em: 03 de janeiro de 2019.

KRISNAMURTI, J. **A educação e o significado da Vida**. *14.* Ed. São Paulo, Cortez, 1993.

KRONBAUER, Selenir & SIMIONATO, Margareth (organizadoras). **Formação de professores**: abordagens contemporâneas, São Paulo: Paulinas, 2008.

MOTA, Francisco Alencar. *Educação: uma política para construção da cidadania*. IN: **Trabalho, desenvolvimento e educação**: processos sociais e ações docentes. Fascículo 3, Fortaleza: Expressão Gráfica e EditoraLtda, 2009.

LOWENFELD, V; BRINTTAIN, W. L. **Desenvolvimento da Capacidade Criadora**. São Paulo: Ed. Mestre Jov, 1997.

RODRIGUES, Neidson. **Lições do Príncipe e outras lições,** São Paulo: Cortez, 1987.

SACRISTÁN, J. G. **O currículo:** uma reflexão sobre a prática. 3. ed. Porto Alegre:
Artmed, 2000.

SAVIANI, D. **Novas tecnologias Trabalho e Educação** - Um Debate Multidisciplinar – O Trabalho como Princípio Educativo frente às Novas Tecnologias. 4. Ed. Petrópolis; Vozes, 1994.

VIEIRA, S. L. **O público e o privado na educação: cenários pós-LDB**. *In*: BRZEZINSKI, I. (Org.). LDB dez anos depois: reinterpretação sob diversos olhares.São Paulo: Cortez, 2008. p. 77-98.

VIEIRA, S. L; FARIAS, I. M. S. **Política educacional no Brasil:** introdução histórica.
Brasília, DF: Liber Livro, 2007.

OS PROFESSORES DO ENSINO SUPERIOR PRECISAM TER QUALIDADE NA SUA AÇÃO DOCENTE?

João Ferreira de Lavor[93]

INTRODUÇÃO

Há quem diga que o primeiro professor da História foi o Pai. Nos primórdios quem ensinava as atividades aos filhos era o pai e a mãe. A educação surgiu como uma necessidade dos nômades se fixarem em determinados lugares, para criarem seus filhos com menos riscos dos perigos da natureza. O ensino era feito por quem já fez (pescar, caçar, plantar, criar animais, atividades domésticas, etc), já teve a experiência.

O professor sempre foi chamado de Mestre. Mestre é a pessoa que tem alto saber em determinada ciência, arte, profissão, religião ou conhecimento significativo. Jesus Cristo era chamado de Mestre dos Mestres ou Mestre de Nazaré. Cristo começou seu ministério ensinando (Mt 4.5), passou seus últimos dias entre os homens ensinando (Jocaps 14;15;16) e a sua última comissão à igreja foi: "Ide e ensinai" (Mt 28.19,20). Sócrates, o grande mestre grego já havia passado seus conhecimentos através de Platão; Moisés, o grande mestre de Israel também; Esdras, o mestre do pós-cativeiro também – sem falar de outros grandes nomes como Platão, Aristóteles, Salomão, etc.; mas foi do Mestre de Nazaré que a sociedade ocidental sempre teve mais admiração da relação ensino e aprendizagem.

O professor é uma das profissões mais antigas que existe. Este profissional é também chamado de docente. A atividade de ensinar engloba a ação didática de expor certo assunto ou conteúdo a outrem, que geralmente chamamos de aluno, discente ou estudante. Verificando na história da humanidade encontramos que os sofistas foram os primeiros professores que recebiam por suas aulas. Os sofistas constituíram um grupo de intelectuais, pensadores e cientistas que sistematizavam e transmitiam grande parte do conhecimento que, ainda, é estudado na atualidade. Eles eram conhecidos pela sua inteligência e alta habilidade de argumentação. Esses mestres

---

[93]Doutor em Educação Brasileira pela Universidade Federal do Ceará (UFC), Mestre em Desenvolvimento e Meio Ambiente pela Universidade Federal do Ceará (UFC/PRODEMA), Pedagogo e Bacharel em Ciências Contábeis pela Universidade Estadual do Ceará (UECE), e, Professor Adjunto da Universidade Federal do Ceará (UFC) – Campus em Quixadá (CE). E-mail: joaolavor@ufc.br

itinerantes surgiram na Grécia por volta dos séculos IV e V a.c. e, em suas viagens, tentavam atrair jovens para oferecer-lhes educação e encaminhá-los na vida pública em troca de vultosa remuneração. Durante toda história da humanidade ocidental sempre existiram professores padres da igreja católica. Os conventos, os mosteiros e as igrejas serviram como escolas para formação de novos religiosos, bem como serviram, também, para a formação da elite dominante na maioria dos países ocidentais.

Em meio a esses religiosos foi criada a Companhia de Jesus na época das grandes navegações portuguesas e espanholas. Os jesuítas como eram chamados seus seguidores, acompanharam o descobrimento de novas terras, para fazer a catequização dos nativos, papel que era feito, também, como professores, fundando escolas e colégios na Europa, na África, no Brasil e até no Japão.

Os Jesuítas, liderados por seu fundador Santo Inácio de Loyola, criaram o *Ratio Studiorum*[94] é o nome abreviado de *Ratioatque Institutio Studiorum SocietatisIesu*, o plano educacional que a Companhia de Jesus pôs à frente dos seus colégios nas mais variadas partes do globo (da Europa à Ásia, do Japão ao Brasil). Embora vulgarmente se traduza por código, ou método, a *Ratio Studiorum* é mais do que o plano de estudos, ou o curriculum escolar, ou o regulamento dos colégios dos jesuítas. Ela é na verdade o regime escolar (e, nessa medida, também o plano de estudos, o código e o regulamento) que presidiu ao ensino nos colégios dos Jesuítas, desde que foi composto (no final do séc. XVI) até à extinção da Companhia de Jesus, em 1773 (com as necessárias adaptações). O documento reparte-se em 30 capítulos. Cada um deles consiste num conjunto de regras para cada uma das funções dos membros de um colégio, docentes e discentes, a começar pelo Provincial da Ordem, logo seguido dos reitores (autoridade máxima dos colégios), continuando nos diversos professores e a terminar nas classes iniciais do colégio. Por isso, cada capítulo se intitula "Regras para o professor de ...", ou "Regras para os alunos de ...". Depois, temos ainda "Normas para os exames escritos", "Normas para os prémios [escolares]", "Normas para as Academias" – uma espécie de clubes em que a atividade escolar e a produção literária eram estimuladas como

---

[94]http://dererummundi.blogspot.com.br/2010/01/ratio-studiorum-dos-jesuitas.html - acessado em 10.07.2014.

recreio e fonte de lazer. Trata-se, portanto, de um documento que inaugurou uma nova era na institucionalização da educação escolar e que, por isso, acabou por ser seguido também por outras ordens religiosas, que começaram a dedicar-se ao ensino.

Aqui no Brasil, um documento que normatizou as ações dos professores, principalmente os do ensino superior foi o relatório que deu origem a lei da reforma universitária de 1968. A Lei nº 5540/68 – reforma universitária. Esta lei fala principalmente sobre o "ensino superior", o "corpo docente" e o "corpo discente". No tocante ao ensino superior, a lei diz que "O ensino superior tem por objetivo a pesquisa, o desenvolvimento das ciências, letras e artes e a formação de profissionais de nível universitário." (BRASIL, 1968).

O ensino superior, indissociável da pesquisa, será ministrado em universidades e, excepcionalmente, em estabelecimentos isolados, organizados como instituições de direito público ou privado. As universidades gozarão de autonomia didático-científica, disciplinar, administrativa e financeira, que será exercida na forma da lei e dos seus estatutos. A reforma universitária de 1968 continua não considerando a extensão, como parte integrante das atividades universitárias.

A reforma trouxe, ainda, a possibilidade de junção de várias escolas de nível superior, como assinalado:

> Art. 8º Os estabelecimentos isolados de ensino superior deverão, sempre que possível incorporar-se a universidades ou congregar-se com estabelecimentos isolados da mesma localidade ou de localidades próximas, constituindo, neste último caso, federações de escolas, regidas por uma administração superior e com regimento unificado que lhes permita adotar critérios comuns de organização e funcionamento. (BRASIL, 1968).

A esse respeito, o ensino superior brasileiro ganhou uma nova roupagem, centralizando decisões, recursos financeiros, materiais e humanos, além de fazer certo enxugamento em cargos e funções públicas, pois, essas fusões, na maioria das organizações, ajudam a horizontalizar a administração.

Esses exemplos mencionados mostram a importância do professor em qualquer comunidade, em qualquer sociedade, independente de religião, etnia, classe social ou quaisquer diferenças dentro da raça humana. Apresentaremos, a seguir, um breve histórico sobre o Conceito Preliminar de Cursos (CPC), que é um dos principais indicadores de qualidade educacional criado pelo Brasil. Na sequência mostra-se a pesquisa e os resultados feitos nos cursos de graduação da Universidade Federal do Ceará (UFC),

Breve Histórico sobre o Conceito Preliminar de Cursos (CPC)– um dos indicadores que medem a qualidade nos cursos de graduação no Brasil

O Estado brasileiro vem desenvolvendo nos últimos anos diversos sistemas de avaliações educacionais, dentre eles pode-se destacar: Sistema Nacional de Avaliação da Educação Básica – (SAEB), Programa de Avaliação Institucional das Universidades Brasileiras (PAIUB), Exame Nacional de Cursos (ENC-PROVÃO), Sistema Nacional de Avaliação da Educação Superior (SINAES), Indicador de qualidade das instituições de educação superior (IGC), Prova Brasil, Exame Nacional do Ensino Médio –(ENEM), Exame Nacional de Desempenho de Estudantes (ENADE) e Conceito Preliminar de Cursos (CPC). Este último foi escolhido para comparação com a presente pesquisa por ser o mais completo indicador dos cursos de graduação no Brasil. Inicialmente, apresenta-se uma demonstração de como o Ministério da Educação brasileiro elaborou tal indicador.

A demonstração de como é feita a formação do Conceito Preliminar de Cursos (CPC) é necessária, para embasar o presente trabalho científico, no sentido de mostrar a importância do conceito, bem como da institucionalização do indicador pelo Ministério da Educação do governo brasileiro. O governo federal tem interesse em formatar uma avaliação dos cursos de graduação de todo país, para ter condições de monitorar tais cursos e instituições mantenedoras, além de criar políticas públicas capazes de absorver com qualidade os jovens que ingressam nas faculdades e universidades.

O Instituto Nacional de Estudos e Pesquisas Anísio Teixeira (INEP), do Ministério da Educação (MEC) expediu uma Nota Técnica para explicar a formação do CPC. Esta Nota Técnica mostra a avaliação da qualidade de cursos de graduação nas escolas de ensino superior brasileiras, para melhoria do ensino superior e maior confiança do alunado e da sociedade em geral. Esta ferramenta serve para o Ministério da Educação intervir em certos casos, corrigir inconsistências e atuar na melhoria da qualidade dos futuros profissionais brasileiros.

O INEP teve a preocupação de formatar um conceito preliminar de curso com fundamentação científica, para que desse uma maior credibilidade a esse indicador. Por isso foi feita esta norma técnica, para que pudesse ser institucionalizada a iniciativa e desse maior transparência ao indicador.

Esse indicador consegue agrupar o desempenho obtido pelos estudantes no exame nacional de desempenho dos estudantes (ENADE) com os resultados do indicador de diferença de desempenho (IDD) e com as informações de infraestrutura e instalações físicas, recursos didático-pedagógicos e corpo docente, oferecidas pelo curso de uma determinada instituição de ensino superior.

Após formatar o indicador, o INEP definiu os passos para a elaboração do conceito. Primeiro passo foi a modelagem para a escolha dos insumos, em seguida, a construção do "conceito preliminar dos cursos de graduação", e finaliza com os critérios de cálculo e divulgação do conceito preliminar de cursos de graduação.

O CPC tem enorme importância na avaliação das instituições (IGC), que seria uma nota geral de cada IES, que leva em conta a qualidade dos cursos de graduação avaliados no triênio. O resultado desses valores é apresentado na forma de faixas de conceitos que vão de 1 a 5, sendo 1 e 2 considerados insatisfatórios, que precisam de vistas *in loco*, 3 e 4 considerados satisfatórios e 5 excelente.

Para conhecer o desempenho das instituições de ensino superior do país, os estudantes podem consultar, entre outros indicadores, o Índice Geral de Cursos (IGC). O instrumento é construído com base numa média ponderada das notas dos cursos de graduação e pós-graduação de cada instituição. Assim, sintetiza num único indicador a qualidade de todos os cursos de graduação, mestrado e doutorado da mesma instituição de ensino. O IGC é divulgado anualmente pelo INEP/MEC, imediatamente após a divulgação dos resultados do ENADE. O IGC não foi estudado no presente trabalho, por ser nosso foco apenas os cursos de graduação.

A qualidade da docência nos cursos de graduação da Universidade Federal do Ceará (UFC) – pesquisa e resultados

A pesquisa foi realizada com uma amostra de 35 cursos de graduação da UFC entre o universo da população de 112 cursos de graduação na universidade, representando 31,25% do total. Foram pesquisados por e-mail 16.383 alunos, através de um instrumento chamado questionário sobre a qualidade da docência nos cursos de graduação da UFC.

Conforme apresentado na Tabela 1, as taxas de respostas foram: de 8,7% para o questionário docente.

Tabela 1 – Taxas de respostas

Amostra	Alunos respondentes	Percentual de respostas
16.383	1.433	8,7%

Fonte: elaborada pelo autor

Foi perguntado aos 1.433 alunos avaliadores, entre os 16.383 alunos que receberam os questionários, a informação sobre qual curso de graduação os mesmos cursavam na UFC. Dessa forma, os resultados obtidos em relação à identificação do avaliando são mostrados na Tabela 2.

Tabela 2 – Quantidade de alunos que responderam ao
questionário.

NOME DO CURSO DE GRADUAÇÃO	QUANT. ALUNOS	PERC. %
1. Administração em Fortaleza	125	9
2. Agronomia em Fortaleza	29	2
3. Arquitetura e Urbanismo em Fortaleza	33	2
4. Biblioteconomia em Fortaleza	43	3
5. Biologia em Fortaleza	30	2
6. Ciência da Computação em Fortaleza	21	1
7. Ciência Social em Fortaleza	36	3
8. Ciências Contábeis em Fortaleza	78	5
9. Ciências Econômicas em Fortaleza	55	3
10. Design em Fortaleza	17	1
11. Direito em Fortaleza	58	4
12. Educação Física em Fortaleza	33	2
13. Enfermagem em Fortaleza	24	2
14. Engenharia Civil em Fortaleza	95	7
15. Engenharia de Alimentos em Fortaleza	63	4
16. Engenharia de Pesca em Fortaleza	26	2
17. Engenharia Química em Fortaleza	39	3
18. Estatística em Fortaleza	30	2
19. Farmácia em Fortaleza	50	3

20. Filosofia em Fortaleza	17	1
21. Física em Fortaleza	36	3
22. Geografia em Fortaleza	28	2
23. História em Fortaleza	27	2
24. Letras em Fortaleza	95	7
25. Matemática em Fortaleza	36	3
26. Medicina em Barbalha	26	2
27. Medicina em Fortaleza	49	3
28. Medicina em Sobral	19	1
29. Música em Fortaleza	9	1
30. Odontologia em Fortaleza	15	1
31. Odontologia em Sobral	16	1
32. Pedagogia em Fortaleza	70	5
33. Psicologia em Fortaleza	39	3
34. Química em Fortaleza	41	3
35. Secretariado Executivo em Fortaleza	25	2
TOTAL	1433	100%

Fonte: Elaborada pelo autor.
Nota: Questionário de avaliação dos docentes dos cursos de graduação da UFC.
    Identificação do avaliando – total da amostra 16.383 e 1.433 respondentes.

A Tabela 3 sintetiza os três grupos formulados na pesquisa, segregando-os em GI, GM e GS, para que se possa mostrar a média de cada grupo, bem como o desvio padrão.

Tabela 3 – Número de cursos de graduação da UFC agrupados em ordem de conceito do CPC – qualidade da docência.

Grupos	Nº de cursos	Qualidade da docência
Grupo Inferior GI	02	$\overline{Xi}$ = 5,8472 (DP=1,6807)
Grupo Mediano GM	20	$\overline{Xm}$ = 6,1026 (DP=1,6241)
Grupo Superior GS	13	$\overline{Xs}$ = 6,1847 (DP=1,5876)

Fonte: Elaborada pelo autor.
DP = desvio padrão
Ê = média

Os cursos de graduação da UFC foram agrupados em: GI – grupo inferior será (CPC ≤ 2), GM – grupo mediano será (2< CPC≤ 3) e GS – grupo superior será (CPC > 3). A análise de variância (ANOVA) elaborada constatou que na nota geral foi obtida diferença significativa entre as médias dos cursos de qualidade inferior (Nota 1 ou 2 no CPC) e dos cursos de qualidade superior (Nota 4 ou 5 do CPC).

Foi observado que na nota do Fator 1 houve diferença significativa em duas análises: a) entre as médias dos cursos de qualidade Inferior (Nota 1 ou 2 no CPC) e dos cursos de qualidade superior (Nota 4 ou 5 no CPC) e b) entre as médias dos cursos de qualidade mediana (Nota 3 no CPC) e dos cursos de qualidade superior (Nota 4 ou 5 no CPC).

O Fator 1 relaciona-se com a destreza da execução do trabalho docente, feita pelo professor em sala de aula. Na execução do seu trabalho em sala de aula, o professor demonstra sequência lógica ao ministrar os conteúdos programáticos numa linguagem acessível.

Constatou-se que à medida que os grupos possuem conceitos no CPC sendo GI (Nota 1 ou 2) o conceito da docência obtido na pesquisa possui uma média de 5,8472; no segundo grupo GM (Nota 3- conceito mediano) a média do conceito da pesquisa eleva-se automaticamente para 6,1026 e, finalmente no último grupo GS de qualidade superior a média passa a ser 6,1847. Denota-se, com isso, que existe uma relação positiva entre os conceitos do CPC e a qualidade da docência dos cursos de graduação estudados.

Os resultados da pesquisa indicaram que os alunos dos semestres finais, do nono semestre ao décimo segundo semestre, por já estarem perto do final do curso ou já em fase de conclusão, tendem a se desinteressar dos labores da pesquisa cientifica, por serem atividades esporádicas e muitos estudantes já estarem em seus ambientes de estágios ou trabalhos.

Resultados da avaliação dos docentes dos cursos da UFC

Na Tabela 4 há dados sobre como foram abordadas a apresentação e a discussão do plano de ensino da disciplina, onde grande parte dos estudantes indicou que concordava que isso ocorreu.

Há 12,1% dos respondentes que discordaram que o professor apresentou o plano de ensino, porém isso não invalida esta questão, tendo em vista que uma maioria bastante significativa aprovou tal procedimento (87,9%).

Tabela 4 – O docente do curso apresentou e discutiu o plano de ensino da disciplina.

	Frequência	Percentual	Percentual Acumulado
0 - Discordo muito fortemente	25	1,7	1,7
1 - Discordo fortemente	21	1,5	3,2
2 – Discordo	127	8,9	12,1
3 – Concordo	688	48,0	60,1
4 - Concordo fortemente	337	23,5	83,6
5 - Concordo muito fortemente	235	16,4	100,0
Total	1433	100,0	

Fonte: Elaborada pelo autor.

Na Tabela 5, ainda sobre o plano de ensino, os alunos mantiveram praticamente o mesmo percentual do item anterior, ou seja, 12,3% de discordância. O docente foi avaliado satisfatoriamente, pois conforme a ampla maioria (87,6%) no plano de ensino constavam ementa, objetivos, conteúdo e metodologia de ensino.

Tabela 5 – No plano de ensino constavam a ementa, os objetivos, o conteúdo e a   metodologia.

	Frequência	Percentual	Percentual Acumulado
0 - Discordo muito fortemente	16	1,1	1,1
1 - Discordo fortemente	30	2,1	3,2
2 - Discordo	131	9,1	12,4
3 - Concordo	555	38,7	51,1
4 - Concordo fortemente	364	25,4	76,5
5 - Concordo muito fortemente	337	23,5	100,0
Total	1433	100,0	

Fonte: Elaborada pelo autor.

A avaliação da aprendizagem é importante para o contrato de convivência entre professor e aluno. Conforme os dados da Tabela 7, 81,6% afirmam que no Plano de Ensino constava as formas e regras de avaliações a serem realizadas durante o período de aulas naquela disciplina.

Tabela 6 – No Plano de ensino constavam as formas e regras de avaliação do aprendizado.

	Frequência	Percentual	Percentual Acumulado
0 - Discordo muito fortemente	35	2,4	2,4
1 - Discordo fortemente	29	2,0	4,5
2 - Discordo	201	14,0	18,5
3 - Concordo	587	41,0	59,5
4 - Concordo fortemente	318	22,2	81,6
5 - Concordo muito fortemente	263	18,4	100,0
Total	1433	100,0	

Fonte: Elaborada pelo autor.

No que tange à Tabela 7, os professores avaliados pelos estudantes, conseguiram 83% de aprovação no quesito sequência lógica ao ministrar os conteúdos programáticos numa linguagem acessível. Para a docência, a sequência lógica nos conteúdos ministrados, além de uma boa comunicação com os aprendizes, demonstra didática satisfatória e aprendizagem possivelmente significativa.

Tabela 7 – Demonstra sequência lógica ao ministrar os conteúdos programáticos numa linguagem acessível.

	Frequência	Percentual	Percentual Acumulado
0 - Discordo muito fortemente	29	2,0	2,0
1 - Discordo fortemente	33	2,3	4,3
2 – Discordo	182	12,7	17,0
3 – Concordo	691	48,2	65,2
4 - Concordo fortemente	355	24,8	90,0
5 - Concordo muito fortemente	143	10,0	100,0
Total	1433	100,0	

Fonte: Elaborada pelo autor.

Os procedimentos didáticos são diferenciadores em qualquer relação ensino/aprendizagem. Conforme Tabela 8, os avaliados alcançaram 67,5%, demonstrando uma performance satisfatória. Sobre a utilização de procedimentos didáticos adequados a disciplina, 42,8% dos estudantes concorda que o docente realiza isso, bem como estimula a participação dos alunos.

Tabela 8 – Utiliza procedimentos didáticos adequados à disciplina, dinamizando e estimulando atividades para a participação efetiva dos alunos.

	Frequência	Percentual	Percentual Acumulado
0 - Discordo muito fortemente	48	3,3	3,3
1 - Discordo fortemente	82	5,7	9,1
2 – Discordo	334	23,3	32,4
3 – Concordo	614	42,8	75,2
4 - Concordo fortemente	227	15,8	91,1
5 - Concordo muito fortemente	128	8,9	100,0
Total	1433	100,0	

Fonte: Elaborada pelo autor.

A relação teoria e prática, Tabela 9, é a base para o aprendizado profissional. A universidade prepara o profissional do amanhã, por isso ela precisa estar sempre na vanguarda do conhecimento. Os docentes obtiveram 73,4% de concordantes dentre os 1.433 estudantes pesquisados, demonstrando competência para um magistério eficaz, através do estabelecimento de relação entre teoria e prática, conforme os dados da Tabela 10, abaixo.

Tabela 9 – Estabelece relação entre teoria e prática, respeitando as especificidades da disciplina.

	Frequência	Percentual	Percentual Acumulado
0 - Discordo muito fortemente	53	3,7	3,7
1 - Discordo fortemente	77	5,4	9,1
2 – Discordo	252	17,6	26,7
3 – Concordo	613	42,8	69,4
4 - Concordo fortemente	289	20,2	89,6
5 - Concordo muito fortemente	149	10,4	100,0
Total	1433	100,0	

Fonte: Elaborada pelo autor.

O pensamento crítico, conforme Tabela 10, vem sendo debatido nos ambientes acadêmicos, demonstrando a preocupação de docentes e gestores educacionais. Os professores atingiram um percentual de 73,9% de aprovação dos respondentes.

Tabela 10 – Incentiva o pensamento crítico dos discentes e evidencia domínio dos componentes da disciplina ministrada.

	Frequência	Percentual	Percentual Acumulado
0 - Discordo muito fortemente	46	3,2	3,2
1 - Discordo fortemente	64	4,5	7,7
2 – Discordo	264	18,4	26,1
3 – Concordo	590	41,2	67,3
4 - Concordo fortemente	298	20,8	88,1
5 - Concordo muito fortemente	171	11,9	100,0
Total	1433	100,0	

Fonte: Elaborada pelo autor.

Conforme a Tabela 11, a maioria dos discentes (65,2%) apontou que os docentes mantem e destacam aspectos transversais relacionados aos conteúdos, o que demonstra adequação dos professores à realidade exigida pela sociedade. Na maioria dos cursos de graduação o conceito de ética, por exemplo, é dado como disciplina. Mesmo assim o professor precisa mencionar tais conceitos de ética e cidadania em todas as disciplinas ministradas. Outros aspectos científicos, sociais, ambientais e culturais ainda precisam ser enfatizados, a fim de que o estudante possa fundamentar seu pensamento e saia da universidade cônscio do que vai defender, em termos de ideologia, no mercado de trabalho, no seu dia a dia, depois do curso superior.

FACES DA INTERCULTURALIDADE

Tabela 11 – Mantém e destaca aspectos transversais (sociais, ambientais, culturais, éticos, científicos, etc.) relacionados aos conteúdos da disciplina.

	Frequência	Percentual	Percentual Acumulado
0 - Discordo muito fortemente	59	4,1	4,1
1 - Discordo fortemente	83	5,8	9,9
2 – Discordo	357	24,9	34,8
3 – Concordo	585	40,8	75,6
4 - Concordo fortemente	223	15,6	91,2
5 - Concordo muito fortemente	126	8,8	100,0
Total	1433	100,0	

Fonte: Elaborada pelo autor.

Conforme a Tabela 12, grande parte dos estudantes (74,8%) apontou que os docentes estabelecem, de forma clara, os critérios de avaliação da aprendizagem. Esta constatação é salutar para a mudança de mentalidade no entendimento do que é avaliação educacional, ao não ser confundida com simples aplicação de provas ou testes.

Tabela 12 – Estabelece de forma clara, os critérios para avaliação da aprendizagem.

	Frequência	Percentual	Percentual Acumulado
0 - Discordo muito fortemente	26	1,8	1,8
1 - Discordo fortemente	47	3,3	5,1
2 – Discordo	288	20,1	25,2
3 – Concordo	639	44,6	69,8
4 - Concordo fortemente	284	19,8	89,6
5 - Concordo muito fortemente	149	10,4	100,0
Total	1433	100,0	

Fonte: Elaborada pelo autor.

Em relação às práticas de avaliação, conforme a Tabela 13, a maioria (63,2%) concorda que os professores valorizam a reflexão e a solução de problemas. As práticas avaliativas, sempre foram difíceis de serem feitas a contento. Não se pode deixar de avaliar os discentes inteligentemente, no sentido de valorizar a reflexão e a solução de problemas que poderão surgir no dia a dia.

Tabela 13 – Utiliza práticas avaliativas que valorizam a reflexão e a solução de problemas.

	Frequência	Percentual	Percentual Acumulado
0 - Discordo muito fortemente	62	4,3	4,3
1 - Discordo fortemente	97	6,8	11,1
2 – Discordo	369	25,8	36,8
3 – Concordo	584	40,8	77,6
4 - Concordo fortemente	226	15,8	93,4
5 - Concordo muito fortemente	95	6,6	100,0
Total	1433	100,0	

Fonte: Elaborada pelo autor.

Além disso, conforme os dados da Tabela 14, grande parte, (77,3%) dos estudantes, concorda que as formas de avaliação são compatíveis com os objetivos e conteúdos da disciplina. Este link entre as formas compatíveis, de avaliação com os objetivos e conteúdos propostos no plano de ensino, deixa alunos e professor dentro de uma sintonia de aprendizagem significativa.

Tabela 14 – Utiliza formas de avaliação compatíveis com os objetivos e conteúdos da disciplina.

	Frequência	Percentual	Percentual Acumulado
0 - Discordo muito fortemente	27	1,9	1,9
1 - Discordo fortemente	54	3,8	5,7
2 – Discordo	243	17,0	22,6
3 – Concordo	714	49,8	72,4
4 - Concordo fortemente	267	18,6	91,1
5 - Concordo muito fortemente	128	8,9	100,0
Total	1433	100,0	

Fonte: Elaborada pelo autor.

Por fim, conforme os dados da Tabela 15, grande parte (51,6%) concorda que os resultados são utilizados para consolidar o aprendizado. Não basta avaliar, tem que comunicar. Alguns professores deixam de fazer tal retroalimentação, deixando os resultados da avaliação para consolidar o aprendizado dos estudantes.

Tabela 15 – Usa os resultados dessa avaliação para retroalimentar e consolidar o aprendizado dos alunos.

	Frequência	Percentual	Percentual Acumulado
0 - Discordo muito fortemente	119	8,3	8,3
1 - Discordo fortemente	120	8,4	16,7
2 – Discordo	456	31,8	48,5
3 – Concordo	497	34,7	83,2
4 - Concordo fortemente	157	11,0	94,1
5 - Concordo muito fortemente	84	5,9	100,0
Total	1433	100,0	

Fonte: Elaborada pelo autor.

Análise da qualidade métrica dos instrumentos

A partir da realização da análise fatorial, percebe-se que a amostra é adequada para a realização do estudo (KMO = 0,935 e BTS ≤ 0,001). A análise fatorial é uma técnica estatística usada para identificar os fatores que podem ser usados para identificar relacionamentos entre um conjunto de muitas variáveis (Tabela 16).

Tabela 16 - KMO e Teste de Esfericidade de Bartlett.

Medida Kaiser-Meyer-Olkin de adequação da amostra		,935
Teste de Esfericidade de Bartlett	Qui-quidrado	9610,727
	Gl	66
	Sig.	,000

Fonte: Elaborada pelo autor.

Segundo Hair*et al.* (2009, p.104), os objetivos da análise fatorial são:

> O ponto de partida em análise fatorial, bem como em outras técnicas estatísticas, é o problema de pesquisa. O propósito geral de técnicas de análise fatorial é encontrar um modo de condensar (resumir) a informação contida em diversas variáveis originais em

um conjunto menor de novas dimensões compostas ou variáveis estatísticas (fatores) com uma perda mínima de informação – ou seja, buscar definir os construtos fundamentais ou dimensões assumidas como inerentes às variáveis originais. Ao atingir seus objetivos, a análise fatorial é ajustada com quatro questões: especificação da unidade de análise; obtenção do resumo de dados e/ou redução dos mesmos; seleção de variáveis e uso de resultados da análise fatorial com outras técnicas multivariadas.

Para esses dados o KMO acima de 0,9 e os valores acima de 0,92 para todas as variáveis na matriz de correlações de anti-imagem indicam tamanho adequado da amostra. Os valores da matriz de correlações de anti-imagem mostraram baixos coeficientes, indicando baixo nível de correlações parciais. O teste de Bartlett foi altamente significativo $[\chi^2(190) = 9610,727, p < 0,001]$; portanto, a realização da análise fatorial é apropriada para este conjunto de dados.

Para a extração dos fatores através do método *Componentes Principais*[95] considerou-se todos os 12 itens, pois apresentaram comunalidades[96] superiores a 0,50.

---

[95] A Análise de Componentes Principais ou *principal componentanalysis* (PCA) é um procedimento matemático que utiliza uma transformação ortogonal para converter um conjunto de observações de variáveis possivelmente correlacionadas a um conjunto de valores de variáveis linearmente descorrelacionadas chamadas componentes principais. O número de componentes principais é menor ou igual ao número de variáveis originais. Esta transformação é definida de forma que o primeiro componente principal tem a maior variância possível (ou seja, é responsável pelo máximo de variabilidade nos dados), e cada componente seguinte, por sua vez, tem a máxima variância sob a restrição de ser ortogonal a (i.e., não-correlacionado com) os componentes anteriores. Os componentes principais são garantidamente independentes apenas se os dados forem normalmente distribuídos (conjuntamente). O PCA é sensível à escala relativa das variáveis originais. Dependendo da área de aplicação, o PCA é também conhecido como transformada de Karhunen-Loève (KLT) discreta, transformada de Hotelling ou decomposição ortogonal própria (POD). (WIKIPÉDIA, [19.11.2013]).

[96] A comunalidade mede a contribuição dos fatores para explicar a variância total de cada variável. Cada comunalidade é igual à soma dos quadrados das cargas fatoriais, sendo a maioria superior a 0,7. (CHINELATTO NETO; CASTRO; LIMA, 2004, p. 118).

Tabela 17 – Comunalidades

Itens	Extração
q1 - A	,708
q2 - B	,742
q3 - C	,694
q4 - D	,578
q5 - E	,690
q6 - F	,630
q7 - G	,651
q8 - H	,542
q9 - I	,565
q10 - J	,650
q11 - K	,608
q12 – L	,595

Fonte: Elaborada pelo autor.

Para entender o conceito de comunalidade é necessário entender os conceitos de variância comum e variância única (ou específica). A variância total de uma variável em particular terá dois componentes na comparação com as demais variáveis: a variância comum, na qual ela estará dividida com outras variáveis medidas e a variância única, que é relativa para essa variável. No entanto, existe também variância que é específica a uma variável, mas de forma imprecisa, não-confiável, a qual é chamada de variância aleatória ou erro. Comunalidade consiste na proporção de variância comum presente numa variável.

Para fazer a redução a dimensões, é necessário se saber o quanto de variância dos dados é variância comum. Todavia, a única maneira de se saber a extensão da variância comum é reduzir as variáveis em dimensões. Desse modo, na análise dos componentes principais utiliza-se a variância total e assume-se que a comunalidade de cada variável é 1, transpondo os dados originais em componentes lineares constituintes.

No Gráfico 1 mostra-se a existência do ponto de inflexão no fator 2. Pelo critério do screeplot, o número de fatores a ser extraído é o número de fatores à esquerda do ponto de inflexão - neste caso, 1 fator. O Fator 1 relaciona-se com a destreza da execução do trabalho docente, feita pelo professor em sala de aula. Na execução do seu trabalho em sala de aula, o professor demonstra sequência lógica ao ministrar os conteúdos programáticos numa linguagem acessível.

Gráfico 1 – Scree Plot da docência

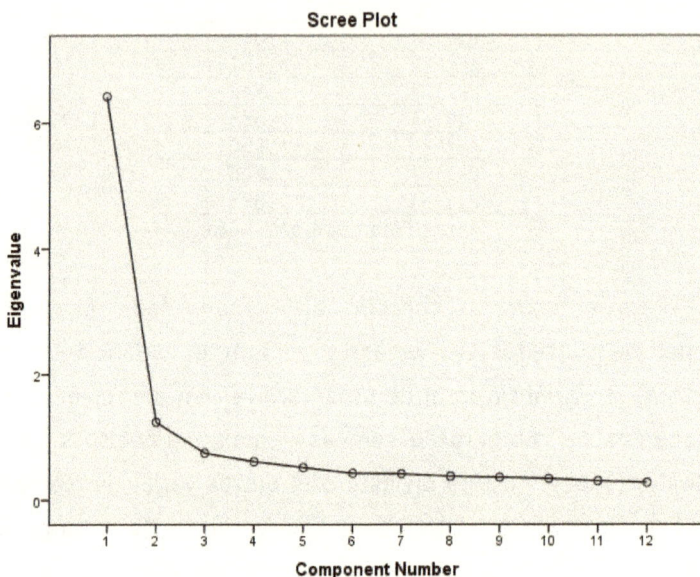

Fonte: Elaborado pelo autor.

Na análise de fatores principais apenas a variância comum é empregada e vários métodos de estimação das comunalidades podem ser usados – comumente se utiliza o quadrado da correlação múltipla de cada variável com todas as outras.

Quando os fatores são extraídos, novas comunalidades podem ser calculadas, as quais representam a correlação múltipla entre cada variável e os fatores extraídos. Portanto, pode-se dizer que a comunalidade é uma medida da proporção da variância explicada pelos fatores extraídos. O resultado da extração dos dois fatores é apresentada na Tabela 18 abaixo (Matriz de componentes rotacionados).

Tabela 18–Matriz de componentes rotacionada.

	Componentes	
	1	2
q1 - A		,800
q2 – B		,834
q3 - C		,792
q4 - D	,664	,371
q5 - E	,782	
q6 - F	,753	
q7 - G	,770	
q8 - H	,707	
q9 - I	,586	,471
q10 - J	,782	
q11 - K	,737	
q12 - L	,750	

Fonte: Elaborada pelo autor.

A rotação otimiza a estrutura fatorial e, como consequência, a importância relativa dos fatores remanescentes é equalizada. A matriz de componentes rotacionada especifica os componentes dos fatores 1 e 2.

A interpretação dos fatores extraídos foram: *Fator1* – Refere-se ao conjunto dos Itens A, B e C (capacidade de planejamento da disciplina a ser ministrada) e *Fator2* – Refere-se ao conjunto dos tens D, E, F, G, H, I, J, L e K (capacidade de executar adequadamente processos pedagógicos compatíveis aos objetivos e ao planejamento feito *a priori*).

O Fator 2 corresponde à capacidade do docente de planejar

de modo adequado a organização e os conteúdos que serão abordados na disciplina.

Consistência Interna dos itens

Na análise da consistência interna dos itens, utilizou-se o teste Alpha de Cronbach que obteve valor adequado ($\alpha=0,920$) e significância no Teste T^2 de Hotelling ($p \leq 0,05$), conforme Tabela 19.

Tabela 19 –Alpha de Cronbach e teste T^2 de Hotelling.

Alpha de Cronbach	,920
Teste T de Hotelling	1204,353
Sig	,000

Fonte: Elaborada pelo autor.

Na descrição dos itens na escala original (0 a 5), tem-se que o valor do Alpha de Cronbach permanece alto mesmo deletando-se alguns dos itens, conforme Tabela 20.

Tabela 20 - Descritivos dos itens e Alpha de Cronbach.

	Média	Desvio-padrão	Alpha de Cronbach se o item for deletado
q1 - A	3,39	1,021	,916
q2 - B	3,56	1,077	,917
q3 - C	3,33	1,134	,917
q4 - D	3,21	1,002	,912
q5 - E	2,89	1,126	,909
q6 - F	3,02	1,158	,911
q7 - G	3,08	1,154	,911
q8 - H	2,84	1,155	,914
q9 - I	3,09	1,050	,912
q10 - J	2,77	1,135	,911

q11 - K	3,06	1,015	,912	
q12 - L	2,49	1,220	,913	

Fonte: Elaborada pelo autor.

Análise de Variância (ANOVA)

As tabelas abaixo contém informações descritivas sobre os grupos e a qualidade docente, em termos de valores médios, de desvio-padrão e do tamanho das amostras de cada extrato. Tem-se, aqui, uma pequena informação sobre a análise de variância (ANOVA), para os leitores que acharem conveniente ter essa introdução. A Regressão Linear visa modelar uma variável resposta numérica (quantitativa), à custa de uma ou mais variáveis preditoras, igualmente numéricas. Mas uma variável resposta numérica pode depender de uma ou mais variáveis qualitativas (categóricas), ou seja, de um ou mais fatores. Por exemplo, podemos querer relacionar o rendimento de uma cultura com os tipos de adubo disponíveis no mercado. Em tais situações pode ser útil uma Análise de Variância (ANOVA), metodologia estatística desenvolvida nos anos 1930 na Estação Experimental Agrícola de Rothamstead (Reino Unido), por R.A. Fisher.

Tabela 21– Comparação de médias pela nota do CPC

		N	Média	Desvio-padrão	IC de 95% para a média	
					Limite Inferior	Limite Superior
Nota_geral	1 - Qualidade inadequada (Nota 1 ou 2 no CPC)	168	5,8472	1,68072	5,5912	6,1032
	2 - Qualidade aceitável (Nota 3 no CPC)	406	6,1026	1,62415	5,9442	6,2611
	3 - Qualidade elevada (Nota 4 ou 5 no CPC)	859	6,1847	1,58765	6,0784	6,2910

	Total	1433	6,1219	1,61154	6,0384	6,2054
Nota do Fator 1 (Itens A, B e C)	1 - Qualidade inadequada (Nota 1 ou 2 no CPC)	168	6,5000	1,76873	6,2306	6,7694
	2 - Qualidade aceitável (Nota 3 no CPC)	406	6,6897	1,87204	6,5070	6,8723
	3 - Qualidade elevada (Nota 4 ou 5 no CPC)	859	7,0058	1,81260	6,8844	7,1272
	Total	1433	6,8569	1,83323	6,7619	6,9519
Nota do Fator 2 (Itens D, E, F, G, H, I, J, L e K)	1 - Qualidade inadequada (Nota 1 ou 2 no CPC)	168	5,6296	1,79543	5,3562	5,9031
	2 - Qualidade aceitável (Nota 3 no CPC)	406	5,9070	1,71234	5,7399	6,0740
	3 - Qualidade elevada (Nota 4 ou 5 no CPC)	859	5,9110	1,71912	5,7959	6,0261
	Total	1433	5,8769	1,72745	5,7874	5,9664

Fonte: Elaborada pelo autor.

A comparação das médias obtidas na pesquisa com os resultados do CPC demonstram uma elevação, sendo 5,8472 para os CPCs1 e 2; 6,1026 para os CPCs 3 e 6,1847 para os CPCs 4 e 5. Pode-se observar na Tabela 22 uma ascensão da docência dos resultados dos grupos GI, GM e GS.

Para verificar a existência de diferenças significativas entre os grupos (GI, GM e GS) no que tange à qualidade docente procedeu-se ao uso do teste ANOVA, conforme a Tabela 22.

Tabela 22 – Resultados do teste ANOVA.

		Soma dos quadrados	GL	Quadrado médio	F	Sig.
Nota_g eral	Entre grupos	16,215	3	8,107	3,131	
	Dentro dos grupos	3702,773	1430	2,589		
	Total	3718,988	1433			
Nota do Fator 1 (Itens A, B e C)	Entre grupos	51,806	3	25,903	7,781	
	Dentro dos grupos	4760,756	1430	3,329		
	Total	4812,562	1433			
Nota do Fator 2 (Itens D, E, F, G, H, I, J, L e K)	Entre grupos	11,638	3	5,819	1,953	
	Dentro dos grupos	4261,550	1430	2,980		
	Total	4273,188	1433			

Fonte: Elaborada pelo autor.

Os resultados apontam o seguinte:

a)   no que tange à capacidade de planejamento (Fator 1) as médias aumentam na mesma direção da qualidade dos cursos. Assim, tem-se que o GI = 6,50; o GM = 6,69 e o GS= 7,01. Portanto, pode-se inferir que quanto maior a qualidade do curso, maior a capacidade de os professores planejarem adequadamente a abordagem dos conteúdos das disciplinas. O resultado da ANOVA detectou diferenças estatisticamente significativas (F=7,78); p=0,00), conforme os dados da Tabela 22;

b)   no que diz respeito à adequação dos processos pedagógicos aos objetivos planejados a priori: (Fator 2), idêntico padrão foi observado: as médias aumentam na mesma direção da qualidade dos cursos. Assim, tem-se que GI = 5,63; GM = 5,90; GS = 5,91. No entanto, o resultado ANOVA não detectou diferenças estatisticamente significativas (F=1,953; p=0,142), conforme informações da Tabela 22;

c)   no que tange à qualidade da atuação docente (nota resultante da soma do Fator 1 com o Fator 2), observou-se a mesma tendência: as médias aumentam na mesma direção da qualidade dos cursos. Assim, tem-se que GI = 5,85; GM = 6,10 e GS = 6,18. O resultado da ANOVA detectou diferenças estatisticamente significativas (F=3,131; p<0,05), conforme dados da Tabela 22.

À guisa de conclusão

A análise e a validação dos dados de uma pesquisa científica faz parte do ápice do trabalho. Isto é indiscutível. A validação dos resultados da pesquisa foi feita com o auxilio do software IBM SPSS Statistics 20, onde foram feitas análise fatorial, medida (KMO) Kaiser-Meyer-Olkin e teste de esfericidade de Bartlett, matriz de componentes rotacionada, consistência interna com o teste Alpha de Cronbach e teste T^2 de Hotelling, análise de variância (ANOVA) e teste de homogeneidade das variâncias.

Os grupos foram agrupados por cursos de graduação da UFC estudados em: GI – Grupo Inferior será (CPC ≤ 2), GM – Grupo Mediano será (2<CPC≤3) e GS – Grupo Superior será (CPC > 3). A Análise de Variância (ANOVA) elaborada constatou que na nota geral foi obtida diferença significativa entre as médias dos cursos de qualidade inferior (Nota 1 ou 2 no CPC) e dos cursos de Qualidade Superior (Nota 4 ou 5 do CPC).

Observou-se diferença significativa em duas análises: a) entre as médias dos cursos de qualidade Inferior (Nota 1 ou 2 no CPC) e dos cursos de Qualidade Superior (Nota 4 ou 5 no CPC) e b) entre as médias dos cursos de qualidade Mediana (Nota 3 no CPC) e dos cursos de Qualidade Superior (Nota 4 ou 5 no CPC).

Constatou-se que à medida que os grupos possuem conceitos no CPC sendo GI (Nota 1 ou 2) o conceito da docência obtido na pesquisa possui uma média de 5,8472; no segundo grupo GM (Nota 3 - conceito mediano) a média do conceito da pesquisa eleva-se automaticamente para 6,1026 e, finalmente no último grupo GS de qualidade superior a média passa a ser 6,1847.

Denota-se, com isso, que existe uma relação positiva entre os conceitos do CPC e a qualidade da docência dos cursos de graduação estudados.

REFERÊNCIAS

ANDRIOLA, Wagner Bandeira. **Doze motivos favoráveis à adoção do Exame Nacional do Ensino Médio (ENEM) pelas Instituições Federais de Ensino Superior (IFES).** Ensaio: aval. pol. públ. Educ., Rio de Janeiro, v. 19, n. 70, p. 107-126, jan./mar. 2011.

ANDRIOLA, Wagner Bandeira. **Propostas estatais voltadas ao ensino superior brasileiro: breve retrospectiva histórica do período de 1983-2008.** Revista iberoamericana sobre Calidad, Eficacia e Cambio em Eucación, v. 6, n. 4, p. 128-148, 2008.

BRASIL. Presidência da República. Casa Civil. **Lei nº 5.540, de 28 de novembro de 1968.** Fixa normas de organização e funcionamento do ensino superior e sua articulação com a escola média, e dá outras providências. Brasília, 1968. Disponível em: <http://www.planalto.gov.br/ccivil_03/leis/l5540.htm>. Acesso em: 4 jan. 2013.

CHINELATTO NETO, Armando. CASTRO, Gilmar Pinheiro Cunha, LIMA, João Eustáquio de. Uso de análise estatística multivariada para tipificação de produtores de leite de Minas Gerais. **Organ.ruraisagroind.**, Lavras, v. 7, n. 1, p. 114-121, 2005.

HAIR JR., Joseph F. et al. **Análise multivariada de dados.** 6. ed. Porto Alegre: Bookman, 2009.

AS CELAS DE AULA À LUZ DO INTERACIONISMO SIMBÓLICO: UMA QUESTÃO DE METODOLOGIA DE PESQUISA

Douglas William Quirino Pereira[97]
Josemar Adelino de Farias Júnior[98]
Daniel Valério Martins[99]

Introdução

Concepções, imaginários, memórias, premissas e discursos que se interessam em compor perspectivas teóricas, se apresentam como formas próprias de conhecer o universo e conceber uma visão de mundo a partir de fundamentos que legitimam suas bases filosóficas e metodológicas no processo de apreensão deste. Como conhecer o que se conhece parece ser uma questão substancial que abarca os modos de perceber e praticar as investigações científicas nos inúmeros contextos potenciais.

Não obstante, o Interacionismo Simbólico como escola de pensamento epistemológica possibilita a compreensão das formas que os sujeitos interpretam os objetos postos no universo, e como a produção dessas interpretações influenciam na natureza dos significados elaborados por esses sujeitos na prática social; leva-se em consideração, portanto, os modos de condução comportamental em contexto coletivos e/ou individuais.

Conceber as celas de aula a partir de uma perspectiva interacionista, considera que os sujeitos em contato com este universo elaboram significados que traduzem as configurações que estes se movimentam, frente à prática educacional no cárcere e em

[97] Mestrando em Educação pelo Programa de Pós-Graduação em Educação da Universidade Federal da Paraíba. E-mail: douglaswqp@gmail.com
[98] Mestre em Antropologia de Iberoamérica pelas Universidades de Salamanca, Valladolid e León; Doutorando em Ciências Sociais pela Universidad de Salamanca. E-mail:
[99] Possui Doutorado em Estudos Latinoamericanos pela Universidad de Salamanca; Mestre em Antropologia de Iberoamérica e Mestre em Cooperación Internacional pelas Universidades de Salamanca, Valladolid y León; Doutorando em Educação pela Universidad de Burgos. E-mail: jjfadelino@hotmail.com

respeito a política da oferta, relacionando-se diretamente com os efeitos objetivados deste fenômeno. Sendo assim, o texto em questão buscará entender as possibilidades de tradução da educação no contexto penitenciário à luz das premissas básicas do Interacionismo Simbólico no que diz respeito ao significado, produzido na oferta educacional em situação de aprisionamento; às interações dos sujeitos inseridos nesse campo; como também as interpretações dos sujeitos que movimentam as transformações do comportamento e dos significados propriamente ditos.

Ressalta-se, portanto, que estes desenhos metodológicos fazem parte de uma pesquisa maior em nível de mestrado que está em andamento no Programa de Pós-Graduação em Educação da Universidade Federal da Paraíba/Brasil. Assim sendo, a primeira parte interessa-se em buscar na bibliografia estudada os antecedentes que possibilitou a consolidação do interacionismo simbólico enquanto escola de pensamento, tais como as contribuições de George Mead e os filósofos da Escola de Chicago. Em seguida, explora premissas básicas desta corrente epistemológica a partir dos pressupostos desenhados por Herbert Blumer, e por fim, reflete sobre as celas de aula imprimindo uma visão interacionista às formas de conceber, apoiar e sistematizar os estudos que pretendem analisar o objeto a partir de uma perspectiva interacionista.

Interacionismo Simbólico: antecedentes e a Escola de Chicago

A industrialização e urbanização do século XX desencadeou problemas sociais no qual constituiu campo exploratório para as fontes de estímulo das pesquisas que desenvolveu a psicologia social da época, voltado para o estudo sistemático do comportamento social humano (CARVALHO, 2011). Assim, tal perspectiva abarcou posteriormente os estudos que ficou conhecido como Interacionismo Simbólico, como uma forma distinta de olhar para os sujeitos e suas formas de ação no contexto social.

A representação mais expressiva de autores que doutrinam as bases teóricas do Interacionismo Simbólico advém da Escola de Chicago que reúne grandes pensadores voltados aos estudos da sociologia, psicologia social e comunicação. A saber, autores são unânimes em reconhecer as contribuições das obras clássicas da posta escola: Charles Cooley, John Dewey, William Thomas e George Mead, este último por sua vez, considerado o principal inspirador do movimento interacionista (CARVALHO, BORGES & RÊGO, 2010).

Entretanto, os nomes citados acima representam influências diretas da escola interacionista, visto que, por ser as raízes teóricas do Interacionismo Simbólico muito complexas, este paradigma também sofre influências filosóficas indiretas, como: Adam Smith e o seu pensamento econômico, a filosofia moral de Thomas Reid, as ideias iluministas de Diderot e de Rosseau, a filosofia alemã derivada da teoria do conhecimento kantiana, etc. (BLANCO, 1998).

Neste cenário de influências, este estudo optará por considerar a contribuição direta de George Mead (1863 – 1931) e sua teoria psicossociológica, para enfatizar pressupostos teóricos-metodológico da interpretação da escola de pensamento interacionista.

> Nessa linha de raciocínio, destaca-se a influência da filosofia do pragmatismo sobre os estudiosos da Escola de Chicago, a qual teve início com os trabalhos de Dewey e Mead, especialmente no que se refere a interpretação dos processos e operações psíquicas, segundo sua eficácia para a solução dos problemas encontrados pelas pessoas no curso de sua conduta (CARVALHO, BORGES & RÊGO, 2010, p. 149).

Assim, considera-se, portanto, o Interacionismo Simbólico constituído e inspirado no pensamento pragmatista de Mead, que acende o pensamento sociológico da época para questões que envolviam o ato social, processo social e a linguagem como um fenômeno inerente social (CARVALHO, 2011).

A base teórica que influencia de forma mais expressiva a escola interacionista advém do entendimento de Mead sobre a construção da mente, o significado, o símbolo e a linguagem. A saber, Mead citado por Carvalho (2011, p. 150), no que tange a emergência da mente humana "[...] afirma que a mente é uma relação do organismo com a situação, que se realiza por meio de uma série de símbolos". Assim, quando um emissor executa determinado gesto que pressupõe uma ideia sobre si e esse gesto provoca a mesma ideia no sujeito receptor, há um símbolo significante. Destarte, a partir do momento que o mesmo gesto provoca uma ação adequada do outro sujeito, há um símbolo que responde ao significado da experiência, logo, constituindo uma interação meramente simbólica.

> [...] a base do significado está presente na conduta social, em que emerge os símbolos significantes. Só quando o indivíduo se identifica com tais símbolos é que se torna consciente o significado das coisas, e a mentalidade reside na capacidade do organismo para indicar aquele elemento do ambiente que responde às suas reações, a fim de poder controlar tais reações de várias maneiras. Nas palavras do próprio Mead, "o controle é possibilitado pela linguagem... e da linguagem emerge o campo da mente" [...] (CARVALHO, 2011, p.150)

Considera-se, portanto, que a ação de cada sujeito só obterá sentindo por meio da ação de outro, assim, durante o processo do ato social os objetos se definem e redefinem constituindo a natureza da interação simbólica que se dá mediante a interpretação das ações ou gestos com base no significado que lhe é atribuído (BLANCO, 1988).

Outra contribuição significativa do pensamento de Mead à escola interacionista diz respeito a noção de *self, Eu e mim,* que contribui na explicação do processo de definição e redefinição dos objetos percebidos. Durante a interação o sujeito pode e deve identificar-se como objeto para si, no qual há um processo que o indivíduo interage consigo mesmo, não só escutando a si, mas também respondendo (CARVALHO, 2011).

> En términos generales, el *self* ('sí mismo') se refiere a la capacidad de considerarse a uno mismo como objeto; el *self* tiene la peculiar capacidad de ser tanto sujeto como objeto, y presupone un proceso social: la comunicación entre los seres humanos. El mecanismo general para el desarrollo del *self* es la reflexión, o la capacidad de ponernos inconscientemente en el lugar de otros y de actuar como hablarían ellos. Es mediante la reflexión que el proceso social es interiorizado en la experiência de los individuos implicados en él. Por tales medios, que permiten al individuo adoptar la actitud del otro hacia él, el individuo está conscientemente capacitado para adaptarse a esse proceso y para modificar la resultante de dicho proceso en cualquier acto social dado (RIZO, 2011, p. 6).

Nessa corrente de pensamento, a perspectiva sobre o self acena para elementos importantes da interação social, pois a capacidade de refletir sobre si mesmo, que implica o processo de se percebe e/ou sentir-se no papel do outro, pode habilitar o sujeito ao desenvolvimento do self social, no qual está continuamente desenvolvido por meio da interação com outros indivíduos, dinamicamente (CARVALHO, 2011).

Autoavaliações implica processos significativos para o desenvolvimento de habilidade sociais. Tomar consciência de si, contribui no percurso do progresso social humano, nas transformações sociais, e ainda, acrescenta-se o fato de que, o mecanismo de conscientizar-se possibilita o desenvolvimento de personalidades individuais, visto positivamente como forma de acompanhar o ritmo das reconstruções sociais.

O Interacionismo Simbólico: consolidação e premissas básicas.

Os primeiros passos do Interacionismo Simbólico começaram a se delinear entre a década de 1930 e 1940, mas consolidou-se desenvolvimento no decorrer das duas décadas seguintes. O termo "Interacionismo Simbólico" surge em 1937 como uma linha de pesquisa psicosociológica e sociológica, e tem como pai o pensador Herbert Blumer, que estabeleceu os pressupostos desta abordagem através de seus registros, cuja grande parte está na sua publicação *Symbilic Interactionism: Perspective and Method.*

A natureza do Interacionismo Simbólico considera três premissas fundamentais. A saber, a ação advinda dos significados dos objetos percebido no mundo; a interação social proveniente dos significados percebidos e a manipulação desses significados a partir do processo interpretativo, a partir de então as premissas que fundamentam o interacionismo desenvolve esquemas analítico da conduta humana que se envolve com os seguintes temas: grupos humanos ou sociedades, objetos, interação social, o ser humano como ator, a ação humana e as interconexões entre as linhas de ação (CARVALHO, BORGES & RÊGO, 2010).

> [...] os seres humanos agem em relação ao mundo fundamentando-se nos significados que este lhes oferece. Tais elementos abrangem tudo o que é possível ao homem observar em seu universo [...] objetos físicos [...] outras pessoas [...] categorias de seres humanos [...] instituições [...] ideais norteadores como independência individual ou hostilidade; atividades alheias, como ordem e solicitações de outrem – além das situações com que o indivíduo se depara dia-a-dia. [...] os significados dos elementos são provenientes da ou provocados pela interação social com as demais pessoas. [...] os significados são manipulados por um processo interpretativo (e por este motivo modificados) utilizado pela pessoa ao se relacionar com os elementos com que entra em contato (BLUMER, 1969, p. 119).

A partir desse ponto de vista, uma categoria central a ser discutida é a interação social – entendida como uma ação social caracterizada por uma orientação imediatamente recíproca – que se constrói a partir dos significados simbólicos advindos dos processos de interpretação entre os sujeitos e as formas com que se relacionam-se entre si e o mundo.

Há uma tradição na psicologia e nas ciências sociais de rechaçar a importância dos significados no processo de conceber a realidade dos processos sociais, essas, na maioria de suas produções, assumem uma visão de relações sociais como causa e consequência, ação e resposta, estímulo e reação. Ao contrário do que se pensa em alguns desses pensamentos, o Interacionismo Simbólico posiciona-se defendendo que os significados proporcionados pelos elementos aos homens são intrinsicamente fundamentais, pois os homens agem no mundo de acordo com os significados que lhes são atribuídos e/ou percebidos por este (BLUMER, 1969).

Os significados então postos, não decorrem dos significantes intrínsecos aos elementos, muito menos de um acréscimo psíquico concedido ao elemento pela pessoa para quem este ocorre significado. O significado que se fala advém do processo de interação, como um produto social, isto é, criações elaboradas pelos homens na natureza dos seus processos interativos (BLUMER, 1969). Dessa forma, considera-se, portanto, as relações sociais abertas e continuas, potencialmente constituída por significados construídos e reconstruídos, e não como algo fixo, estabelecido imutavelmente.

Uma sociedade é constituída de pessoas relacionando-se entre si, e nessa premissa sustenta-se o processo de interação defendido pelo Interacionismo Simbólico, cuja teorização considera a interação de vital importância. Segundo Blumer (1969), as pessoas ao interagir umas com as outras "devem considerar o que cada um faz ou está para fazer; são obrigados a dirigir seu próprio comportamento ou manipular as situações em função de tais observações" (p. 125). Desta forma, os indivíduos agem uns para com os outros individualmente ou coletivamente empenhados a interação social, mobilizada pelas relações simbólicas, num processo formativo das linhas de ação, conduta e comportamento dos sujeitos.

Os universos acessíveis aos seres humanos poderão ser impressos como e compõe-se de "objetos", sendo estes produtos da interação simbólica, por advir dos significados construídos nesta mesma interação. Os objetos são tudo aquilo que pode ser observado, indicado, evidenciado e referido e podem ser classificados em três categorias: a) objetos físicos; b) objetos sociais; e c) objetos abstratos, cada um com suas particularidade, contudo, sem deixar de compreender o significado que possui para a pessoa para quem constitui objeto, logo, a natureza dos objetos percebidos efetiva uma gama de significados passíveis às interpretações do universo com o qual o ser se relaciona (BLUMER, 1969).

A afirmação do Interacionismo Simbólico de que o homem pode ser o objeto de sua própria ação sustenta a defesa do indivíduo como detentor de capacidades adaptativa à natureza da interação social. Conforme as indicações da teoria de *self* de Mead, anteriormente exposta, o sujeito em interação com o outro não apenas reage passivamente a indicação posta, este também oferece indícios e interpreta as indicações. Isso só se torna possível pelo fato de o homem possuir o "eu" que movimenta e é dotado de potencialidade para a transformação do "mim" que é sujeito social previamente definido. Assim, a possibilidade de formarmos objetos de nós mesmos sofre intermédio das formas que organizamos nossas linhas de ação no universo, como também perpassa pelas formas de como o outro nos veem, ou nos define (BLUMER, 1969).

Logo, o comportamento do sujeito não se sintetiza como um elemento respondente, mas sim agente, elaborando e reelaborando linhas de ação de acordo com os elementos verificados na interação simbólica.

A ação a que se refere o sujeito agente, imprimi um caráter distinto à ação humana. O homem, frente ao universo que se deve interpretar a fim de poder agir, enfrenta as situações em que é chamado, a partir da especificação do significado das ações de outrem, assim, interpretando-as e elaborando sua própria linha de ação à luz desta interpretação. Os aspectos do comportamento social, envolvem indivíduos que agem adaptando as linhas de ação umas às outras, sendo possível, portanto, considerar os aspectos do comportamento coletivo advindo dos processos interacionistas ao que se refere ao contato com as diversas linhas de ação elaboradas pelo ser social, sendo assim, a adaptação recíproca das linhas de ação representa e origina as "ações conjuntas" (BLUMER, 1969).

Em síntese, o Interacionismo Simbólico sugere que os indivíduos signifiquem suas vivências através do pensamento subjetivo, que é fruto das interações simbólicas construídas no campo social, e por isso socialmente compartilhada. A sociedade é composta por indivíduos empenhados em viver, esse empenho se imprimi através das linhas de ações que por ser contínua configura-se em processo complexo de construção e reconstrução frente as inúmeras interpretações que o ser se depara. Por fim, o Interacionismo Simbólico também sugere que os sujeitos vivem em um mundo de objetos possivelmente interpretados e seus caminhos de ações são orientados pela produção social desses objetos, que por ser dotados de significados possibilita a apreensão do conhecimento a partir desta escola de pensamento.

As celas de aulas a partir dos pressupostos do Interacionismo Simbólico: uma abordagem metodológica

Pensar a educação em prisões deve-se considerar duas questões incipientes. Primeiramente, observa-se que as propostas educativas em sistemas penitenciários enfrentam antíteses e contradições acentuadas. Por um lado, projetos de educação para liberdade imerso num cenário de aprisionamento e, por outro, uma educação elementar para atender uma ideal meta de reinserção social. A segunda questão diz respeito ao entendimento da educação em prisões como parte integrante da Educação de Jovens e Adultos – EJA, visto que desta forma, o movimento sofre reforço substancial das políticas públicas e integra um saber que tem potencial de abarcar benefícios mais amplos (IRELAND, 2011).

No cenário atual, emerge-se nas políticas públicas voltadas à questão penitenciária, um movimento de educação como proposta de ressocialização do sujeito em virtude do seu comportamento delituoso. Considera-se que ofertar instrução básica ao sujeito no cárcere ao mesmo tempo em que evita o ócio oferece condições para sua reintegração ao convívio social. Entretanto, essa política vem enfrentando arbitrariedades pela criminologia crítica que aponta incoerências em suas propostas.

Julião (2012, p. 64), problematiza a questão afirmando que:

> [...] *primeiro,* para que o conceito (ressocialização) tenha fundamento, é necessário admitirmos que o indivíduo, interno penitenciário, estava totalmente fora da sociedade, ou seja, que se trata de um indivíduo (des)socializado ou (a)social, ou que tenha se socializado em um conjunto de valores ilegais (do mundo do crime); *segundo,* que no seu retorno para a referida sociedade viesse, realmente, a participar

socialmente das práticas e atividades que lhe conferem condição de cidadão.

Numa realidade em que a população carcerária, em sua grande maioria, é formada por sujeitos pobres, que vivem precariamente em favelas, com pouca ou nenhuma instrução, é ingênuo acreditar que a educação no cárcere por si só seja suficiente para ressocializá-los (JULIÃO, 2012; CUNHA, 2010).

Consequentemente, entendendo a complexidade da questão que se coloca, os estudos com base na criminologia crítica apontam para uma visão socializadora do sujeito, considerando que o processo de "socialização" tem em sua natureza o caráter de ser permanente, e por isso, o interno penitenciário em situação educacional deve ser socializado. "Assim, reconhece-se que o papel do sistema de privação de liberdade é de socioeducar: do compromisso com a segurança da sociedade e de promover a educação do delinquente para o convívio social" (JULIÃO, 2012, p.71).

> [...] ao se tratar da educação em prisões como direito inalienável da pessoa presa, faz-se necessário entender a relação desse direito com outros, como saúde, trabalho, renda e segurança, para, ao reconhecer a centralidade da educação, não cair na contradição de depositar nesta a responsabilidade de resolver, por si só, o problema da violência e da criminalidade e de "habilitar" a pessoa privada de liberdade para a sua reentrada na sociedade (IRELAND, 2011, p. 23).

Um dos desafios enfrentados pela prática educacional no cárcere é o de atender a premissa de educação de qualidade e da formação integral do sujeito, pois em realidades apresentadas por pesquisas aponta-se a educação no cárcere, muitas vezes, sujeita ao capricho de gestores públicos e/ou das unidades prisionais (JULIÃO, 2012). Sendo assim, o mesmo autor observa que as políticas públicas para o cárcere já se atentou para o direito à educação, exigindo, portanto, que o cenário atual fundamente políticas pela qualidade da oferta no objetivo de oferecer ao sujeito em uma futura liberdade, condições mínimas para o exercício pleno da cidadania, como também habilidades para que estes saibam aproveitar as possíveis oportunidades que surgirem quando libertos.

Recentemente o Congresso Nacional aprovou a Lei nº 12.433, de 29 de junho de 2011, alterando a Lei nº 7.210, de 11 de julho de 1984 (Lei de Execução Penal), na qual prevê parte da execução da pena remida através do trabalho e do estudo. No artigo 1º, a lei assegura 1 (um) dia de pena a cada 12 (doze) horas de frequência escolar - atividade de ensino fundamental, médio, inclusive profissionalizante, ou superior, ou ainda de requalificação profissional - divididas, no mínimo, em 3 (três) dias, e em seguida, no parágrafo 5º garante que o tempo a remir em função das horas de estudo será acrescido de 1/3 (um terço) no caso de conclusão do ensino fundamental, médio ou superior durante o cumprimento da pena, desde que certificada pelo órgão competente do sistema de educação. Dessa forma, um olhar especial e alternativo é dado à política de execução penal que, mesmo galgando em passos lentos, representa um possível avanço no cenário penitenciário.

Sendo assim, o objeto de estudo se manifesta a partir do fenômeno da educação para pessoas em situação de privação de liberdade como expressão da EJA, e tenta entender a seguinte questão: como a política de remissão pelo estudo está sendo significada pelos internos penitenciários no que consiste seu objetivo de reintegração social?

Na medida em que analisa os possíveis significados atribuído pelos estudantes internos penitenciários, compreende a natureza interacionista no processo de produção de significados, tendo em vista as três premissas subjacentes à escola de pensamento interacionista. A percepção do objeto social, impresso na legislação de remissão pelo estudo, interage com os sujeitos do processo de forma direta, assim, investigar os produtos (significados) advindos da interação consiste numa primeira categoria empírica possível de ser evidenciada. Concomitante, a natureza da interação entre os sujeitos envolvidos no processo educacional, e a influências dos objetivos acenados pela então política posta, movimenta os indivíduos agente à projetar linhas de ação tendo em vista o próprio processo interativo, logo, afirmando-se e reafirmando-se como objetos de si mesmo situados num contexto de vulnerabilidade social. Assim, uma segunda categoria empírica interessa-se pela natureza da interação social destes agentes em contato com as práticas educacionais possibilitadas pela política de remissão pelo estudo, no que concerne a consciência de si e do outro. Por fim, considera-se as modificações dos significados dadas pelo processo interpretativo das relações. Destarte, verificar mudanças atitudinais, projetos de vida e conscientização do estado do ser em contato com a educação em prisões, evidencia uma terceira categoria empírica objeto de análise do então estudo posto.

Considerações Finais

A pesquisa entendida como criação do saber tem uma aproximação estrutural à interação, pois, da mesma forma que esta cria saber, o saber interage com outros na tentativa de substanciar o conhecimento. Sendo assim, a pesquisa participante à luz do Interacionismo Simbólico intenciona servir de caminho para que o pesquisador possa apreender de forma extensa e profunda a dinâmicas das interações sociais advindas da prática social dos sujeitos e, como causa, a exposição sistematizada dos significados produzidos por estes.

Logo, categorizando e pré-visualizando os avanços e limites metodológicos deste estudo, considera-se que na medida em que ele analisa os possíveis significados atribuído pelos estudantes internos penitenciários, compreende a natureza interacionista no processo de produção de significados, tendo em vista as três premissas subjacentes à escola de pensamento interacionista.

A saber, a percepção do objeto social, impresso na legislação de remissão pelo estudo, interage com os sujeitos do processo de forma direta, assim, investigar os produtos (significados) advindos da interação consiste numa primeira categoria empírica possível de ser evidenciada. Concomitante, a natureza da interação entre os sujeitos envolvidos no processo educacional, e a influências dos objetivos acenados pela então política posta, movimenta os indivíduos agentes a projetar linhas de ação tendo em vista o próprio processo interativo, logo, afirmando-se e reafirmando-se como objetos de si mesmo situados num contexto de vulnerabilidade social. Assim, uma segunda categoria empírica interessa-se pela natureza da interação social destes agentes em contato com as práticas educacionais possibilitadas pela política de remissão pelo estudo, no que concerne a consciência de si e do outro.

Por fim, considera-se as modificações dos significados dadas pelo processo interpretativo das relações. Destarte, verificar mudanças atitudinais, projetos de vida e conscientização do estado de sujeito em contato com a educação em prisões, evidencia uma terceira categoria empírica objeto de análise do então estudo posto.

Referências

BENEVIDES, Maria V. **Educação em direitos humanos: de que se trata?** In: BARBOSA, R. L. L. Formação de educadores: desafios e perspectivas. São Paulo: Unesp, 2003. pp. 309-318.

BLANCO, Amalio. **Cinco Tradiciones em la Psicología Social**, 1988. Disponível em: <https://www.researchgate.net/publication/31698291_Cinco_tradicio nes_en_la_psicologia_social_A_Blanco_Abarca_prol_de_F_Jimenez_B urillo>. Acesso em: 10 de ago. de 2018.

BLUMER, H. A natureza do interacionismo simbólico. In: MORTENSEN, Charles (Org.). **Teoria da Comunicação:** textos básicos. São Paulo: Mosaico, 1980. p. 119-138. Disponível em: <https://edisciplinas.usp.br/pluginfile.php/1075930/mod_resource/co ntent/1/Interacionismo%20Simbólico%20- %20H%20Blumer%20%281%29.pdf>. Acesso em: 10 de ago. de 2018.

BRANDÃO, Carlos Rodrigues; BORGES, Maristela Correia. **A pesquisa participante: um momento da educação popular,** 2007. Disponível em: < http://www.seer.ufu.br/index.php/reveducpop/article/view/19988>. Acesso em: 10 de ago. de 2018.

BRASIL. **Lei nº 12.433, de 29 de junho de 2011**. Diário Oficial da União, Brasília, 30 jun. 2011. Disponível em: < http://www2.camara.leg.br/legin/fed/lei/2011/lei-12433-29-junho-2011-610870-norma-pl.html>. Acesso em: 10 de ago. de 2018.

CARVALHO, Virgínia Donizete de. **Interacionismo Simbólico: Origens, Pressupostos e Contribuições aos Estudos Organizacionais,** 2011. Disponível em: < https://raep.emnuvens.com.br/raep/article/view/140/114>. Acesso em: 10 de ago. de 2018.

CARVALHO, Virgínia Donizete de; BORGES, Lívia de Oliveira; RÊGO, Denise Pereira do. **Interacionismo Simbólico: Origens, Pressupostos e Contribuições aos Estudos em Psicologia Social,** 2010. Disponível em: < http://www.scielo.br/scielo.php?pid=S141498932010000100011&scri pt=sci_abstract&tlng=pt>. Acesso em: Acesso em: 10 de ago. de 2018.

CUNHA, E. L. da. **Ressocialização: o desafio da educação no sistema prisional feminino**, 2010. Disponível em: <http://www.scielo.br/pdf/ccedes/v30n81/a03v3081.> Acesso em: 05 de Jul. de 2017.

IRELAND, Timothy Denis. **Educação em Prisões no Brasil: direito, contradições e desafios.** In: Em aberto. Instituto Nacional de

Estudos e Pesquisas Educacionais Anísio Teixeira. V. 1, n. 1. Brasil: 2012. pp. 19 – 39.

JULIÃO, E. F. **Sistema penitenciário brasileiro: a educação e o trabalho na política de execução penal.** Petrópolis: FAPERJ, 2012.

RIZO, Marta. **El interacionismo simbólico y la Escuela de Palo Alto. Hacia um nuevo concepto de comunicación,** 2011. Disponível em: < http://www.portalcomunicacion.com/uploads/pdf/17_esp.pdf>. Acesso em: 10 de ago. de 2018.

OLHARES E SENSIBILIDADES INDICIÁRIAS: PRÁTICAS DE MEDIAÇÃO CULTURAL DE UMA AGENTE COMUNITÁRIA DE SAÚDE

Francikely da Cunha Bandeira[100]
Luiz Gonzaga Gonçalves[101]
Maria Selma Santos de Santana[102]

1 ASPECTOS INTRODUTÓRIOS

Propomo-nos a identificar como os conceitos "circularidade cultural" e "intermediário cultural" emergem da prática laboral de uma Agente Comunitária de Saúde. A entrevista foi realizada em dezembro de 2018 por Luiz Gonzaga Gonçalves e Maria Selma Santana. O olhar específico para este tipo de trabalhador se justifica pelo fato de ele ocupar uma posição singular no campo social por ser ao mesmo tempo membro da comunidade na qual atua e usuário dos serviços de saúde que representa.

Atualmente 285.144 Agentes Comunitários de Saúde (doravante ACS), espalhados por todo o Brasil, compõem uma força de trabalho que se faz presente no cotidiano de milhares de famílias. O pertencimento à comunidade constitui um elemento definidor do Agente de Saúde, mesmo antes de fazer parte da estrutura governamental através da Política Pública de Saúde, o SUS, em 1991 e por isto sua relação direta com os grupos populares se constituiu uma característica primeira para os ACS. A origem popular pressupõe o domínio de saberes e habilidades desses grupos ao passo que o "tornar-se ACS" pressupõe aquisição de conhecimentos técnicos e especializados do campo da saúde.

---

[100] Doutoranda do Programa de Pós-Graduação em Educação da Universidade Federal da Paraíba na linha de pesquisa Educação Popular. *E-mail*: kely01kely@hotmail.com

[101] Professor, Doutor do Programa de Pós-Graduação em Educação da Universidade Federal da Paraíba. *E-mail:*luggoncalves@uol.com.br

[102] Mestranda do Programa de Pós-Graduação em Educação da Universidade Federal da Paraíba na linha de pesquisa Educação Popular. *E-mail*: professora.selminha@gmail.com

Assim, os ACS necessariamente precisam se comunicar nos dois sentidos, num constante diálogo de saberes no contato diário com as famílias na tentativa de encontrar soluções para os problemas de saúde mais comuns. Neste sentido, ele se constitui um intermediário cultural devido ao esforço constante de considerar os elementos culturais presentes na vida das comunidades/pessoas e introduzir também os conhecimentos técnicos/especializados na tentativa de enfrentamento e solução de problemas. Esse movimento entre saberes e conhecimentos entendidos como igualmente importantes para dar conta da dinâmica de trabalho tende à valorização da horizontalidade como princípio e permite a imersão do conceito de circularidade cultural. Há aqui um imperativo ético que é o respeito às diferentes formas de perceber, entender, interpretar e vivenciar a realidade.

Desse modo, a pretensão aqui é verificar através da entrevista de uma ACS, temporal e territorialmente situada, como os conceitos-chave emergem da sua prática e atentar para a maneira como a intermediação cultural promove a circularidade cultural. A entrevistada é natural do município de Mari – PB onde trabalhou por um período de onze anos e sete meses como ACS, tendo ingressado em 2004 e atuado até 2015, quando se afastou para cursar mestrado na UFPB. Já com o título de mestra em educação, retornou ao trabalho em 2017 por sete meses, quando se afastou novamente para o curso de doutorado na mesma Universidade. Suas pesquisas são voltadas para esta categoria de trabalhadores reunindo assim experiência da prática às investigações teóricas sobre ACS.

O texto apresenta primeiro a entrevista seguida de comentários analíticos, sendo um da própria entrevistada num esforço de repensar sua prática com olhar de pesquisadora. Os comentários lançam um olhar prospectivo no sentido de pensar se a ação dessa profissional é ou não uma ação transformadora. Com a sensibilidade indiciária as análises são voltadas para as minúcias do trabalho da ACS, procurando indícios de um ato educativo que atenda ao que tem sido defendido por alguns estudiosos da integração entre educação popular e saúde.

2 UM POUCO DE CONVERSA, MUITOS SABERES: ENTREVISTA COM UMA AGENTE COMUNITÁRIA DE SAÚDE

1. Fale de modo sucinto sobre Mari: população, onde está situada, economia e força da experiência comunitária quando começou o Programa de Agentes Comunitários de Saúde.

Mari é uma das muitas pequenas cidades do interior da Paraíba, completou sessenta anos no último 19 de setembro. Segundo o último censo do Instituto Brasileiro de Geografia e Estatística - IBGE, tem cerca de 22 mil habitantes e faz parte da mesorregião da Zona da Mata. O clima é tropical chuvoso, possui terras planas e férteis, é abundante em água e de fácil acesso, distante 60 km da capital. Atualmente, a economia gira principalmente em torno do cultivo da mandioca, mas também se cultiva batata-doce, feijão, inhame, abacaxi e fumo, entre outras coisas.

Considero importante falar da fertilidade do solo por ser um elemento que marcou e marca a história da cidade assim como de muitas outras cidades deste país. Em 1964 a luta de trabalhadores e trabalhadoras pela terra marcou um importante triste momento da história da cidade num conflito sangrento que culminou numa tragédia com dez mortes. Havia naquela época grandes organizações de trabalhadores rurais, como reflexo de um movimento maior em todo o país. Bem, aquela forma de organização dos camponeses é um exemplo de experiência e força comunitária local que refletia um movimento maior e que infelizmente se fragilizou após o conflito.

Como outros exemplos, cito os mutirões que eram muito comuns nos meios populares e tinham como elemento central a organização das pessoas em torno da realização de um trabalho, fazia-se mutirões para construir casas, capelas, plantar roçados. A ação era motivada apenas pelo interesse em ajudar, nesse sentido, havia realmente um espírito de organização comunitária. A capela perto da minha casa, por exemplo, foi construída através de mutirões, o antigo hospital também.

A implantação do PACS em Mari não tem relação direta com esse tipo de "esforço coletivo", por assim dizer. Diferente de alguns lugares, onde o Programa "chegou" como culminância de algum tipo de mobilização em torno de interesses coletivos, em Mari, a implantação se deu mais por um viés predominantemente administrativo, ou seja, não resultou de um trabalho de base já em andamento, embora muitos dos primeiros Agentes Comunitários tivessem engajamentos em trabalhos comunitários ligados à Igreja.

2. Fale de seu processo seletivo para ACS, o que foi considerado importante para a aprovação do ACS, no seu ponto de vista?

Bem, eu ingressei como ACS em 2004. Exigia-se ensino médio e residência na área onde se ia trabalhar há pelo menos dois anos. A equipe que realizou a seleção foi composta por pessoas ligadas à Secretaria de Saúde do Estado. A seleção foi dividida em três etapas: prova escrita, entrevista individual e entrevista coletiva, todas realizadas no mesmo dia em escolas da rede municipal. Fiz a prova escrita pela manhã: uma questão que perguntava sobre o perfil do médico de um PSF e outra se havia uma organização da demanda. Na verdade, queriam saber se tínhamos o mínimo de conhecimento sobre a composição e o funcionamento de uma equipe de saúde.

Quem passava nessa fase ia para a entrevista individual. Acho que umas vinte e cinco pessoas fizeram a entrevista individual. Perguntaram-me se eu sabia que ser ACS era um trabalho difícil e por que eu queria ser ACS. Respondi que imaginava ser difícil, mas, que não tinha medo, gostava de trabalhar e queria ser. Essa fase era a eliminatória; então, quem permaneceu ficou apreensivo pensando sobre o que perguntariam. Eram três avaliadoras. Sentamos em círculo e explicaram que fariam perguntas baseadas em situações e cada um diria como se comportaria diante daquela situação. Estávamos em quinze pessoas, aproximadamente. Das perguntas feitas, lembro de uma que considero ter sido crucial para minha escolha. Uma das avaliadoras pediu para imaginarmos que trabalhávamos em uma área carente e havíamos recebido uma cesta básica para doar a uma família, perguntando como cada um escolheria a família, lembrando que todas eram pobres. Cada um falava quais os critérios para sua escolha. Muitos repetiram que dariam para a família mais pobre, e uma coordenadora ressaltou que todas eram pobres por igual. Aí alguns disseram que dariam para a família cuja mulher não tivesse marido ou que ele não estivesse trabalhando e isso foi se repetindo. Eu fiquei pensando em algo diferente para dizer e quando chegou minha vez, eu disse que sendo todas pobres, escolheria uma família cuja mulher fosse sozinha e que tivesse o maior número de filhos. Percebi que minha resposta foi boa. Ao final pediram para que todos saíssem e algum tempo depois apresentaram a lista com os sete nomes finais.

3. Descreva a área da cidade sob sua responsabilidade: centro, periferia, poder aquisitivo dos atendidos. Esclareça como era sua aproximação direta com a cultura popular local, antes e depois de ser ACS. Como isso repercutiu na realização dos objetivos de trabalho do Programa?

Minha área de trabalho fica num bairro localizado em um dos extremos da cidade. É uma área de periferia, contudo, era e ainda é um bairro tranquilo onde as pessoas ainda ficam nas calçadas conversando, tomando ar e vendo o tempo passar, algo muito comum nas cidades do interior e que contraria um pouco a ideia de periferia como lugares perigosos.

A grande maioria das pessoas não tinha emprego nem renda fixa. Muitos viviam de trabalhos temporários e/ou da aposentadoria dos pais ou avós. Havia também várias pessoas jovens com pouquíssima escolarização. "Recebi" seis ruas que somavam 150 famílias. O fato de eu participar da vida da comunidade, especialmente através dos trabalhos da Igreja ajudou muito, porque a religiosidade é um elemento forte na vida das pessoas do interior e eu "usei" isto da maneira que pude para estabelecer relações. Por exemplo, quando eu entrava em uma casa que ainda não conhecia a pessoa, muitas vezes eu usava dos elementos religiosos para ajudar a desenvolver a conversa perguntando sobre objetos que via na sala, quadros e imagens de santos, era uma alternativa que dava certo. Houve ocasiões em que me deparei com coisas com as quais nunca tinha tido contato, por exemplo, pessoas que diziam estar doentes, mas não iam procurar médico, pois eram problemas espirituais. Foi um constante aprendizado, porque embora eu já estivesse imersa no universo de cultura popular, o contato com as pessoas me fez perceber a força e riqueza dos elementos dessa cultura.

4. Descreva situações concretas, casos em que acontecia a possibilidade de diálogos entre saber cultural popular sobre saúde e a cultura pensada pelo Programa para a população atendida?

Bom, é importante lembrar que o saber popular está no agente antes do saber especializado, ou seja, a cultura popular deve ser levada em consideração na realização dos serviços prestados.

Eu me deparava cotidianamente com situações nas quais precisava articular a maneira como as pessoas e até eu mesma via as coisas do ponto de vista da cultura popular e a forma como era vista na lógica médica. Por exemplo, mães com recém-nascidos com icterícia que faziam remédios caseiros contrariando as orientações dadas pelas enfermeiras nas visitas. Quando o problema se manifesta no hospital, normalmente o bebê não recebe alta, mas às vezes aparece já em casa, aí, normalmente as avós dão banho com água misturada com chá de açafroa e dão um golinho de chá para a criança beber, isso durante três dias (a mesma coisa se faz com coco roxo).

Na visita, a enfermeira perguntava várias coisas e quando as mães contavam sobre isso, em geral elas diziam que não precisava, mas elas faziam. Algumas só contavam para o agente.

Houve um caso em após o parto, a mãe teve alta e a criança não, por causa de icterícia, aí a avó assinou um termo de responsabilidade e as retirou do hospital argumentando que aquilo era algo simples e que se podia cuidar em casa tranquilamente.

Como eu vi de perto, várias vezes na minha família, minha avó cuidando de recém-nascidos com icterícia, aquilo me era familiar. Eu entendia que precisava respeitar a crença das pessoas, mesmo porque não era uma coisa estranha, mas uma prática geracional; aí eu explicava que além de fazer aquele "remédio" em casa, era importante o acompanhamento da enfermeira e também do médico.

Pelo menos em relação à minha área eu considero que os saberes dialogavam, entendendo como diálogo de saberes ouvir as pessoas entendendo que as referências culturais de cada um são diferentes, não fazer julgamentos e aprender com o que à primeira vista pode parecer sem fundamento. Metaforicamente o ACS é o tipo de trabalhador que precisa servir a dois senhores, o Estado e a comunidade e sem promover o diálogo entre os dois o trabalho fica sem sentido.

5. Fale sobre como você via a dimensão educativa no seu trabalho de ACS, pela lógica da Educação Popular.

Durante um bom tempo não me percebi como uma educadora popular. Hoje atribuo isso, em parte, às lacunas da "capacitação" que recebi por não ter dado nenhum suporte teórico para pensar essa condição. As capacitações, com poucas exceções, cuidavam mais da questão burocrática da função. Na verdade, não pensamos "quem era o ACS", mas, "o que fazia o ACS".

Para mim, o momento em que a coisa aconteceu, por assim dizer, para despertar minha percepção da dimensão educativa do trabalho, foi quando recebi um Manual do Agente Comunitário de Saúde e lá Paulo Freire "apareceu" como referência para falar da prática educativa do ACS. A leitura desse material foi chave para ampliar minha percepção sobre minha condição e meu trabalho.

Isso foi em 2009, mesmo ano em que comecei a cursar pedagogia e comecei a me inquietar quando nas aulas, as participações e relatos dos colegas sempre remetiam ao espaço escolar e como eu não tinha experiência com docência, sentia-me incomodada, era como se minha prática não tivesse validade. A partir daí a percepção sobre meu trabalho foi se ampliando e o encontro com Paulo Freire foi fundamental para isso acontecer. Um pequeno texto de um Manual fez muita diferença.

Aí sim, eu comecei a perceber meu trabalho pelo viés da educação popular. Na verdade, eu já estava situada no campo popular e entendia que as pessoas pobres e muitas sem escolarização com quem eu me encontrava todos os dias, não eram pessoas ignorantes para as quais eu precisava dizer o que fazer. Eu não ia às pessoas como alguém que sabia mais e poderia lhes ensinar o melhor a fazer; mas, como poderia contribuir para encontrar caminhos para resolver os problemas ou evitá-los, que é a ideia-chave da Estratégia Saúde da Família e especialmente do trabalho do Agente de Saúde.

Então, penso que no meu caso, considerando o comprometimento com o que fazia me permite dizer que em certa medida meu trabalho se dava numa perspectiva da educação popular. Eu digo em parte porque certamente não contempla todos os princípios da Educação Popular, mas o respeito ao saber do outro, e o comprometimento, por exemplo me colocam na esteira da Educação Popular. É claro que isto não é extensivo a todos os agentes, haverá quem trabalhe a partir de outra ótica.

6. Você considera o trabalho do ACS como um ato de mediação cultural? A partir de sua prática, como ocorre esse processo?

Sim, claro. O ACS é um mediador porque transita entre dois espaços, o popular e o institucional e em cada um desses espaços há um tipo de saber com o qual o ACS precisa lidar. Na verdade, são dois campos de interesses diferentes. É preciso ter isso claro para que um não subjugue o outro.

Segundo Michel Vovelle (1991) o mediador cultural ocupa uma posição privilegiada e ambígua, ao mesmo tempo. Trata-se de uma posição estratégica. Pensando no ACS, é privilegiado porque ele tem muita facilidade de entrada na casa e na vida das pessoas e através dele, o Estado tem acesso à vida das pessoas em um nível que nenhum outro trabalhador ou instituição consegue alcançar, o que possibilita a transmissão da sua ideologia e por outro lado torna o ACS um porta-voz dos interesses populares.

Teoricamente ele sabe do interesse dos dois lados e se não estiver consciente desse espaço de conflito coloca em risco seu papel de mediador podendo cair na lógica da organização institucional à qual está vinculado e se afastar dos interesses da comunidade a que pertence ou cair no outro extremo que seria limitar-se ao senso comum e não ampliar suas percepções e práticas.

Aqui lembro mais uma vez que não há um jeito único para resolver ou evitar problemas e/ou mediar processos, cada um encontra alternativas frente às realidades com as quais se depara sem perder de vista a ideia de conjunto e o respeito ao outro. Neste sentido, mediar seria também encontrar alternativas para se "mover" num espaço conflituoso sem privilegiar um ou outro grupo. Os agentes das pastorais da Igreja, por exemplo, tinham essa visão do coletivo muito forte e ressaltamos mais uma vez o papel da Igreja fundamentando a postura ética desses agentes que atuavam nas comunidades a partir de uma metodologia de participação coletiva e de solidariedade.

Pensando na prática, os processos de mediação ocorrem desde o início da atuação do ACS quando foram agregadas aos seus saberes informações e técnicas especializadas. Quando o ACS chega na área de trabalho ele escuta as pessoas e dialoga com elas; muitas vezes, as pessoas não estão entendendo uma coisa e pedem pra ele explicar.

Então é importante explicar de forma clara, em outra linguagem. Na literatura, isso aparece bastante quando o ACS é descrito como um tipo de tradutor entre comunidade e serviços de saúde.

7. Como se dava sua relação com a comunidade atendida no seu trabalho de ACS?

Minha relação com a comunidade sempre foi muito boa. Veja, é a comunidade onde vivi desde que nasci e meus avós e minha mãe já moravam lá antes de eu nascer. A escola onde estudei estava lá na qual minha mãe era professora há anos e com muita frequência me levava junto com ela quando não tinha com quem me deixar em casa. A capela do bairro era por trás da minha casa e desde pequena eu participava da vida religiosa da comunidade. Mais tarde passei a colaborar na rádio comunitária e tudo isso foi importante porque possibilitou conhecer muitas pessoas e aprender coisas da vida em comunidade.

Aos poucos fui conhecendo minha área, reconhecendo as pessoas e aprendendo a trabalhar porque, mesmo tendo boa entrada na casa das pessoas, a gente precisa inventar jeitos para lidar com elas.

8. Em sua prática diária como ACS, na mesma localidade em que estava inserida como integrante da população, quais conhecimentos permeavam seu trabalho com mais frequência, os propostos pela instituição ou os advindos da cultura popular?

Os da cultura popular, sem dúvida. Primeiro porque eles já estavam em mim e depois porque eu tentava fazer um trabalho partindo de baixo para cima, ou seja, tentava fazer com que as percepções das pessoas viessem antes do que o sistema propunha. A partir do que a realidade oferecia é que os conhecimentos técnicos eram agregados para tentar entender melhor e resolver as coisas.

Na verdade, são conhecimentos complementares, mas, deve-se partir sempre da realidade dos sujeitos, e lá o que está mais presente é o conhecimento popular. A gente aprende como funciona a rotina nas casas, o jeito das pessoas se comportarem. Dava pra saber quando a pessoa estava em casa, por exemplo, e mandava uma criança avisar que não estava. Às vezes eu olhava pela fechadura quando eram daquelas casas que, da porta da frente se vê o quintal (tinha roupa recém-lavada no quintal ou tinha barulho de panela no fogo, às vezes fumaça de fogo a lenha, às vezes uma criança recém-nascida chorando). Na verdade, o próprio conhecimento popular se manifesta de diversas maneiras. Não somente na forma de ouvir e falar, mas de observar as coisas.

9. Como você avalia sua relação com as pessoas que eram atendidas pelos seus serviços? Havia "circularidade cultural"?

Bem, acho que já falei sobre a questão da relação com as pessoas. Sobre a questão de haver circularidade cultural, sim. E essa ideia reforça o que já coloquei de outra forma que é a do reconhecimento de que tanto a cultura popular quanto a cultura elitista, vou usar esses termos para me aproximar mais das discussões sobre o conceito de circularidade, são igualmente importantes. A ideia da circularidade tende a superar as dicotomias com as quais, às vezes, insistimos em nos apegar enxergando maior estatuto de autenticidade em uma do que na outra.

Trata-se de um movimento contínuo entre as culturas, no caso do ACS, entre os saberes populares e o conhecimento técnico/especializado que se complementam. Com a disseminação do uso de equipamentos com acesso à internet se fortaleceu a circulação de conhecimentos de diversas culturas afetando ainda mais o privilégio de detenção de determinados saberes por parte de um grupo, o que se deu inicialmente com o surgimento da imprensa. O acesso à internet impulsionou isso com muita força. A todo o momento as pessoas podem fazer pesquisas rápidas e ficar sabendo sobre as mais diversas coisas, contudo, ainda há muita pesquisa na oralidade apenas e o que não for registrado tende a desaparecer. Mas o cotidiano do ACS é perpassado por um conjunto de elementos culturais que vão desde conhecimentos técnicos e especializados a saberes orais e indiciários. É preciso fazer leituras de contextos em suas especificidades e complexidades. Não basta um saber apenas. De nada adianta medicar sem tratar a causa do problema e a causa ainda pode estar por ser descoberta. Então, um saber se une ao outro para tentar dar conta da leitura.

O ACS transita em espaços muito ricos de saberes populares e não basta só entender, mas interpretar, problematizar, discutir; só há circularidade quando se promove um movimento.

10. Quais situações vivenciadas na sua trajetória como ACS apresentam indícios de convergências ou divergências entre o saber institucional e o saber popular, tidos como alternativas de prevenção ou de cura para os possíveis problemas de saúde prevalecentes na população atendida?

Bem, o saber institucional que vou aqui chamar de técnico/especializado e o saber popular são convergentes à medida que se complementam; como falei anteriormente, cada um tem sua importância. No caso de uma pessoa que vai ao médico e vai também à rezadeira, para curar uma enfermidade. Uma mulher que com alguma infecção genital além de usar o remédio receitado por médico, faz banho de assento com chá de uma erva específica, por exemplo.

Não considero ético nem proveitoso desmerecer nenhum dos conhecimentos. Os dois podem ser usados simultaneamente. Quanto às divergências, considero que um dos motivos é por terem matrizes diferenciadas. Enquanto o saber popular tem raízes tradicionais, vem de povos tradicionais, transmitidos pela oralidade e não tem um critério de cientificidade, o que não significa que não tem validade, o saber técnico/especializado é resultado de um rigor metodológico ao qual foi submetido para verificação de sua legitimidade, o que por sua vez não garante sua total veracidade, tanto que a realização de pesquisas nunca cessa. Outra coisa é que além de matrizes diferentes eles têm objetivos diferentes. A cada tipo de conhecimento interessa algo justificado por uma determinada forma de conceber o mundo.

Como exemplos, cito duas situações. Quando uma mãe que crê não dever tirar o recém-nascido de casa antes de completar sete dias de nascimento e diante da necessidade de realizar o teste do pezinho, que deve ser feito até o quinto dia de vida quando não é feito no hospital, temos aí uma divergência uma vez que o estatuto de veracidade "destes sete dias" nem sempre é reconhecido. Outra situação é o caso de uma mãe que ainda no hospital após uma cesárea, o primeiro alimento oferecido foi um copo de suco de goiaba anunciado pela enfermeira como bom para a recuperação. Ela não tomou o suco, pois, aprendera com a avó e a mãe o contrário, isto é, que em situações de inflamações e cortes, por exemplo, não se deve consumir goiaba, nem seu suco.

3 OLHARES E SENSIBILIDADES INDICIÁRIAS SOBRE A PRÁTICA DE UMA ACS

3.1 Palavras autorreflexivas

É importante e necessário dedicar um tempo para repensar nossas práticas fazendo exercício de esforço de síntese que se constitui, na verdade, um imperativo ético. Neste sentido, hoje, depois de acumular pouco mais de uma década de atuação como ACS, repensar minha prática na condição de pesquisadora, a partir dos elementos presentes na entrevista, é importante não para identificar erros e acertos, mas para, a partir de um' olhar mais sensível e curioso, tentar perceber de que forma isto pode contribuir com novas projeções.

A primeira coisa é reconhecer que durante um bom tempo, eu não consegui perceber a riqueza que havia no meu espaço de trabalho e que eu estava imersa num verdadeiro laboratório de cultura popular ocupando uma posição privilegiada pelo livre acesso. Diferente do que em geral se tende a pensar, os grupos populares são portadores de grande riqueza cultural e isto nos chama atenção para uma não generalização do conceito de pobreza, isto é, o fato de serem pobres economicamente não significa que são pobres em todos os sentidos; ao contrário, os grupos populares preservam parte de uma tradição cultural que ainda não foi suficientemente explorada. Lembro aqui a questão da crise de interpretação discutida por Victor Valla inspirado em José de Souza Martins. Nossa grande dificuldade de compreender as classes populares deve-se, em grande parte, ao fato de preconcebermos um entendimento, negligenciando assim suas formas específicas de pensar e perceber o mundo, ou seja, a dificuldade na compreensão/interpretação muitas vezes está em nós.

Uma segunda coisa importante é reconhecer que, de acordo com Michel Vovelle (1991), a mediação cultural tem várias feições e pode se dar num sentido vertical ou horizontal. Segundo ele, no campo das profissões, o mediador fica entre os senhores e os dominados; no caso do ACS, esta relação se expressa entre o universo popular e o institucional e mesmo quando reconhecendo sua identidade popular, no caso do ACS, não significa que a mediação se dará continuamente em sentido horizontal, porque uma vez dentro da estrutura burocrática do aparelho estatal, a mediação por ele praticada oscila entre uma postura mais horizontalizada ou verticalizada.

Esta horizontalidade é uma contraposição à lógica de transmissão que caracteriza o modelo tradicional de relação, ou seja, é uma forma de mediação e circularidade que privilegia alguns em detrimento de outros. Quando por exemplo, prioriza-se a simples coleta de informações nos domicílios, tratando os indivíduos como fonte de dados, perde-se de vista o caráter exploratório da ação, segundo Gonçalves (2013) se perde uma oportunidade única, de perceber os modos de existir, de trabalhar e tecer relações humano-sociais. Privilegia-se nesse caso, a instituição.

Então, mesmo reconhecendo que na entrevista, o tempo todo, há referência a uma atuação preocupada com a cultura das pessoas, seus saberes etc., é importante ressaltar que isso nem sempre se efetiva e a atuação "de baixo para cima", como mencionado na questão seis, bem se expressa como tentativa porque há momentos em que o nível de exigência burocrática demanda apenas contatos rápidos que desconsideram as especificidades, caso contrário, não se consegue dar conta das demandas. Nesse sentido, é possível pensar a prática de mediação cultural em seu sentido horizontal como um esforço contínuo e não como uma constante.

Contudo, considerando os elementos que prevalecem na entrevista, especialmente nas situações de envolvimento com a comunidade, a dinâmica relacional traduz um real esforço de mediação num sentido horizontalizado e se apresenta como espaço bastante fecundo à circularidade cultural. As experiências expressam, antes de tudo, um esforço antigo que Gonçalves (2013) chama de pensar por alternativas que é a busca por soluções para situações diversas a partir dos recursos que se tem à mão. As classes populares têm muito a ensinar sobre isto e pensando na condição de pesquisadora, creio que a academia tem muito a aprender.

Hoje, mesmo com a presença da medicina, estas experiências alternativas ainda estão muito presentes na vida das pessoas, nas cidades dos interiores, sem dúvida, de maneira muito mais forte, haja vista que nesses lugares as pessoas valorizam mais o pertencimento a um território e um grupo, tendem a cultivar valores coletivos e são mais ligados a crenças religiosas.

Decorrente dessa dimensão relacional destaco um elemento que considero fundamental para que o ACS atue como mediador cultural no sentido horizontal que é o pertencimento ao lugar onde atua e ao grupo com o qual atua. Sem um sentimento de pertencimento agregado a um mínimo de compromisso, a mediação tende a privilegiar interesses institucionais apenas. Penso que sem a relação comunitária que foi estabelecida durante anos com aquelas pessoas e sem o conhecimento que tinha do lugar, não teria conseguido desenvolver o trabalho com maior ênfase na dimensão horizontal. Sobre esta questão do pertencimento, minha dissertação de mestrado (BANDEIRA, 2017) faz uma importante referência a partir da investigação feita com os ACS de Mari.

Hoje concluo que muito mais que o curso preparatório para o trabalho, que se preocupa basicamente com o lado burocrático, as experiências acumuladas na vivência em comunidade me deram base para desenvolver o trabalho numa perspectiva mais popular. Neste sentido, a forma como eu percebia e tratava as pessoas e situações estava diretamente ligada à forma como eu me relacionava anterior à condição de ACS.

3.2 Outras reflexões

A ACS entrevistada é também coautora deste trabalho, e registra no item acima uma autorreflexão a partir de um olhar para sua prática. Com a mesma sensibilidade indiciária, seguiremos com as reflexões, amparadas teoricamente, nos estudos feitos em educação popular e saúde.

A continuidade na leitura da entrevista teve como ponto de partida a seguinte questão: considerando as premissas da educação popular é possível perceber indícios representativos de ação educativa no trabalho da ACS? Para buscar resposta, é necessário saber de que educação e de que ato educativo está se falando.

Conforme mencionado, busca-se a relação do trabalho de mediação cultural realizado pela ACS, com a mediação dita por Paulo Freire na prática de um educador popular em saúde. Assim como a ACS entrevistada bem define a mediação cultural, vale complementar que para Nogueira (2000 como citado por Bornstein, 2007, p. 12) a mediação exercida pelo ACS é:

> Um elo entre os objetivos das políticas sociais do Estado e os objetivos próprios ao modo de vida da comunidade; entre as necessidades de saúde e outros tipos de necessidades das pessoas; entre o conhecimento popular e o conhecimento científico sobre saúde; entre a capacidade de autoajuda própria da comunidade e os direitos sociais garantidos pelo Estado.

A ACS de Mari destaca outra categoria importante percebida na sua prática, que vem complementar sua mediação, como também traduzir a importância da sensibilidade indiciária na interlocução com a Educação Popular. Trata-se da circularidade, termo trabalhado por Ginzburg (1987), em que ele diz ser um relacionamento circular que acontecia na Europa pré-industrial "entre a cultura das classes dominantes e a das classes subalternas", que fazia um movimento recíproco de baixo para cima, bem como de cima para baixo.

Pimentel e Montenegro (2007), ao discutirem sobre a proximidade do paradigma indiciário com o pensamento freireano e, certamente, com a educação popular, afirmam que este modelo sensível de investigação

> Está presente em muitas práticas, desde a medicina até as artes dos sertanejos, que conseguem entender e prever o tempo, seja pelo comportamento das formigas, dos cupins ou de outros indícios, como a observação da vegetação,

a posição da lua e das estrelas, o comportamento e o canto dos pássaros, o vento, a cor do sol e das nuvens e tantos outros sinais que a ciência positivista não incorpora, não valoriza.

Nessa visão, observa-se que a agente comunitária entrevistada neste trabalho relata sua proximidade com a comunidade atendida, bem como a facilidade de promover a mediação cultural em sua prática, por meio de um movimento circular, entendendo as possíveis convergências e ou divergências entre os saberes populares e os saberes institucionalizados. Ela afirma que já estava inserida na comunidade em que trabalhou desde criança, configurando numa proximidade cultural incontestável nas suas relações com a área atendida. Pelo seu nível de escolarização, é possível entender que teve oportunidade de conviver entre os dois tipos de cultura, aqui discutidos.

Essa convivência poderá ter possibilitado que a ACS em sua ação profissional desenvolvesse um princípio destacado por Freire e Faundez (1985), como sendo de muita importância no entendimento de cultura, o princípio da tolerância, o qual permeia o diálogo entre as diferenças, nesse caso, diferenças culturais. Assim, [...] não podemos julgar a cultura do outro através de nossos valores, mas sim aceitar que existem outros valores, aceitar que existem as diferenças e aceitar que, no fundo, essas diferenças nos ajudam a compreender a nós mesmos e a nossa própria cotidianidade".

Essa tolerância por parte da ACS pode ter feito a diferença desde o momento do processo seletivo, o qual ela mesma julga ter sido "transparente, autêntico e sem conflitos de interesse". O contato com a rádio comunitária lhe possibilitou o acesso, e as demais etapas poderão ter sido vencidas pelo conhecimento e sensibilidade ao tratar de uma realidade muito próxima da sua. Em dado momento da entrevista, ela reconhece que antes do contato com as orientações baseadas no pensamento freireano tanto no manual como no curso de Pedagogia, não percebia a riqueza que tinha ao seu redor, no meio em que estava imersa, seja como moradora ou como profissional daquela localidade de saberes populares tão salutares, aos olhos da educação popular.

Com esse depoimento, fixa a importância da formação na busca por atividades educativas e transformadoras no trabalho do educador popular em saúde. Ao refletir sobre essas práticas, é preciso estar atento a que tipo de mediação está sendo feita pelos profissionais nas comunidades das quais se tornam responsáveis. Nessa visão, Valla (1996) alerta para a própria forma de relatar uma experiência, pois esta estará indicando a concepção de mundo de quem a faz.

Outro motivo para o qual se necessita atenção é que nem sempre os profissionais e a população vivem as mesmas experiências e a proposta de trabalho pode não estar considerando esse aspecto, visto por Valla (1996) como importante. Ele explica que os profissionais de saúde pública desenvolvem trabalhos nas comunidades periféricas, com base na categoria de "previsão", quando deveriam considerar que a população desses setores costuma conduzir suas vidas com a categoria da "provisão". Ou seja, enquanto os profissionais trabalham com uma visão de futuro, a população poderá estar caminhando com uma ideia de "acumulação", com o olhar para o passado e com preocupação em prover o presente. Assim, é provável que os saberes da população são elaborados de forma diferente dos saberes dos profissionais. No entanto, um não deve mimetizar o outro.

Para Bornstein (2007), "A educação popular como metodologia e como movimento social aponta para uma mediação transformadora". Nessa visão, o educador que é considerado como um agente transformador dentro de determinadas realidades sociais, torna-se ainda mais importante na integração educação popular e saúde quando convive diretamente na comunidade atendida. Considerando esse pensamento, percebe-se no relato da ACS de Mari sua preocupação em frisar que outros agentes da mesma cidade em que trabalha talvez conduzam suas atribuições a partir de outra ótica, que não venha a corresponder aos princípios destinados ao trabalho de um educador popular.

Nessa perspectiva, o trabalho do ACS se torna ainda mais rico na mediação entre saberes populares e saberes tecnocientíficos, principalmente se atuar numa comunidade na qual esteja originalmente inserido. Bornstein (2007) afirma que as práticas desses agentes parecem ser mais vantajosas no que tange à capacidade de interação positiva com os moradores, devido ao conhecimento que tem da população atendida; no entanto, há riscos de assimilarem discursos técnicos e reproduzirem de forma mais ou menos mecânica.

Com o objetivo de garantir que o trabalho do agente comunitário possa acontecer por um viés transformador, há possibilidades de orientações formativas que sugerem uma prática voltada para princípios defendidos pela educação popular, a exemplo do *Manual do Agente Comunitário de Saúde*, no qual Paulo Freire aparece como referência para falar da prática educativa do ACS, conforme disse a entrevistada na questão de número 5 e do *II Caderno de Educação Popular em Saúde*, produzido pelo Ministério da Saúde em 2014. Comungando com o pensamento de Paulo Freire e Valla, o referido caderno sugere:

> Dentre os princípios da EPS, podemos destacar a defesa intransigente da democracia em contraposição ao autoritarismo ainda comum em nossa jovem democracia; a articulação entre os saberes populares e os científicos promovendo o resgate de saberes invisibilizados no caminho de um projeto popular de saúde onde haja o sentido do pertencimento popular ao SUS; a aposta na solidariedade e na amorosidade entre os indivíduos como forma de conquista de uma nova ordem social; a valorização da cultura popular como fonte de identidade; a concepção de que a leitura da realidade é o primeiro passo para qualquer processo educativo emancipatório que vise

contribuir para a conquista da cidadania (BRASIL, 2014, p. 18).

Com base nesse pensamento e em outras referências, é possível dizer que durante toda a entrevista há indícios comprobatórios de uma prática voltada para a transformação da realidade, ao mesmo tempo em que desperta curiosidades e incertezas. A profissional em debate também se apresenta como pesquisadora, deixando caminhos para futuras pesquisas acerca da realidade observada. Fez descobertas interessantes no decorrer de seu relato, tais como o achado do número de pessoas com pouca escolaridade, na área em que atuou como ACS, entre outras minúcias.

A cada detalhe relatado de sua experiência, deixa o entendimento de que fez seu trabalho com compromisso, cumprindo o papel de trabalhadora social que atua numa realidade a qual conhece e atua com outros sujeitos, também responsáveis por qualquer mudança. Nessa lógica, Freire (2014) diz que esse conhecimento não pode reduzir-se [...] ao nível de pura opinião (*doxa*) sobre a realidade. Faz-se necessário que a área da simples *doxa* alcance o *logos* (saber) e assim canalize para a percepção do *ontos* (essência da realidade).

Dessa forma, o movimento da *doxa* ao *logos,* do *logos à doxa,* não se faz com um esforço estritamente intelectualista, mas por meio da indivisibilidade da práxis humana. É nessa ação circular que o trabalhador ou trabalhadora social detecta se a realidade pode ser mutável ou imutável (FREIRE, 2014). Contudo, pode-se dizer que assim acontece o ato educativo por meio da ação, reflexão e ação.

4 PALAVRAS CONCLUSIVAS

A partir da entrevista foi possível perceber o quanto o trabalho do ACS é revelador sobre os conceitos-chaves do texto. A atuação deste trabalhador em saúde cumpre um papel de grande importância para o fortalecimento dos saberes populares a partir das suas práticas de mediação e circularidade cultural.

Estes conceitos são fundamentais para uma aproximação entre o popular e o acadêmico/técnico/especializado, de forma que somente a partir de uma aproximação responsável será possível superar a dualidade que insiste em nos fazer compreender o mundo, as pessoas, as relações e as coisas por um viés antagônico.

A mediação horizontalizada se deixa perceber mais a partir de um contínuo esforço individual orientado pela ideia de pertencimento ao lugar e ao grupo, para que não haja extrema sobreposição cultural e ausência de circularidade. Foi possível perceber que a burocratização do trabalho do ACS tem dificultado a mediação horizontalizada por subordinar o trabalhador aos interesses burocráticos do Estado e, neste sentido, as experiências relatadas mostram um esforço para não deixar a cultura institucional se sobrepor à popular, mas equilibrá-las, esforço este menos necessário quando o ACS ainda não estava institucionalizado. Isto indica que o ACS tem diante de si mais um desafio que é reinventar metodologias de trabalho negando a lógica de transmissão e fortalecendo os saberes populares através da mediação e circularidade cultural.

REFERÊNCIAS

BANDEIRA, F. C. (2017) A dimensão educativa do trabalho dos Agentes Comunitários de Saúde: nos passos dos ACS de Mari-PB. (Dissertação de Mestrado) Universidade Federal da Paraíba, João Pessoa, PB, Brasil.

BORNSTEIN, V. J. O agente comunitário de saúde na mediação de saberes. Rio de Janeiro: s.n., 2007.

BRASIL. Ministério da Saúde. Secretaria de Gestão Estratégica e Participativa. II Caderno de educação popular em saúde / Ministério da Saúde, Secretaria de Gestão Estratégica e Participativa. Departamento de Apoio à Gestão Participativa. – Brasília: Ministério da Saúde, 2014. Editora MS.

FREIRE, P. Educação e mudança. São Paulo: Paz e Terra, 2014.

FREIRE, P., & FAUNDEZ, A. Por uma pedagogia da pergunta. Rio de Janeiro: Paz e Terra, 1985.

GINZBURG, C. O queijo e os vermes: o cotidiano e as ideias de um moleiro perseguido pela inquisição. São Paulo: Cia. das Letras, 1987.

GONÇALVES, L. G. A educação de jovens e adultos e a arte de pensar por alternativas. 2013, Disponível em http://36reuniao.anped.org.br/pdfs_trabalhos_aprovados/gt18_trabal hos_pdfs/gt18_3090_texto.pdf. Acesso em 15 de janeiro de 2019.

Passos Nogueira, R., Barbosa Silva, F. & Valle Oliveira Ramos, Z. (2000) A vinculação institucional de um trabalhador sui generis – o agente comunitário de saúde. Textos para discussão 2000; IPEA nº 735. Disponível em: http://www.ipea.gov.br/portal/images/stories/PDFs/TDs/td_0735.pdf Acesso em 25 de janeiro de 2019.

PIMENTEL, E. F., & MONTENEGRO, Z. M. C. **Aproximações do paradigma indiciário com o pensamento freiriano: uma construção possível?**
Acesso em 25 de janeiro de 2018. Disponível em http://periodicos.uesb.br/index.php/praxis/article/view/355

VALLA, V. V. **A crise de interpretação é nossa: procurando compreender a fala das classes subalternas.** Revista Educação e Realidade. Jul./dez. 1996, p. 177-190.

VOVELLE, M. **Ideologias e mentalidades.** São Paulo. Editora Brasiliense, 1991.

DIREITOS FUNDAMENTAIS E RESTRIÇÕES: POPULAÇÃO LGBTI NO BRASIL

FUNDAMENTAL RIGHTS AND RESTRICTIONS: LGBTI POPULATION IN BRAZIL

Otto Mota de Souza Lima[103]

1. INTRODUÇÃO

A sociedade brasileira é permeada de preconceitos e os LGBTI's (lésbicas, gays, bissexuais, transexuais, travestis e interssexuais) representam um dos principais alvos da discriminação, a eles não sendo reconhecidos direitos pela legislação infraconstitucional inerentes à dignidade da pessoa humana.

Dessa realidade, decorrem inúmeros infortúnios que atingem os direitos fundamentais desses grupos vulneráveis. A homofobia é a principal desventura enfrentada, visto que a todo momento existe a possibilidade de LGBTI's serem alvo de agressões verbais e físicas por indivíduos homo e transfóbicos, o que representa algo real, tendo-se em vista que, segundo pesquisa, 99% dos brasileiros possuem algum tipo de preconceito contra homossexuais e/ou transexuais[104].

Assim, a liberdade de expressão permanece constrangida à opinião e à visão de uma massa tendente a visualizar o afeto entre pessoas do mesmo sexo como uma afronta aos seus direitos, de seus filhos e de sua família. Tal realidade é o que Roger Raupp Rios denomina de heterossexismo (RIOS, 2006), como sendo um sistema no qual a heterossexualidade é tida como uma "norma social, política, econômica e jurídica", independentemente se de maneira explícita ou implícita.

---

[103] Mestrando em Direitos Fundamentais pela Universidade de Lisboa. Alameda da Universidade, Cidade Universitária, 1649-014, Lisboa. E-mail: ottomotasl@gmail.com.
[104] https://extra.globo.com/noticias/brasil/pesquisa-mostra-que-99-dos-brasileiros-tem-preconceito-contra homossexuais-233521.html. Acesso em 14/02/2019.

A intolerância é, em muitas ocasiões, velada, mas transpõe a barreira do consciente para o concreto quando o indivíduo procura uma vaga de trabalho ou candidata-se em uma determinada empresa que não aceita LGBTI's, quando é impedido de adentrar em determinado recinto ou é convidado a retirar-se por demonstrar afeto em público, quando é insultado ou agredido nas ruas por andar de mãos dadas ou por beijar-se. São tantas as situações vexatórias pelas quais a comunidade LGBTI é repelida e tida como marginal que faz-se essencial a discussão da temática, em especial pela promessa de avanços com o advento do julgamento da Ação Direta de Inconstitucionalidade por Omissão (ADO) 26[105] e do Mandado de Injunção (MI) 4733[106], ajuizadas, respectivamente, pelo Partido Popular Socialista (PPS) e pela Associação Brasileira de Gays, Lésbicas e Transgêneros (ABGLT), as quais discutem a omissão do Poder Legislativo, na figura do Congresso Nacional, em editar uma Lei que criminalize atos de homofobia e transfobia.

Em maio de 2011, o Supremo Tribunal Federal (STF) brasileiro julgou a Arguição de descumprimento de preceito fundamental (ADPF) 132[107] e a Ação Direta de Inconstitucionalidade (ADI) 4277[108]. Desde a decisão de efeito vinculante e contra todos, reconhecendo direitos iguais aos casais homoafetivos em relação à união estável e a consequente equiparação ao casamento, a comunidade LGBTI auferiu um relevante avanço no plano jurídico. Contudo, na esfera legislativa inexiste proteção legal adequada aos constantes casos de homolesbotransfobia que ultrajam a comunidade LGBTI, o que representa um fato legitimador de atos violentos e do crescente número de homicídios que acometem a comunidade.

---

[105] http://portal.stf.jus.br/processos/detalhe.asp?incidente=4515053. Acesso em 14/02/2019.
[106] http://portal.stf.jus.br/processos/detalhe.asp?incidente=4239576. Acesso em 14/02/2019.
[107] http://portal.stf.jus.br/processos/detalhe.asp?incidente=2598238. Acesso em 14/02/2019.
[108] http://portal.stf.jus.br/processos/detalhe.asp?incidente=11872. Acesso em 14/02/2019.

Conforme Maria Berenice Dias, "A falta de lei não significa ausência de direito e merece ser trazida a juízo. Difícil compreender a resistência dos representantes do povo de assumir o seu compromisso maior: editar leis voltadas, principalmente, aos segmentos alvo da exclusão social" (DIAS, 2017, p. 33).

É alarmante o alastramento de um pensamento cissexista no Congresso Nacional brasileiro através do recrudescimento no número de deputados da bancada religiosa. Em agravo, o atual presidente eleito possui uma postura igualmente tradicional e tendente a inibir quaisquer meios de garantia de direitos aos LGBTI's, tendo este iniciado o seu mandato retirando a população LGBTI das diretrizes dos Direitos Humanos por medida provisória assinada pelo mesmo. Nas casas legislativas, diversos grupos religiosos e/ou homofóbicos insistem em reter projetos de lei favoráveis a uma abertura aos direitos homoafetivos.

Nesse sentido, o presente trabalho dedica-se a demonstrar a importância da criminalização da homofobia para a garantia e segurança jurídica dos direitos homoafetivos, quais os direitos humano-constitucionais violados e o promissor julgamento da Ação Direta de Inconstitucionalidade por Omissão (ADO) 26 e do Mandado de Injunção (MI) 4733 para o obstáculo ocasionado pela mora e omissão legislativa quanto ao reconhecimento dos direitos LGBTI.

2. A ASCENSÃO DO PENSAMENTO HETEROSSEXISTA NA SOCIEDADE BRASILEIRA

Conforme preleciona Michel Foucault (2018, p. 9):

> Explicam-nos que, se a repressão foi, desde a época clássica, o modo fundamental de ligação entre poder, saber e sexualidade, só se pode liberar a um preço considerável: seria necessário nada menos que uma transgressão das leis, uma suspensão das interdições, uma irrupção da palavra, uma restituição do prazer ao real e toda uma

nova economia dos mecanismos do poder; pois a menor eclosão de verdade é condicionada politicamente.

Na realidade brasileira, o poder necessário para provocar uma ruptura quanto à omissão legislativa e uma eclosão na conquista dos direitos LGBTI provém do Poder Judiciário.

Nos anos subsequentes à decisão do Supremo Tribunal Federal que reconheceu direitos iguais aos casais homoafetivos em relação à união estável e a consequente equiparação ao casamento, almejou-se que houvesse também avanços no plano legislativo quanto aos direitos homoafetivos. Contudo, tal avanço não ocorreu. Ao contrário, os projetos de Lei apresentados ao Congresso nesse sentido foram arquivados, por rejeição de ao menos uma das casas legislativas, em uma tramitação exasperadamente lenta.

Na legislação federal brasileira, há poucas referências à questão da identidade de gênero. Uma encontra-se na Lei 11.340/2006, que visa a reprimir e prevenir a violência doméstica. Outra situa-se no Estatuto da Juventude, o qual assegura a todo jovem o direito de não ser discriminado por motivo de orientação sexual. Em adição, O Estatuto da Pessoa com Deficiência determina o respeito à especificidade, à identidade de gênero e à orientação sexual da pessoa com deficiência. São poucas as alusões e as existentes demonstram uma manifesta omissão legislativa quanto ao artigo 5º, inciso XLI da Constituição Federal, cujo texto afirma expressamente que "a lei punirá qualquer discriminação atentatória dos direitos e liberdades fundamentais" (BRASIL, 1988). Tal discriminação denomina-se, no âmbito do direito homoafetivo e dos estudos de gênero, homofobia ou transfobia, conforme os sujeitos envolvidos.

Na sociedade brasileira, é uma prática cultural e reiterada que a indivíduos e grupos distantes dos padrões heterossexistas seja destinado um tratamento diverso daquele experimentado por heterossexuais ajustados a tais parâmetros. Essa prática, comumente designada pelo termo 'homofobia', implica discriminação, uma vez que envolve distinção, exclusão ou restrição, prejudicial ao reconhecimento, ao gozo ou exercício em pé de igualdade de direitos humanos e liberdades fundamentais (RIOS, 2006).

Nessa esteira, a homofobia é caracterizada como um preconceito que representa uma crença na superioridade da heterossexualidade, muitas vezes transformando-se em uma prática hostil. Na essência do tratamento discriminatório, a homofobia é uma forma de inferiorização, sendo uma consequência da hierarquização das sexualidades, o que situa a heterossexualidade no plano do natural (BORRILLO, 2000).

Ainda conforme Rios (2006),

> "A homofobia revela-se como contraface do sexismo e da superioridade masculina, na medida em que a homossexualidade põe em perigo a estabilidade do binarismo das identidades sexuais e de gênero, estruturadas pela polaridade masculino/feminino".

Insta destacar que existe uma tênue distinção entre preconceito e discriminação, visto que discriminação é a materialização, no plano das relações sociais, de atitudes arbitrárias, comissivas ou omissivas, originadas do preconceito, tendentes a originar uma violação de direitos contra indivíduos e grupos marginalizados (RIOS, 2006).

Em uma abordagem histórica, é visível que, em meio à coletividade hodierna ainda é perene um discurso carregado de pudicícia, o que remonta à colonização de que o Brasil fez parte, englobando tudo e todos que distanciam-se do normal e tradicional como sendo desigual, inferior ou anormal. Nas palavras de Michel Foucault (2018):

> Um rápido crepúsculo se teria seguido à luz meridiana, até as noites monótonas da burguesia vitoriana. A sexualidade é, então,

> cuidadosamente encerrada. Muda-se para dentro de casa. A família conjugal a confisca. E absorve-a, inteiramente, na seriedade da função de reproduzir. Em torno do sexo, se cala. O casal, legítimo e procriador, dita a lei. Impõe-se como modelo, faz reinar a norma, detém a verdade, guarda o direito de falar, reservando-se o princípio do segredo. No espaço social, como no coração de cada moradia, um único lugar de sexualidade reconhecida, mas utilitário e fecundo: o quarto dos pais. Ao que sobra, só resta encobrir-se; o decoro das atitudes esconde os corpos, a decência das palavras limpa o discurso. E se o estéril insiste, e se mostra demasiadamente, vira anormal: receberá esse status e deverá pagar as sanções.

Com a proliferação das igrejas fundamentalistas no seio da sociedade brasileira, em especial dentre a maior camada da população, menos favorecida e menos instruída, e com a representação dessa comunidade no Congresso por meio de deputados e senadores, cada vez mais numerosos, os projetos de Lei relacionados a uma abertura da legislação infraconstitucional aos direitos homoafetivos tem enfrentado uma sequência inabalável de arquivamentos, desarquivamentos, apensamentos, em um constante ir e vir, levando a uma falta de concretude dos princípios constitucionais mais básicos não garantidos à população LGBTI.

Diante da impunibilidade de atos cometidos contra os cidadãos LGBTI em virtude de sua orientação sexual ou de sua identidade de gênero, a discussão sobre a necessidade de criação de uma Lei que criminalize atos homotransfóbicos é evidente. No Brasil, segundo levantamento obtido pelo GLOBO, a cada 19 horas um LGBT é assassinado ou se suicida vítima da "LGBTIfobia", o que faz com que o país seja o primeiro no ranking mundial deste tipo de crime[109]. No mesmo sentido, preconiza Melina Girardi Fachin (2017):

---

[109]   https://oglobo.globo.com/sociedade/assassinatos-de-lgbt-crescem-30-entre-2016-2017-segundo-relatorio-22295785

A complexidade majora em face dos elevados indicadores de práticas discriminatórias registradas na região, herança provável da dominação cultural pautada em valores androcêntricos e reducionismos religiosos. Os dados são efetivamente alarmantes: em levantamento da Secretaria de Direitos Humanos da Presidência da República apurou-se que "foram reportadas 27,34 violações de direitos humanos de caráter homofóbico por dia. A cada dia, durante o ano de 2012, 13,29 pessoas foram vítimas de violência homofóbica reportada no País". Isso sem se olvidar a subnotificação e ausência de identificação precisa das vítimas que ainda assola o reconhecimento e diagnóstico da violência específica. Não obstante, dados recentes dão conta que a cada hora, um gay sofre violação de direitos humanos em nosso país.

Os reacionários morais de um fundamentalismo religioso cego e inibidor de direitos fundamentais fomentam ainda mais o preconceito e os atos de discriminação em defesa de um ideal heterossexista que viola a liberdade dos cidadãos LGBTI's, já demasiadamente segregados. A presença desse pensamento na figura de representantes eleitos pelo povo legitima ainda mais a prática de atos LGBTIfóbicos. Ante tal realidade, vislumbra-se e protagoniza-se a figura da Ação Direta de Inconstitucionalidade por Omissão (ADO) 26.

3. A DISCRIMINAÇÃO POR HOMOFOBIA E OS RESPECTIVOS DIREITOS VIOLADOS

Quando nos referimos à homofobia diversos são os direitos violados, dentre os quais podemos citar o direito à liberdade de expressão, à livre orientação sexual e à identidade de gênero, o direito à vida, à igualdade, além do princípio da dignidade da pessoa humana (princípio máximo do Estado Democrático de Direito). Em adição, encontra-se expresso na Constituição Federal Brasileira em seu artigo 5º, XLI, que "a lei punirá qualquer discriminação atentatória dos direitos e liberdades fundamentais" (BRASIL, 1988).

A homossexualidade não constitui conduta imoral, criminosa, perversão sexual ou "pecado da carne", como abordado por determinadas religiões. Trata-se de uma manifestação da sexualidade humana, consistindo em parte da vida íntima de cada indivíduo. Nesse sentido, a sociedade e o Estado não podem exercer qualquer obstáculo quanto ao livre desenvolvimento da personalidade nem fomentar a discriminação por motivo tão torpe e fútil (OLIVEIRA, 2013).

Nos dizeres de José Afonso da Silva (2007),

> Em regra, toda discriminação é atentatória aos direitos referidos; se não o for não será constitucionalmente ilegítima. Discriminação é termo que qualifica uma série de situações ou práticas que se consideram radicalmente contrárias à própria dignidade humana, que supõe a negação a determinados indivíduos de sua condição de pessoa humana. A discriminação condenada é a que se funda em um preconceito negativo em virtude do qual os membros de um grupo são tratados como seres não já diferentes, mas inferiores. É nesse sentido que a discriminação é de considerar-se atentatória a direito fundamental.

Em meio à sociedade e suas diferentes conjunturas, o preconceito é construído como uma forma provisória de concepção acerca de determinado grupo, enquadrando-o como diferente. No decorrer da história da humanidade, diversas foram as minorias atingidas por um olhar segregacionista, tantas vezes capaz de ocasionar a morte de pessoas inocentes as quais detinham alguma característica concebida como sendo prejudicial ao meio social em que viviam.

No quadro hodierno brasileiro, os LGBTI's representam a classe colocada como diferente e sujeita a um tratamento cerceador de direitos, impulsionado pela intensificação de uma postura conservadora e religiosa decorrente da expansão das igrejas fundamentalistas evangélicas.

A questão da homo ou da transexualidade é colocada como indiscutivelmente errada do ponto de vista da fé, a qual enraíza-se no indivíduo, sendo fruto de uma ação coletiva. Nas palavras de Oliveira (2013):

> A intensidade de uma orientação pregada no dia-a-dia, por alguém que se reveste como conectado ao divino e haure sua autoridade do transcendente, cria no coletivo e no indivíduo uma noção exata e indiscutível. Pouco importa que a razão, na compreensão de todos, se sinta impelida a discutir a coisa. É ela aceita como dogma. O aforismo que a compreende é irretorquível. A busca do argumento transcendental é absoluta.

Outra questão bastante clara é o fato de que o detentor da interpretação axiologicamente negativa não apresenta interesse algum em discutir a temática, nem de submetê-la à razão ou a argumentos convincentes a ela relativa, visto que não tenciona ver diminuída sua autoridade ou sua liberdade de discussão, pois, conforme Oliveira (2013), "se cedesse a argumentos racionais, lógicos, evidentes e plausíveis, perderia seu status social e decairia de sua condição de chefe, de presidente, de dirigente, ou de qualquer que seja a denominação que detenha".

Destarte, a discussão e a concretização de direitos relativos a minorias sociologicamente marginalizadas enfrenta enorme percalço, conforme depreende-se da realidade brasileira.

3.1. O DIREITO AO LIVRE DESENVOLVIMENTO DA PERSONALIDADE

A Constituição de 1988 conferiu ao indivíduo, enquanto ser humano, a capacidade de autodeterminação de sua escolha sexual, o que deriva da interpretação sistemática e evolutiva da mesma, em especial no que tange à proteção da dignidade humana, art. 1º, III[110], e do princípio da igualdade, art. 5º, caput[111].

Conforme Pérez Luño (apud FACHIN, 2017, p. 313), "a dignidade da pessoa humana constitui não apenas a garantia negativa de que a pessoa não será objeto de ofensas ou humilhações, mas implica também, num sentido positivo, o pleno desenvolvimento da personalidade de cada indivíduo". Destarte, é possível inferir que existe uma clara contiguidade entre o princípio da dignidade da pessoa humana e a faculdade de livre desenvolvimento das potencialidades da personalidade individual, o que engloba o direito à autodeterminação sexual e seu consequente respeito.

Consoante o entendimento de Jorge Miranda (2014):

> Os direitos de personalidade são posições jurídicas fundamentais do homem que ele tem pelo simples fato de nascer e viver; são aspetos imediatos da exigência de integração do homem; são condições essenciais ao seu ser e devir; revelam o conteúdo necessário da personalidade; são emanações da personalidade humana em si; são direitos de exigir de outrem o respeito da própria personalidade; têm por objeto, não algo de exterior ao sujeito, mas modos de ser físicos e morais da pessoa ou bens da personalidade física, moral e jurídica ou manifestações parcelares da personalidade humana ou a defesa da própria dignidade.

Sendo assim, os direitos da personalidade possuem uma imbricação imediata quanto ao princípio da dignidade da pessoa

[110] Art. 1º A República Federativa do Brasil, formada pela união indissolúvel dos Estados e Municípios e do Distrito Federal, constitui-se em Estado Democrático de Direito e tem como fundamentos: III - a dignidade da pessoa humana.

[111] Art. 5º Todos são iguais perante a lei, sem distinção de qualquer natureza, garantindo-se aos brasileiros e aos estrangeiros residentes no País a inviolabilidade do direito à vida, à liberdade, à igualdade, à segurança e à propriedade.

humana, como corolário do fato de que são direitos intrínsecos a todo e qualquer indivíduo. Nesse diapasão, a dignidade da pessoa humana figura como "alicerce último de todos os direitos verdadeiramente fundamentais e como fonte de parte do seu conteúdo essencial" (BARROSO, 2012).

Destarte, é por intermédio do princípio da dignidade da pessoa humana que se pode defender a existência do direito à livre orientação sexual e à consequente não discriminação por motivos desta ordem (FACHIN, 2017).

3.2. DO DIREITO FUNDAMENTAL À TOLERÂNCIA

O direito à tolerância é um preceito fundamental decorrente do princípio da dignidade da pessoa humana e caracteriza-se como a garantia de poder viver harmoniosamente em sociedade com o respeito às mais diversas formas de percepções morais e racionais. Em conformidade com o entendimento de Vecchiatti (2017):

> Tolerar é o ato de admitir maneiras de pensar e agir diversas das suas próprias, ainda que não se considere tais maneiras de pensar e agir como corretas/válidas. Portanto, a tolerância exige que não se reprima uma pessoa pelo simples fato de ela pensar ou agir de forma diferente da sua, o que, em nosso ordenamento jurídico, é respaldado, ainda, pelo direito fundamental à liberdade de consciência, que, nos dizeres de Canotilho e Vital Moreira, "é a convicção ética e a autónoma responsabilidade reivindicada por qualquer indivíduo para justificar o seu comportamento", ou seja, "a liberdade de formação das próprias convicções (*forum internum*)" e a "exteriorização da decisão de consciência (*forum externum*)". Ora, se todos têm o direito de autodeterminar a forma como viverão suas vidas, é evidente que têm o

direito de ter sua autodeterminação respeitada pelos demais membros da sociedade quando isto não implicar prejuízos a terceiros.

Assim, é possível depreender que, quando em meio à vida em sociedade, o ser humano possui o poder-dever de reger-se de acordo com as normas impostas pelo Estado e com as nuances decorrentes do contrato social politicamente estabelecido, visto que a liberdade nunca é absoluta. No entanto, é cristalino que o indivíduo possui liberdade para a formação de suas convicções e, por isso, o preconceito em si não pode ser criminalizado, mas a discriminação sim, pois atinge a categoria do concreto, alcançando e sendo externado de modo a prejudicar terceiros.

Em contraposição, é corolário do contrato social a tolerância ao próximo pois quem trata outro cidadão de maneira discriminatória age como se liberdade absoluta possuísse, como ocorre em casos de homofobia, quando, na verdade, apenas detém liberdade relativa e, assim, deve ser responsabilizado pelos atos que praticar contrários ao ordenamento jurídico e democrático.

É necessário perceber também que o dever de tolerância deve ser imposto de forma coativa pelo Estado de modo a impedir a opressão de uns pelos outros, o que deve ser executado de forma a impossibilitar a instrumentalização do ser humano, como um meio para a consecução de outros fins, em conformidade com a concepção kantiana de que o ser humano deve ser um fim em si mesmo, não devendo ser, por isso, utilizado como objeto de discriminações e atos que o inferiorizem e o marginalizem como meio de garantir a manutenção de um modo de pensar heterossexista.

Em concordância com Boaventura de Souza Santos (2003), "temos o direito a sermos iguais quando a diferença nos inferioriza e temos o direito a sermos diferentes quando a igualdade nos descaracteriza. As pessoas querem ser iguais, mas querem respeitadas suas diferenças. Ou seja, querem participar, mas querem também que suas diferenças sejam reconhecidas e respeitadas." Assim, para que os direitos de todos sejam garantidos e respeitados individualmente, é necessário que haja uma consonância de tolerância quanto aos diferentes tipos de pensamentos e de formas de vivenciar a sexualidade, por exemplo, independente de qualquer interferência negativa do Estado, o qual deve garantir o livre desenvolvimento do pensamento e da correlação harmoniosa dos cidadãos.

Nesse sentido, na visão humanística de Flávia Piovesan (2017):

> Torna-se, contudo, insuficiente tratar o indivíduo de forma genérica, geral e abstrata. Faz-se necessária a especificação do sujeito de direito, que passa a ser visto em sua peculiaridade e particularidade. Nesta ótica, determinados sujeitos de direitos, ou determinadas violações de direitos, exigem uma resposta específica e diferenciada. Neste cenário, as mulheres, as crianças, as populações afrodescendentes, os povos indígenas, os migrantes, as pessoas com deficiência, dentre outras categorias vulneráveis, devem ser vistas nas especificidades e peculiaridades de sua condição social. Ao lado do direito à igualdade surge, também como direito fundamental, o direito à diferença. Importa o respeito à diferença e à diversidade, o que lhes assegura um tratamento especial.

No mesmo diapasão, exsurgem os direitos diferenciados que devem ser acordados e concedidos aos grupos vulneráveis pertencentes à comunidade LGBTI, visto que merecem ser tratados de acordo com sua especificidade e caracterizados de acordo com as necessidades atinentes às violações sofridas. Nessa esteira:

> O direito ao reconhecimento requer medidas de enfrentamento da injustiça cultural, dos preconceitos e dos padrões discriminatórios, por meio da transformação cultural e da adoção de uma política de reconhecimento. É à luz desta política de reconhecimento que se pretende avançar na reavaliação positiva de identidades discriminadas, negadas e desrespeitadas; na desconstrução de estereótipos e preconceitos; e na valorização da diversidade cultural (PIOVESAN, 2017).

Destarte, defende-se a inclusão e a valorização da diferença como aspecto cultural essencial para o desenvolvimento de uma sociedade mais igualitária e condizente com os preceitos humano-constitucionais da dignidade da pessoa humana e da consequente tolerância às mais variadas formas de ser e viver existentes.

3.3. A ORDEM CONSTITUCIONAL DE CRIMINALIZAÇÃO DO ART. 5º, XLI, DA CF

Insta iniciar o raciocínio trazendo à baila o pensamento do Ministro Ayres Britto, relator da ação em questão, o qual votou em defesa do reconhecimento da união estável entre pessoas do mesmo sexo, já que, segundo ele, não o fazê-lo seria discriminação constitucionalmente vedada, uma vez que a preferência sexual deve ser acolhida em consonância com o princípio da isonomia. Assim o fez em voto ementado abaixo, efetivamente um leading case no direito brasileiro, seguido por unanimidade:

> Ementa: 1. ARGUIÇÃO DE DESCUMPRIMENTO DE PRECEITO FUNDAMENTAL (ADPF). PERDA PARCIAL DE OBJETO. RECEBIMENTO, NA PARTE REMANESCENTE, COMO AÇÃO DIRETA DE

INCONSTITUCIONALIDADE. UNIÃO HOMOAFETIVA E SEU RECONHECIMENTO COMO INSTITUTO JURÍDICO. CONVERGÊNCIA DE OBJETOS ENTRE AÇÕES DE NATUREZA ABSTRATA. JULGAMENTO CONJUNTO. Encampação dos fundamentos da ADPF nº 132-RJ pela ADI nº 4.277-DF, com a finalidade de conferir "interpretação conforme à Constituição" ao art. 1.723 do Código Civil. Atendimento das condições da ação. 2. PROIBIÇÃO DE DISCRIMINAÇÃO DAS PESSOAS EM RAZÃO DO SEXO, SEJA NO PLANO DA DICOTOMIA HOMEM/MULHER (GÊNERO), SEJA NO PLANO DA ORIENTAÇÃO SEXUAL DE CADA QUAL DELES. A PROIBIÇÃO DO PRECONCEITO COMO CAPÍTULO DO CONSTITUCIONALISMO FRATERNAL. HOMENAGEM AO PLURALISMO COMO VALOR SÓCIO-POLÍTICO-CULTURAL. LIBERDADE PARA DISPOR DA PRÓPRIA SEXUALIDADE, INSERIDA NA CATEGORIA DOS DIREITOS FUNDAMENTAIS DO INDIVÍDUO, EXPRESSÃO QUE É DA AUTONOMIA DE VONTADE. DIREITO À INTIMIDADE E À VIDA PRIVADA. CLÁUSULA PÉTREA. O sexo das pessoas, salvo disposição constitucional expressa ou implícita em sentido contrário, não se presta como fator de desigualação jurídica. Proibição de preconceito, à luz do inciso IV do art. 3º da Constituição Federal, por colidir frontalmente com o objetivo constitucional de "promover o bem de todos". Silêncio normativo da Carta Magna a respeito do concreto uso do sexo dos indivíduos como saque da kelseniana "norma geral negativa", segundo a qual "o que não estiver juridicamente proibido, ou obrigado, está juridicamente permitido". Reconhecimento do direito à preferência sexual como direta emanação do princípio da "dignidade da pessoa humana": direito a auto-estima no mais elevado ponto da consciência do indivíduo. Direito à busca da felicidade. Salto normativo da proibição do preconceito para a proclamação do direito à liberdade sexual. O concreto uso da sexualidade faz parte da autonomia da vontade das pessoas naturais. Empírico uso da sexualidade nos planos da intimidade e da privacidade constitucionalmente tuteladas. Autonomia da vontade. Cláusula pétrea. (STF - ADPF: 132 RJ, Relator: Min. AYRES BRITTO, Data de Julgamento: 05/05/2011, Tribunal Pleno, Data de Publicação: DJe-198 DIVULG 13-10-2011 PUBLIC 14-10-2011 EMENT VOL-02607-01 PP-00001)[112]

Em consonância com a interpretação dialógica implementada pelo douto Ministro, verifica-se a cristalina defesa da proibição de discriminação das pessoas em razão do sexo, seja no plano da dicotomia homem/mulher (gênero), seja no plano da orientação sexual de cada qual deles, o que infere-se do excerto, quando o mesmo faz referência ao direito à liberdade para dispor da própria sexualidade, inserida na categoria dos direitos fundamentais do indivíduo, expressão que é da autonomia de vontade e do direito à intimidade e à vida privada, como cláusulas pétreas que o são.

Fora também mencionado que o sexo das pessoas, salvo disposição constitucional expressa ou implícita em sentido contrário, não se presta como fator de desigualação jurídica, o que contrasta com a atual realidade brasileira, visto que, em virtude da orientação sexual e da identidade de gênero, pessoas têm sido relegadas ao limbo da omissão normativa quanto a direitos fundamentais básicos, quais sejam o direito à dignidade da pessoa humana, à liberdade, à intimidade e à vida privada, como exemplos, em especial quando nos referimos aos constantes crimes motivados pela homofobia existentes na sociedade brasileira.

---

[112] https://stf.jusbrasil.com.br/jurisprudencia/20627227/arguicao-de-descumprimento-de-preceito-fundamental-adpf-132-rj-stf?s=paidKI

Na decisão em comento foi também reconhecido o direito à preferência sexual como direta emanação do princípio da dignidade da pessoa humana, o que representa um salto normativo para a proibição da discriminação e para a proclamação do direito à liberdade sexual.

Nesse diapasão, compreende-se que o concreto uso da sexualidade faz parte da autonomia da vontade das pessoas naturais e encontra-se no plano da intimidade e da privacidade constitucionalmente tuteladas.

Após o interregno da contextualização alhures, é preciso conceder enfoque ao artigo 5º, em seu inciso XLI, conforme a redação abaixo:

> Art. 5º Todos são iguais perante a lei, sem distinção de qualquer natureza, garantindo-se aos brasileiros e aos estrangeiros residentes no País a inviolabilidade do direito à vida, à liberdade, à igualdade, à segurança e à propriedade, nos termos seguintes:
>
> XLI - a lei punirá qualquer discriminação atentatória dos direitos e liberdades fundamentais (BRASIL, 1988).

Nesse contexto, depreende-se que qualquer que seja a discriminação, sendo ela atentatória a direitos e liberdades fundamentais, deve ser punível por meio de Lei. Assim, a discriminação por homofobia carece de legislação infraconstitucional que a preveja e proteja as vítimas que, na realidade social brasileira, recrudescem a cada ano.

A criminalização da discriminação por homofobia e por identidade de gênero representa uma urgência no contexto social dos recentes acontecimentos que acometem a comunidade LGBTI. Após a legalização da união homoafetiva e de sua consequente equiparação ao casamento, o desenlace dos anos não levaram a uma maior aceitação e tolerância quanto aos homo e transsexuais. Ao contrário, o número de vítimas da "LGBTIfobia" aumentou.

O preconceito, tão enraizado historicamente, em especial quando nos referimos a uma nação colonizada em bases intrinsecamente religiosas, não tende a desaparecer. Nos dizeres de Vecchiatti (2017),

> Não se visa a acabar com o preconceito com a criminalização da discriminação por orientação sexual e por identidade de gênero, mas, como o próprio nome diz, visa-se a acabar com a discriminação homofóbica e transfóbica – ou seja, com a exteriorização de pensamento que cause prejuízos a terceiros por força de sua mera orientação sexual, seja ela homo, hétero ou bissexual, ou identidade de gênero, seja ela relativa à travestilidade, à transexualidade, à transgeneridade em geral ou mesmo à cisgeneridade. Afinal, é a tolerância que é pressuposto da vida em sociedade, não a aceitação. Aceita aquele que quer ou aquele cujo pensamento não inviabilize a aceitação. Mas a tolerância é imponível a todos, sendo que uma lei que criminalize determinada cultura visa a tão somente garantir que a tolerância seja garantida.

Nesse sentido, a humanidade tem evoluído, ao menos em países mais desenvolvidos e ocidentais, no intuito de criminalizar a intolerância cometida contra pessoas LGBT, assim como ocorreu com o preconceito decorrente da cor. Como forma de punir uma discriminação arbitrária, é coerente que, da mesma forma que, para os negros foram criadas leis contra a discriminação por racismo, sejam também criadas leis que punam devidamente os crimes cometidos por homo e/ou transfobia.

No que se refere ao homicídio, insta destacar que ele não é abrangido no conceito de discriminação por orientação sexual e por identidade de gênero, pois essa espécie de discriminação pressupõe diferenciação arbitrária de tratamento, não assassínio. Sendo assim, um homicídio executado em virtude apenas da orientação sexual ou da identidade de gênero de uma pessoa será qualificado por motivo fútil e terá como consequência a majoração da pena.

Por sua vez, no tocante aos crimes de lesão corporal, calúnia, injúria e difamação em razão de homofobia, estes apresentam penas de até dois anos, sendo perpassados aos Juizados Especiais Criminais, os quais geralmente aplicam penas brandas como o pagamento de cestas básicas ou outras penas alternativas à privativa de liberdade. Todavia, esse tipo de punição não confere ao indivíduo o papel educativo e intimidador necessário para que o mesmo não se repita, ou seja, torna-se banal e é um crime tratado com descaso o de discriminar homossexuais, bissexuais, travestis e transexuais.

Para produzir efeitos, a norma precisa ser coercitiva. Sem a coatividade necessária, isto é, o temor pela punição, o direito protegido não alcança a devida eficácia. A Lei possui uma grande representatividade no sentido de definir o que é permitido e aquilo que é proibido pelo Estado soberano e, no Brasil, muitos acham-se na aquiescência de discriminar, agredir, ofender e até mesmo matar os LGBTI's pelo simples motivo de não haver uma Lei que puna expressa e especificamente a discriminação por orientação sexual e por identidade de gênero.

Hodiernamente, as discriminações de origem homofóbica e transfóbica não constituem crime de acordo com o Código Penal Brasileiro, sendo, por isso, insustentável o argumento de que ele, por si só, é satisfatório para proteger a população LGBTI e punir seus agressores.

4. A CRIMINALIZAÇÃO DA HOMOFOBIA NO PLANO INTERNACIONAL

4.1. DA CORTE INTERAMERICANA DE DIREITOS HUMANOS

De modo bastante sucinto, impende salientar a estrutura oferecida pelo direito interamericano para a tutela das vítimas de discriminação com base na orientação sexual.

A Corte Interamericana de Direitos Humanos possui como documento central a Convenção Americana de Direitos Humanos, também conhecida como Pacto de São José da Costa Rica, o qual entrou em vigor no ano de 1978. Contudo, insta ressaltar que não há, no respectivo texto, qualquer dispositivo específico referente à orientação sexual.

Apesar de a questão relativa à orientação sexual não estar explícita no pacto de São José, percebe-se, através dos atuais movimentos do sistema regional, o surgimento de atos protetivos contra a discriminação por orientação sexual, tal como a Resolução 2435 de 2008 que, sob o fomento da representação brasileira, abordou o tema da orientação sexual, demonstrando atenção e iniciando o monitoramento dos altos índices discriminatórios da região.

Conforme Fachin (2017), "em que pese a ausência legislativa, à luz do arcabouço constitucional e internacional, as Cortes vêm enfrentando as questões acerca da discriminação por orientação sexual e, na maior parte dos casos, em consonância com a melhor interpretação legal e constitucional, tem apontado para sua inconstitucionalidade". Tais julgados são consequência do processo de institucionalização dos direitos humanos, o qual tem se proliferado no plano internacional, global e regionalmente.

Como exemplo, podemos citar o caso de Atala Riffo contra o Chile, no qual concluiu-se e julgou-se que o Estado do Chile é responsável pela discriminação contra Karen Atala, que teve a guarda das filhas perdida em razão de sua orientação sexual homossexual.

Na mesma esteira da jurisprudência europeia, a Corte Interamericana de Direitos Humanos tem promovido abertura no rol originário da Convenção, compreendendo dentro do conteúdo jurídico da proteção à intimidade e vida privada (art. 11º), a vedação a qualquer ato discriminatório em decorrência de orientação sexual diversa da hetero-hegemônica.

Assim, conclui-se, pelo exposto que, ainda que não haja um volume expressivo de ações e julgamentos na Corte referentes ao tema em comento, há uma tendência crescente de aumento nas demandas acerca da vedação à discriminação por orientação sexual.

5. A CRIMINALIZAÇÃO DA HOMOFOBIA NO BRASIL POR MEIO DA AÇÃO DIRETA DE INCONSTITUCIONALIDADE POR OMISSÃO (ADO) 26

5.1. DA CLASSIFICAÇÃO DA HOMOFOBIA COMO CRIME DE RACISMO SEGUNDO O CONCEITO JURÍDICO-CONSTITUCIONAL DE RACISMO CUNHADO PELO STF

Conforme o entendimento do STF no julgamento do Habeas Corpus 82424, a raça humana é única, mas o conceito jurídico de racismo é aquele segundo o qual uma pessoa é discriminada por questões histórico-político-sociais, caracterizando-se o racismo como toda ideologia que pregue a inferioridade de uns relativamente a outros.

Portanto, sendo o racismo um conceito que abrange discriminações histórico-político-sociais, a homofobia e a transfobia enquadram-se neste conceito, não havendo obstáculo algum à equiparação das discriminações homofóbica e transfóbica à discriminação por cor de pele.

A questão em comento é relativa à inclusão das discriminações homotransfóbicas no conceito de discriminação por raça segundo a compreensão deste termo enquanto raça social. Afirma-se que as discriminações homofóbica e transfóbica constituem discriminação racial, no sentido de raça social e de racismo social, que foi a compreensão afirmada pelo STF no supracitado julgamento. Senão, vejamos:

> HABEAS-CORPUS. PUBLICAÇÃO DE LIVROS: ANTI-SEMITISMO. RACISMO. CRIME IMPRESCRITÍVEL. CONCEITUAÇÃO. ABRANGÊNCIA CONSTITUCIONAL. LIBERDADE DE EXPRESSÃO. LIMITES. ORDEM DENEGADA. 1. Escrever, editar, divulgar e comerciar livros "fazendo apologia de idéias preconceituosas e discriminatórias" contra a comunidade judaica (Lei 7716/89, artigo 20, na redação dada pela Lei 8081/90) constitui crime de racismo sujeito às cláusulas de inafiançabilidade e imprescritibilidade (CF, artigo 5º, XLII). 2. Aplicação do princípio da prescritibilidade geral dos crimes: se os judeus não são uma raça, segue-se que contra eles não pode haver discriminação capaz de ensejar a exceção constitucional de imprescritibilidade. Inconsistência da premissa. 3. Raça humana. Subdivisão. Inexistência. Com a definição e o mapeamento do genoma humano, cientificamente não existem distinções entre os homens, seja pela segmentação da pele, formato dos olhos, altura, pelos ou por quaisquer outras características físicas, visto que todos se qualificam como espécie humana. Não há diferenças biológicas entre os seres humanos. Na essência são todos iguais. 4. Raça e racismo. A divisão dos seres humanos em raças resulta de um processo de conteúdo meramente político-social. Desse pressuposto origina-se o racismo que, por sua vez, gera a discriminação e o

preconceito segregacionista. 5. Fundamento do núcleo do pensamento do nacional-socialismo de que os judeus e os arianos formam raças distintas. Os primeiros seriam raça inferior, nefasta e infecta, características suficientes para justificar a segregação e o extermínio: inconciabilidade com os padrões éticos e morais definidos na Carta Política do Brasil e do mundo contemporâneo, sob os quais se ergue e se harmoniza o estado democrático. Estigmas que por si só evidenciam crime de racismo. Concepção atentatória dos princípios nos quais se erige e se organiza a sociedade humana, baseada na respeitabilidade e dignidade do ser humano e de sua pacífica convivência no meio social. Condutas e evocações aéticas e imorais que implicam repulsiva ação estatal por se revestirem de densa intolerabilidade, de sorte a afrontar o ordenamento infraconstitucional e constitucional do País. 6. Adesão do Brasil a tratados e acordos multilaterais, que energicamente repudiam quaisquer discriminações raciais, aí compreendidas as distinções entre os homens por restrições ou preferências oriundas de raça, cor, credo, descendência ou origem nacional ou étnica, inspiradas na pretensa superioridade de um povo sobre outro, de que são exemplos a xenofobia, "negrofobia", "islamafobia" e o anti-semitismo. 7. A Constituição Federal de 1988 impôs aos agentes de delitos dessa natureza, pela gravidade e repulsividade da ofensa, a cláusula de imprescritibilidade, para que fique, ad perpetuam rei memoriam, verberado o repúdio e a abjeção da sociedade nacional à sua prática. 8. Racismo. Abrangência. Compatibilização dos conceitos etimológicos, etnológicos, sociológicos, antropológicos ou biológicos, de modo a construir a definição jurídico-constitucional do termo. Interpretação teleológica e sistêmica da Constituição Federal, conjugando fatores e circunstâncias históricas, políticas e sociais que regeram sua formação e aplicação, a fim de obter-se o real sentido e alcance da norma. 9. Direito comparado. A exemplo do Brasil as legislações de países organizados sob a égide do estado moderno de direito democrático igualmente adotam em seu ordenamento legal punições para delitos que estimulem e propaguem segregação racial. Manifestações da Suprema Corte Norte-Americana, da Câmara dos Lordes da Inglaterra e da Corte de Apelação da Califórnia nos Estados Unidos que consagraram entendimento que aplicam sanções àqueles que transgridem as regras de boa convivência social com grupos humanos que simbolizem a prática de racismo (...) 13. Liberdade de expressão. Garantia constitucional que não se tem como absoluta. Limites morais e jurídicos. O direito à livre expressão não pode abrigar, em sua abrangência, manifestações de conteúdo imoral que implicam ilicitude penal. 14. As liberdades públicas não são incondicionais, por isso devem ser exercidas de maneira harmônica, observados os limites definidos na própria Constituição Federal (CF, artigo 5º, § 2º, primeira parte). O preceito fundamental de liberdade de expressão não consagra o "direito à incitação ao racismo", dado que um direito individual não pode constituir-se em salvaguarda de condutas ilícitas, como sucede com os delitos contra a honra. Prevalência dos princípios da dignidade da pessoa humana e da igualdade jurídica. Ordem denegada. (STF - HC: 82424 RS, Relator: MOREIRA ALVES, Data de Julgamento: 17/09/2003, Tribunal Pleno, Data de Publicação: DJ 19-03-2004 PP-00017 EMENT VOL-02144-03 PP-00524) (grifos nossos)[113]

Nesse sentido, Uadi Lamêgo Bulos (*Apud* VECCHIATTI, 2017) define o crime de racismo como sendo "todo e qualquer tratamento discriminador da condição humana em que o agente dilacere a autoestima e o patrimônio moral de uma pessoa ou de

---

[113] https://stf.jusbrasil.com.br/jurisprudencia/770347/habeas-corpus-hc-82424-rs. Acesso em: 14/02/2019.

um grupo de pessoas, tomando como critérios raça ou cor de pele, sexo, condição econômica, origem etc.", o que coaduna com o conceito de racismo social moldado pelo STF. Assim, raça transfigura-se nessa formulação como um grupo de pessoas que comungam de ideais ou comportamentos comuns, ajuntando-se para defendê-los, sem que, imperiosamente, constituam um grupo homogêneo conjunto de pessoas fisicamente parecidas.

Portanto, para fins de aplicação desse precedente e conforme o conceito jurídico constitucional cunhado pelo STF, homossexuais e transexuais podem ser considerados como um grupo racial. Nas palavras de VECHIATTI (2017):

> Se o STF considerou racismo, para efeito de considerar imprescritível o art. 20 desta Lei, atitudes de antissemitismo são imprescritíveis mesmo se considerando que o judeu é o adepto da religião denominada judaísmo, podendo ser qualquer pessoa, inclusive o que nasceu e se formou católico, mas, posteriormente, converteu-se. Dessa forma, parece-nos possível, igualmente, considerar racismo a busca da exclusão de outros grupos sociais homogêneos, exteriormente identificados por qualquer razão.

A questão da arbitrariedade quanto ao pensamento e à prática do racismo social transparece como sendo fundamental para a definição da mesma, pois não existe motivo racional fundamentadamente coerente para a discriminação por qualquer tipo de preconceito. Trata-se da manifestação de um pensamento segregacionista, voltado a dividir categorias de pessoas, privilegiando algumas e deixando outras à margem.

No caso da homofobia, o heterossexismo, ou seja, a crença na superioridade dos indivíduos heteronormativos em detrimento dos segmentos sociais que apresentam uma orientação sexual ou uma identidade de gênero diferente, aparece como sendo o fundamento da homofobia, o que não apresenta qualquer critério racional.

Em conclusão, se o racismo, consoante foi exposto, é, basicamente, uma mentalidade segregacionista, ele é capaz de percorrer todos os lados dos agrupamentos humanos, inclusive e de forma coesa, os homossexuais e transsexuais.

Nesse sentido, insta ressaltar a visão de Nucci (2014) sobre o tema. Segundo ele, a discriminação por orientação sexual constitui, atualmente, crime de racismo, por a Lei 7.716/1989 estabelecer que a discriminação por raça constitui crime de racismo, o que abarca a discriminação por orientação sexual por força do conceito jurídico-constitucional de racismo cunhado pelo STF no julgamento do HC 82.424-4/RS (e, pelas mesmas razões, a discriminação por identidade de gênero), segundo o qual discriminações históricas por motivações político-sociais, como a discriminação homofóbica tem provado ser ao longo da história da humanidade desde, pelo menos, a Idade Média, do que, considerando que a Constituição ordena a criminalização do racismo (mandado de criminalização), tem-se que todas as formas de racismo devem obrigatoriamente ser criminalizadas, o que a exegese de Nucci permite mediante a aplicação do conceito material/imanente de racismo explicitado pelo STF no julgamento do HC 82.424-4/RS.

5.2. DA AÇÃO DIRETA DE INCONSTITUCIONALIDADE POR OMISSÃO (ADO) 26

A ADO 26 representa a expectativa de mudança no tocante à criminalização da homofobia e à mora legislativa. Assim como a MI 4733, a ADO 26 possui os seguintes pedidos: declaração de mora inconstitucional, fixação de prazo razoável para o Legislativo saná-la, exercício de função legislativa atípica pelo STF para criar a norma geral e abstrata em questão caso o Legislativo persista em sua inércia inconstitucional e responsabilidade civil do Estado

Brasileiro, para que indenize vítimas de homofobia e transfobia enquanto a criminalização não é efetivada. Assim o julgamento de ambas em conjunto fez-se necessário e oportuno do ponto de vista jurídico.

Nessa esteira, o pedido mais polêmico gira em torno da competência do STF para criar a normatização constitucionalmente imposta não criada pelo legislador quando referente à garantia de direitos subjetivos. Diz-se que o princípio da separação de poderes resta prejudicado e haveria a criação de um precedente danoso ao Estado democrático brasileiro.

No entanto, do ponto de vista da proteção dos direitos LGBTI, já há tanto relegados, e levando-se em consideração os aspectos político sociais que abrangem a matéria, tal interferência do Poder Judiciário faz-se necessária. Nesse sentido é o entendimento de Rothenburg (2003):

> A ideia principal aqui desenvolvida é simples: importa mais a finalidade de cumprir a Constituição, do que o sujeito (órgão) a quem as atribuições (competências) foram conferidas. Seria possível, portanto, admitir que outro sujeito, inicialmente não dotado de atribuição constitucional, implementasse o comando constitucional. O controle de constitucionalidade, realizado por órgão e procedimentos legítimos, poderia chegar a esse ponto: destituir um sujeito constitucionalmente previsto e autorizar outro a dar efetividade à Constituição. (...) Deste modo, por meio da fiscalização da omissão inconstitucional, pode-se atingir o âmago do problema, que se situa antes no objeto do controle (o desrespeito constitucional) do que no sujeito responsável. (...) Ora, o que importa fundamentalmente é suprir a lacuna inconstitucional, que constitui o objeto do controle.

Assim, depreende-se que, acima do princípio da separação dos poderes encontram-se constitucionalmente tutelados direitos fundamentais da ordem de cláusulas pétreas, como o são os direitos violados em casos de homo e transfobia, por isso a competência do Poder Judiciário representa o meio mais eficaz de suprir a lacuna legislativa através dos remédios constitucionais utilizados nas ações supracitadas.

Atualmente, as duas ações que requerem que a Corte criminalize a violência e a discriminação contra LGBTI's encontram-se em julgamento no Supremo Tribunal Federal e possuem como principal fundamento a equiparação dos crimes de homofobia e de transfobia ao crime de racismo. Os quatro ministros que já votaram foram favoráveis à criminalização, seguindo o relator do Mandado de Injunção 4733, o Ministro Edson Fachin, e o relator da Ação Direta de Inconstitucionalidade por Omissão (ADO) 26, o ministro Celso de Mello.

6. CONSIDERAÇÕES FINAIS

Destarte, em conclusão aos argumentos e posições debatidas no presente trabalho, defende-se a necessidade de criminalização da homofobia e da transfobia pela legislação infraconstitucional brasileira como aspecto essencial na defesa dos direitos da comunidade LGBTI, visto que a simples previsão geral prevista tanto na Constituição como no Código Penal não são suficientemente coercitivas a ponto de fazer cessar os constantes casos de violências e discriminações sofridas pelos indivíduos homo e transsexuais.

Em adição, é imperioso destacar o papel do Poder Judiciário na imposição de medidas cabíveis para forçar o Congresso Nacional a sair do estado de mora legislativa no qual encontra-se já há um período considerável, pois desde a promulgação da

Constituição já passaram-se mais de trinta anos e, apesar de ser cristalina a necessidade de defesa dessas minorias, aspectos sociais e políticos relativos a um heterossexismo infundado impedem que seja criada a Lei que tornará crimes as violações contra a honra, a vida e a dignidade de indivíduos LGBTI's.

Nesse contexto, é preciso trazer à baila que não é o pensamento heterossexista da maioria que se pretende mudar. Trata-se da criminalização da discriminação, no campo do concreto e não do preconceito, velado e pertencente a categoria da forma de pensar de cada indivíduo.

Assim, será possível a convivência harmoniosa entre as diferentes formas de pensar e agir, pois é o direito à tolerância que se pretende garantir, ou seja que todos possam usufruir de sua liberdade e de sua intimidade e vida privada sem prejudicar terceiros, dando respaldo à liberdade relativa que foi concedida com a instauração do Estado Democrático de Direito.

Insta destacar também que o Brasil ainda enfrentará muitos percalços na busca da garantia dos direitos de grupos vulneráveis, mas a criminalização, como ocorreu com o racismo, é um passo importante, visto que impõe o temor da sanção e das consequências que advém de determinado ato protegido e respaldado pelo ordenamento jurídico pátrio.

REFERÊNCIAS

BARROSO, Luís Roberto. **"Aqui, lá e em todo lugar"**: a **dignidade humana no direito contemporâneo e no discurso transnacional.** Separata da Revista dos Tribunais. São Paulo, v. 101, n. 919, maio 2012, p. 154.

BRASIL. Constituição (1988). **Constituição da República Federativa do Brasil.** Disponível em: <http://www.planalto.gov.br/ccivil_03/constituicao/constituicao.htm>. Acesso em: 15 dez. 2018.

BORRILLO, Daniel. **Homofobia: história e crítica de um**

preconceito. 1. ed..Trad. Guilherme João de Freitas Teixeira. Belo Horizonte: Autêntica, 2000. p. 106.

DIAS, Maria Berenice. Rumo a um novo direito. In: DIAS, Maria Berenice (Coord.). **Diversidade Sexual e Direito Homoafetivo.** São Paulo: Editora Revista dos Tribunais, 2017.

FACHIN, Melina Girardi. O direito humano a não sofrer discriminação por orientação sexual. In: DIAS, Maria Berenice (Coord.). **Diversidade Sexual e Direito Homoafetivo.** São Paulo: Editora Revista dos Tribunais, 2017.

FOUCAULT, Michel. **História da sexualidade 1: A vontade de saber.** Rio de Janeiro/ São Paulo: Editora Paz e Terra, 2018.

MIRANDA, Jorge. **Manual de Direito Constitucional.** Vol. II, Tomo IV. Coimbra: Coimbra Editora, 2014.

NUCCI, Guilherme de Souza. **Manual de Direito Penal.** Rio de Janeiro: Forense, 2014.

OLIVEIRA, Regis Fernandes de. **Homossexualidade: análises mitológica, religiosa, filosófica e jurídica.** São Paulo: Editora Revista dos Tribunais, 2013.

ROTHENBURG, Walter Claudius. **Princípios constitucionais.** Porto Alegre: Fabris, 2003.

RIOS, Roger Raupp. O conceito de homofobia na perspectiva dos direitos humanos e no contexto dos estudos sobre preconceito e discriminação. In: Rios, Roger Raupp (org.). **Em defesa dos direitos sexuais.** 1. ed. Porto Alegre: Livraria do Advogado, 2006.

SANTOS, Boaventura de Sousa. **Reconhecer para libertar.** Rio de Janeiro: Civilização Brasileira, 2003.

SILVA, José Afonso da. **Comentário contextual à Constituição.** São Paulo: Malheiros, 2007.

VECCHIATTI, Paulo Roberto Iotti. Constitucionalidade (e dever constitucional) da classificação da homofobia e da transfobia como crimes de racismo. In: DIAS, Maria Berenice (Coord.). **Diversidade Sexual e Direito Homoafetivo.** São Paulo: Editora Revista dos Tribunais, 2017.

www.ingramcontent.com/pod-product-compliance
Lightning Source LLC
Chambersburg PA
CBHW020846090426
42736CB00008B/249